ANCHIENNES CRONICQUES D'ENGLETERRE

PAR

JEHAN DE WAVRIN
SEIGNEUR DU FORESTEL

CHOIX DE CHAPITRES INÉDITS

ANNOTÉS ET PUBLIÉS

POUR LA SOCIÉTÉ DE L'HISTOIRE DE FRANCE

PAR Mlle DUPONT

TOME TROISIÈME

A PARIS
CHEZ Mme Ve JULES RENOUARD
LIBRAIRE DE LA SOCIÉTÉ DE L'HISTOIRE DE FRANCE
RUE DE TOURNON, N° 6

M. DCCC. LXIII

ANCHIENNES
CRONICQUES
D'ENGLETERRE

PARIS. — IMPRIMERIE DE CH. LAHURE ET Cⁱᵉ
Rue de Fleurus, 9

ANCHIENNES CRONICQUES D'ENGLETERRE

PAR

JEHAN DE WAVRIN

SEIGNEUR DU FORESTEL

CHOIX DE CHAPITRES INÉDITS

ANNOTÉS ET PUBLIÉS

POUR LA SOCIÉTÉ DE L'HISTOIRE DE FRANCE

PAR Mlle DUPONT

TOME TROISIÈME

A PARIS

CHEZ MME V^E JULES RENOUARD

LIBRAIRE DE LA SOCIÉTÉ DE L'HISTOIRE DE FRANCE

RUE DE TOURNON, N° 6

M. DCCC. LXIII

EXTRAIT DU RÈGLEMENT.

Art. 14. Le Conseil désigne les ouvrages à publier, et choisit les personnes les plus capables d'en préparer et d'en suivre la publication.

Il nomme, pour chaque ouvrage à publier, un Commissaire responsable, chargé d'en surveiller l'exécution.

Le nom de l'Éditeur sera placé à la tête de chaque volume.

Aucun volume ne pourra paraître sous le nom de la Société sans l'autorisation du Conseil, et s'il n'est accompagné d'une déclaration du Commissaire responsable, portant que le travail lui a paru mériter d'être publié.

Le Commissaire responsable soussigné déclare que l'Édition des Anchiennes Cronicques d'Engleterre, *préparée par* Mlle Dupont, *lui a paru digne d'être publiée par la* Société de l'Histoire de France.

Fait à Paris, le 20 janvier 1863.

Signé : RAVENEL.

Certifié,

Le Secrétaire de la Société de l'Histoire de France,

J. DESNOYERS.

ANCHIENNES
CRONICQUES D'ENGLETERRE

PAR JEHAN DE WAVRIN,

SEIGNEUR DU FORESTEL.

SIXIÈME PARTIE.

LIVRE VI.

1294. Cy commence le VIe et darrenier livre de ce present vollume, lequel contient xxxii chapittres, ou premier desquelz il parle comment le roy Edouard fut trahis par son frere le duc de Clarence et le conte de Warewic. Chap. I.

Quant doncques le duc de Clarence et le conte de Warewic se furent partis de Londres, eulz et tous leurs gens, ilz ne s'arresterent tant qu'ilz vindrent à Northanton : auquel lieu leur vint au devant le conte de Wilbic, qui leur presenta le seigneur de Herbert et son frere; puis, quant ilz furent amenez devant le conte de Warewic, ilz encommencerent à parler ensamble de gros languages, tant que le conte de Warewic commanda que on les emmenast morir. Et ainsi furent ces deux bons chevalliers livrez au peuple qui piteusement les lapiderent.

Quant les seigneurs dessus nommez furent mors, et

ceulz de Galles ruez jus, le roy en eut les nouvelles, dont il fut moult desplaisant. Si dist qu'il estoit trahy, et fist habillier tous ses gens pour aller au devant de son frere le duc de Clarence et son cousin de Warewic, lesquelz venoient au devant de luy, et estoient desjà entre Warewic et Conventry, où ilz furent advertis que le roy venoit alencontre d'eulz. Et quant l'archevesque d'Yorc sceut que le roy les aprochoit, il dist au conte son frere qu'il l'atendist, adfin que de riens ne se doubtast; mais feist on encqueste où il se logeroit celle nuit.

Le roy en chevaulchant venoit, pensant à la mort des deux chevalliers devant dis, disant en soy mesmes qu'il se vengeroit de son frere de Clarence quy tel deshonneur luy avoit fait. Et ainsi, moult pensif et desplaisant, chevaulcha tant qu'il vint à Conventry, où il cuida logier; et, de fait, y avoit envoié ses fourriers pour prendre logis; mais ilz trouverent que ceulx du North avoient prins la place. Si ne furent pas lesdis fourriers creuz d'y prendre herberge, anchois furent bouttez hors de la ville, et peu s'en failly qu'on ne les tua. Pourquoy hastivement s'en retournerent devers le roy, auquel ilz recorderent ce qu'ilz avoient trouvé, et dont il fut moult mal meu, et eut conseil de non aller plus avant, jusques ad ce que plus à plain feust informé dont povoient sourdre teles trahisons et maulvaistiés; car il n'avoit gueres de tempz que abolly et pardonné avoit à chascun quancques on luy avoit meffait. Si n'estoit pas à croire que son frere de Clarence, ne son cousin de Warewic voulsissent penser trahison alencontre de sa personne[1]. Pourquoy le roy

1. Le 17 août 1469, peu de temps après la bataille de Banbury, le roi

se traist en ung village¹ là prez, et se loga illec atout ses gens, non gueres loingz du lieu où estoit logié le conte de Warewic.

Environ l'heure de myenuit vint devers le roy l'archevesque d'Yorc, grandement adcompaignié de gens de guerre. Si buscha tout hault au logis du roy, disant à ceulz qui gardoient son corpz qu'il luy estoit necessaire de parler au roy, auquel ilz le nuncherent : mais le roy luy fist dire qu'il reposoit et qu'il venist au matin, que lors il le orroit voullentiers : de laquele responce l'archevesque ne fut pas content. Sy renvoia les messages de rechief dire au roy que force estoit qu'il parlast à luy, comme ilz le firent. Et alors le roy leur commanda qu'ilz le laissassent entrer, pour oyr qu'il diroit; car de luy riens ne se doubtoit. Quant l'archevesque fut entré en la chambre, où il trouva le roy couchié, il luy dist prestement: « Sire, levez vous; » de quoy le roy se voult excuser, disant que il n'avoit ancores comme riens reposé; mais l'archevesque, comme faulz et desloyal qu'il estoit, lui dist, la seconde fois : « Il vous faut lever et venir devers mon frere de Warewic, car à ce ne povez vous contrester. » Et lors le roy, doubtant que pis ne luy en advenist, se vesty, et l'archevesque l'emmena, sans faire grant bruit, jusques au lieu où estoient ledit conte et le duc de Clarence, entre Warewic et Conventry, où il leur presenta son roy et seigneur souverain, par luy prins en la maniere dessusdite.

avait nommé le comte de Warwick grand justicier du quartier méridional de Galles, et grand sénéchal de tout le pays. (RYMER, V, partie II, 171.)

1. A Honiley, dans le Warwickshire. (*The Gentleman's Magazine*, XII, 616.)

Au roy fist le conte de Warewic grant chiere, sans luy faire mal de son corpz; mais, pour soy tenir sceur de sa personne, l'envoia au chastel de Warewic, et luy bailla gardes qui chascun jour le menoient esbattre où il plaisoit, là entour, au moins à une lieue ou deux [1].

1. Le récit de notre chroniqueur, et une autre version de la prise d'Édouard après la bataille de Banbury (version que nous rapportons à la fin de la présente note), viennent en aide à l'argumentation de Lingard contre ceux qui mettent en doute l'emprisonnement du roi. « Les écrivains modernes, dit-il (II, 572, note 2), ont repoussé avec dédain la captivité d'Édouard. Hume dit que les documents la contredisent. Carte et Henry la déclarent incroyable et romanesque; mais quand cela serait, ils auraient dû expliquer, ce qui, en ce cas, serait plus inconcevable, la mention qu'en font presque tous les écrivains du temps, étrangers ou nationaux, même Comines (III, 4), qui dit tenir les principaux incidents de l'histoire d'Édouard de la bouche d'Édouard lui-même, et l'annaliste de Croyland (551), qui était fort avant dans la confiance de ce monarque. Les arguments de Hume sont : 1º que les documents dans Rymer ne laissent aucun intervalle pour l'emprisonnement d'Édouard en 1470; et 2º qu'il n'en est pas fait mention, comme on l'eût fait s'il avait eu lieu, dans la proclamation d'Édouard contre Clarence et Warwick, de la même année. Mais, en premier lieu, il s'est mépris sur la date de l'emprisonnement, qui ne fut pas en 1470, mais en 1469 (*eâ ætate quæ contingebat anno nono regis, qui erat annus Domini* 1469. CONT. CROYL., 551); et, en second lieu, la proclamation ne devait point en parler, attendu qu'elle se borne à l'énumération des seules offenses qui avaient été commises après le pardon à eux accordé à Noël 1469. (*Rot. Parl.*, VI, 233.) Mais il existe un document qui met la réalité de l'emprisonnement hors de doute, la condamnation de Clarence dans laquelle le roi énumère parmi ses offenses « d'avoir compromis la royale dignité, personne et vie « du roi en *étroite garde*, le privant par là de toute sa liberté, après « avoir occasionné de grandes commotions. » (*Rot. Parl.*, VI, 193.) Je dois ajouter que dans les documents de Rymer pour 1469, il y a un intervalle suffisant de trois mois, du 12 mai au 17 août, époque qui est précisément celle assignée à l'insurrection et à l'emprisonnement. »

Voici la version que fournit le manuscrit fonds Dupuy : « La bataille commença fiere et mortelle, à grant effusion de sang; mais enfin le roy le perdit et y fut prins luy meismes, le seigneur de Rivieres aussy, son filz second et pluseurs aultres, lesquelz prisonniers furent menez devant

1295. Comment le duc de Bourguoigne envoia unes lettres au majeur de Londres. Comment le conte de Warewic envoia le roy Edouard à Londres, et comment les Londriens le recheurent à grant joye.   II.

Le duc de Bourguoigne, adverty de celle descomfiture, escripvit prestement au mayeur[1] et peuple de Londres. Si leur fist, avec ce, dire et remonstrer comment il s'estoit alyez à eulz en prenant par mariage la seur du roy Edouard, parmy laquele alyance luy avoient promis estre et demourer à tousjours bons et loyaulz subgectz au roy Edouard, et luy, duc de Bourgongne, leur avoit aussy promis de les, en ce, ayder et secourir jusques à la mort : laquele chose il estoit prest de faire se ilz voulloient entretenir leur promesse; et, s'ilz ne lui entretenoient ce que promis avoient, il scavoit bien qu'il en devoit faire. Lequel maisre de Londres aiant recheu les dites lettres du duc, assambla le commun de la cité, et là les fist lirre publicquement. Laquele lecture oye, le commun respondy, comme d'une voix, que voirement voulloient ilz au duc de Bourguoigne entretenir ce que promis luy avoient, et estre bons subgectz au roy Edouard.

Le conte de Warewic, adverty de ceste chose, doubtant que le commun d'Engleterre ne s'esmeust contre luy à cause qu'il tenoit ainsi le roy comme prisonnier, faignant qu'il ne sceust riens des dites let-

le conte de Warwich en celle place où il estoit ; lequel tout incontinent fist trencher la teste au seigneur de Rivieres, à son filz et a pluseurs aultres des plus privez et des milleurs amys du roy. Au roy ne fist il nul mal. »

1. John Young était maire de Londres en juin 1468. (*Excerpta hist.*, p. 203, note 1.) Peut-être l'était-il encore en 1489.

tres ¹, dist ung jour au roy que bon serroit qu'il allast à Londres pour soy monstrer au peuple, et visiter la royne sa femme. A quoy le roy, qui ne demandoit autre chose, respondy qu'il le feroit moult voullentiers. Et lors le conte, par une maniere fainte, rescripvi auz Londriens que le roy les alloit veoir, et qu'ilz lui feissent bonne chiere et le plus d'honneur qu'ilz pourroient; et que par ce povoit on bien parchevoir qu'il ne le tenoit mye prisonnier, ainsi que aulcuns le disoient ². Si le recheurent lors ceulz de Londres moult

1. VAR. : « Le comte adverti des lettres que le duc de Bourgoingne avoit envoyees au mayeur de Londres et au commun, soy tenant lors assés pres de Londres, en ung chastel où il tenoit le roy Edouart prisonnier, non pas estroictement, ains povoit aller jouer et esbanoier illec entour avec les gardes que Warwich avoit mises sur luy, avec lesquelz il retournoit toutes nuictz avec eux ou chastel Warwich. Donc, faignant qu'il ne sceut rien de ces lettres, etc. » (*Ms. Fonds Dupuy*.)
2. « L'explication que l'on donne généralement de l'évasion d'Édouard (dit Lingard, II, 573, note), est que l'archevêque lui permettait de chasser, et qu'un jour qu'il se livrait à cet exercice, il fut enlevé par ses amis. » (HALL., 203). La mienne est fondée sur l'autorité préférable de l'historien de Croyland, qui, tout en considérant la délivrance du roi comme presque miraculeuse, affirme néanmoins qu'elle eut le consentement exprès de Warwick. *Præter omnem spem penè miraculosè non tàm evasit, quàm de expresso ipsius comitis consensu dimissus est*, p. 551. Stow mentionne les promesses d'Édouard, et dit qu'il resta à York jusqu'après l'exécution de Sir Humphrey Nevill, p. 421. Il y a dans Fenn une lettre sans date, qui, je crois, se rapporte à cette époque. Elle relate le retour du roi d'York à Londres en compagnie de l'archevêque, qui, toutefois, n'eut pas la permission d'entrer avec lui dans la capitale, mais reçut l'ordre de rester au Moor, sa résidence, dans le Hertfordshire. Le comte d'Oxford, Lancastrien, fut traité de la même manière. — « Le roi, ajoute l'écrivain, parle bien lui-même des lords de Clarence et de Warwick et de mylords d'York et d'Oxford, disant que ce sont ses meilleurs amis, mais les gens de sa maison tiennent un autre langage, de sorte que ce qui arrivera bientôt, je ne saurai le dire. » On voit que notre chroniqueur s'accorde parfaitement avec l'historien de Croyland *sur le consentement exprès de Warwick*. (FENN, I, 294.)

lyement, tenans les plusieurs, par ce, que le conte de Warewic n'avoit pas voullu grever le roy, pourveu encores qu'il n'avoit pas esté à la bataille[1].

Tantost aprez, vint le conte de Warewic à Londres, où il assambla le commun et leur fist bien croire, par ses parolles, que tout ce quy estoit fait avoit esté pour le seigneur de Riviere et son filz defunctz seullement, qui avoient levé grans finances sur le pays, voire par l'accord des Estas, pour d'yceulz mettre sus une grosse armee et aller en France concquerre le royaulme qui estoit leur heritage; dont ilz n'avoient riens fait; ains avoient les deniers despendus à leur voullenté, parquoy ilz avoient mort desservie. Et tant allegua le dit conte d'excusations qu'on se contenta de luy; et le roy mesmes luy pardonna quancques il avoit meffait, tant à sa personne comme à son beau pere et autres, combien que le roy se parcevoit assez, à la verité, qu'il ne procedoit point envers luy de bonne foy[2].

1. VAR. : « Ceulx de Londres receurent leur seigneur à grant honneur, et leur sembla, par ce moyen, que le conte ne l'avoit point voulu grefver, pour ce meismes qu'il n'avoit point esté à celle battaille. » (*Ms. Fonds Dupuy.*)

2. VAR. : « Par telles parolles et cautelles du conte de Warwich le poeuple fut si content de luy que, voulsist le roy ou non, il convint qu'il pardonnast tout ce qu'il luy avoit fait, tant contre sa personne comme contre son beau pere et aultres. Voirement estoit ce grant malice et faulseté à ce conte de Warwich de volloir faire entendre au poeuple d'Engleterre qu'il pourchassoit le bien et l'honneur du roy Edouart et du royalme, et neantmoins il pourchassoit soy allier au roy de France pour destruire le roy Edouart, comme la fin le monstra depuis; et tellement que, une fois entre les aultres, il descouvri son corage et se vanta publicquement qu'il avoit fait le roy Edouart de la Marche, mais il le deffroit quant il vouldroit, et feroit couronner son frere, le duc de Clarence, qui avoit sa fille espousee. Pour certain aussi le cust fait par l'ayde du roy de

1296. Comment non obstant que le roy Edouard eust pardonné au conte de Warewic, si poursievy il son emprinse adfin de le deffaire.   III.

Non obstant ces apointemens et pardonnances, le conte de Warewic, quy ne pensoit nulle loyaulté devers le roy son seigneur, se party tantost de Londres[1], et fist tres grant commotion de peuple, par le moyen du duc de Clarence, de messire Richard de Wellus[2], de messire Robert son fils[3], et leurs adherens, lesquelz tournerent tout le peuple en sedition de l'esveschié de Lincolle, contre le roy Edouard; lequel, de ce adverty, se mist de rechief en armes, et se tyra auz champz, atout le plus qu'il peult finer de gens. Si se traist celle part, et les trahittes se penoient journelement d'atraire les autres peuples du royaulme à leur maulvaise querelle; allegant que le roy, en personne, tenoit les champz pour les destruire et leur toller leurs terres et possessions : ce qui ne faisoit mye à souffrir. Laquele chose estoit faulse menchonge; car comme parvers, desloyaux et plains d'ingratitude sans quelque cause, aprez que le bon roy Edouard, de sa benigne grace, leur avoit tout pardonné, conspirerent de rechief sa totale destruction et de ses loyaulz subgectz.

Le vi[e] jour de mars, doncque, ou dit an LXIX, le roy

France, n'eust esté la craincte du duc de Bourgongne, et les lettres qu'il envoya au mayeur et au commun de Londres lesquelz volloient tenir seurement ce qu'ilz avoient promis, ou par amour ou par craincte. » (*Ms. Fonds Dupuy.*)

1. Il se rendit à Warwick le 7 mars 1469 (v. s.). (CARTE, II, 779.)
2. Voyez ci-dessus, tome II, 239, note 3.
3. Il fut décapité le 13 mars. (CARTE, II, 780.)

Edouard estant à Walcain[1], lui fut raporté que messire Robert de Wellus, soy disant, par sa presumption, grant capittaine de la communaulté de Lincolle, le dimence precedent, en la conté de Lincolle, desmesureement avoit fait publier proclamations, ou nom du roy et des dis seigneurs, le duc de Clarence, le conte de Warewic et de luy mesmes, que chascun homme, sur paine de mort, feust prest et venist assambler avec luy à Tabihorch[2] le mardy prochain ensievant, pour resister aux entreprinses de ceux qui à grant puissance venoient pour destruire toute la contree de Lincolle, avec les habittacions et habittans d'ycelle. La copie desqueles lettres de proclamations fut aportee au roy Edouard; parquoy il eut conseil d'envoier hastivement à Londres, messire Richard Wellus, lequel, par le commandement du roy, luy fut amené avec messire Thomas Diminelz[3] et autres, quy là estoient venus au mandement de ses lettres soubz son privé seel.

1297. Des grans faulsetez que firent le duc de Clarence, le conte de Warewic et leurs adherens, pour destruire le roy, leur souverain seigneur.   IIII.

Or advint que le joesdy viiie jour de mars, ainsy comme le roy et son ost chevaulchoient entre Vintuisord et Reiston[4], fut prins ung jenne homme envoié par Jehan Merlin, Seneschal de Thastalle[5] pour le sei-

---

1. Waltham, abbaye du comté d'Essex, à douze milles de Londres.
2. Washingborough, à trois milles de Lincoln.
3. Dymock. Il avait épousé la sœur de Richard Welles. Il fut décapité avec Robert. (DUGDALE, II, 12.)
4. Buntinford et Royston, dans le Hertfordshire.
5. Thasted, dans le comté d'Essex.

gneur de Cornuaille[1], portant lettres escriptes le vi[e] jour de mars, adreschans audit seigneur de Cornuaille, par lesquels son seneschal l'informoit de la meutacion d'ycelles communaultez, et de la fin et intencion d'iceux. Faisant mention que se ilz venoient jusques à Staffort[2], que là ilz trouveroient les communes de la ducié d'Yorc et autres contrees, jusques à cent mille hommes qui les compaigneroient, comme par lesdites *lettres* povoit plus clerement apparoir. Lequel jour, le roy arriva à Reiston, auquel lieu vint devers luy ung serviteur de son frere de Clarence, qui luy presenta lettres de par le duc; combien que au departement de eulz deux, en la ville de Londres, ledit duc eust prins congié du roy son frere pour aller es partyes occidentalles du royaulme. Touteffois pour faire service au roy son souverain seigneur, il se disposoit de venir vers Sa Haultesse, et avec luy le conte de Warewic pour se apointier, et contenter le roy sur les faulz rapors dont il povoit avoir esté infourmé. Et le roy aiant leu ces lettres de par son frere le duc de Clarence, fut moult joyeulz, et pour luy faire responce, adfin qu'il congneust que ses lettres luy estoient tres agreables, lui rescripvi de sa propre main, le mercyant cordyalement; cuidant que les dis et fais de son dit frere s'acordassent à tout bien, ce que non; ains estoient causez de faulse dissimullacion, comme il apparut par les prosecutions d'yceulz. Et ainsi donna

1. Humphrey Bourchier, lord Cromwell, tué à la bataille de Barnet en 1471. (DUGDALE, II, 130, 133). Il fut appelé au parlement en 1461 comme lord Cromwell, du droit de sa femme. (FENN, II, 65, note 4.)

2 Stamford, dans le Lincolnshire, sur les limites du Northamptonshire.

le roy commission¹ auz dis duc et conte souffisamment de lever, en diverses contrees de son royaulme, ses peuples pour venir en leur compaignie le visiter et servir alencontre de ses rebelles. Et, ce fait, se party le roy lendemain de ce lieu; si s'en alla à Huntingdon², auquel lieu le roy arrivé manda devant luy le seigneur de Vellus, messire Thomas Diminelz et autres; lesquels il fist examiner à part separement, et ilz confesserent que les consaulz de la conspiration furent tenus en l'hostel dudit messire de Vellus, lequel avec ledit sire Thomas avoient esté les premiers sachans lesdites conspirations : ce qu'ilz eussent bien destournez s'il leur eust pleu; mais, au contraire, avoient esté les vrais causeurs et provoqueurs de ce mallefice, pour laquele confession et plusieurs autres circonspections, le roy commanda d'envoier pardevers le filz dudit seigneur de Vellus, et estroitement le admonester qu'il laissast la compaignie des communes, et se venist mettre avec eulz, en la bonne grace du roy : ou autrement, pour leurs demerites et faulses trahisons, seroient pugnis selon leurs desertes. Non obstant laquele chose venoient journelement nouvelles au roy, que ledit seigneur de Vellus et les communes estoient jà passez Lincolle et venoient en grant nombre vers Grawnten³.

Le dimence ensievant, xi⁰ jour de marcz, le roy alla à Flandringay⁴, où il fut adverty que les dis rebelles venoient vers lui; mais les aulcuns changeoient

---

1. Cette commission est datée de l'abbaye de Watham, le 7 mars 1469 (v. s.). (Rymer, V, partie II, 173.)
2. Dans le Huntingdonshire, à cinquante-neuf milles de Londres.
3. Grantham, dans le Lincolnshire.
4. Fotheringay, dans le Northamptonshire.

leur chemin, tyrant vers Lincestre[1], par la monition des dis messagiers à eulz envoiez des duc de Clarence et conte de Warewic, desirans que le lundy ensievant ilz feussent à Lincestre, où ilz promettoient se joindre à eulz adcompaigniés de xx^m hommes, comme il fut aussi sceu par la confession dudit messire Robert de Vellus[2] et autres moindres capittaines; par quoy appert clerement que, ce tempz pendant, les dis duc et conte, pour venir à leur maulvaise intencion, se dissimuloient envers le roy pour la destruction de lui; jà soit ce que, quant le conte de Warewic prinst congié du roy en la cité de Londres, il luy promist de faire tout service et assistance à resister contre les rebelles. Pour laquele promesse le roy le fist privé des apointemens qu'il faisoit, du nombre de gens qu'il voulloit avoir avec luy ou dit voyage et des dons et payemens que pour ce il voulloit faire. Et oultre ce, le roy, en confidence de la dicte promesse, envoia mesmes auz dessus dis seigneurs, comme j'ay touchié cy dessus, commissions de lever peuple et luy mener en son service; et le duc de Clarence, quant il demanda à Londres congié du roy pour aller esdites marches occidentalles, où il avoit desjà envoié sa femme, detria ce qu'il peult le roy d'aller contre les dis rebelles; et, en ce delay, manda audit messire Robert de Vellus qu'il se hastast de venir avant, ainsi comme il estoit proposé; laquele chose se elle feust parvenue à leur entente, il n'est point doubte que le roy et sa compaignie n'eus-

---

1. Leicester.
2. Voir sa confession dans *Excerpta historica*, page 282.

sent esté ruez jus, et qu'il soit vray que le dit duc dis-
simulloit, comme dit est, il appert; car le prochain
matin aprez le partement du roy de Londres, le dit
duc de Clarence, le seigneur de Vellus, le pryeur de
Saint Jehan[1] et autres, tindrent au lieu de Saint Jehan
uñg privé conseil, et incontinent aprez y cellui finé,
se party le dit duc pour aller à Warewic, tout au contraire de son donné à entendre au roy. Sur lequel
chemin il rescripvi les dites plaisantes lettres qu'il envoia à son frere, le roy, à Reston : à quoy aussy le
roy luy respondi par escript, ainsi que j'ay dit, cuidant estre tout vray quancques le duc son frere luy
rescripvoit. Et pareillement ancores, depuis, luy res-
cripvirent les dis duc et conte de Warewic autres
plaisantes messageries, par quoy le bon roy cuidoit
tousjours que leurs dis et rescriptions si feussent choses
lealles et feables : tant que le xiiie jour de mars il vint
à Grawnten; ouquel tempz, soubz umbre des dites dissimulations que journelement ilz envoierent par devers les dis rebelles, yceulz enhortant qu'ilz tenissent
le chemin vers Lincestre, où ilz leur promettoient
joindre avec eulz, et oultreement les assister prendant leur party. En quoy aparut clerement leur faulseté desnaturee. Et, n'eust esté la grace de Dieu, quy
si espandy par la maniere que je diray, le roy estoit
en grant peril : c'est à scavoir que messire Robert,
filz au seigneur de Vellus, pour les lettres qu'il avoit
eu de son dit pere, contenans que s'il ne laissoit son
emprinse il causeroit la mort de son dit pere, laissa

1. John Langstrother, nommé trésorier de l'Échiquier le 20 octobre
1470. (RYMER, V, partie II, page 178.) Décapité après la bataille de
Tewksbury en 1471.

le chemin de Lincestre; par quoy tous les trahittres ne se porrent pas joindre ensamble, et prinst le chemin d'Estamfort, en intencion de souprendre le roy, et subvenir à la vie de son seigneur de pere.

1298. De la grant battaille que le roy Edouard eut alencontre des rebelles et trahytres conspirateurs, lesquelz il desconfist.   V.

Le lundy bien matin, non obstant ces dictes faulses dissimulations, le roy Edouard, de son tres noble et vertueux corage, se mist auz champz et alla à Stamfort; mais devant luy fist chevaulcher son advangarde alencontre desdis rebelles, puis luy mesmes, avec sa battaille, s'en alla repaistre à Stamfort, auquel lieu luy vindrent nouvelles du duc de Clarence et du conte de Warewic, que lui raporterent ung prestre et Thomas Ouvdculle[1], certiffians de rechief au roy, par leurs lettres, qu'ilz venoient vers luy pour le servir et ayder alencontre des rebellans; que desja ilz estoient à Conventry[2], et ledit lundy serroient à Lincestre, dont le roy les mercya par propres lettres escriptes de sa main, puis prinst le chemin vers ses annemis. Et quant il sceut que veritablement ledit sire Robert de Vellus ne desistoit pas de sa faulse et deslealle emprinse, ains se monstroit formeement son adversaire, et estoit en armes, à baniere desploiee, fut advisé par le roy et les grans seigneurs estans avecques luy qu'il n'estoit pas expedient ne honnourable au roy de exposer sa personne en adventure de bataille, sans, premiers, avoir

1. Var. : « Ung prestre nommé messire Richard Ourdehal. » (Ms. n° 432, *Fonds Sorbonne*.)
2. Coventry, dans le Warwickshire.

justicié lesdis seigneurs de Vellus et ses complices prisonniers pour les parverses et desloyalles trahisons par eulz commises alencontre de sa royalle magesté. Si commanda illec le roy presentement sur les champz, desoubz sa baniere, yceulz estre executez jusques à mort, comme ilz furent. Et, ce fait, fist le roy marchier son ost avant vers lesdis rebelles, et au joindre les battailles, les communes cryoient : « Clarence à Warewic! » et portoit messire Robert de Vellus, leur capitaine, la livree du duc de Clarence. Si eut illec grant occision; mais il pleut à Nostre Seigneur envoier au roy Edouard la victore sur ses annemis, qui estoient plus de xxx mille hommes, dont la pluspart eussent esté occis se ne feust la plentureuse grace et benignité du roy, qui, voiant leur descomfiture, se mist en paine et labeur de faire cesser la dicte occision pour saulver ses subgectz. Et en ceste chasse fut occis ung des gens au duc de Clarence, sur lequel furent trouvees plusieurs lettres contenans matieres sedicieuses pour subvertir le peuple du roy, avec les plus grandes, horribles et abhominables trahisons machinees et conspirees contre le roy et bien publicque de son royaume que oncques furent veues ne pourpensees : lesqueles escriptures le roy fist garder pour ycelles mettre avant quant heure luy en sambleroit. Et fut prins à ladicte chasse sire Thomas de La Lande[1], chevallier. Aprez laquele victoire[2] eue, le roy s'en retourna audit lieu d'Estamfort, luy et son ost, où, en

---

[1]. Thomas de La Laund, écuyer, marié à une des sœurs de Richard Welles. Décapité après la bataille. (DUGDALE, II, 12.)

[2]. La bataille de Stamfort se donna le 12 mars 1469 (v. s.) (CARTE, II, 780).

la grant eglise d'ycelle ville, rendy graces et loenges à Nostre Seigneur de la victore qu'il lui avoit envoiee de ses dis annemis.

1299. Comment les conspirateurs et capittaines des communes furent prins, lesquelz confesserent que par le duc de Clarence et le conte de Warewic s'estoient eslevez.   VI.

Or advint que, le xiiiie jour dudit mois de marc, le roy estant audit lieu d'Estamfort, non soy ancores deffiant du duc son dit frere ne du conte de Warewic, leur rescripvi deux lettres de sa propre main, lesqueles il leur envoia par ung sien escuiier de corpz, nommé Jehan Don, par ycelles leur signifiant comment il avoit pleu à Nostre Seigneur lui avoir donné la victore : par quoy il les enhortoit qu'ilz departissent le peuple par eulz assamblé, et qu'ilz venissent devers lui avec competent nombre de gens, selon leur estat ; car il luy sambloit tres necessaire de mettre rigle en la conté de Lincolle, pour le bien de luy et de son peuple, du tempz à venir ; car le roy cuidoit que lesdis duc et conte eussent esté à Lincestre, ainsi qu'ilz luy avoient escript, comme dessus est dit, et fait acroire qu'ilz eussent esté le mardy, au plus tard, s'ilz n'eussent eu nouvelle de ladicte victore ; et aussi que ancores n'avoient pas le nombre de peuple qu'ilz atendoient, ou ce que ledit messire Robert de Vellus tourna son chemin vers Stamford atout sa compaignie, en intencion de rescourre son pere, par quoy ilz tarderent à Conventry.

Or doncques, pour retourner à nostre matiere, le merquedy et joesdy xve et xvie jours de marc, le roy estant à Grawnten, les capittaines de sa compaignie coururent et prindrent aulcuns capittaines des dis rebelles, telz que ledit messire Robert de Wellus, Richard Waren[1] et autres. Si les amenerent devant le roy, où ilz furent chascun à part examinez sur les villains cas par eulz commis, et ilz confesserent, de leurs frances voullentez, que lesdis duc de Clarence et le conte de Warewic estoient, non pas seullement participans, mais chiefz de toutes leurs trahisons que fait et machiné avoient, et que leur propos estoit, outreement, de destruire le roy et faire le dit duc de Clarence couronner. Lesqueles confessions, à l'heure qu'ilz furent excecutez à mort, ilz affermerent ancores estre vrayes, publicquement, devant toute la multitude des assistens en l'ost du roy.

Vous avez bien oy, cy dessus, comment le roy Édouard, aprez ceste victore eue, envoia lettres à son frere, le duc de Clarence, et à son cousin de Warewic, lesquelz le messagier trouva à Conventry, comme dit a esté, où il leur delivra les lettres du roy : et ycelles par eulz veues, ilz promisrent audit Jehan Don, que en toute dilligence yroient devers le roy atout mil hommes en leur compaignie, ou xv^{cz} au plus, delaissant leurs autres gens derriere. Non obstant laquele promesse, à leur partement de Conventry, avec toute leur compaignie prindrent le chemin vers Bruten[2], sur Tarente. Laquele chose voiant, ledit Jehan

---

1. Richard Wareyn. Voir les proclamations datées des xiii, xxiii et xxxi mars, dans lesquelles sont rappelés les griefs de ceux qui ont pris part à l'insurrection du comté de Lincoln. (*Warkworth's Chronicle*, 52-59, notes.)

2. Bruton sur Trent, dans le Staffordshire.

Don leur dist qu'ilz n'estoient pas sur leur droite voie pour aller devers le roy : et ilz respondirent qu'il leur convenoit aller par là, pour parler à leurs pietons. Lequel adont, courtoisement, sans plus parler, prinst congié d'eulz : et, sur ceste coulleur, ilz allerent audit lieu de Bruton, et de là à Derby[1], pour eslever le peuple, et eulz emforchier, autant qu'ilz pourroient, à l'encontre du roy, continuant en leur maulvaise dissimulation.

Ancores, durant ces choses, le roy entendy que, en sa conté de Richemont[2], le seigneur de Strop[3] et autres, à l'incitacion du duc de Clarence et du conte de Warewic, esmouvoient le peuple à l'encontre de luy. Pour quoy il envoia en Northumbelland et en Westland[4] signifier que chascun feust prest pour resister à l'encontre d'eulz, ou cas qu'ilz vendroient en ces contrees : et de ce rescripvi au conte de Northumbelland, marquis de Montagu[5], lui commandant de les rencontrer atout la puissance des dis pays. Laquele chose venue à la congnoissance dudit seigneur de Strop et ses complices, avec la nouvelle de la victore du roy, tout bien consideré, veu que c'estoit contre le roy qu'ilz estoient enhortez de gens assambler, craignans qu'il ne venist briefment celle part, se desisterent de ceste emprinse.

1. Dans le Derbyshire.
2. Richmond, dans le Yorkshire, à vingt-six milles d'York.
3. Voyez ci-dessus, tome II, page 226, note 1.
4. Northumberland et Westmoreland.
5. John Nevill ne fut créé marquis de Montagu que le 25 mars 1469 (v. s.), treize jours après la bataille de Stamfort. (Voy. ci-dessus, tome II, p. 250, note 3.)

1300. Cy fait mencion des lettres que le duc de Clarence et le conte de Warewic envoierent au roy, soubz fausse dissimullation.   VII.

Le samedy, xvii° jour de marc, le roy estant à Nyeuwerch[1], monté à cheval, vindrent devers luy, de par le duc son frere et le conte de Warewic, ung nommé Ruffolt[2] et Henry Vrothefley[3], avec plaisantes lettres, plaines de toutes dissimulations, par lesqueles ilz mandoient au roy qu'ilz voulloient venir devers luy à Reddeford[4], lesquelz le roi expedia celle nuit. Et lendemain le roy envoya Jaretiere[5], son roy d'armes, atout deux privez seaulx, sommant et commandant en yceulz aux ditz duc et conte, pour lors estans à Certefled[6], que sans delay venissent devers luy pour eulz excuser et respondre à certains poins dont les capittaines des communes de la conté de Lincolle les avoient encusez; desqueles sommations la teneur s'ensieult : « Frere, Nous sommes infourmez par sire

---

1. Newark sur Trent, dans le Nottinghamshire.

2. Thomas Fulford, chevalier, se trouve sur la liste des personnes déclarées rebelles par Édouard IV, le 27 avril 1471. (RYMER, V, partie III, 3.) John Paston annonce à sa mère, le 28 septembre 1471, que « sir Thomas Fulforth escaped out of Wesminster with 100 spears (spearmen), as men say, and is into Devonshire. » (*Fenn's original Letters*, II, 83.) Fenn met en note (page 79) que ce seigneur périt sur l'échafaud.

3. Sans doute Sir *Walter* Wrottesley. Voyez ci-dessus, tome II, p. 408, note 2.

4. Retford, dans le Nottinghamshire.

5. John Smert, créé roi d'armes de la Jaretière, le 3 avril 1450 ; mort avant le 6 juillet 1479. (ANSTIS, II, 348, 354.)

6. Chesterfield, dans le Derbyshire. C'est peut-être la même ville que Fenn (II, 37) nomme Esterfield, à vingt milles de Doncaster. « The duke of Clarence and the earl of Warwick, was at *Esterfield*, 20 miles from Doncaster. »

Robert de Wellus et autres que avez labouré, au contraire de la naturele amour et devoir de ligeance que nous devez, certaines et diverses matieres de tres grans poix : et aussi que certaines proclamations[1] ont esté faites, ou nom de nostre cousin de Warewic, pour assambler et eslever nostre peuple, sans faire mencion de nous; et, oultre ce, avez envoié certaines lettres missibles, tendans à la fin dessus dite. Ce non obstant, Nous, non voeillans oublier ou mettre arriere ce que en tel cas apartient à nous de faire, vous signifions les choses dessus dites adfin que venez à vostre declaration et excusation sur ce : à quoy vous recepvrons, se y voullez venir ainsy humblement comme il apartient à ung liege homme venir devers son souverain seigneur. Ou quel cas, ne oublierons pas indifferente equité en nous mesmes, telement que nulle raisonnable et bien disposee personne porra dire ou penser que vous aions traitié autrement qu'il n'affiert, veu la proximité de sang en quoy nous atenez, et selon nos loix. Pour quoy, ces presentes par vous veues, vous chargons, sur la foy que naturelement debvez porter envers vous et sur paine de nostre lygeance, que incontinent departez l'assamblee et compaignie par vous faite, et que à toute haste venez, et vous adreschiez humblement à nostre presence, adcompaignié raisonnablement, comme il apartient en tel cas; vous signifiant que se ainsi ne le voullez faire, ains continuez en vostre deslealle assamblee de nostre peuple, perturbant nostre paix, ou comtempt de nostre mandement, il nous convendra, combien que tres grief

---

[1]. Voir ces proclamations dans *Warkworth's Chronicle*, pages 46-51.

nous serra, proceder au pugnissement de vous, à l'exemple rigoreuz de tous nos autres subgectz. Et s'il advient que, en ce faisant, se ensieve effusion de sang humain ou mort d'aulcuns nos subgectz de cestui nostre royaulme, Nous appelons Dieu et sa glorieuse Vierge mere, monseigneur saint George et tous autres sains, en tesmoignage que vous seul en serrez coulpable et deverez estre chargié, non pas Nous. Donné à Nieuwic, le xviiie jour de marc, an LXIX[1], soubz nostre privé seel. » La superscription est : « A nostre frere de Clarence. » Et quant au privé seel adreschant au conte de Warewic, il estoit pareil au dessus dit en substance, fors seullement du stille en tel fourme qu'il apartenoit.

1301. Ancores de autres faulses lettres envoiees par yceux duc et conte au roy, pour le tromper.   VIII.

Ce xviiie jour dudit mois de marc, le roy estant arrivé à Lancastre, vint devers luy, de par les dis duc et conte, ung chapellain dudit Warewic, nommé messire Richard[2], quy lui aporta, de par eulz, tres plaisantes lettres contenans en effect qu'ilz vouldroient voullentiers venir pardevers luy, pourveu qu'ilz feussent seurs de eulz et leurs compaignies, et avoir pardon pour eulz, avec tous seigneurs et autres quelzconques quy auroient assisté leur party. A quoy le roy respondy que, puis n'avoit gueres, à leur requeste et priiere il avoit donné general pardon à eulz et à tous autres, esperant que, de là en avant, eulz et tous autres serroient de meilleur gouvernement et disposi-

---

1. Vieux style.
2. Voyez ci-dessus, p. 14, note 1.

tion devers luy et son royaulme que paravant n'avoient esté ; et de rechief, à leur mesmes requeste, avoit amplié et ralongié son dit pardon et grace à plus long jour que devant : pourquoy, et veues les belles promesses et messageries que depuis n'a gueres lui avoient envoiees, tant par escript comme autrement, il s'esmerveilloit grandement qu'ilz delaioient tant leur venue devers luy, et que luy envoioient tele responce pour excusation ; mais, puisque ainsi estoit qu'il leur avoit envoié ses semonces, ainsi que dit est, par ledit Jaretiere, dont il esperoit avoir responce ce jour mesmes se ilz vendroient ou non, toutesvoies, adfin qu'il leur aparust plus clerement de sa voullenté, il delivra de rechief audit messire Richard deux lettres soubz son privé seel, adreschans auz duc et conte, lesqueles il luy charga expressement les leur delivrer.

Or, advint que le lundy, xixe jour dudit mois de marc, [devant nonne], vindrent devers le roy, audit lieu de Lancastre, Russort[1] et sire Willame Pare[2] portans lettres de credence de par les dis duc et conte ; laquele credence s'acordoit en effect au raport et messagerie du dit sire Richard venant de par eulz, expressement disans qu'ilz ne voulloient pas venir, se ilz n'avoient seureté de sejourner et retourner : et aussi voulloient avoir le pardon dessusdit du roy, en la fourme devant dite : et, quant à la sceureté, ilz entendoient que le roy feist sollempnel serment à eulz, et eulz à luy. Sur quoy le roy eut advis de tous les seigneurs et nobles hommes estans avec luy, tant que public-

---

1. C'est probablement le même personnage que Ruffolt, nommé un peu plus haut. Voyez page 19, et la note 2.
2. Voyez ci-dessus, tome II, page 408, note 1.

quement, il respondy tout hault qu'il les voulloit traitier comme roy doit traitier ses subgectz et lyeges hommes, et non pas comme ses anchiens annemis de France, lesquelz ne vouldroient requerre si estroite sceureté pour venir en sa royalle presence : disant, oultre, qu'il esperoit estre en leur ramembrance que puis n'a gueres leur avoit fait pardons generaulz, et, aprez yceulx, avoient insurrections et rebellions esté faites en sa conté de Lincolle et la contree d'environ, tant contre luy que au prejudice de la chose publicque de son dit royaulme, desqueles ilz estoient les drois provoqueurs, causeurs et conspirateurs d'aulcuns leurs complices. Pour quoy, s'il estoit liberal de son dit pardon, veu les hayneuses accusations dont ilz estoient chargiés, sans premiers oyr leurs excusations sur ce, il porroit tourner en trop maulvaiz et perilleux exemple d'autres ses subgectz en cas samblable, ou peril de sa personne ou du bien commun de son dit royaulme. Toutes lesqueles choses le mouvoient de les appeler à venir, pour eulx excuser et declarer leurs dites excusations ; et se ilz povoient les encoulpemens prouver estre faulz, il en serroit aussi joieux que eulx mesmes, et les recepvroit voullentiers en sa bonne grace et faveur. Et supposé que ainsi ne le seussent ou peussent faire, ancores ne vouldroit il pas mettre arriere ou en oubly la proximité de sang dont ilz lui atenoient, ne aussi l'anchienne amour et affection qui, de long tempz, avoit esté entre eulz; ains leur voldroit estre piteux et monstrer toute benignité : et, en tant que sedicieux et faulz languages par leur moyen estoient semez ou pays du North et autre part, pour esmouvoir ses subgectz à l'encontre de lui, disant qu'il ne voulloit pas tenir ses graces et pardons par luy ottroiez et donnez ainsi que dit est, il dist, se eulz ou aulcuns d'eulz, ou autres chevalliers de son royaulme voulloit dire ou maintenir ledit language, lui en sa personne, comme chevallier, se offroit de faire bon le contraire, et qu'ilz disoient faulsement sur lui. Et, oultre ce, commanda au dit sire Guillaume Pare, et Ruffort, que ilz deissent aus dis duc et conte que se ilz voulloient venir devers luy ainsi, et en la maniere contenue en ses semonces, il se tendroit de ce content et plaisant; mais se ilz, aussi, ne le voulloient faire, ains estoient refusans pour leurs demerites obstinees et desnaturé gouvernement, il les reputoit et declaroit telz que raison le voulloit, et les loix de son royaulme le requeroient, chargant oultre aus dis messages, comme nobles et qui lui devoient porter feaulté et lygeance, que se, aprez le raport par eulz fait aus dis duc et conte, en la maniere par luy à eulz enjoincte, ilz les trouvoient obstinez, ilz les laissassent et retournassent vers luy en acquitant leurs lygeances devers luy, et luy acquiter et assister à l'encontre d'eulz et autres : et qu'ilz donnassent commandement et charge à tous chevalliers et escuyers ou autres ses subgectz, estans en la compaignie des dis duc et conte, sur paine de leur lygeance, que ainsi le feissent. Sur quoy les dis Pare et Ruffort, doubtans qu'ilz ne deussent point estre souffers ouvrir les dis commandemens du roy, luy requirent humblement qu'il pleust à sa bonne grace envoier avec eulz ung sien officier d'armes, nommé La Marche : ce que le roy leur accorda. Si partirent de luy, et s'en allerent devers ledit duc de Clarence et le conte de Warewic, ausquelz ilz firent leur message; à quoy ne prindrent quelque regard, anchois furent totalement refusans d'obeyr, et demourans en leurs obstinations. Si se trairent vers leur compaignie en Lautregier[1], esperans d'ycelle accroistre, et que, de là et d'Yorc, ilz leveroient si grant puissance que fors assez serroient pour combattre le roy et son armee.

1302. Ancores des grans tromperies que chassoient tousjours à faire yceulz duc et conte à l'encontre de la personne du roy.   IX.

Le mardy matin, le roy, qui n'estoit point adcertené comment les dis duc et conte se vouldroient gouverner envers lui, se prepara et mist auz champz, en noble arroy et ordonnance de battaille, advanchant sa baniere vers Cestrefeld[2]: et quant les chevaulcheurs devant eurent esté venus à Rotherhain[3] pour prendre leurs logis, celle nuit se loga le roy illec, où il eut nouvelles certaines [du departement] d'iceulz duc et conte; pourquoy, par sa haultesse et aussi par le conseil des barons et seigneurs de sa compaignie, il eut deliberation qu'il ne les porroit continuelement poursievir atout son grant ost, pour ce que les devant dis, avec leur compaignie, avoient consumé et degasté les vivres avant eulz, et si estoit ce pays de soy mesmes sterile, qui ne povoit soustenir une si grant multitude que le roy menoit sans avoir nouvel rafreschissement; et pour ycelle cause, le roy quy se voul-

1. Ils allèrent à Manchester, dans le Lancashire. (*Fenn's original Letters*, II, 39.)
2. Chesterfield.
3. Rotherham.

loit mettre entr'eulz et les forces des parties de Northumbelland, avec quy ilz avoient grant desir de eulz joindre, il s'adrescha, lui et son ost, devers la cyté d'Yorc, plainement determiné de le rafreschir et advitaillier, et par cest chemin entrer en Lanchaschiere[1], ouquel lieu, se ilz l'atendoient, resisteroit à leur mallice. Si loga celle nuit en son chastel de Pontfret[2], et lendemain, qui fut joesdy xxii° jour dudit mois de march, arriva en sa cité d'Yorc, où il sejourna jusques au xxvi° jour, en establissant teles rigles et directions qui pourroient estre souffisans à avoir provisions de vivres à son dit ost, puis se tyra vers Lanchaschiere. Et là vindrent devers lui le seigneur de Strop, chevallier, portant la Jaretiere, sire Jehan de Commere[3], Guillame Commere, le jenne Hyliard[4] de Holdesnesse et autres, qui avoient grandement labouré, provocquié et esmeu le peuple esdites partyes contre le roy; lesquelz se vindrent francement submettre en la bonne grace et mercy du roy, lui suppliant tres humblement l'ottroy de sa benigne misericorde; et aussi, de leurs frances voullentez, non constrains ne requis, confesserent liberalement que des dites commotions faire ilz avoient esté exhortez et fort pressez par les rescriptions des dis duc et conte, et par leurs propres familliers messages, et avoir devers yceulz mené la plus grant puissance qu'ilz eussent peu, adfin de rencontrer et destrousser le roy et sa

1. Lancashire.
2. Pontefract.
3. John Coniers. Mort. de 1489 à 1490. Il eut un frère et un fils du nom de William. (DUGDALE, III, 291.)
4. Hillyard.

compaignie; affermans, par leurs sermens sollempnelz, et sur le corpz de Jhesucrist qu'ilz recheurent, tout ce estre veritable, avec les confessions que fait avoient messire Robert de Vellus et ses complices à leur mort : à scavoir que, en effet, la resollution finalle des dis conjurateurs estoit de destruire ou aprehender la personne du roy, à la destitution de sa noble regalité et subvertion de la chose publicque d'ycellui.

1303. Comment le roy Edouard desconfist en battaille le conte de Willebic[1]; et comment le conte de Warewic se rendit fugitif devant le roy.   X.

En ce tempz, eut le roy Edouard une bataille à l'encontre du conte de Willebic, lequel ce conte de Warewic avoit fait mal du roy; sicque, par son enhort, il eût corage de le combattre, comme il fist, en plains champz; mais il fut descomfy et prins, et lui fist le roy la teste trenchier. Puis, tost aprez, le conte de Warewic, adcompaignié de son gendre le duc de Clarence, frere du roy, se prepara à grosse puissance pour combattre le roy; lequel, de sa part, aussi assambla tout son povoir, et se mist aux champz pour combattre ses annemis.

Quant Warewic vey que le roy faisoit ses preparations pour le combattre, il envoia devers luy pour avoir ung saulfconduit : à quoy le roy respondy que declarer luy convenoit plainement se il estoit Anglois, Escochois ou Francois; et, s'il estoit Escochois ou Francois, il luy envoieroit saulfconduit, comme à son annemy; mais s'il estoit Anglois, venist vers luy, et lui feroit

---

1. Wavrin revient encore sur ses pas et reparle de la bataille de Stamfort et de la mort de Richard Welle, seigneur de Willoughby. Voy. ci-dessus, page 15.

raison et justice. Laquele responce oye par le conte, il se mist en ordonnance pour combattre le roy lendemain; mais il advint, en celle nuit, que l'un des grans capittaines du dit conte de Warewic, qui avoit esté filz[1] de Thalbot, en son tempz si renommé, à toute sa compaignie de trois mille combatans ou environ, s'en alla rendre au roy Edouard, qui le rechut bien voullentiers : mais, sitost que Warewic s'en aparcheut, il s'en fuy hastivement, et toutes ses gens se retrayrent où ilz se cuiderent le mieulz saulver; combien que les gens du roy les poursievyrent, qui plusieurs en occirent, et le conte de Warewic ne cessa de faire sa dilligence de fuyr, tant qu'il fut hors du royaulme d'Engleterre. Pourquoy le roy Edouard, doubtant que le conte ne se tyrast à Callaix, dont il avoit esté longuement capittaine et souverain gouverneur, il y envoia hastivement, adfin que ceulz de la ville ne le laissassent entrer dedens ycelle, ne au chastel. Sicque ceulz de Callaix, advertis de la fuite et estat dudit conte, restituerent leur ville et chastel en la main du roy Edouard, lequel incontinent y constitua tous nouveaulz officiers[2].

1. John, comte de Shrewsbury, *petit-fils* du grand Talbot. Mort le 28 juin 1473. (DUGDALE, I, 331, 332.)

2. Voici la version du manuscrit n° 432 (*Fonds Sorbonne*) au sujet de cette remise de Calais entre les mains d'Édouard.

« Comment le duc et le conte de Warwic, sachant comment le roy estre adverti de leurs faulses machinations, et comment ilz avoient commeu la plus part des peuples du royalme à rebellion, à l'encontre de la noble personne du roy et de sa noblesse, et meismement de la chose publique de son royalme, et ossy qu'ilz estoient advertis comment par les confessions de messire Robert Wellis et aultres qui avoient esté executés, et par aultres quy, de leur pure volempté, avoient congneu au roy, en la presence de tous ses barons, chevaliers et escuiers, com-

[1470] SIXIÈME PARTIE, LIVRE VI, xi. 29

1304. Comment le conte de Warewic cuida entrer à Callaix : comment le seigneur de Scalles luy occist une partye de ses gens ; et comment on se gouverna lors sur la mer. XI.

Environ Pasques de l'an mil iiii^{cz} lxx, le conte de Warewic, le dūc de Clarence et leurs femmes, avec

ment leur intention sy estoit de destruire le roy adfin de faire son frere le duc de Clarence roy; car ainsy l'avoit promis le conte de Warwic au duc de Clarence, adfin qu'il preist sa fille en mariage, comme il fist. Mais Dieux y pourvei, comme vous avez oy et orez appres en ceste histoire. Or doncques, quant ils veirent que, pour ceste fois, ilz n'avoient peu venir à chief de leur emprinse, donnerent congiet à la plus part de leurs gens, et le demourant retindrent et tirerent vers Warwicq, où ilz trouverent leurs femmes : c'est assavoir la ducesse de Clarence, la contesse de Warwicq et leur seconde fille. Et eulx là venus, conclurent tous ensamble de tirer vers Calaix, où ilz avoient intention de laissier leurs femmes et la plus part de leurs bagues, et eulx tirer vers Normendie, où le conte de Warwicq avoient promis estre vers le roy Loys de France ; mais la chose n'en vint pas tout à leur plaisir; car le roy Edouart fu adverti environ vi jours apres leur departement, de leur alee, parquoy hastivement il envoya vers Calais pour leur faire savoir que, sus encoire en son indignation, ne fussent telz ne sy ozés de mettre ne recepvoir en sa bonne ville de Calaix le duc de Clarence ne le conte de Warwicq, lesquels il tenoit pour ses anemis. Le message estre venu à Calais avant ce que le duc et conte y peuissent estre arivé environ ung demy jour, bailla ses lettres au seigneur de Wenneloc, lieutenant du conte de Warwicq, en la presence du seigneur de Duras, du maistre de l'Estaple et de tous ses soldoiyers, entre lesquelz il y eult pluseurs haultaines parolles : mais tant et sy bien s'y conduirent, à ceste fois, que le seigneur de Wenneloc, le seigneur de Duras et aultres sages et prudens hommes firent tant, et par sy bonne maniere, qu'ilz furent maistre et seigneur du chastel et de la grosse tour, où au par dehors avoit une saillye, laquelle fu derompue et le pont et place quy y estoit fu rompu et abatu, adfin que nulz de ceulx de dedens y peuissent avoir boutté ne faire yssir de dehors personne oultre leur voulenté. Et par ainsy convint que ceulx de la ville et du chastel s'acordassent à obeir le commandement du roy. Laquelle chose ilz firent tres enuis; car tant amoient le conte de Warwicq que, s'il fust advanchié de plus tost estre venus, luy et sa compaignie fussent entrees dedens la ville de Calais. »

la jenne fille[1] du dit conte, et tout ce qu'ilz avoient peu prendre et porter de leurs biens, et assambler de gens de guerre, entrerent en mer, à grosse puissance. Si s'en allerent devant Callaix, esperans qu'ilz se metteroient dedens la ville; mais les habittans d'ycelle leur refuserent l'entree[2]. Laquele chose voiant le conte, il commenca de assaillir la ville, tant que d'ycelle en y eut VII ou VIII mors. Adont ceulz de Callaix envoierent devers le duc Charles de Bourguoigne, au secours, pour ce que le conte jura qu'il y metteroit le siege; ausquelz le duc promist qu'il leur envoieroit bon secours avant quatre jours passez; mais Warewic se desloga, et remist en mer avant ce terme, atout son armee, et prinst à celle fois plusieurs navires de marchans espaignolz, hollandois, ostrelins et anglois[3]. Si faisoit les hommes qu'il prendoit gecter

1. Anne, fiancée peu de temps après au prince de Galles.
2. Commynes nous apprend (I, 235) comment Warwick fut reçu à Calais, dont il était capitaine, et où se trouvoient « son lieutenant en la dicte ville, appellé monseigneur de Waneloc, et plusieurs de ses serviteurs domestiques, qui, en lieu de le recueillir, luy tirerent de grans coups de canon. »
3. VAR.: « Si s'en allerent devant Calaix où ilz cuiderent entrer, mais ilz faillirent; car ilz leur fu deffendu et refusé l'entree, dont le duc de Clarence et le conte de Warwicq furent mal content, et en especial icelluy, quy s'en disoit estre cappitaine; mais force luy fu de le souffrir, car pour l'eure ne le povoit amender. Sy s'excuserent ceulx de la ville et monstrerent de dessus la muraille les mandemens et lettres qu'ilz avoient du roy; par quoy, en nulle maniere, ilz ne voldroient aller à l'encontre des mandemens du roy, ne les transgresser en maniere quelconcquez. Duquel refus, le duc de Clarence et le conte, et ceulx quy avecq eulx estoient, cuiderent marveoir : et, de fait, tirerent canons et veuglaires les ungs contre les aultres, et disans les deux parties l'un à l'autre pluiseurs injures et reproches; car dedens la ville de Calaix y avoit assez gens que, s'ilz se fussent veus les plus fors, ilz euissent boutté le conte de Warwicq dedens. Le conte de Warwicq, veans qu'il n'estoit point obey comme il

en la mer, sans quelque mercy, et prenoit les biens, avec retenant les navires. Puis singla tant que le ve jour de may, atout sa compaignie, il arriva à Homfleu en Northmandie, où ilz furent honnourablement recheus du bastard de Bourbon, admiral de France, par le commandement du roy Loys, et là sejournerent longue espace en faisant bonne et joieuse chiere. Quant le roy Edouard fut de ce adverty, il establi grant navire sur la mer, duquel estoit chief le seigneur de Scalles, admiral d'Engleterre, et frere de la royne.

Le duc de Bourguoigne, d'autre part, adcertené des choses dites, se party de Lille et s'en alla à l'Escluse[1], adfin de mettre une grant puissance sur la mer pour aller combattre le dit conte de Warewic. Ouquel navire entrerent Hollandois, Zeelandois et Flamens, quy sont vaillans gens marins, avec aulcuns de l'hostel du duc, de laquele flotte furent conducteurs le seigneur de La Vere[2], admiral de la mer, le seigneur de la Gruthuse[3], lors gouverneur de Hol-

---

esperoit à estre, eust volentiers trouvé les manieres que la contesse de Warwicq, sa femme, et ses deux filles, c'est assavoir la ducesse de Clarence et sa seconde fille, fussent entrés dedens; mais oncques n'en peurent estre ois, et du tout le refus leur en fu fait, ja soit ce qu'ilz sejournerent devant Callaix par aulcuns jours. Touteffois, quant ilz veirent que leur demeure ne leur povoit en riens pourfitter, ilz leverent leurs ancres et firent voille, sy s'en deppartirent et nagierent en mer, où ilz rencontrerent pluiseurs navires de marchans, lesquels ilz print.» (Ms. *Fonds Sorbonne*, n° 432.)

1. Le duc vint coucher dans cette ville le 3 mai. (Voy. LENGLET, II, 195.)

2. Wolfart de Borselen, seigneur de La Weer, en Hollande, comte de Grand-Pré. Mort en 1487. (ANSELME, VII, 103.) « Le 11 mai la flotte, au nombre de vingt-six navires, partit de Ramequin lez Flessinghe, commandée par le seigneur de La Vere. » (Voy. LENGLET, II, 196.)

3. Voyez ci-dessus, tome II, page 302, note 2.

lande, le seigneur de Halluin[1], et autres, jusques au nombre de xxxvi navires, contendans à combattre le conte de Warewic; mais il avoit colloquié son navire en si fort lieu qu'il estoit mal possible de le grever.

Pareillement le duc de Bretaigne mist grant navire sur mer pour trouver aussi Warewic; mais, anchois que les navires des ducz de Bourguoigne et de Bretaigne se peussent esquipper de leurs havres, le dit seigneur de Scalles trouva la flotte de Warewic et le combatty tellement que v ou vi^{cz} en furent mors; et reconcquirent Anglois le navire des marchans que le dit Warewic avoit destroussez jusques au nombre de xl vaisseaulz, et plusieurs prisonniers. Et ceulz qui peurent eschaper se trayrent sur la frontiere de Northmandie. Laquele victore escripvi le roy Edouard au roial duc de Bourguoigne, dont il fut moult joieux.

En l'an dessus dit, ou mois de septembre, tost aprez celle besongne, le bastard de Faucquenbergue[2], Anglois, tenant le party de Warewic, rencontra sur la mer xvi navires de marchans du pays de Flandres, lesquelz il assailly et concquist; où furent occis xii hommes que femmes desdis navires. Sy courut commune renommee que les Anglois y avoient guaignié plus de cent mil escus, lesquelz inconveniens venus à la congnoissance du duc de Bourguoigne, et que les Anglois avoient leurs proyes vendues en Northmandie

1. Josse de Halewin, seigneur de Halwin. Mort le 23 septembre 1472. (ANSELME, III, 911.)

2. Thomas Neville, fils naturel de William, lord Fauconbridge. Il fut décapité l'année suivante. « Thomas Fauconbridge his head was yesterday set upon London Bridge looking into Kent ward. » (Lettre de John Paston à son frère, en date du 28 septembre 1471. *Fenn's original Letters*, II, 85.)

et ailleurs, ou royaulme de France, et mesmement que le roy les favorisoit, soustenoit et aydoit de vivres, de gens et de tout ce dont ilz avoient besoing, et que le conte de Warewic se tenoit en Northmandie et tout son navire, du gré et consentement du roy, qui le tenoit pour l'un de ses bons amis, le dit duc en fut grandement esmerveillié et troublé. Pour quoy il en envoia devers le roy, pour luy remonstrer[1], et sur ce scavoir sa voullenté. Et lors, voiant qu'en ce le roy ne mettoit quelque provision, il envoia par tous ses pays, où il fist arrester et mettre en sa main tous les biens qu'on y peult trouver apartenans auz marchans de France, exceptez ceulz qui apartenoient auz subgectz des ducz de Guyenne et de Bretaigne.

En ce tempz, par ung dimence, xiiiᵉ jour du mois de may[2], fut comme toute arse par feu, de meschief, la ville de Mondidier, en moins de une heure; et y furent ars x ou xii que hommes, que femmes et enfans, cuidans saulver leurs biens, ne n'y demoura d'entier sinon l'eglise et xv ou xvi maisons.

Quant doncques le duc de Bourguoigne vey que le roy de France favorisoit si grandement le conte de Warewic en son royaulme, il fist adenierer tous les dis biens des Francois, trouvez à ceste heure parmy ses pays, et tout ce que les marchans du royaulme avoient acheté à la foire d'Anvers, pour restituer les marchans de ses pays que les Anglois avoient des-

---

1. La lettre du duc de Bourgogne, adressée à Louis XI, est datée de Middelbourg en Zélande, le 19 mai 1470. (LENGLET, III, 122.)
2. Ici Wavrin intervertit l'ordre des faits, car il vient de parler plus haut d'une entreprise du bâtard de Faucquenbergue, exécutée au *mois de septembre*.

troussez sur la mer, comme j'ay dit cy dessus : pour laquele perte de leurs biens furent les marchans de France moult troublez. Si pryerent instamment au roy qu'il y voulsist remedier le plutost qu'il porroit, feust par voie de guerre ou autrement. Et tost aprez le roy fist deffendre[1] par cry publicque, en son roiaulme, sur confiscation de corpz et de biens, que nulz, quelz qu'il feust, ne menast marchandises quelzconcques es pays du duc de Bourguoigne jusques à ce que le roy aroit rapellé celle deffence. Depuis lequel edit ainsi fait toutes marchandises cesserent leurs cours de l'un pays en l'autre, et lors aulcuns Bourguignons qui cuiderent amener des vins en Pycardie, furent par les Francois prins et detenus, tonneaulz, charriotz et charrettes, chevaulz et vins[2].

1305. Comment le conte de Warewic se party de ce fort lieu, où il s'estoit longuement tenu; et comment les Bourguignons le cuiderent combattre, mais il s'enfuy : puis parle d'une battaille que le seigneur de Scalles guaigna. XII.

Ou mois de jullet, le conte de Warewic, desirant retourner en Engleterre, fist desancrer son navire de ce fort lieu où il estoit et avoit esté longue espace, delez Homfleu, sur la coste de Northmandie; mais sitost qu'il fut aparceu par ceulz des navires du duc de

1. L'ordonnance par laquelle Louis XI défend de faire le commerce sur les terres du duc de Bourgogne porte la date du 8 octobre 1470. (SALAZARD, IV, *Preuves*, CCLXXXIX.)

2. Ce chapitre, dans le Ms. n° 432, *Fonds Sorbonne*, finit ainsi : « Ou dit an, courant une voix par tout le royalme de France que la royne de Franche estoit acouchyé d'un filz le derrenier jour de juing ou dit an, lequel avoit esté baptisié et nommé Charles, par l'archevesque de Lyon qui fu son principal parin aveucq le prinche de Gales, nommé Edouard, filz du roy Henry d'Angleterre, duquel son dit pere estoit tenu prisonnier

[1470] SIXIÈME PARTIE, LIVRE VI, xi-xii. 35

Bourguoigne, ilz singlerent celle part à grant exploit pour le combattre; ce que voullentiers eussent fait, comme gens d'emprinse qu'ilz estoient; mais Warewic, accoustumé de fuyr et tousjours partyr de bonne heure, se retraist hastivement et remist son navire en si fort lieu que ses annemis ne le povoient aprochier sans trop grant peril. Toutesvoies, aulcuns du navire Bourguignon descendirent celle part à terre par ardeur de grever les Anglois; mais les Francois sourvindrent illec en si grant nombre au secours des Anglois, qu'il convint Bourguignons retraire aprez qu'ilz eurent occis xviii ou xx des gens [de] Warewic.

Ancores en cest an, ou mois d'aoust, ung puissant conte[1] d'Engleterre, quy avoit espousé la seur de la contesse de Warewic, avoit assamblé une puissante armee, atendant la venue de son beau frere en Engleterre, selon qu'ilz l'avoient conclu ensamble, pour combattre le roy Edouard; mais Warewic ne polt passer ceste fois pour estre à la journee entr'eulz assignee, tant pour le vent contraire, comme par l'empeschement que luy firent les Bourguignons: et avoit lors Warewic eslevé grant plenté de Francois pour les mener en Engleterre à l'encontre du roy. Et, pour tant, sitost que le roy Edouard fut de ceste assemblee ad-

en Engleterre, et le filz estoit exilliez du pays. La marine fu la seur du roy, femme du duc de Bourbon. Pour laquelle nativité furent faittes grans festes et grans feus par tout le royalme. Je ne scay encoirez se l'enfant vit ou s'il est mort; et, pour tant, je m'en taiz et n'en scauroie dire plus avant. »

1. Dugdale ne fait aucune mention d'un beau-frère de Warwick qui ait encouru la peine capitale pour avoir servi contre Édouard. Les historiens se taisent aussi sur ce sujet. Lingard (II, 579) parle bien d'une ruse de guerre employée par lord Fitzhugh pour attirer le roi dans le Northumberland, mais, à l'approche de ce prince, il se retira au delà des frontières d'Écosse : il n'est point question de sa mort.

verti, il mist sus une grosse puissance qu'il bailla au seigneur de Scalles pour les aller combattre, comme il fist : et là desconfist ses annemis, desquelz furent occis de III à IIII^m, et plusieurs prisonniers, entre lesquelz fut le dit conte, prins et menez au roy Edouard qui prestement lui fist la teste trenchier.

Ancores en cest an LXX, ou mois de septembre, vindrent nouvelles au duc de Bourguoigne que les Turcz avoient prins Nygrepont, une moult noble cité apartenant auz Venitiens, devant laquele le Turcq avoit sis de V à VI mois, adcompaignié de bien trois cens mille payens, ou plus. Et ainsi la tint assegié par mer et par terre, telement que oncques le roy de Hongrie, ne les Venitiens n'y peurent remedier qu'elle ne feust concquise ; qui fut moult grant perte pour la crestienneté, et fait bien à doubter qu'il n'en concquere beaucop [d'aultres], se Dieu, par sa misericorde, n'y pourvoit, mettant bonne paix en la crestienneté, et donnant auz princes d'ycelle voullenté de eulz dreschier contre ledit Turc et tous les infideles [1].

1306. Comment le conte de Warewic et le duc de Clarence allerent devers le roy Loys de France, et des alyances qu'ilz firent ensamble.   XIII.

Nous avons dit cy dessus comment le conte de

---

1. Ce chapitre se termine ainsi dans le manuscrit n° 432, *Fonds Sorbonne* : « Le XIIe jour dudit mois de septembre, ou dit an, que le duc de Bourgongne sejournoit à Hesdin, et que une ambassade de Bretaigne estoit illec venue devers luy, icelluy duc de Bourgongne, presens ceulx de celle ambassade, et que tous ceulx de son conseil et de son hostel, fist une grande proposition et declaira illec, en audience, les causes et les raisons pourquoy le seigneur d'Arguel s'estoit mal contenté de luy, pour ung proces* jugié contre

* Voir à ce sujet Chastellain, p. 328 et suiv.

Warewic et le duc de Clarence, atout leurs navires, furent rebouttez des Bourguignons : pour quoy ycellui conte, voiant qu'il n'estoit pas fort assez à soy retourner en Engleterre sans autre puissance, il delaissa son navire au port de Harfleu. Si se tyra, avec luy son gendre de Clarence, devers le roy de France[1], duquel ilz furent grandement conjouis et bienviengniés[2]. Sy trouverent illec la royne Margueritte, femme

luy : lequel proces avoit esté veu et viseté par pluiseurs conseilliers et grans clercs, et finablement jugié au prouffit du seigneur de La Rocheguyon, filz du prince d'Orenges. Duquel prince, icelluy seigneur d'Arguel, alez hors de l'ostel dudit duc mal content, faignant qu'il alast voler ; et s'en ala retraire devers le duc de Bretaigne, quy estoit son oncle : et pour ce qu'il s'en estoit ainsy alez estrangement, le duc, quy en fu mal content, le denonca et declaira banny de tous ses pays, et tous ses biens à luy conficquiez : disans, oultre, qu'il ne luy avait pas gardé la fidelité et la leaulté qu'il devoit à luy, quy estoit son seigneur. Et, touttes voies, il ne entendoit luy avoir fait synon raison et justice, et par meure et longue deliberation de tous ceulx de son conseil et des conseilliers d'Amiens, de Monstreul et de pluiseurs aultres villes. Cestuy seigneur d'Arguel avoit espousee une des filles de Bourbon, cousine germaine au duc de Bourgongne : laquelle bonne dame fut moult desolee de veoir ainsy son mary en la male grace d'ycelluy duc ; mais amender ne le povoit. »

1. « Au mois de may 1470, le conte de Warwich et le duc de Clarence, avec leurs femmes, qui dechassez avoient esté par le roy Edouard d'Angleterre..... s'en vinrent prendre terre en Normandie..... Illec ilz trouverent M. l'admiral, qui les recueillit..... Ledit de Warwich sejourna et demeura depuis certain temps, c'est assavoir durant le dit mois de juin, au dit Honnefleur. » (*Chronique scandaleuse*. Voy. LENGLET, II, 84.)

2. On va voir, par les lettres qui suivent, que Louis XI ne fut pas très-content de cette arrivée et qu'il n'épargna rien pour renvoyer au plus vîte Warwick et son gendre.

1.

« Monsieur de Congressaut, et vous, monsieur Du Plesseys, j'ay receu vos lettres et veu bien à plain le contenu en icelles, aussi en la petite ame* qui estoit dedens, [*en laquele?*] m'advertissez tres bien de la venue de

* AME, *billet inclus dans une lettre*. Nous retrouvons, cent ans plus tard, le mot *ame* employé avec cette signification. « Je suis en un traitté qui m'est commandé du roi, que vous entendrés par ce qui sera en chiffre en l'*ame* incluse en cette lettre. » (*Mémoires de Ph. de Mornay* ; à La Forest, 1625, in-4°, tome II, p. 9.)

du roy Henry d'Engleterre, et son filz Edouard, qu'on appeloit Prince de Galles : et là firent ensamble plusieurs convenances et alyances au prejudice de qui que bon leur sambla, en especial du roy Edouard

messieurs de Clerence et de Warovych, et [comme], sur toutes choses, ilz desirent parler à moy; mais vous ne me respondez point [au quare], c'est au partement des navires, et savez bien que c'est la chose [dont vous] ay expresseement chargez et dont me peut plus venir d'inconvenient.

Et pour ce, avant que conclurre leur venue, faites que tout leur navire soient [partys], car je ne les verray point tant qu'ilz aient leur navire par della : et s'ilz vouloient laisser les navires pour leurs personnes à Honnefleu ne le souffrez pas, car jamais ne seray à mon ayse tant que je sache au certain que tous leurs navires soient partiz et qu'il n'en soit demouré ung tout seul; et leur dites qu'ilz pourront mettre les dits navires de leurs corps dedens les hables de Harfleu, Grantville, Chierbourg ou ailleurs, ou bas païs, et qu'ilz y soient menez en maniere que les bourguignons ne puissent savoir qu'ilz sont devenuz.

Et s'ilz disoient que, apres qu'ilz auront parlé à moy, ilz ne pourroient pas recouvrer leurs navires, vous leur direz, et aussi la verité est telle, que de Vaujoux ilz seront plus pres de leurs dits navires, quant ilz seront au bas païs, qu'ilz ne seroient s'ilz estoient à Honnefleu : et, d'autre part, que s'ilz ont afaire de navire pour leurs personnes quant ilz auront parlé à moy, que je leur feray bailler la grant nef de monsieur l'admiral, ou de l'autre navire tout ce qu'ilz en vouldront; mais gardez, sur tout ce que me voulez servir, que faciez incontinent partir tout leur dit navire, et le m'escripvez à toute diligence incontinent qu'il sera party.

Aussi, monsieur Du Plesseys, je vous baille charge d'envoyer incontinent devers les gens de monsieur de Bourgongne, et leur mandez que je vous ay envoyé par della pour recouvrer tout ce que vous pourrez trouver des biens des subgectz de mondit sieur de Bourgongne. Et, pour ce, que s'ilz veulent envoier devers vous, que vous leur ferez rendre tout ce que vous en pourrez trouver : et s'il y en a aucune chose, faictes le faire, et je le feray incontinent paier à mon dit sieur de Warovych.

Je vous ay mandé tout l'expedition des vitailles par maistre Guillaume Picart.

Et incontinent que tout leur dit navire sera party, mandez moy le jour que je me rendray à Vaujoux : et je m'y rendray pour parler à eulx, et m'escripvez chacun jour de voz nouvelles.

Vous me faites enrager de mettre et laisser les dames si pres de Seyne et de ces marches : et, pour ce, je vous prie, faites qu'elles aillent plus bas

d'Engleterre, et de son serouge le duc de Bourguoigne; car le roy de France traicta lors le mariage de son cousin Edouard, prince de Galles, filz du roy Henry prisonnier et de celle royne Margueritte, sa femme,

et me deust il couster le double des despens; car je les paieray tres voulentiers.

Et dites franchement à monsieur de Warovych que je ne les puis aider en ces marches que monsieur de Bourgongne ne le sache incontinent par les gens de monsieur le connestable, pour ce qu'il est gouverneur du pais et que ses gens sont logez tout à l'environ. Aussi il pourra recouvrer plus aiseement les dites dames, elles estans ou bas pais, et en plus grant seurté qu'il ne feroit de nulle des abbayes où il les veult mettre : aussi, attendu que les dites abbayes ne sont point fortes, l'on pourroit faire d'une nuyt desplaisir à ceulx qui seroient avecques elles, qui me seroit le plus grant desplaisir du monde; et, pour ce, je vous prie que le remonstrez si bien à mon dit sieur de Warovych qu'il les mette ou bas pais et qu'il ne les laisse point esdites abbayes.

Je ne seray jamais à mon ayse tant que je sache que tout le navire de mon dit seigneur de Warvovych soit hors de Seyne, et quant il sera ou bas pais, je pourré dire que c'est monsieur l'admiral qui les soustient et qui les a mis en ses hables et non pas moy : et s'ilz estoient en Seyne, je ne le pourroye faire, pour ce que, comme savez, monsieur de Bourgongne le sauroit tous les jours par les gens de monsieur le connestable.

Escript à Amboyse, le xixe jour de may. Loys. *de Cerisay.* » (*Bibl. imp.*, Mss., *Fonds Gaignières*, n° 303, fol. 44.)

2.

« Monsieur du Plesseiz, vous savez assez le desir que j'ay et doy avoir du retour de monsieur de Warvyk en Angleterre, tant pour le bien que ce me seroit de le voir audessus de ses querelles, ou, à tout le moins, que par son moien le royaume d'Angleterre fust en brouilliz ; comme pour eviter les questions qui pour sa demeure par deca pourroient avenir, dont vous en avez congneu des commencemens. Pour quoy je vous pry que metez peine, tant de vous mesme comme en sollicitant monsieur l'admiral, monsieur de Concressault et autres de par delà, de tellement besongner avec ledit monsieur de Warvyk que il parte pour aller audit pais d'Angleterre le plus prestement que faire se pourra, et, pour ce faire, luy dire toutes les causes et raisons dont vous et eulx vous saurez adviser ; mais j'entens que ce soit par toutes les plus douces voyes que pourrez et en maniere qu'il n'aparçoive que ce soit pour autres fins que pour son avantage : et aussy ferez aprester de mes navires pour le conduire, si sans conduicte

qui estoient germains dudit roy Loys[1] : c'est à scavoir le dit roy Henry filz de dame Katherine de France, belle ante dudit roy Loys, et la dite dame Marguerite fille du roy Regnier de Sezille, oncle de par la mere

ne vouloit partir, car vous savez que ces Bretons et Bourgongnons ne tendent à autres fins que de trouver moyen de rompre la paix sur couleur de la demeure du dit de Warvik par deca, et par tant commencer la guerre ; laquelle je ne vouldroye point veoir commencee sur ceste couleur. Et pour ce que vous congnoissez mes affaires plus que autre, et que j'ay toute ma fiance en vous, je n'escripz à present à nul que à vous de ceste matiere. Si vous prie, monsieur de Plesseys, que vous y besongnez en maniere que je congnoisse le vouloir que avez à me bien servir au grant besoing.

Donné à Amboyse, le xxiie jour de juing. Loys. *Le Clerc.* » (Id., *ib.*, fol. 98.) Cette lettre est imprimée dans l'*Histoire de Louis XI*, par Duclos (III, 353.)

3.

« Monsieur du Plessis, j'ay receu voz lettres faisant mention des causes pourquoy vous semble que monsieur de Warovyc n'est pas si prest d'aller en Angleterre comme je l'entenz, pour quoy demandez comme vous avez à vous gouverner touchant l'argent. Vous avez jà sceu comme la royne d'Angleterre et le dit de Warvyc se doivent assembler au Mans, là où ilz auront tost fait ou failly : pour quoy le dit de Warvic n'aura cause de faire plus long sejour par de ca ; mais, au regard de l'argent, je croy que vostre adviz est bon, si non que veissiez que autrement faire feust cause de abregier la matiere, et que congneussiez qu'il en feust nécessité. Je responz à monsieur l'admiral de tout le surplus.

Donné à Tours, le iiie jour de juillet. Loys. *Le Clerc.* » (Id., *ib.*, fol. 99.) Imprimée dans Duclos, (III , 355.)

4.

« Monsieur du Plessiz, baillez et delivrez de l'argent que vous avez entre mains, à monsieur de Warvyk, la somme de trois mil livres tournois, pour departir à ses gens et autrement, ainsi qu'il advisera.

Donné au pont de See, le xvie jour de juillet. Loys. *Flameng.* » (Id., *ib.*, fol. 97.)

1. « Par cette maniere doncques, dit Chastellain (501), fut fait *ce mariage*. Dieu sut quel, et par l'invention de deux personnages, chacun béant à son prétendre ; le roy, pour renvoyer Warwyc en Angleterre, soubz nouveau tiltre, encontre Eduard, et Warwyc, pour retourner en Angleterre, soubz le confort de France, pour soi vengier de sa honte ; et finablement les deux appetis du roy Loys et de Warwyc tendirent à une

au dit roy Loys de France; car la roine Marie, mere du roy Loys, estoit seur audit roy Regnier, duc d'Anjou. Lequel mariage dudit Edouard fut fait à la fille du conte de Warewic, moiennant et par condition que Warewic restitueroit le roy Henry, son pere, en la couronne et dignité royalle d'Engleterre : ouquel traitié faisant furent acordees plusieurs promesses et grosses convenances, declarees à plain en la lettre sur ce faite, dont la teneur s'ensieult.

1307. Coppie des convenances et alyances faites entre le roy de France et le conte de Warewic[1].   XIIII.

Loys, par la grace de Dieu, roy de France, à tous

commune fin principale, qui estoit de deffaire la maison de Bourgogne, ce qui faire ne se pooit, si non par deffaire, premier, le roy' Eduard. »

Le 25 juillet, le roi écrivoit au seigneur du Plessiz : « M. du Plessiz, n'a guieres ay envoyé messire Yvon du Fou par delà pour mettre le fait de monsieur de Warvyk en seureté : et, presentement, luy mande qu'il mette telle provision et ordre que les gens dudit monsieur de Warvyk n'aient point de necessité jusques à ce qu'il soit par de là. *Aujourd'huy avons fait le mariage* de la royne d'Angleterre et de lui*, et demain espere l'avoir du tout depesché, prest à s'en partir, etc. » (Bibl. imp., Mss., *Fonds Gaignières*, n° 303, fol. 96. Imprimée dans Duclos, III, 355.) C'est le vicaire de Bayeux qui fit ce mariage, comme on le voit dans un compte de dépenses de la cour de Louis XI : « A maistre Jehan Le Marchant, prebtre, la somme de XXVII £ X^s t., pour vingt escuz d'or à luy donnée par le roy.... pour le restituer de semblable somme que, par l'ordonnance d'icellui seigneur, il avoit baillee du sien au *vicaire de Bayeux*, auquel icellui seigneur en a fait don *en faveur de ce qu'il est venu espouser le prince de Galles à la fille du conte de Warwick.* » (ID., *ibid., Supplément français*, n° 1866², fol. 144 verso.)

1. Le 13 de novembre 1470, le roi Louis XI envoyoit comme ambas-

---

* Ce sont, sans doute, les fiançailles qui se firent ce jour-là; car il est dit dans un état des dépenses du Roi qu'il accorde « à Bernard Hureau la somme de...., pour ung voyage par lui fait, partant d'Angers le 11e *jour d'aoust* 1470, à Rennes et Laon, devers les archevesques et evesques des dits lieux, leur porter lettre de par icellui seigneur, pour savoir d'eulx s'ilz avoient *pouvoir de dispenser d'espouser le prince de Galles à la fille du conte de Warvich.* » (ID., *ibid., Suppl. français*, n° 1499, f° 57 verso).

ceulz quy ces presentes lettres verront ou orront, salut. Comme nostre tres chier et amé cousin Edouard, par la grace de Dieu prince de Galles, duc de Cornuaille et conte d'Excestre, nous ait baillié ses lettres patentes seellees de son seel, par lesqueles, et pour les causes contenues en ycelles, il ait juré et promis par Dieu nostre Createur, par la foy et serment de son corpz, sur son honneur, et en parolle de prince, et s'est declaré qu'il fera et fera faire guerre ouverte à tousjours, par tous ceulz quy voldront faire pour luy, à l'encontre du duc de Bourguoigne et de ses adherens, sans aulcune chose y espargnier, et que jamais il ne fera ou souffrira faire traictié, paix, accord, ne apointement, treves, ne abstinences de guerre avec ledit duc de Bourguoigne, ne n'en tendra parolle, pour quele chose quy puist estre ou advenir, sans nous, nostre sceu et expres voulloir et consentement ; mais poursieuvra tout oultre, conduira et continuera la guerre jusques à la fin de la concqueste d'ycellui duc de Bourguoigne et de tous ses pays, terres et signouries, et que celluy quy aura premiers achevé de son costé pour tant ne laissera il la guerre, ains sera tenu d'aller à toute sa puissance, aidier et secourir à l'autre jusques à ce que la dite concqueste soit parachevee : et, en oultre, il a

---

sadeur en Angleterre « Loys de Harecourt, patriarche de Jerusalem, evesque de Baieux; Tanguy du Chastel, viconte de La Belliere, gouverneur de Rouxillon et de Sardaigne; Guillaume de Menypeny, seigneur de Congressaut; Yves, seigneur du Fou; Nicholle Michel, docteur en theologie, penitancier et chanoine des eglises de Baieux et de Coustances; et Guillaume de Cerisay, greffier de la court de Parlement, » avec pleins pouvoirs de traiter avec le roi d'Angleterre. (RYMER, V, partie II, page 179.) Voir aux *Pièces justificatives*, n° VIII, quelles étaient les propositions de Louis XI.

promis de bonne foy faire son leal debvoir envers tres hault et tres puissant prince nostre tres chier et tres amé cousin le roy Henry d'Engleterre, son pere, que samblablement il se declarera comme luy à faire guerre ouverte par lui, ses subgectz et alyez à l'encontre dudit duc de Bourguoigne; et pour ce que ycellui duc s'est alyé de piecha à Edouard de La Marche, qui, contre Dieu et raison, s'est efforchié de usurper ledit royaulme d'Engleterre, et avoir mis en servage et captivité nostre dit cousin le roy Henry, lequel il detenoit en la tour de Londres, avoit aussi enchassié nostre dit cousin le prince de Galles et nostre tres chiere et tres amee cousine la royne Margueritte, sa mere, du dit royaulme d'Engleterre, pretendant, par le moyen de ce duc de Bourguoigne, et par son ayde et faveur, de tous poins destruire nos dis cousins et cousines, et nous aussi, qui tousjours les aurions favorisiés, secourus et aydez se faire l'eussions peu; mais Nostre Createur, qui est droiturier, y a pourveu en tele maniere que nostre dit cousin le roy Henry a esté mis au delivre[1], et fait paisible de son

1. Henry étoit déjà libre dès le 8 octobre 1470, ainsi qu'on le peut voir par la lettre qui suit, adressée à Louis XI par le comte de Warwick:

« Sire, je me recommande à vostre bonne grace le plus humblement que je puis, à laquelle plaise savoir que, à l'aide de Dieu et de la vostre, dont je ne vous sauroie assez remercier, tout cestuy royaume est à present mis en l'obeissance du roy mon souverain seigneur, et le usurpant Edward chassé hors, et mon dit souverain seigneur relevé du grant dangier en quy il a long temps esté, et mis en son estat royal, et ne y a, de ceste heure, nulle personne qui ne soit en sa droitte obeissance, comme plus à plain ce porteur vous en fera relacion, s'il vous plaist; auquel je vous supplie de adjouster creance et de ne estre desplaisant de ce qu'il a tant demouré; car ce a esté à mon desir, pour ce que mieulx il eust la congnoissance de toutes choses jusques à present, et qu'il veist et congneust depuis le comencement jusques à nostre entree en ceste cité de

dit royaulme, et ledit Edouard de La Marche dechassié et expulsé d'ycellui, non obstant les faveurs à lui donnees par ledit duc de Bourguoigne, lequel recoeilly et reytere pour veoir se il porroit trouver maniere de povoir ancores guerroier le roy Henry, nostre dit cousin et Nous, ce que Dieu ne voeille : à laquele cause et adfin que, à l'ayde de Nostre Createur, Nous, et nostre cousin le roy Henry, puissons resister à la maulvaistié et dampnable emprinse des dis duc de Bourguoigne et Edouard de La Marche, jurons et promettons à nostre dit cousin le prince de Galles, par Dieu Nostre Createur, et par la foy et serment de nostre corpz, sur nostre honneur et en parolle de roy, et dès maintenant Nous declarons par ces presentes que Nous ferons et ferons faire guerre ouverte, par Nous et par tous nos subgectz, à l'encontre dudit duc de Bourguoigne et de ses adherens, sans aulcune

---

Londres, et de luy octroier vostre favourable grace; car en toutes choses il s'est incliné d'acomplir vostre commandement et mes desirs. Sire, monseigneur de Clarence et moy avons entendu que n'estes pas bien content de monsieur l'admiral, pour ce que on vous a donné à entendre qu'il avoit entreprins de nous delivrer au duc de Bourgoigne, quelle chose nous tient fort au cuer; car nous congnoissons sans faulte que ceulx qui vous ont ainsi enformé n'ont pas bien fait, et, sauf vostre grace, vous ont dit le contraire de la verité. Et pour ce, le plus humblement que je puis, je vous supplie ou nom de mon dit seigneur de Clarence et de moy de ne estre mal content de luy, ne de croire telle informacion, mais tousdis continuer vostre bonne grace envers lui et de mieulx en mieulx pour l'amour de nous, s'il vous plaist; car, sans faulte, nous sommes fort atenu à luy pour l'onneur et bien qu'il nous a fait par delà en congnoissant vostre commandement : ce sceit le Tout Puissant à qui, Sire, je supplie de vous octroier les mieulx amez de voz desirs.

Escript à Londres, le viiie jour d'octobre (1470.) WARWYCH. »

(*Bibl. imp.*, Mss., *Fonds Gaignières*, n° 304, fol. 19.)

Dugdale (II, 163) se trompe donc en datant du 25 octobre cette mise en liberté.

chose espargnier : et que jamais nous ne ferons ne faire ferons traitié, accord, paix, ne apointement, treves ne abstinences de guerre avec ycellui duc de Bourguoigne, ne n'en tendrons parolle, pour quelque chose quy puist advenir, sans nostre dit cousin le prince de Galles, et sans son sceu et expres voulloir, et consentement; mais serons tenus de poursievir tout oultre, conduire et continuer la guerre jusques à la fin de la concqueste dudit duc de Bourguoigne et de tous ses pays, terres et seignouries, et que cellui qui aura premiers achevé de son costé pour riens ne laisse la dite guerre, ains soit tenu d'aller avec sa puissance ayder et secourir l'un l'autre, jusques à ce que la dite concqueste soit achevee. En tesmoig de ce, Nous avons signé ces presentes de nostre main, et fait seeller de nostre seel de secret. A Amboise, le xxviiie jour de novembre[1], l'an de grace mil quatre cens LXX, et de nostre rengne le xe. *Ainsi signé* : Loys[2].

1308. Comment le conte de Warewic et le duc de Clarence retournerent en Engleterre; et comment le roy Edouard passa la mer et vint en Hollande.   XV.

Ou mois de septembre, an LXX, se trouverent les

---

1. Le 13 décembre suivant, Louis XI écrivoit au comte de Dampmartin: « Mon frere de Guienne s'en ala hyer bien content ; aussi la reyne d'Angleterre et madame de Warvic s'en yront demain. » (*Bibl. imp.*, Mss., *Fonds Béthune*, n° 8453, fol. 51.) — « A madame la royne d'Angleterre, pour ses depens, du prince de Galles, son fils, madame Anne, fille de monsieur de Warwich, femme du dit prince, es mois d'aoust, septembre et octobre 1470, 2550 £; pour le mois de novembre et decembre, pour le fait de leur argenterie, 2830 £ et 1000 pour ses plaisirs. » (4e compte de Jehan Briçonnet. ID., *ibid.*, *Fonds Gaignières*, n° 772[2], fol. 500 verso.)

2. Cette lettre se trouve dans SALAZARD. (IV, *Preuves*, CCXCII) et au manuscrit 8448[4], fol. 113 (*Bibl. imp.*)

dis Warewic et Clarence, et leur compaignie, en Engleterre[1] : lesquelz, illec arrivez, descendirent à Bristo[2], où ilz recouvrerent vii ou viii[m] hommes en leur ayde, puis se misrent auz champz, tyrant droit vers le roy Edouard ; et tousjours leur croissoient gens de toutes pars. Mesmement, passant parmy la duchié de Sombresset, se vindrent joindre à eulz le seigneur de Chyrosbury, filz du seigneur de Thalboth[3], et le sire Scanlay[4], lesquelz seigneurs avoient avec [eulz] v[m] hommes.

Alors estoient le roy Édouard et les siens en la ducié d'Yorc, en une ville nommee Dancastre[5], avec luy le conte de Riviere, seigneur de Scalles, le seigneur de Hastinghes, le conte de Ourxestre[6] et le marquis de Montagu, auquel le roy avoit donné grant terre et seignourie, et sy estoit l'archevesque d'Yorc ; les gens desquelz archevesque et Montagu prindrent debat à ceulz du roy Edouard. Si n'estoit, adont, pas plus loingz que à une journee de eulz : et avoient lesdis archevesque et Montagu bien quatre mille

---

1. « Donné à Richard de Neuville, conte de Warwich en Angleterre, pour s'en retourner au dit royaume, 467 000 £ et 34 000 escuz. (4ᵉ compte de Jehan Briçonnet pour l'année finie en septembre 1470. (*Bibl. imp.*, Mss., *Fonds Gaignières*, n° 772², fol. 499.)

2. Brixton? près la rivière d'Yealm, dans le *Devonshire*, ou *Burton* Bradstock, sur la rivière de Bridy, dans le *Dorsetshire*. Les historiens s'accordent à dire que le comte prit terre à Darmouth, dans le Devonshire, à 204 milles de Londres. M. John Bruce dans son introduction (page x) à l'*Histoire de l'arrivée d'Édouard IV en Angleterre*, met *Weymouth*, dans le Dorsetshire, à 135 milles de Londres.

3. Voy. ci-dessus, p. 28, note 1.

4. Thomas, lord Stanley. Voy. ci-dessus, tome II, page 222, note 2. Ce seigneur resta toujours fidèle au parti d'Édouard IV.

5. Doncaster.

6. Worcester.

hommes de leur parti, qui se fraperent es gens du roy, quy, voiant cest inconvenient, guaigna ung pont, lequel fut reconcquis sur luy par les dessus dis. Pour laquele cause, le roy, adfin d'eschiever ce dangier, adverti que Warewic estoit si prez de lui atout bien L mille hommes, considerant comment les dis seigneurs, freres de Warewic, le trahissoient[1] villainement

---

1. Voici un document relatif à cette trahison, intitulé : « La Traison faicte en Angleterre au roy Edouard d'Angleterre, comme l'a escript monsieur le bailly de Dijon, qui est en Flandres, à monsieur le president des parlemens de Bourgongne, et resseues à Dijon le xxvie jour d'octobre mil III^c LXX. »

Le samedy, xiiie jour d'octobre, sont venus à Hesdin devers monseigneur deux gentilz hommes du roy d'Angleterre, qui ont affermé pour vray que le roy estoit à la Haye, avec luy monsieur d'Escales, frere de la royne, monsieur d'Astingues, son premier chambellan, qui a esposué l'une des seurs du conte de Verwich, et plusieurs autres grans seigneurs, le tout au nombre de deux mille hommes, anglois.

Dirent à mon dit seigneur les dits gentilz hommes que le roy meist ses gens d'armes aux champs pour combatre le dit de Verwich, qui estoient en plusieurs parts; et pour les assembler ordonna le roy au seigneur de Montagu, frere du dit conte de Verwich, ouquel il se fyoit tres fort, qu'il assemblast toute son armee, et lui bailla la charge de son avant garde, où estoit une grant partie de son armee. Et le roy demeura pour oyr messe en une ville ditte d'Oxestre et bien petite compaignie; car il se fyoit du tout ou dit seigneur de Montagu, lequel s'en vint contre le dit roy en la plus grosse flote* de tous ses gens d'armes, ausquelz il deist: « Messieurs, n'estes vous pas contens de faire ce que je feray, et de tenir le party que je tiendray, et vivre et moryr avec moy ? » lesquelz dirent tous que oy. Et lors il leur dit, hault et cler : « J'ay changié maistre, et suis de present au roy Henry et à monsieur de Verwich, et vous adverty que ceulx qui tiendront ce party, je les feray tous riches; et ceulx qui tiendront le party du roy Édouard, je leur feray trancher les testes. » Et alors tous crieront : « Vive le roy Henry ! » Et, incontinent, le dit de Mon-

* FLOTE, *troupe, réunion*. « Les gens à cheual, que les Anglois auoient mis au bois dessus dit, saillirent en *flote*. » (JUVENAL DES URSINS, *Histoire de Charles VI*; Paris, 1653, in-fol., p. 315.) — « Et en estoient ia nouuelles en plusieurs garnisons et *flot*es de gens d'armes. » (*Le Jouuencel*, fol. x, verso.) Sainte-Palaye, à qui nous empruntons ces exemples de l'emploi du mot flote, en cite encore plusieurs autres.

en prendant party contraire, se tyra hastivement en la ville de Hepshuye[1], où il trouva, d'aventure, navire. Si passa en Hollandes, luy adcompaignié de son frere, duc de Clocestre, du conte de Riviere, seigneur de Scalles, son serouge, le seigneur de Hastinghes, le seigneur de Duras et autres. Si vint arriver à la Haye[2], ouquel lieu fut envoié par le duc de Bourguoigne le seigneur de La Gruthuse, prince de Steinhuse, pour lors gouverneur du dit pays de Hollande, qui honnourablement le recheut, comme bien faire le scavoit; et là le festoia bonne espace parmy ledit pays de Hollande, et si au gré du dit roy se conduisi, que grandement depuis s'en loa, comme bien y parut; car il

tagu et ses gens marcherent en ordonnance contre le roy Edouard qui avoit tres petite compaignie et cuidoit que le dit de Montagu vint pour lui, jusques il congneut que les archiers dudit Montagu tirerent contre lui et ses gens, et fut contraint, quant il congneut la desloyaulté du dit de Montagu et sa traison, d'abandonner tout et se tirer, pour soy sauver, contre le port nommé Pouret, où il trouva des navires qui attendoient le conte de Verwich pour le sauver, ou cas qu'il eust eu le pire de la bataille : et les avoit fait tenir le dit conte tous prez pour le recevoir, s'il en avoit necessité. Lors se bouta dedans et se feist mener en Hollande avec les dessus dits, et se noyerent plusieurs de la compaignie du roy qui ne peurent entrer es dits navires. Le roy Edouard avoit encores le duc de Clocestre, son frere, qui estoit des siens, et le conte de Northunberllant, qui avoient moult grosse compaignie de gens d'armes et venoient au secours du roy; mais le conte de Verwich et le dit de Montagu firent par tout publier que le roy estoit mort, par quoy chascun print son party. » (*Bibl. imp.*, Mss, n° 3887, fol. 85.)

1. Ipswich, sur la rivière d'Orwell, à 69 milles de Londres, dans le comté de Suffolk. Les historiens disent à Lynn. Cette dernière ville est située sur la rivière d'Ouse, à 70 milles de Londres, dans le comté de Norfolk.

2. « Le roy Edouard d'Angleterre arriva à la Haye le 11 octobre (1470), le duc de Bourgogne luy fit donner cinq cens escus d'or de quarante-huit gros pièce, par mois, pour son entretien, outre plusieurs autres sommes de deniers et dons qu'il luy fit avant son départ pour l'Angleterre. » (*Chronique scandaleuse;* voy. LENGLET, II, 196.)

[1470] SIXIÈME PARTIE, LIVRE VI, xv.

luy eslargy, ainsi que digne de plus grant honnour et preeminence, la contee de Wincestre[1] en Engleterre[2].

1. Voir le curieux récit de son arrivée en Angleterre, et de sa création de comte de Winchester, dans *Archaeologia Brit.*, XXVI, 275-284.

2. Ce chapitre diffère tellement dans le manuscrit n° 432, *Fonds Sorbonne*, que nous croyons devoir le rapporter ici comme variante :

« Ou dit an LXX, environ la fin de septembre, le conte de Warvich se parti du pays de Normendye à toutte son armee de mer, et s'en alla descendre en Angleterre, sans ce que l'armee du duc de Bourgongne quy tenoient la mer, et devoient guetter sur luy, luy baillaissent quelque empeschement. Et dist on qu'il se party sy secretement, par temps de bruyne, sy que leurs ennemis ne les povoient veoir. Ilz arriverent en Angleterre à ung port de Dartemue, et de ce port s'en ala Warvich à Londres, où il fu recheu à moult grant joye ; et tost appres il fist le peupple assambler, et leur remonstra, en grant samblant d'humilité, qu'il avoit mal fait d'avoir debouté le roy Henry, et pour en avoir pardon il a envoiet à Romme : lequel pardon il a obtenu, par telle condition qu'il avoit promis de remettre icelluy roy Henry en sa majesté royale, et de en debouter le roy Edouard, et que, pour ce faire, il estoit revenus ou pays. A la verité, il avoit promis ce faire au roy Loys de France....

Quant le roy Edouard, qui lors estoit à trois journees de Londres pour assambler gens d'armes, sceult que Warvich estoit retourné au pays, et comment ceulx de Londres l'avoient honnourablement recheu, il se parti et tira vers Londres, toutte sa puissance avecq luy, pour combatre son anemy ; et Warvich s'en yssy aussy de Londres pour le combattre. Dont advint, à l'approcier les ungs des aultres, que le frere de Warvich, marquis de Montagu, quy menoit l'advantgarde du roy Edouard, se tourna avecq Warvich, et y mena toutte celle avantgarde et aultres pluiseurs à son exemple, et ne demourerent avecq Edouard que ung petit nombre de nobles hommes quy luy conseillierent qu'il se saulvast le plus tost qu'il pourroit, disans que le pluspart de leur armee estoit tournee avecq Warvich à l'encontre de luy.

Quant le roy Edouard eubt bien entendu et pensé sur le conseil que on luy donnoit, et voyans que ses gens es quelz il se fyoit le plus l'avoient ainsy habandonné, et doubtant, se son anemy le tenoit, qu'il le feist morir, incontinent il se parti et tyra vers la mer ; trouva bateaulx esquelz il se boutta, et se fist passer en Hollande, aveucq luy le seigneur de Scalles et pluiseurs autres.

Quant le duc de Bourgongne en fu adverty, il envoya tantost devers luy, et par son premier maistre d'ostel luy envoya de l'argent et le fist

1309. Comment le conte [de] Warewic mist hors de la tour
de Londres le roy Henry, et le fist de rechief couronner
roy.   XVI.

Tantost aprez le roy Edouard party d'Engleterre,
comme oy avez, le conte de Warewic et sa compaignie tyrerent à Londres, où ilz misrent le roy Henry

reconforter le mieulx qu'il peult. En ce pays de Hollande se tind le roy
une espace de temps ; et, entretant, le conte de Warvich fist en partie tout
che qu'il vouloit partout le royalme d'Angleterre ; et fist mettre à délivrance le roy Henry, quy longuement eubt esté prisonnier ou chastel de
Londres, et le remist en son premier estat royal, honnouré et obey du
peupple comme devant.

Le xxe jour de novembre, ou dit an lxx, le duc de Bourgongne
estant à Hesdin, messire Bauduin, bastard de Bourgongne, son frere, se
parti soudainement de l'ostel du duc et s'en alla en France devers le roy,
luy iiie seulement, portant ung arbaleste comme pour aler traire aux
bestes sauvages : ce qu'il faisoit souvent et voulentiers. Le lendemain au
matin, se partit aussy de Hesdin ung gentil homme de l'ostel du duc,
nommé Jehan d'Arson, panetier du duc de Bourgongne, et maistre d'ostel
de messire Anthoine, bastard de Bourgongne, et gouverneur de messire
Philippe, son filz. Cestuy d'Arson estoit natif de Bourbonnoys, et estoit
tres bien en la grace du duc de Bourgongne. Encoires ung pou devant,
viii jours, s'estoit ainsy tiré devers le roy le seigneur de Moussures, chevalier, chambellan du duc et cappitaine du duc en Amiens ; lequel, renon-
cant au service du duc et à la dicte cappitainerye, envoya lettres au duc
par lesquelles il le remercyoit des biens qu'il luy avoit fais.

La cause pourquoy Bauduin le bastard se partit ainsy, fu, selon commune renommee, pour ce que ung chevalier, nommé messire Jehan de
Chassa, que eut esté filz d'un nommé Benetru, quy s'estoit tiré devers le
roy environ ung an devant, avoit aulcuns secrets parlemens aveucq
ceulx cy par lettres quy leur envoioit, et par messages. Ce Benetru,
son pere, avoit esté serviteur du duc Philippe, et, par faire le folastre, avoit
eu grans biens de luy, sy que deux filz qu'il laissa trouverent grans
biens appres sa mort, et estoit l'un, bailly de Bruges ; et l'aultre, estoit
chevalier, seigneur de Monnet, nommé communemente messire Jehan de
Chassa. Cestuy chy, qui estoit prodigue, estoit à l'arriere et en debte ; et,
pour tant, s'en estoit alez à la court du roy, puis pou de temps devant les
aultres, et leur envoioit lettres par ung cousturier quy eut esté son serviteur. Que les lettres contenoient, je ne le scay encoires, mais l'on disoit
communement qu'ilz tendoient à faire morir le duc de Bourgongne par

hors de la tour. Si le allerent de rechief couronner en l'eglise de Saint Pol, et fut retenu pour roy depuis le jour saint Michiel de cest an, jusques au jour de Pasques ensievant de IIII^{ez} LXXI. Pendant lequel tampz toutes choses estoient conduites en Engleterre soubz la main du conte de Warewic[1]; et se tenoit le dit roy Henry

empoisonnement, par cop de dague, ou par trait d'arbalestre; et que le roy leur avoit promis grans biens à faire; mais, touttesvoyes, commune renommee n'est pas toujours à croire. Une fois advint que ce cousturier, souspechonné de porter ces lettres, fut envoyé querir à Saint Omer, pour ce qu'il avoit baillié les lettres que Chassa eut envoié à messire Bauduin à ung garchon, pour les porter à Hesdin, et le garchon, cuidant adreschier à messire Bauduin, adrescha à messire Anthoine, son frere, aussy bastard de Bourgongne, premier chambellan du duc, lequel lut ces lettres, present ledit Bauduin, quy se perceut, et s'en alla, comme dit est, luy troisime devers le roy, tout le plus tost qu'il peult. Et le roy le rechupt honnourablement, le tind de son hostel, et luy donna bonne pensyon. Quand doncques messire Anthoine eut veues ces lettres, il le alla dire au duc, et disoit on lors qu'il avoit les lettres arses, et que le duc n'en fut pas bien content. Le garchon dist que le cousturier luy avoit ces lettres bailliés à Saint Omer, où il estoit, pour les baillier à messire Bauduin, et plus avant n'en scavoit. Le cousturier fut envoiez querir à Saint Omer, et fut amenez devers le duc à Hesdin, quy le tind illec longuement prisonnier, pour tousjours tendre à scavoir la verité de celle besongne : et, quy ne fait à taire, icelluy messire Bauduin, auparavant, estoit tres bien en la grace du duc son frere, et avoit grans revenues anuelement, que le duc Phelippe, son pere, luy avoit laissiés et donnees, et sy prenoit de pensyon, tous les ans, sur le duc Charles, XVIII^c francs, et se luy donnoit par courtoisye, tous les ans, de IIII à VI mille francs ; il estoit natif de Lille, de par sa mere, femme de petit lieu. Tost appres le partement de ce bastard, le duc envoya devers le roy Luxembourg, son herault ; lequel il y alla moult enuiz, doubtant la fureur du roy, quy estoit perilleux à courouchier. Neantmoins, il porta au roy les lettres du duc quy estoient poignans, comme l'on dist, et ne luy fist, le roy, quelque mal. Ains s'en revint sain et sauf icelluy herault, plus joyeux qu'il n'y alla. »

1. « Le dict de Warwyc, qui estoit homme cruel là où il estoit à son desseure, fist des grans outrages beaucoup en Londres, et par especial sur ceulx lesquels savoit estre du party de Eduard, et en fit executer tyranniquement; usa de volentés en la maison des grans marchans ; et n'y avoit ne justice, ne regle, ne ordre en tout le royaulme ; tout y alloit

en l'hostel de l'evesque de Londres. Adont fist le dit conte de Warewic forgier monnoie d'or en Engleterre, où estoit d'ung costé empraint ung roy en une nef, et de l'autre ung ymage de saint Michiel, et y avoit escript : *Henricus, Dei gracia, Rex Anglie et Francie, dominus Hybernye*, et les appela on angeles d'Engleterre.

Tantost aprez la restitution du roy Henry, fut prins le conte de Deuxestre[1] qui n'alla pas avec le roy Edouard, lequel conte amené à Londres, fut incontinent decapitté.

1310. Comment le roy [de] France envoia sommer ceulz d'Amiens qu'ilz le rendissent en son obeissance, et de la responce que ceulz d'Amiens firent; et comment ceulz de Saint Quentin se rendirent Francois.   XVII.

Durant ce tempz, le roy de France envoia devant Amiens une grant compaignie de gens d'armes, et fist sommer à ceulz de la ville qu'ilz se meissent en leur obeissance, qui estoit leur souverain seigneur, delaissant le duc de Bourguoigne. En laquele cité estoit lors le seigneur de Creveceur[2], bailly d'ycelle et

ce dessus dessoubs : les marchans preud'ommes s'en espoentoient; les nations estranges s'en lamentoient et s'en feussent volentiers enfuis; mes ne pooient. Tout y alloient contre poil et contre ongle; y avoit ung roy assis en chaiere; autant y eust fait ung sac de laine que l'on traine par les oreilles. Estoit une ombre en un paroit, et un seigneur comme cil que l'on buffette as yeux bendés. Les commandemens se faisoient de par ly, et les executions se faisoient contre ly et encontre son honneur : le roy y estoit subgect et muet comme ung veau couronné, et le subgect y estoit gouverneur et dictateur du royaulme, et faisoit à son roy la moe : tel gouvernement y avoit il en Londres et non mieux en Calais. » (CHASTELLAIN, 486-487.)

1. Worcester. Voy. ci-dessus, tome II, page 297, note 1.
2. Voy. ci-dessus, tome II, p. 377, note 2.

capittaine, avec luy aulcuns chevalliers et gentilz hommes, par le conseil desquelz ceulz d'Amiens respondirent auz gens du roy qu'ilz estoient prestz d'obeyr à luy, moyennant qu'il feist tant envers le duc de Bourguoigne qu'il leur quittast le serment que fait lui avoient par le gré du roy, voire mesmes par son commandement, dont ilz avoient ses lettres patentes; car autrement ne le povoient faire son honneur saulve ne la leur : laquele responce oye par les gens du roy, ilz se retrayrent.

Quant ceste chose vint à la congnoissance du duc de Bourguoigne, quy lors estoit à Hesdin, il envoia par le seigneur de Crequy[1] remercyer ceulz d'Amiens, et si envoya à ung gentil homme, nommé Jacques de Musson, c escus, et à vi de ses archiers, chascun ung marc d'argent, pour ce que, en parlant auz Francois à celle summation faire, ilz prindrent parolles à lui et le navrerent, si le cuiderent avoir tué, se n'eussent esté ses archiers qui le saulverent des dis Francois.

Le vi[e] jour de jenvier, au dit an, vindrent les Francois devant la ville de Saint Quentin[2] pour sommer les manans d'ycelle : c'est à scavoir le seigneur de Sains, le seigneur de Tenelles[3] et plusieurs autres.

---

1. Voy. ci-dessus, tome I, p. 306, note 1.
2. Le connétable de Saint-Paul entra dans la ville de Saint-Quentin le 10 décembre 1470. (*Chronique scandaleuse*; voy. LENGLET, II, 88.)
3. La pièce suivante contient tous les renseignements qu'on peut désirer sur le seigneur de Tenelles.

« *Épitaphe d'Artus de Longueval, fils de Jeanne de Montmorency.*

  Artus de Longueval fut jadis chevalier,
  Du très chrestien roy Chamberlan, Conseiller.
  Renaut de Longueval, chevalier, fut son pere,
  Et de Montmorency dame Jeanne, sa mere.
  En seigneurie il tint la terre de Tenelles,

Tous lesquelz, sans contredit[1], entrerent en la ville du gré des manans, especialement du commun, qui à

> De Maison les Ponthieu et plusieurs autres belles,
> Rigny et Gratibus, et Tauvilliers aussy,
> Le Plessis Cacheleu, Aveleige, Cissy.
> Son beau pere et luy tinrent d'Amiens le baillage
> Bien soixante et dix ans [*] : ce fut assez bel aage.
> Jamais ne varia ; troys roys servit en France,
> Charles, Louis et Charles, leaument, à amour france.
> D'estrangers et privez il fut bien renommé;
> Des habitans d'Amiens par ses vertus aymé.
> Par liberalité, vaillance et prudhommie
> Il ost acquis cy bas renommee infinie.
> Puis le grand Plasmateur de la machine ronde,
> Plain de age et de vertu, le tira de ce monde
> Le dernier jour d'aoust, dont mains eurent malaise,
> En l'an mil quatre cens et quatre vingtz et seize.
> Or gist ce corps cendreux en ce bas monument,
> La journee atendant du dernier jugement;
> Priant ses bons amis, le peuple ambianois,
> Pour luy faire priere envers le Roy des roys. »
> *(Bibl. imp., Mss., Fonds de Camps, n° 122.)*

1. Il y en eut bien quelque peu, d'abord ; mais ce fut plutôt affaire de forme qu'opposition réelle. Arthur de Longueval « leur monstra le mandement qu'il avoit du roy de luy rendre la ville et le mettre en sa main come lieutenant du roy en cheste partie, à quoy cheus de la ville responderte qu'il n'estoite point à che conseillié que d'eus rendre ne la ville sanblablement se non à la personne du roy ou de Mgr le conestable quy representoit le roi et estoit son lieutenant general par tout le roïaume de Franse, laquelle response le dit de Longheval ne print pas trop bien en gré, et deut dirre alors au regart de Mgr le conestable, qu'il n'en fraproit ja cop qui vauzit; come il me fu dit d'eun home de bien qui l'avoit ensi oï dirre et recorder à Saint Quentin mymes, dedens deus ou trois jours après la rendission : laquelle reuponse du dit de Longeval avoit esté reportee à Mgr le conestable qui l'avoit tres mal pris en gré. Nient mains on ala querrir Mgr le conestable à Hen où il estoit alors, et vint à Saint Quentin où on li fit ouvrerture et obéyssanse ou non du roy tout à sa vollenté. » (HAYNIN, II, 156-157.)

[*] Il fut nommé bailli d'Amiens, au lieu de Renaut de Longueval, son père, par lettres de Charles VII, données au Chastelier le 6 juillet 1456 (*Bibl. imp., Mss., Fonds Gaignières*, n° 771, p. 127), et mourut, comme l'épitaphe va nous l'apprendre, le 31 août 1496. Il tint donc le *bailliage* pendant quarante ans. Ainsi La Morlière s'est trompé en disant que le seigneur de Tenelles fut créé bailly d'Amiens en 1470 : à cette époque il l'était déjà depuis 14 ans. Son remplaçant dans cet office, Raoul de Lannoy, fut reçu le 22 juin 1497. (*Archives de l'Empire*, PARLEMENT, *Matinées*, reg. LVII, fol. 298.)

leur venue cryerent : Noël! et firent grant feste. Laquele compaignie de Francois estoient des gens au conte de Saint Pol, connestable de France, quy lors se tenoit à Hem, en Vermendois, à iiii lyeues de Saint Quentin. En ceste ville estoit le bailly du dit lieu, appelé messire Jehan de la Viesville, et aulcuns autres du party de Bourguoigne, qui n'y peurent mettre remede ; car le commun envoierent devers le connestable pour avoir son advis, et il leur conseilla qu'ilz se tenissent du party royal, leur promettant, ou nom du roy, qu'il les feroit tenir francz et quittes de tous debites et exactions par l'espace de xvi ans. Et lors tous ceulz de la ville, moyennant celle promesse, renoncherent au serment que fait avoient au duc de Bourguoigne, promettant de obeyr au roy, et mesmement misrent dedens leur ville une grosse compaignie de Francois ; et puis, deux jours aprez, y entra le connestable, sicque ilz furent leans plus de iiii^{cz} lances ; mais le bailli de Saint Quentin eut deux ou trois jours d'indusse pour retraire luy et ses biens où il vouldroit.

En ce mesmes tempz, le roy Edouard d'Engleterre, adcompaignié de vii ou viii ses plus privez seullement, se party de Hollande et s'en vint en la ville d'Aire[1], où le duc de Bourguoigne alla prestement qu'il le sceut devers luy, où ilz furent deux ou trois jours devisans de leurs affaires ; puis se partirent l'un de l'autre, car le duc s'en alla à Hesdin. Mais tantost aprez, à scavoir le viie jour de jenvier ou dit an, se

---

1. « Le mercredy, 2 janvier (1470, v. s.), le duc partit de Hesdin et alla à Aire, où il trouva le roy d'Angleterre ; il y resta le 3, en partit le 4 après disner, et revint à Hesdin. » (Voy. LENGLET, II, 197.)

retrouverent ensamble ou chastel de Saint Pol, ouquel lieu furent une nuit conferans de leurs besongnes. Si fut lors renommee que le duc lui avoit presté une grosse somme de deniers, et si luy devoit faire finance de navire pour retourner en Engleterre, là où il avoit la pluspart des nobles hommes du pays qui desiroient son retour, lesquelz tenoient ancores son party, especialement ou pays du North, [ouquel se tenoit le IIe frere du roy Edouard, qui estoit duc de Clocestre], puis s'en vint le roy Edouard à Lille, et de là à Bruges.

En ce tempz, ou mois de jenvier, trespassa de ce monde le duc de Callabre[1], filz du roy de Cecille, lequel laissa ung filz que on nomma le marquis du Pont[2].

1311. Comment le duc de Bourguoigne envoya unes lettres au conte de Saint Pol; et de la responce qu'il en fist. Comment le duc fist une grant assemblee de gens d'armes, et aussi fist pareillement le roy. XVIII.

Aprez que la ville de Saint Quentin fut ainsi rendue auz Francois, comme dit est, par le conseil du conte de Saint [Pol], lors connestable de France, le duc de Bourguoigne envoia Thoison d'or[3] devers ledit connestable, luy mandant, par ses lettres, qu'il le venist servir, comme promis lui avoit, selon le contenu de son seelle, present plusieurs notables tesmoingz, et

1. Voy. ci-dessus, tome II, page 378, note 2.
2. René II, depuis duc de Lorraine. Mort en 1508. (*Art de vérifier les dates*, III, 56.)
3. Fusil. Voy. tome II, page 404, note 2. « Le 12 janvier le roy d'armes, dit *Toison d'or*, alla par le commandement du duc de Bourgogne, porter au connestable de France lettres de sommation de le venir servir en armes. » (Voy. LENGLET, II, 197.)

comme son homme lyege qu'il estoit. Lesqueles lettres veues, le dit connestable respondy au dit herault de la Thoison d'or, tres roidement, que, en tant que le duc le chargoit, il estoit homme pour y respondre de son corpz, si avant qu'il debvroit souffire; et que, au regard de son seelle, le duc y prenoit beaucop de motz trop à son advantage; mais jà, pourtant, n'estoit privé d'y respondre. Disant, oultre, au dit herault qu'il avoit aussi bien le seelle du duc, comme le duc avoit le sien, et qu'il n'avoit fait chose dont il le peust reprochier : et, s'il plaisoit au duc, il envoieroit homme devers luy pour luy faire responce. Aprez lesqueles parolles, il fist festoier le herault.

Quant le duc sceut comment le connestable avoit respondu, il fist incontinent mettre en sa main la terre d'Enghuien, la chastelenie de Lille, et tous ses autres heritages qu'il avoit enclavez parmy ses pays, commettant partout nouveaulz officiiers; mais, non obstant ce, si deffendit il que nulz gens d'armes n'y logassent, pour ce que, par adventure, le conte de Marle[1] et le seigneur de Roussy[2], enfans du dit connestable, estoient de son hostel et en son service, à bonne compaignie de gens d'armes.

Quant le conte de Saint Pol vey ses terres ainsi detentees par le duc de Bourguoigne, il mist aussi en sa main la conté de Marle, apartenant à son aisné filz

---

1. Jean de Luxembourg, comte de Marle et de Soissons, tué à la bataille de Morat le 22 juin 1476. (ANSELME, III, 727.)

2. Antoine de Luxembourg, comte de Brienne et de Roussy. (ANSELME, III, 729.) Vivait encore le 30 mai 1512, et n'existait plus le 31 mars 1516, ainsi que le prouvent deux sentences rendues aux requêtes du Palais à Paris. (*Archives impériales.*)

de par sa dame mere[1], et la terre du Chasteler. Et adont le duc de Bourguoigne, adcertené que le roy s'efforchoit de ainsi faire reprendre les villes qu'il luy avoit bailliés, se party de Hesdin, et s'en alla à Dourlens, où il fist lors la plus grant assamblee de gens qu'il eust oncques fait. Si fist tout homme tyrer vers Bapausmes; puis en envoia aulcuns vers Amiens, vers Corbie et es faubours d'Abeville, en Henault, et par toutes les frontieres de ses pays marchissans auz Francois. Et fist cryer, environ la ville de Tournay, que nul de ses pays n'y portast vivres, sur la hart : et si fist aprehender [et mettre] en sa main tous les biens et heritages que avoient les dis de Tournay enclavez en ses pays, et pareillement en fist à tous ceulz tenans le party du roy et du connestable. Et autant en fist pareillement le roy, parmy son roiaulme, de tous les tenans le parti de Bourguoigne, et en fist recepvoir les fruitz par ceulz à quy il les avoit donnez.

Entre ces choses, se party le roy d'Amboise : si vint à Paris à tres grosse armee, en intention de faire au duc de Bourguoigne la plus grant guerre qn'il porroit, esperant que les Anglois, par le moyen du conte de Warewic, lui aideroient celle fois à destruire de tous poins, sans quelque mercy ou remede, le dit duc; car ainsi l'avoient ilz promis l'un à l'autre. Et adont le duc, de sa part, ne dormoit pas; ains assambloit dilligamment le plus de gens d'armes qu'il povoit. Si fist publier en sa ville d'Arras, et en ses autres pays tenus de la couronne de France, que nulz pour fait de justice n'allast plus ressortir au parlement à Paris; et ce,

---

1. Jeanne de Bar.

pour les causes contenues ou mandement de ce faisant mention.

1312. Comment messire Phelippe de Creveceur entra soubtillement en Abbeville. Comment le conte de Dampmartin entra aussi dedens Roye. De la rendition de Mondidier; et comment Amiens se rendy francoise.
XIX.

Le xiiiⁱᵉ jour de jenvier, an LXX, messire Phelippe de Creveceur, seneschal de Boullenois, qui avoit en charge quatre mille hommes de guerre de bonne estoffe, de par le duc de Bourguoigne, qui, atout yceulz, estoit logié es faubours d'Abeville que on dist Rouvroy, pour doubte que les Francois ne se boutassent en ycelle, comme ilz firent à Saint Quentin; car le commun estoit plus pour le roy que pour le duc : lesquelz avoient refusé au dit messire Phelippe de le mettre dedens ycelle leur ville, disans qu'ilz le garderoient bien et ne voulloient avoir garnison de l'un party ne de l'autre.

Or advint que, yceulz estans ou dit Rouvroy, dix ou douze compaignons d'ycelle routte, dont Anthoine [bastard] d'Auxi[1] estoit conducteur, s'en allerent disner en la ville, du gré des portiers qui congnoissoient le dit Anthoine, bastard d'Auxi. Et y alloient comme tous les jours, puis les ungz, puis les autres; mais ceste fois, droit à l'heure que chascun disnoit, ceulz cy, faisans signe de partir, occuperent la porte et tindrent les portiers si court, que messire Phelippe de

---

[1]. Antoine, batard d'Auxy, seigneur de la Tour, fils naturel de Jean, IV du nom, ber et seigneur d'Auxy, et de Felice de Marchant, devint capitaine des archers de l'empereur Maximilien. (ANSELME, VIII, 108.)

Creveceur et toute sa compaignie, qui de leur fait estoient advisez, vindrent sur ce point à la dite porte, qui estoit ouverte, si entrerent tous dedens, en bonne ordonnance; lesquelz furent maistres de la ville à pou de contredit, dequoy le duc fut grandement joieuz, et non sans cause, car ce lui touchoit grandement.

D'autre part, le conte Dampmartin[1], grant maistre d'hostel du roy de France, à grant compaignie de gens d'armes s'en alla devant la ville de Roye, où il somma les habittans d'eulz rendre au roy : ce qu'ilz firent à pou de contredit; dedens laquele estoit, ou nom du duc de Bourguoigne, le seigneur de Poix[2], filz du seigneur de Moreul, qui tout son tempz avoit tenu le party bourguignon loyaulment; mais son dit filz, que plus n'en avoit, lequel recepvoit les guages du duc et estoit ung de ses chambellans, rendy la ditte ville auz dis Francois sans grant refus, et luy mesmes se tourna

---

1. Antoine de Chabannes, comte de Dampmartin. Mort le 25 décembre 1488. (ANSELME, VIII, 382.)

2. Jean de Soissons, seigneur de Poix, fils de Valeran, seigneur de Moreuil, quitta le service du duc de Bourgogne en 1471, et entra à celui de Louis XI. Ce prince lui rendit, en 1473, tous les biens de son père qu'il avoit confisqués pour avoir tenu le parti du duc de Bourgogne. (ANSELME, VI, 719.) Louis XI lui fit don, le 21 novembre 1471, de la somme de 800 l. (*Bibl. imp.*, Mss., *Fonds Gaignières*, n° 771, page 170.) Son père n'était pas mort à cette époque, car le roi ne lui donne pas le titre de *seigneur de Moreuil* (Voy. tome II, 335, note 3.) Jean vivait encore le 6 juin 1478, ainsi qu'on le voit par des lettres qu'il adresse au premier sergent royal de la prévôté de Troyes, commençant ainsi : « Jehan de Soissons, chevalier, *seigneur de Moreul*, de Poix, Desquesnes et de Mareul, conseiller, chambellan du roy nostre seigneur, *et son bailly de Troyes*, commissaire en cette partie, au premier sergent. J'é veu les lettres de remission desquelles la teneur s'ensuit. » Ce sont des lettres accordées par Anne de Beaujeu, lors de son entrée dans la ville de Troyes, à Jacques Brulefer, accusé d'avoir tué un religieux. (*Bibl. imp.*, Mss., *Fonds Dupuy*, n° 774, fol. 35 recto.)

du party royal; dont son pere fut si troublé[1] qu'il jura que, s'il le povoit tenir, lui mesmes l'occiroit, qu'il le desavouoit pour son filz, et que jamais n'auroit riens de ses heritages. Puis s'en allerent yceulz Francois devant Mondidier, dont estoit capitaine le Bon de Rely[2], chevallier, avec luy aulcuns autres, de par le duc de Bourguoigne, devers lequel ilz envoierent pour avoir secours, disant qu'ilz se tenroient bien VII ou VIII jours, s'il luy plaisoit. A quoy le duc respondy qu'ilz feissent le mieulx qu'ilz pourroient, et que il n'avoit pas ses besongnes prestes pour les secourir si brief. Combien que ceulz de Mondidier, hommes ne femmes, ne voulloient entendre à la rendition, pour ce que, passé si long tempz, avoient tenu le party de Bourguoigne, touteffois en fin, ymaginant ceulz de la ville que l'annee devant avoient esté tous ars, et aussi que ilz n'auroient de long tempz secours, se rendirent au roy : si se retrayerent les gens d'armes devers le duc, leur seigneur.

Environ l'entree de febvrier, l'an dessus dit, ceulz d'Amiens, sachans comment ceulz d'Abbeville avoient esté sourprins, ilz firent vuidier de leur ville le sei-

---

1. Le même fait est raconté par le seigneur de Haynin (II, 178.) « Le sieur de Pois, fils du sieur de Moreuil, rendy Mondidier, et se rendit fransois, au grant desplaisir de son pere qui avoit toujours esté et *estoit* bon Bourgheguon. »

2. Martin, seigneur de Rely, surnommé par tous les chroniqueurs *le Bon de Rely*, conseiller et chambellan du roi, fait chevalier en 1441 à la prise de Pontoise. Mort en 1491. (LA MORLIÈRE, page 278.) Il était au nombre des seigneurs qui accompagnaient Charles VII à son entrée dans Rouen, en 1449. (MATHIEU D'ESCOUCHY, X, 212.) Il passa depuis au service de Charles-le-Téméraire : on le voit compris sur le rôle de paiement *pour le fait de la guerre*, dans le compte rendu, du 1er janvier au 31 décembre 1468, par Guilbert de Ruple, argentier du duc de Bourgogne. Il

gneur de Creveceur, capittaine et bailly[1] d'ycelle, avec luy tous ceulz quy voulloient tenir le party du duc de Bourguoigne. Et puis, en ce mesmes jour, s'en allerent au devant du conte de Dampmartin, auquel ilz porterent les clefz de la ville, ou nom du roy[2]. Si le laisserent entrer en leur ville atout environ deux mille combattans, et firent serment au roy, non obstant quelque promesse qu'ilz eussent au duc de Bourguoigne, du gré et commandement du roy.

Le duc Charles estant lors à Dourlens[3], et soy cuidant aller de là au dit lieu d'Amiens, se party, aprez ces nouvelles oyes, de Dourlens, et s'en alla à Bapausmes, cuidant illec trouver toute son armee preste; mais non fist. Pour quoy il ne arresta que une nuit illec : et avant son partement de Dourlens y ordonna capittaine ung vaillant chevallier, le seigneur de Roussy, atout bonne garnison. Au partir de Bapausmes, s'en alla le duc sejourner v ou vi jours [à Arras], atendant son armee; puis, le xe jour de febvrier, partant d'Arras

---

y figure sous le nom de *le Bon de Rely*. (BARANTE, édit. de M. Gachard, II, 706.) Il figure, comme chambellan de Charles, duc de Bourgogne, sur un état de la maison de ce prince (1472). (*Bibl. imp.*, Mss., n° 8430). Après la mort de son maître, il resta fidèle à la jeune duchesse, et se trouvait au Tronquoy lorsque Louis XI attaqua cette place. (MOLINET, II, 14.)

1. Nous venons de voir ci-dessus (page 54, note *), que le seigneur de Tenelles était revêtu de l'office de *bailli d'Amiens*: et ici, presque vers le même temps, Wavrin nomme un autre personnage comme exerçant les mêmes fonctions. C'est que les pauvres villes, tour à tour prises et reprises, changeaient incessamment de maître, et recevaient du vainqueur d'autres officiers. Le seigneur de Tenelles tenoit pour le roi, le seigneur de Crevecœur pour le duc de Bourgogne.

2. Ce fut le 2 février 1470 (v. s.). Voy. parmi les PREUVES des *Mémoires de Commynes* (III, 272) la *Réduction* de cette ville.

3. Doullens.

s'en alla logier, atout ce qu'il avoit de gens, à lyeue et demye d'Arras, prez de Wailly, en ung parcq qu'il avoit illec fait fermer de son charroy et artillerie, dont il avoit bien xiiii^{cz} charriots chargiés : à chascun desquelz avoit deux hommes tentiers, et deux pyonniers, aians tous sallades, jacques et mailletz de plomb, ou autre bon baston. Et, le xiiie jour de mars, se party du dit parcq, adcompaignié de Pycardz, de Flamens et de Hannuyers, dont il y avoit bien, selon renommee, iiii^m lances, chascune iiii chevaulx, du moins : c'est à scavoir homme d'armes, archier, coustillier et page ; et, oultre ce, avoit avec chascune lance vi hommes de pié portans arcz ou picques, qui sont bastons mortelz contre venue de chevaulz. Et si avoit grant nombre de canonniers, culvriniers, et autres gens de toutes fachons, sicque c'estoit merveilleuse chose à veoir. Et, oultre ce, estoient grosses garnisons de par le dit duc à Péronne, à Bray, à Corbye, à Abbeville, et en plusieurs autres lieux, exstimez à x^m combattans, de ses meilleurs hommes. Et si n'estoient ancores venus les Bourguignons, que on nombroit bien à xiiii^{cz} lances, ne les Brabenchons, quy debvoient venir [à] iiii^{cz} lances, de Luxembourg viii^{xx} lances, et autres nobles hommes de Flandres, qui se hastoient de venir.

De Wailly, le duc s'en alla clorre son parcq à Helbusterne[1], aprochant la riviere de Somme, et là se tint aulcuns jours, où gens lui croissoient tousjours. Et,

---

1. « Le 13 [février], le duc de Bourgogne partit de son camp de Wailly et vint camper à Hebuterne, d'où il partit le 16. » (LENGLET, II, 197.)

environ ce tempz, les Francois d'Amiens concquirent quarante ou L compaignons des gens du seigneur de Creveceur, en une forteresse, [le chasteau de Boves], lesquelz ilz occirent tous, excepté le capittaine d'iceuz, lequel ilz detenterent prisonnier.

1313. Comment le seigneur de Renty s'en alla rendre francois. Comment le duc de Bourguoigne s'en alla logier à Contay, et d'illec à demye lieue de Amiens : puis parle de la prinse de Picquigny, et d'autres choses. XX.

Le xv° jour du mois de febvrier, ou dit an, le seigneur de Renty[1], aisné filz du sire de Croy, auquel de Renty le duc avoit rendu ses terres et ycelluy fait son chambellan, et lequel pour lors estoit en garnison à Peronne avec le seigneur de Ravestain, messire Adolf de Cleves[2], auquel de Renty le duc avoit grant fyance, si luy avoit baillié ordonnance d'environ LX lances; mais, neantmoins, en faisant maniere d'aller courre sur les Francois, luy et sa compaignie issirent de Peronne, et tantost qu'ilz en furent eslongiés, il dist à ses gens, entre lesquelz estoit le seigneur du Reux[3], son frere mainsné : « Qui m'aime, si me sieve; car je m'en vois à Ham, devers mon beau pere le conte de Saint Pol, connestable de France. » Si s'en allerent avec luy v ou vi hommes d'armes, et environ xx archiers. Son frere et tous les autres s'en retournerent à Peronne, moult desplaisans de ceste

---

1. Philippe de Croy, seigneur de Renty; ses biens furent confisqués en 1476. Mort en 1511. (ANSELME, V, 638.)

2. Voy. ci-dessus, tome II, page 355, note 2.

3. Jean de Croy, seigneur de Rœux, vivait encore en 1487. (ANSELME, V, 645.)

adventure, quy fut layde et reprochable au dit seigneur de Renty, atendu le bien et honneur que le duc luy avoit fait, et duquel il recepvoit les guages.

Tantost aprez, s'en alla le duc à Contay logier, quy est à quatre lyeues prez d'Amiens, qui avoit lors en sa compaignie plus de chinquante mille hommes, et si luy croissoient gens journelement. Et le lendemain issirent d'Amiens bien de vi à vii^m combatans, que menoit le conte Dampmartin, lesquelz cuiderent assegier le chastel de Dours. Mais ilz rencontrerent l'avantgarde du duc, lesquelz se rengerent en bataille l'un contre l'autre; si cuiderent les Pycardz enclorre les Francois; mais quant Francois s'en aparcheurent, ilz se retrayrent et ne perdirent que ung homme d'armes, occis d'une serpentine; ce qui les effrea grandement.

Dedens v jours aprez, se party de là le duc, atout son ost: si s'en alla logier à une petite lieue d'Amiens[1]; et, en ce mesmes jour, il alla en personne jusques au gibet d'Amiens, adcompaignié de trois cens hommes, pour regarder s'ilz voldroient issir; ce que non. Et lors il fist sonner ses trompettes; si se vindrent ces gens tous joindre avec luy. Sicque ceulx d'Amiens povoient plainement veoir toute sa puissance, quy estoit terrible à regarder. Et tost aprez le duc se retyra à son logis, auquel retour ceulz d'Amiens issirent et tuerent deux archiers quy s'estoient advanchiés plus qu'ilz

---

1. « Le 18 [février 1470, v. s., le duc] campa près la ville de Dours sur Somme, vers Amiens; le 21, il campa hors le village de Lonville près Amiens; le 23, à Winacourt (ou Winencourt), vers Pequigny; le dimanche 24, à Belloy; son avant garde prit la ville de Pequigny, qui fut incontinent mise en feu. » (LENGLET, II, 197.)

ne devoient. Dedens trois jours se party le duc de là ; si passa devant Amiens atoute sa compaignie, et en moult belle ordonnance s'en alla devant Picquigny. Et, le lendemain, vii ou viii de ses archiers trouverent maniere d'entrer en la ville, lesquelz sievyrent plusieurs autres, et tant en y entra que la ville fut prinse. Si s'en fuyrent ceulz de la ville dedens le chastel, desquelz aulcuns boutterent le feu en plusieurs lieux, adfin qu'on ne les peust syevir de si prez ; mais bien en y ot qui habandonnerent tout, et s'en issirent de la ville.

Quant vint le lendemain, ceulz du chastel se rendirent, saulfz leurs corps, biens, harnas et chevaulz ; si se retrayrent à Amiens où le duc les fist conduire par ses gens. Et adonc, ledit duc estant à Picquigny, issirent de Saint Quentin environ v^m Francois, tous à cheval ; de laquele compaignie estoient les principaulz, le connestable, le sire de Cursot[1], le sire de Cran[2], Joachim Rohault[3], marissal de France, avec lesquelz estoient le seigneur de Poix, Jehan d'Arson[4], et Jehan de May[5], bourgois d'Amiens. Et si estoient aussy Bauduin,

1. Gilbert de Chabannes. (Voy. ci-dessus, tome II, page 396, note 6.)
2. Georges de la Tremoille, seigneur de Craon, mort en 1481. (ANSELME, IV, 165.)
3. Joachim Rouault, seigneur de Boismenart, créé maréchal de France en 1461. Mort le 7 août 1478. (ANSELME, VII, 95.)
4. « Natif de Bourbonnois..., homme très adroit et vaillant en armes, mès en aultres endroits non pas de si grant pris. » Il était écuyer du grand batard de Bourgogne. (CHASTELLAIN, 480.) Voy. ci-dessus, p. 50, à la note.
5. Serait-ce Jean de May, écuyer, seigneur de Gratius, d'Estre, conseiller du duc de Bourgogne, qui, au mois de novembre 1468, était lieutenant du bailli d'Amiens, puis fut maire de cette ville en 1463, et en 1477 ? (DOM GRENIER, premier paquet, tome I, p. 454, 471.)

bastard de Bourguoigne, le seigneur de Renty et plusieurs autres des pays du duc Charles[1], lesquelz tyrerent vers Bapausmes jusques à Croisilles, seant à trois lyeues prez d'Arras, prendant et ravissant tout ce qu'ilz povoient trouver de biens et d'hommes, auz champz et villages. Entre les autres, le connestable, le seigneur de Cursot, Baulduin le bastard, et aulcuns autres, s'en allerent jusques à Bappausmes, où le connestable manda à Jehan de Longueval[2], capittaine de la ville, qu'il venist parler à lui, en lui envoiant saulfconduit pour ce faire, et il y alla atout environ XL ou LX chevaulx que le duc lui avoit envoyez le jour devant, auquel le connestable somma qu'il lui rendist celle ville ou nom du roy de France. A quoy le capitaine respondy que son seigneur le duc de Bourguoigne lui avoit baillié en garde, auquel il avoit promis et juré de le bien garder à son povoir, si voulloit son dit serment entretenir jusques à la mort du darrain homme de la ville. Disant, oultre, au connestable qu'il scavoit bien comment la dite ville estoit au duc de Bourguoigne propre heritage, à cause de sa conté d'Artois venue à ses predicesseurs, freres de roy de France, par

---

1. VAR. : « Si qu'ilz povoient estre en tout douze cens lances, selon commune renommee. » (*Ms. Fonds Dupuy.*)

2. Jean de Longueval, fils de Robert de Longueval et petit fils d'Arthur, seigneur du même lieu (*Bibl. imp.*, Mss., *Fonds de Decamps*, n° 122), suivit Antoine, bâtard de Bourgogne, dans l'expédition que fit ce dernier, en 1464, contre les ennemis de la foi. (DUCLERCQ, XIV, 341.) Était seigneur de Vaux, capitaine des archers du susdit bâtard de Bourgogne. Il entra, le premier mai 1465, dans la ville d'Arloeux, que tenoit le roi de France, puis dans celle de Crevecœur. (ID., *ib.*, page 421.) Assistait au siége de Neuss, en mai 1475, avec le duc de Bourgogne; il y fut fait chevalier, et prit les faubourgs de la ville d'Épinal, en octobre suivant. (MOLINET, I, 127, 129, 153.)

partage de leur portion du royaulme; puis adrescha sa parolle à Bauduin, bastard de Bourguoigne, duquel il avoit autreffois, au tempz passé, mené les gens d'armes, disant qu'il avoit fait et faisoit tres mal., comme bien povoit scavoir; et tant en dist qu'il fist le bastard plourer[1]. Et adont dist le connestable au dit Jehan de Longueval qu'il se conseillast, et que il luy donnoit deux jours d'indusse pour soy bien conseillier; et que s'il ne luy rendoit la ditte ville, il le venroit veoir de rechief à plus grant compaignie : sur lequel point ilz se partirent l'un de l'autre, et s'en retournerent chascun en son lieu.

Ce fait, Jehan de Longueval signifia ces choses au duc de Bourguoigne, lequel, tout incontinent, lui envoia secours. Et les Francois, en leur retour, pillerent l'abaye d'Aruoise[2] et celle de Aucourt; desqueles ilz emporterent tous les biens, callices et reliquiaires; puis prindrent les chasteaulz de Sailly, de Haplaincourt[3] et de Bethencourt sur Somme, et cellui d'Ierre, et firent plusieurs maulz ou dit voyage : contre lesquelz Francois envoia le duc II^m combatans de ses gens, desquelz furent chiefz le seigneur de la Gruthuse[4], le seigneur de Peruel[5], le sire de Chohem[6],

---

1. Baudouin était passé au service de Louis XI, le 20 novembre 1470. Voy. ci-dessus, page 50, à la note.

2. Arrouaise.

3. Haplincourt.

4. Voy. ci-dessus, tome II, page 302, note 2.

5. Henry, seigneur de Perweis, d'Affele, etc., mort le 18 mai 1483. (*Bibl. imp.*, CABINET DES TITRES.)

6. Jean de Berghes, seigneur de Cohen, d'Olhain, etc. Anselme (VIII, 697,) le nomme à tort *Pierre*. Jean, seigneur de Cohen, principal capitaine de la ville d'Aire, vendit cette ville à Louis XI en 1482. (MOLINET, II, 306, 307.) Si ce seigneur se rendit coupable de cette trahi-

cellui de Meraumont[1], et autres. Mais, tost aprez, le duc fut adverty que les Francois se retyroient, mais que le roy aprochoit, à toute sa puissance, vers la riviere de Somme. Pour quoy il manda aux dis seigneurs retourner, adfin d'avoir ses gens tous ensamble. Si envoia à Bapausmes deux cens et chinquante archiers de pié, qui lui venoient de la chastelenie de Lille.

1314. Comment le duc de Bourguoigne s'en alla auprez d'Amiens : d'une destrousse que les Francois firent sur les marchans de Flandres; d'une course qui fut faite devant Corbye, et comment ilz tuerent plusieurs picquenares de Flandres.   XXI.

Le IIIIe jour du mois de marc de cest an[2], se desloga le duc de Bourguoigne de Picquigny : si s'en alla logier[3] assez pres d'Amiens, oultre la riviere de

son, un plus grand personnage que lui stipula avec le roi les articles de la vente. Le document qui les contient nous paraît assez curieux pour être placé parmi nos *Pièces justificatives* (voy. le n° IX), quoiqu'il ne se rattache pas, pour la date, aux Chroniques d'Angleterre.

1. Robert, seigneur de Miraumont, fait chevalier au siége d'Audenarde, en 1452 (OLIVIER DE LA MARCHE, ch. XXIV), figure sur le rôle de payement de Guilbert de Ruple, argentier du duc de Bourgogne, dans son compte rendu du 1er janvier au 31 décembre 1468. (BARANTE, *Hist. des ducs de Bourgogne*, édit. de M. Gachard, II, 706.) Vivait encore le 25 février 1506. (*Archives de l'empire*, PARLEMENT, *Criminel*, reg.stre LXVI.) Il était « froid et subtil, et très expert en armes. » (MATHIEU D'ESCOUCHY, X, 336.) Il figurait comme chambellan, dès 1472, sur l'état de la maison de Charles, duc de Bourgogne. (*Bibl. imp.*, Mss., n° 3867, fol. 7, recto.)

2. 1470 (v. s.)

3. « Il vint camper hors le village de Clary sur la Serre.... Le 5 le duc de Bourgogne partit de Clary, et vint camper sur la Serre entre les villages de Verdesalle, et de Salver ; le 6, il passa cette rivière et vint camper sur Mez vers Amiens : il y resta jusques au 10 qu'il en partit avec son armee et campa à l'abbaye de Saint-Acheul vers Amiens.... il en partit

Somme. Et advint, trois jours aprez, ainsi comme plusieurs marchans de Flandres et d'Artois menoient vivres en l'ost du duc, qu'ilz furent rencontrez sur les champz d'un grant nombre de Francois, entre Dourlens et Amiens, et durement assaillis. Si se deffendirent ceulz du charroy le mieulz qu'ilz peurent; mais ilz n'eurent povoir de resister auz Francois qui estoient gens de guerre; anchois furent descomfis. Si en y eut mort sur la place de L à LX, et de prisonniers autant, ou plus; et aulcuns se saulverent, habandonnans leur charroy. Et, adont, les Francois liement emmenerent leurs prisonniers à Amiens, avec bien LX charriotz chargiés de vivres, armeures et artilleries, mesmement une charetee de l'artillerie du duc; et effondrerent les tonneaulz de vin et de cervoise autant qu'ilz en trouverent, et decopperent les picques.

En ce mesmes jour, le seigneur de Savye[1], qui estoit commis à garder le chasteau de Picquigny de par

---

le 27 pour aller avec son armee outre la dite abbaye en la vallée de la Croix à la pierre (porte?) d'Amiens, où il resta et conclut, le 9 avril, une treve de trois mois avec le roy. » (Voy. LENGLET, I, 198.)

1. Jeannet de Saveuses, seigneur de Savy, fait chevalier, en 1451, par le comte de Dunois (DUCLERCQ, XII, 113), est porté sur le rôle de payement, *pour le fait de guerre*, dans le compte rendu de Guilbert de Ruple, argentier du duc de Bourgogne, du 1er au 31 décembre 1468. (BARANTE, édit. de M. Gachard, II, 706.) Les registres du Parlement le désignent ainsi : « IX aoust 1479, Jehan de Saveuses, chevalier, *seigneur dudit lieu.*» (*Conseil*, registre XXV, fol. 254, verso.) — « VII fevrier 1479, Jehan de Saveuses, chevalier, filz aisné et heritier de *feu Bon de Saveuses, son pere*, heritier de feu messire Philippe de Saveuses. » (*Ib.*, registre XXVI, fol. 39, recto.) — « XXIX juillet 1484, Jehan de Saveuses, chevalier, filz de *Bon de Saveuses, frere et heritier de messire Philippe de Saveuses.* » (*Ib.*, registre XXVIII, fol. 173, recto.) Il soutenait encore un procès le 26 novembre 1486. (*Ib.*, registre XXXI, fol. 7, recto.)

le duc de Bourguoigne, fist une saillye sur aulcuns
Francois d'Amiens qui estoient venus courre devant
sa place, à plus grant nombre qu'il ne cuidoit : par
quoy il fut reboutté durement, et y perdy xxii hommes
de ses gens; entre lesquelz y fut occis l'Hermitte Rogier, un de ses hommes d'armes.

Le lundy ensievant, les Francois vindrent courre
devant Corbye, au costé de France, lesquelz avoient
fait une embusche sur ceulz qui aprez eulz sauldroient. Et adont ceulz de Corbye, voyans que ces
coureurs n'estoient pas grans gens, ilz saillirent sur
eulz; entre lesquelz estoient de LX à IIII^{xx} picquenars
flamens que ceux de Gand envoioient à leur seigneur,
tous de pié, et nouvellement venus à Corbye; lesquelz
Flamens se prindrent à syevir les Francois quy faisoient samblant de retourner : et avoient Flamens avec
eulz aulcuns hommes d'armes de la garnison de Corbye, lesquelz, voyans Francois saillir de leur embusche,
brocherent soubdainement leurs chevaulz; si se retyrerent en la ville, passant parmy les Flamens, et les
laissant illec ainsi tous de pié, et là furent durement
assaillis de ces Francois. Si se deffendirent vaillamment sans fuyr; mais il y demourerent bien de mors
environ LX sur la place, lesquelz veoient ainsi tuer
ceulz de Corbye, et si ne les secoururent point, quy
fut pitié. Et sy estoient dedens Corbye le seigneur
de Contay[1], capittaine de layans, Phelippe de Bour-

---

1. Louis, seigneur de Contay et de Forest, fils de Guillaume, seigneur
de Contay, et de Marguerite de Sully, gouverneur d'Arras du vivant de
son père. Marié à Jacqueline de Nesle, dame d'Aches, fille de Guy, seigneur d'Offremont (*Bibl. imp.*, CABINET DES TITRES.) Tué à la bataille de
Nancy, le 5 janvier 1476, v. s. (MOLINET, I, 236.)

bon[1], et le seigneur de Gapannes[2], à grant compaignie de gens de guerre.

Le lendemain, qui fut mardy, le duc Charles commença de aprochier la ville d'Amiens, de laquele issirent grant foison de gens d'armes pour envahir l'avant garde du duc; et firent illec une escarmuche qui gueres ne dura, quant retraire les convint dedens la ville, combien que ilz y occirent ung homme d'armes de Lille en Flandres, nommé Thomas Prouvost, par la faulte de son cheval, non fait de la bouche, duquel il ne se sceut aidier à son besoing, jà si deffendist il vaillamment. Et le joeudy ensievant, à une escarmuche quy se fist devant Amiens, furent occis deux hommes d'armes Franchois : l'un estoit au conte Dampmartin[3], et l'autre à Salzart[4].

Le xe jour de mars, le conte de Saint Pol, connestable de France, assambla tout le povoir des Francois de

1. Philippe de Bourbon, seigneur de Duisant, était né dès 1438. L'empereur Maximilien et son fils, par lettres du 20 juillet 1492, subrogent leur cousin Philippe de Bourbon, seigneur de Duisant, au droit du seigneur de Nemours, avec lequel il avoit procès pendant en leur grand conseil. Marié à Catherine de Lalain. (ANSELME, I, 360, 361.) Il était en 1471, bailly de Sens en Artois. (HAYNIN, II, 167.)

2. Antoine de Wisoc, seigneur de Gapennes, conseiller et chambellan. C'est ainsi qu'il est désigné dans un rôle de payement de Barthélemy Trotin, receveur général des finances du comte de Charolois, « pour un an, commençant le 1er janvier 1466 (v. s.) et finissant le dernier décembre 1467, *en son voyage et arrivee à Liege.* » (BARANTE, édit. de M. Gachard, II, 705.)

3. Antoine de Chabannes, comte de Dampmartin, seigneur de Saint-Fargeau, grand maître de la maison du roi. Mort le 25 décembre 1488. (ANSELME, VII, 141; VIII, 382.)

4. « Jean de Salazar, natif du pays d'Espagne, chevalier, conseiller et chambellan du roi, seigneur de Montagne Saint-Just, etc. Trespassa à Troyes, le 12e jour de novembre, l'an de grace 1479. » (SAINTE-MARTHE, 175, 176.)

celle frontiere ; si les mena vers Lippus¹, en Santers, et jusques au chasteau de Chaunes², appartenant au seigneur de Bruai³, qui estoit lors en la compaignie du duc de Bourguoigne ; ou quel chastel estoient de L à LX compaignons de pié, illec envoiez par ledit seigneur de la place pour le garder. Mais yceulz, voyans si grosse compaignie devant eulz, non esperans d'avoir secours, rendirent le chastel au connestable, saulves leurs vyes. Si s'en partyrent, chascun ung blancq baston en la main, sans emporter leurs armeures ne autres biens. Et lors le duc de Bourguoigne, tout adcertené que le connestable l'aprochoit à grosse puissance, et aussi que le roy le sievoit atout son povoir, il fist logier son advantgarde bien prez d'une porte d'Amiens, et toute son armee non pas loing de là, sur le costé de Corbye, oultre la riviere de Somme : ouquel lieu il se fist enclorre de son charroy, qu'on exstimoit à quatre mille charriotz, sans ceulz quy amenoient les vivres journelement. Messire Milles de Bourbon⁴ fut estably marissal du champz à introduire

---

1. Lyhons.
2. Chaulnes.
3. Antoine d'Oignies, seigneur de Bruay, qui figure sur un état de payement *pour le fait de la guerre*, dans le compte rendu par Guilbert de Rupe, conseiller et argentier du duc de Bourgogne, du 1ᵉʳ janvier au 31 décembre 1468 (BARANTE, édit. de M. Gachard, II, 706), ou bien Gilles d'Oignies, seigneur de Bruay, qui est au nombre des seigneurs, du côté du roi, qui ratifièrent le traité d'Arras passé, le 23 décembre 1482, entre Louis XI et Maximilien, duc de Bourgogne. (LENGLET, IV, 126.)
4. Messire Mile de Bourbon, un des capitaines commis à la défense du Quesnoy-le-Comte, lorsque Louis XI s'empara de cette ville en 1477 (MOLINET, II, 31), étoit chambellan du duc Charles. C'est en cette qualité qu'il figure sur l'état de la maison de ce prince en 1472. (*Bibl. imp.*, Mss., n° 3867, fol. 6, verso.) Haynin (II, 267), qui dit aussi que ce per-

les logis; et ordonna le duc [que nul ne] inssist du champ sans son commandement, ouquel estoient, selon commune renommee, plus de cent mille testes armees, sans y comprendre quatre ou chincq mille compaignons que les Flamens lui envoierent, ayant chascun sallade, jacque, espee et picque, ou des longues lanches à menu fust, à long fer et agu, tranchant de trois costés. Ceulz cy estoient de pié, et les nommoit on picquenaires, pour ce qu'ilz scavoient l'usage des picques plus que nulz autres. Si les avoient Flamens cueillies parmy les villages de leur pays, lesquelz ilz avoient payez pour ung mois, et de chascune chastelenie, ung homme d'armes ou deux pour conduire ces deux picquenares, qui, sur les dix d'entr'eulz, avoient ung picquenaire disenier, auquel ilz obeissoient. Ces picques sont bastons moult convenables pour mettre une picque entre deux archiers contre le fouldroieux effort des chevaulz quy vouldroient [enfondrer] dedens eulz; car il n'est cheval, s'il est attaint d'une picque en la poitrine, qu'il ne doie morir sans remede; et si scevent ces picquenaires desmarchier et attaindre chevaulz de costé, et yceulz perchier tout oultre, mesmement n'est si bon harnas de guerre qu'ilz ne perchassent, ou faulsassent, ainsi les scevent ilz bransler et empaindre [à leur voulenté].

sonnage étoit au Quesnoy-le-Comte, le qualifie *seigneur de Solligny*. En janvier 1473, v. s., il accompagnoit les corps de Philippe le Bon et d'Isabelle de Portugal, que Charles le Téméraire faisoit conduire à Dijon. (*Ibid.*, 236.)

1315. Comment les Francois d'Amiens destroussoient tous les vivres venans en l'ost du duc de Bourguoigne, et de la prouvision que le duc y mist. Comment le connestable entra en Amiens à puissance, et comment le duc envoia vers luy le conte de Marle. XXII.

Le lundy, xie jour de marc, issirent d'Amiens une grosse compaignie [de gens d'armes] du costé de la riviere, vers Arras, et sur le chemin de Corbye. Sur ce train là, trouverent charroy menant vivres en l'ost du duc de Bourguoigne : si en prindrent v ou vi charriotz, et tuerent x ou xii hommes de ceulz quy les menoient ; les autres emmenerent prisonniers à Amiens. Si despicherent les charriotz, effondrant les tonneaulz de vin et cervoise ; mais s'il y avoit biens portatifz, ilz les emportoient.

Oiant le duc de Bourguoigne que les povres marchans estoient ainsi occis et desrobez journelement, voullant perseverer en son logis de la riviere, il manda par tous ses pays que nulz, d'ores en avant, menant vivres, ne passast oultre les villes d'Arras ou Dourlens sans compaignie ; et que esdites villes il envoieroit gens d'armes pour les conduire jusques en son ost, et ainsi le fist ; car le dimence prouchain ensievant, xviie jour de marc, il envoia en la ville d'Arras les seigneurs de Myraumont et de Contai, avec eulz trois cens hommes de guerre, pour amener en l'ost grant nombre de charriotz chargiés de vivres et d'artillerie, quy là les atendoient. Et entre les autres charriotz, en y avoit ung chargié de monnoie, pour payer gens d'armes, tous lesquelz se partirent ensamble de la ville d'Arras ; lequel jour mesmes, s'en party aussi le damoiseau d'Aigremond[1], filz au seigneur d'Aigremond, frere du duc de Gueldre le pere, lequel avoit en sa compaignie environ cent chevaulz beaulz et bons, et les hommes armez à la mode d'Allemaigne. Sy s'en vint servir le duc Charles en sa guerre. Lequel jour de dimence, le connestable de France, bien adcompaignié de gens de guerre, s'en vint pour entrer dedens Amiens, du costé où le duc avoit son parcq, et toute son armee enclose; et ainsi voiant toute la puissance et ordonnance du duc, il entra dedens la cité, en laquele estoient paravant, pour le roy, le conte Dampmartin, Salzart, le seigneur de Chenelles[2] et autres, tant que, selon commune renommee, ilz estoient bien layans xx^m combattans, et ne voult oncques le duc que l'en baillast quelque empeschement au connestable, ne à ceulz de sa compaignie. Et le mardy[3] ensievant, le duc, adverty que le connes-

---

1. Jean III, seigneur d'Egmond, fils de Guillaume IV, et neveu d'Arnoult, duc de Gueldres. Mort en 1515. (*Art de vérifier les dates*, III, xxxvii-xxxix.)

2. Tenelles. Voy. ci-dessus, page 53, note 3.

3. On lit dans une lettre écrite, le dimanche 24 mars 1470 (v. s.), au magistrat d'Ypres, par Louis Vanden Rive : « Monseigneur le duc est en bon point, ainsi que toute son armée. Mardi dernier monseigneur fit mettre son armée aux champs, pour en passer la revue. Dans le même temps un parti de François sortit de la ville, du côté où nous étions : il fut attaqué et poursuivi avec tant d'ardeur, que l'on en fit prisonniers environ deux cents. Le même jour, monsieur de Saint-Pol était de l'autre côté de l'eau avec environ six cents lances, pour ravager Dourlens et Contay ; mais il n'en fit rien ; seulement il s'empara de soixante charriots chargés de vivres. Quand nous tirâmes aux champs pour la revue, M. de Saint-Pol entra aussi. Monsieur de Marle, M. le bailli de Charolais, M. de Crevecœur, M. d'Humbercourt et M. d'Aymeries traversèrent la rivière dans une barque, et allèrent parler à M. de Saint-Pol. Le jeudi soir, M. de Marle, le bailli de Charolais et M. d'Humbercourt se rendirent encore auprès de M. Saint-Pol, et y restèrent jusqu'à onze heures

table volroit bien parler à luy, envoia son filz aisné, conte de Marle, devers luy, par ung costé de la riviere, et son pere estoit de l'autre. Si estoient avec le conte de Marle, le seigneur de Aymeries[1], grant bailly de Henault, le bailly de Charollois[2], les seigneurs de Bossut[3] et de Humbercourt[4], lesquelz passerent la riviere, par asseurances faites les ungz aux autres. Si parlerent illec ensamble, ne scai de quoy, ne comment; neantmoins, touteffois, ceulz d'Amiens, durant leur parlement, firent une saillye sur les gens du duc, au lez où estoient les seigneurs de Quievrain[5], de Ligne[6], et des Cuerdes, messire Phelippe de Creveceur; lesquelz leur coururent sus si raddement que retourner les convint dedens la ville en grant desroy; car ilz

---

de la nuit. Comme ils tardaient tant à revenir, monseigneur pensa qu'ils avaient été trahis. Il fit aussitôt porter des engins sur l'église et y monta lui-même. Sur ces entrefaites, M. de Marle arriva, dont monseigneur fut bien content.... Hier, le trouble fut grand dans la ville. Vendredi, après-dîner, arrivèrent ici tous les piquenaires, et ils furent placés dans le camp en ordonnance, où monseigneur vint, et leur dit : « Mes enfants, « vous êtes les bienvenus, » et il en avait grande satisfaction. Pendant que le duc était là, ceux d'Amiens tirèrent un coup de serpentine; mais personne n'en fut blessé. » (BARANTE, *Hist. des ducs de Bourgogne*, édit. de M. Gachard, II, 371, note 2.)

1. Antoine Rolin, seigneur d'Aymeries, marié à la sœur du comte d'Estampe (*Bibl. imp.*, CABINET DES TITRES). Il vivait encore le 24 février 1495, v. s. (RYMER, V, partie IV, 86.)

2. Guillaume Hugonet, seigneur de Saillans, etc., marié à Louise de Laye. Décapité à Gand, le 3 avril 1476, v. s. (ANSELME, IV, 861.) Avait été créé chancelier de Bourgogne le 22 mai 1471. (LA BARRE, II, 257.)

3. Voy. ci-dessus, tome II, page 354, note 4.

4. Voy. ci-dessus, tome II, page 380, note 1.

5. Philippe de Croy. Voy. ci-dessus, tome II, page 378, note I.

6. Jacques de Reicourt, seigneur de Lignes, chatelain de Lens. Il figure au nombre des seigneurs qui, du côté du roi de France, ratifièrent le traité d'Arras, passé le 23 décembre 1482 entre Louis XI et Maximilien, duc de Bourgogne (LENGLET, IV, 126.)

furent hastez si raddement qu'il en y eut bien LX mors, et XL prisonniers. Et tint à pou que les Bourguignons n'entrerent dedens avec eulz[1], au moins en la porte des faubours; car leurs estandars furent jusques sur le pont de celle porte. Et, entre les autres, il y eut ung homme d'armes ou deux, et VIII archiers, qui se boutterent si avant qu'ilz y furent occis, pour ce que leurs gens ne le sievyrent point.

Le lendemain, qui fut merquedy, se partirent de l'ost du duc de Bourguoigne plus de VIII^{cz} personnes, tant pages comme autres gens, pour aller au fourrage, lesquelz furent trouvez des Francois, qui le tournerent incontinent en desroy et en fuite : dont il en morut de trois à quatre cens, selon la premiere renommee; mais, toutesvoies, il en revint depuis beaucop, qui s'estoient saulvez es bois et autre part.

Le joesdy ensievant, fut un Parlement tenu sur la riviere entre le connestable et les seigneurs devant nommez, par l'espace de V à VI heures; durant lequel, ceulz de la ville firent de rechief une saillie, où ilz tuerent aulcuns des gens du duc; mais aussi en y eut il mors de leur partye. Si furent durement rebouttez en la ville. Si se passoient, toutesvoies, pou de jours que, ceelement ou en appert, ceulz d'Amiens ne vuidassent, courant puis à ung costé, puis à l'autre, et souvent tuoient gens allant et venant, portans vivres en l'ost du duc, ou querant autre chose, et prenoient prisonniers; en quoy faisant ilz guaignerent beaucop.

---

1. On ne suivit pas les instructions données au comte de Dampmartin. « Si le duc de Bourgongne, y était-il dit, va droict à Amiens, que monsieur le grand maistre garde bien la ville, et qu'il *se garde de combattre* que le roy ne soit point avec luy. » (LENGLET, II, 241.)

D'autre part, les Francois de Saint Quentin, de Beauvais, de Roye, de Mondidier et des autres places d'illec environ, ne cessoient aussi de courre et destrousser gens; et pareillement faisoient moult de maulz auz gens du duc allans en fourrage, coppant auz ungz les gorges, et les autres emmenant prisonniers.

Ceulz aussy de l'ost du duc et des garnisons de Bray, de Corbye, de Peronne, de Dourlens et des autres places Bourguignonnes, couroient aussy aulcunes fois. Mais ilz ne povoient tant prouffiter que les Francois; et jà feust le duc assez adverty de toutes ces besongnes, non obstant si se tenoit il enclos en son parcq sans en issir[1], excepté que, le xxvie jour dudit mois, il fist aprochier la ville d'Amiens jusques aux murs[2], faisant aprester tous ses engiens pour ruer de-

1. Le duc de Bourgogne écrivait aux commune, maîtres et échevins de Malines, *de son camp lez sa ville d'Amiens*, le XXIIe jour de mars LXX (v. s.), qu'il était encore devant sa dite ville d'Amiens, *non par forme de siége*, mais avec l'espoir néanmoins de faire, lorsqu'il délogerait, quelque chose qui tournerait à l'honneur de lui et de ses pays. (BARANTE, *Hist. des ducs de Bourgogne*, édit. de M. Gachard, II, 371, note 1.)

2. « Le duc de Bourgongne se logea es environs d'Amyens, et y feit deux ou trois logis, disant qu'il tenoit les champs pour veoir si le roy le vouloit venir combatre : et à la fin se approcha fort près de la ville, et si près que son artillerie tiroit à coup perdu, par dessus et dedans la ville : et là se tint six sepmaines. En ladite ville y avoit bien quatorze cents hommes d'armes de par le roy, et quatre mille franz archiers, et y estoient monseigneur le connestable, et tous les grans chiefs du royaulme.» (COMMYNES, I, 222-223.) Une lettre écrite par le secrétaire Jean de Molesmes à la chambre des comptes de Dijon, datée du camp devant Amiens, le 25 mars 1470 (v. s.), contient les passages suivants : « Monseigneur et sa compaignie, au nombre de bien XXX mille combattants, est logié en une abbaye nommée Saint Acheul, près d'Amiens, et aujourd'hui ou demain se aprouchera de ladicte ville à moins d'un trait d'arc.... Ils sont dedans ledit Amiens environ VIII mille combattants des meil-

dens la ville, et alloit, comme tous les jours, autour de son ost, luy IIIe ou IIIIe seullement, rejouissant ses gens, faisant signe de grant chiere, et disant auz ungz et auz autres qu'ilz ne se donnassent nul maulvaix tempz, et qu'ilz serroient tous riches bien temprement. Il fait à croire que la cause pour quoy le duc ne faisoit point assaillir la ville d'Amiens estoit pour ce que nul ne scavoit où estoit le roy avec son armee, sinon le duc, quy en estoit bien adverty : c'est à scavoir que le roy estoit à Beauvais, ou là entour, où il n'atendoit fors qu'il peust prendre le duc en desroy, ou par derriere, s'il livroit assault à la ville; pour quoy atendre estoient aussi en Amiens grant nombre de gens de guerre, des plus expers et vaillans du party du roy, lequel sentoit aussi la ville forte et bien garnye d'artillerie, de toutes fachons. Et jà destroussassent les Francois, souvent, les gens allans et venans en l'ost du duc, non obstant ce, si y menoit on tant

leurs du royaume, et y est le connestable en sa personne, l'admiral de France, le conte de Dampmartin, les seigneurs de Craon et de Coursol, Salesar et plusieurs autres capitaines, et sont fournis de bonne artillerie qui réveille souvent la compaignie. Le roy est à Beauvais, à XIIII lieues d'icy, et vouldroit bien mon dit seigneur et ceulx de sa compaignie qu'il s'aprouchast de plus près, pour combatre, car mon dit seigneur ne desire que la bataille, et les francois ne veulent sinon faire guerre guerriable.... Journellement viennent gens devers mon dit seigneur, spécialement picquenaire que ceulx de Flandres et de Brabant lui envoient, *lesquelz picquenaires sont fort crains desdiz francois*, pour ce qu'ilz tuent leurs chevaux. Nous avons eu au commencement disette de vivres, tellement que ung homme mangeoit bien pour quatre patars de pain le jour; mais à présent nous avons foison vivres et à bon marchée.... Il est vray que, puis quatre jours en çà, aucun parlement s'est fait et continue avec ledit connestable.... Dieu, par sa grâce, veuille si bien drecier les choses, que puissons retourner en paix, car c'est piteuse vie que de guerre! » (BARANTE, *Hist. des ducs de Bourgogne*, édit de M. Gachard, II, 371, note 2.)

de vivres que c'estoit grant beaulté à veoir, tant estoient ceulz des pays du duc affectez à le secourir, lui et ses gens d'armes.

1316. Comment le duc de Bourguoigne envoia devers le roy, à sa requeste, ung gentilhomme de son hostel ; et comment il alla de l'un à l'autre, deux ou trois fois, et d'autres choses.   XXIII.

Le xxviiie jour de mars, que une compaignie de ceulz d'Amiens estoient allez courre vers Abbeville, ceulz de la garnison de Dourlens, dont estoit chief le seigneur de Ravestain, et ceulz de Beauquesne avec luy, les trouverent sur les champz au retourner. Si les assaillirent tant durement qu'ilz en prindrent xxx et en tuerent xx ; les autres le guaignerent par bien courre.

Le darrain jour du dit mois de marc, le conte de Nassou[1], qui se tenoit à Dourlens avec le seigneur de Ravestain, rencontra une grant routte [de francois] quy estoient issus d'Amiens pour querir adventure, dont ilz en occirent trois, xxii en prindrent, et guaignerent xxv chevaulz que ilz ramenerent à Dourlens.

Entretant que ces courses se faisoient d'un costé et d'autre, le roy envoia devers le duc Berry le Herault[2], luy mandant qu'il envoiast devers luy quelque gentil homme de son hostel, pour parler à lui à Beauvais, où il estoit lors. Et le duc luy envoia ung sien essanson, nommé Symon de

---

1. Jean, comte de Nassau, « l'un des plus grands capitaines de son temps? » Mort en 1480. (Moreri, VII, 926.)
2. Pierre de Neuf Pont, dit Berry, hérault d'armes de Louis XI en mars 1471. (*Bibl. imp.*, Mss., *Supplément français*, n° 1866², fol. 94 bis, recto.)

Quincy[1], lequel, venu à Beauvais, parla au roy, et le roy à luy, lequel luy bailla unes lettres escriptes de sa propre main, pour les porter au duc, comme il fist. Lequel duc, quant il les eut leutes, luy en bailla unes autres aussi escriptes de sa main, lesqueles Symon porta au roy. Et, par ceste maniere, alla l'escuiier de l'un à l'autre deux ou trois fois, tant que chascun esperoit qu'il y aroit aulcun traitié entre le roy et le duc. Et tost aprez, à scavoir le second jour d'apvril, on crya en l'ost du duc abstinence de guerre. Et commanda le duc, sur la hart, que nul n'allast en fourrage sans payer; mais, neantmoins, aulcuns y allerent en Santers, lesquelz furent rencontrez et ruez jus par les Francois, qui en tuerent et prindrent plus de cent.

Le quatriesme jour d'apvril, avant Pasques, du dit

---

1. A cette même époque, Commynes (III, 225) le dit *page*, « qui depuis, ajoute-t-il, a esté baillif de Troye. » Il figure sur l'État de la maison du duc de Bourgogne, en 1472, comme gentilhomme de la chambre de ce prince. (*Bibl. imp.*, Mss., n° 8430.) Simon de Quingi, seigneur de Montbaillon, commis à la défense de Dole en 1477, lors du siége de cette ville par l'armée de Louis XI (MOLINET, II, 45, 49), repoussa l'ennemi, et reçut en récompense, de Maximilien et de Marie, la châtellenie de Quingey dont il portait le nom, mais où sa famille ne possédait qu'un simple fief. (*Notice sur Simon de Quingey*, par ANDRÉ SALMON, p. 6.) En 1478, au mois de juin, renfermé avec six cents Allemands dans la ville de Verdun sur Saône, qui fut emportée d'assaut par l'armée royale, il fut fait prisonnier, et subit une rude et longue captivité. Louis XI le fit conduire à Tours dans la maison du maire, où il resta renfermé dans une cage de fer, avec une *fillete* à la jambe. Le 16 janvier 1481 il n'était pas encore en liberté. (ID., *ib.*, p. 6 et suivantes); mais il était libre en 1482. « Don à Simon de Quingey, *conseiller et chambellan du roy*, de la seigneurie de Plimirleu, assise en la vicomté de Chatelraut. Donné à Paris le 25 février 1482-1483. » (*Bibl. imp.*, Mss., *Fonds Gaignières*, n° 771, p. 227.) Peut-être est-ce lui qui figure, avec le titre de « chevalier en la cour de Parlement, » au nombre des plénipotentiaires envoyés à Saint-Jean de Lône, en l'année 1515, par l'archiduchesse Philiberte de Luxembourg. (SALAZARD, IV, *Preuves*, CCCCXLIII.)

an, trespassa de ce present monde le seigneur de Goux[1], chevallier et chancellier de Bourguoigne, ou lieu duquel fut constitué en l'office le bailly de Charollois. Et le samedy ensievant, vi{e} jour d'apvril, ung grant tas de Francois issirent d'Amiens pour aller fourragier et pillier le pays d'entour Doullens; laquele chose sachant, les seigneurs de la garnison issirent de la ville atout grant nombre de gens de guerre : si trouverent les Francois entre Beauquesne et Amiens, qu'ilz ruerent jus, en tuerent de XL à LX, et en prindrent de IIII{xx} à cent.

Le lundy ensievant, issirent hors d'Amiens bien IIII{m} combattans : si coururent jusques prez de Dourlens, où ilz prindrent, celle fois, plusieurs laboureurs, et biens portatifs par les villages.

Finablement, à la requeste et mouvement du roy, fut tant parlé de trouver traitié et appaisement entre lui et le roy, à scavoir le duc, que unes treves furent acordees de quatre mois[2], commenchans le IIIIe jour

---

1. Pierre de Goux, seigneur de Goux, de Contrecœur et de Wedergraete, créé chancelier par le duc Philippe le Bon, le 26 octobre 1465, et par Charles le Téméraire le 17 juin 1467. Marié à Mothié de Rye et de Wedergraete. Mort le 4 ou 5 avril 1470, avant Pâques. (LA BARRE, II, 168, 257.)

2. *Trois mois* seulement, ainsi qu'il est dit dans une lettre de Charles le Téméraire adressée aux Maieur et eschevins de la ville de Dijon. « Tres chiers et bien amez, nous avons receu voz lettres,... et vous tenons bien pour excusez de ce que plus tost n'avez peu envoié devers nous ; car nous avons bien sceu les dangers et empeschemens qui estoient sur les chemins, à l'occasion desquelx n'avons peu avoir nouvelles certaines de l'estat et disposition de noz pays de par de là, ne en quelx termes les choses ont esté, et ce que en avons sceu au vray a esté depuis les treves; et par avant n'en scavions riens que ce que les Francois en disoient. Toutes voyes, pour vous adcertener de nostre estat comme le desirez, nous estions, à l'escripture de cestes, en tres bonne santée, prosperité de

d'apvril, avant Pasques, et finans le xxiiie jour de juillet prochain aprez ensievant, en esperance de trouver paix entr'eulz; lesqueles furent ralongiés jusques à l'apvril sequent. Et, par tant, le duc de Bourguoigne se partiroit de devant Amiens et retrairoit son armee

nostre personne, grace à nostre benoist Createur : et, au regard de noz nouvelles, est vray que, apres ce que les gens du roy eussent en leur obeissance noz villes d'Amiens, de Sainct Quentin et aucunes autres menues places par reducion, non pas par exploiz de guerre, nous fusmes à toute diligence mettre aux champs nostre armee de tous nos pays de par decà, en tres grant nombre et puissance, et marchasmes contre la riviere de Somme en tirant vers Piquigny, qui fut incontinent prins et mis en nostre obeissance par assault et puissance de gens ; et illec passames la dite riviere, tousjours tenans les champs, tirasmes vers Amiens et feismes nostre logiz au plus pres de ladite ville, en laquelle estoit la plus grande puissance des gens de guerre de tout le roialme : et illecques fusmes longue espace de temps, et par plusieurs jours attendans que le roy, qui estoit pres d'illec, nous vint combatre : ce qu'il ne fist pas. Et y séjournasmes si longuement que l'on nous requist prendre et accepter treves de *trois mois* en la forme que l'avez bien sceu par ce que en avons escript par dela : lesquelles treves, jà soit ce que n'eussions pas commancié la guerre, et afin que ne fussions notez de non voulloir entendre à pais, nous accordasmes liberalement ; mais neantmoins nous faisons entretenir nostre armee et icelle accroistre et augmenter le plus que povons, afin que, s'il est besoing, que Dieu ne veuille, nous puissions resister contre noz ennemis. Et au regard de noz pays de par de là, nous avons bien intention, durant les dites treves, de pourveoir à la garde et seurté d'iceulx, s'il est besoing, et d'y mettre si bonne ordre et conduicte que ce qui a esté perdu sera recouvré, à l'aide de Dieu et moiennant le service de noz bons feaulx et subgectz : lesquelles choses vous signiffions, tres chiers et bien amez, et vous requerons, en mandant neantmoins que, en continuant la bonne renommee des Bourguignons, vous nous soyez adez bons et loiaulx, et vous nous trouverez bon prince et seigneur. Et entendez soingneusement à la garde et seurté de nostre ville de Dijon et à la fortiffication d'icelle ainsi que en fumes asseuré pour vray. Aussi considerez que vostre estat et vie y gisent, et se avez d'aucune chose besoing pour vostre dite seurté, le nous signiffiez et nous vous en pourveyrons à toute diligence. Tres chiers et bien amez, le Sainct Esperit soit garde de vous.

Escript en nostre ville de Peronnes le xxviie jour d'avril mil iiii^c lxxi. Ainsi signé : Charles, et du secretaire De Molesme. » (*Bibl. imp.*, Mss., n° 3887, fol. 104.)

en son pays; et auz Francois demourroient Amiens, Saint Quentin, Mondidier et Roye : durant lesqueles treves se porroient ycelles villes renforchier, ravitaillier et y venir tel nombre de gens que bon sambleroit auz Francois du party du roy.

Pareillement, le marquis du Pont, filz au duc de Callabre, quy tenoit le siege devant Mascon, s'en partiroit, et serroient au duc rendues certaines places par les Francois prinses en la conté de Charollois, et là entour, durant celle guerre. Et si, se devoient aussi les Francois lever d'un siege qu'ilz tenoient es marches de Loheraine, devant ung chastel seant sur la riviere de Meselle.

Par ces moyens, se party le duc de Bourguoigne et toute son armee de devant Amiens; si s'en retourna par Corbye, et renvoia toute son artillerie à Lille en Flandres; laissant bonnes garnisons à Peronne, Corbye, Abbeville, à Bray, à Dourlens, et en plusieurs autres places, pour la sceureté de ses pays. Et, quy ne fait à oublyer, les Francois, durant ceste guerre, voirement et dès le commencement d'ycelle, avoient entreprins de grans fais en Bourguoigne; car avec les places par eulz concquises, comme dit est, aussi avoient ilz rué jus v ou vi grans seigneurs du dit pays, quy furent sourprins par faulte de bon guet et prudente ordonnance.

1317. Comment le noble et tres crestien roy de Portugal prinst par assault la ville de Azille, ou pays d'Auffricque[1].   XXIIII.

En l'an mil IIII^{ez} LXXI, le tres noble et victorieux

1. Le récit qui va suivre se trouve dans un manuscrit de la Bibliothèque impériale, sous le n° 1278, fol. 513; mais il y est précédé d'un

roy de Portugal¹, combien que ancores feust il jenne d'eage, neantmoins si estoit il raemply de tres vertueux corage, comme paravant avoient esté ses nobles progeniteurs, ramembrant continuelement en sa memore comment les Sarrazins infideles, habittans au pays d'Auffricque en la cité de Azille², subgette au roy de

petit préambule, adressé au duc de Bourgogne, que notre chroniqueur paraît avoir supprimé à dessein; le reste est copié textuellement, sauf quelques légères additions que nous donnerons comme variantes, ou que nous intercalerons, entre crochets, dans le texte. Ce document commence ainsi dans le manuscrit :

« Incidence comment le noble, puissant et tres crestien roy de Portugal prist par assault la ville de Arzille, au pays d'Aufrique, l'an mil iiii^c LXXI.

« Les joieuses nouvelles de la glorieuse victoire du roy de Portingal, naguaires contre les Sarazins obtenue, à qui plus qu'à vous appartient de les savoir, Prince tres victorieux, affin que vous, le non pareil en haultes emprinses, vous resjoissiez des glorieux fais d'un roy à vous de sang tant prochain et de ceur tant samblable, et luy soit rendue pareille affection en vostre court à ses victoires, comme à la sienne est impartie aux vostres. Pour laquelle cause, ma tres redoubtee dame madame vostre mere, et pour vous aussy faire part de sa joie, les me fist mettre par escript, ensieuvant la teneur d'unes lettres à elle apportees contenans la somme de pluiseurs nouvelles d'Auffricque envoyees à la fille du roy, à la cité de Lixbonne, et à aultres, lesquelles, mon tres redoubté seigneur, se je ne furnis de tel langaige comme à vostre haulteur appartient, il me sera pardonné par vostre acoustumee benignité, qui les choses faictes affin de bien scavoir prendre à la milleur part.

« Mon tres redoubté seigneur, le Joesdi, XXIe jour du mois d'aoust de ceste presente annee mil iiii^c LXXI*, le roy de Portingal descendi.... »

1. Alphonse V, dit l'Africain, fils d'Édouard, roi de Portugal, et d'Éléonor d'Aragon, né en 1432, mort le 28 août 1481. Ce prince avait déjà fait deux expéditions en Afrique, lorsqu'il en entreprit une troisième en 1471. Celle-ci fut plus heureuse, il s'empara d'Arzile le 24 août, puis de Tanger. Il y recouvra le corps de l'infant Ferdinand, son oncle, qui, envoyé à la conquête de Tanger en 1436 ou 1437, resta en otage en Afrique et y mourut en 1443. (*Art de vérifier les dates*, I, 780-781.)

2. Arzille.

* Il est à remarquer que notre chroniqueur termine ses chroniques par une lettre d'Édouard IV, en date du 29 mai 1471. Dans le manuscrit 432, *Fonds Sorbonne*, ce récit vient après la lettre d'Édouard.

Fez, avoient paravant fait de grans mollestes par
guerre auz roys de Portugal ses predicesseurs, et
mesmement avoient fait morir en prison, inhumainement, contre tout honneur, le tres catholicque
prince l'Infant don Ferrant, son oncle, frere au
roy defunct son pere, qu'ilz tenoient, pour certaines
causes, hostagier en ycelle ville d'Azille.

Ce jenne roy, doncques, ainsi meu en la vengance
de son dit pereal oncle, assambla ung grant nombre de
gens de guerre, et fist appareillier ses navires, qu'il
pourvey souffissamment de toutes choses necessaires,
puis monta sur mer, fist voille, et tant exploita, à
l'ayde de Dieu le createur, en la garde duquel il s'estoit humblement recommandé, que le xxie jour du
mois d'aoust, ou dit an, il descendy en Auffricque devant Azille, ville d'anchienneté, riche et puissant. Mais,
au descendre, la mer luy fut tant contraire, par les
grans vuagues qu'elle ruoit, que aulcuns de bottequins,
qui ses gens menoient à terre, furent renversez et
trois cens et chinquante de ses hommes noyez à celle
premiere empainte. Mais le roy, voiant si dur et estrange commencement à son emprinse, ne cessoit de
enhorter ses gens, disant qu'ilz eussent bon ceur, car
mainteffois de telz divers commencemens s'ensuivoit
heureuse fin, en leur mettant au devant le guerredon
qu'ilz atendoient de Dieu, la grant loenge du monde, la
vaillance portugalloise, et plusieurs choses samblables.
Et telement les enhorta que la mort de leurs compai-
gons ne causa nulle crainte en eulz : anchois, avec ses
parolles, acreut hardiesse en leurs corages, en mettant
par plus songneuse dilligence la main à l'euvre, tant
qu'ilz sourmonterent les orguilleuses undes de la fu-

rieuse mer, en tele maniere que la pluspart[1] d'eulz prindrent terre en ce mesmes jour; et lendemain descendy le remannant, atout les tentes, vivres et artillerie. Si se logerent entour la ville de Azille, asseant leurs instrumens et engins es lieux plus convenables, à leur samblant, pour leurs annemis grever et concquerre.

Quant, doncques, le roy de Portugal vey ses gens estre logiés, il somma les Sarrazins de luy rendre la ville, et qu'ilz s'en allaissent en paix. Mais les payens estans sur les murailles fiers et orguilleux, s'escrient haultement, comme tous à une voix, qu'ilz aprochassent hardiement, et que ilz trouveroient à qui parler. Et lors le roy, oyant leur responce, commença ses gens à semondre, disant ainsi : « Mes freres et amis, il est desoremais tempz que mettons à exploit la sentence de Dieu donnee contre ces infideles mescreans, et leur esrachons des mains celle terre qu'ilz ont au peuple crestien injustement tollue ou ravye, et par longue possession usurpee; et vous souviengne que nous ne combatons pas tant seullement pour acquerir par la force de nos bras glore mondaine, que le tempz qui tout ternist et desgate mettera à fin, mais querons ancores la glore immortele que le tempz ne peult souillier ne finir.

Haa! quanteffois, et à com grant regret me vient

---

1. Var. : « La plus grand part de ses gens ce jours meismes print terre. *Ycy convenoit mettre la fachon de la ville et l'assiette d'icelle pour mieulx entendre la maniere du siege; mais, pour ce que les lettres d'icelles n'en devisent, je m'en depporteray pour le present et mettray en somme l'assault et la prinse jusques à tant qu'aultres soient envoyees, qui plus particulierement et à plain en devisent.* Le jour doncques ensievant, le remanant de ses gens descendus, etc. »

au devant, toutes fois que je vois ce pays, la doullente prison de nostre tres amé oncle [l'infant don Fernant] avec sa plourable mort, et de tant d'autres hommes de grant vaillance, vos parens et auctorisiés amis. Querons doncques la digne vindication de nos proismes, qu'ilz ont devant nos yeulz souvent despouillié de leurs vyes et menez à dolloureuse fin par mainte imfelice adventure ; le sang desquelz, quy reclame devant Dieu vengance, me fait trambler et fremir les entrailles, memorant les enormes murdres perpetrez par ces annemis de la vraye foy et bourreaulz d'enfer, que, pour nos pechiés, Dieu a permis si longuement le sang de nous et de nos ancestres suchier. Lesqueles choses, vaillans hommes, jusques à quant le souffrirons ? Advanchiés vous, mes amis ; car jà il me semble veoir leurs corpz, oingz de sang, chanceller devant vos piedz et rendre les doullentes ames, avec leurs richesses, sans querir autres que vous pour possesseurs. Vecy l'heure venue que tant avons desiré ; commenciés, desoremais, à faire sentir à vos adversaires combien vault la force de vos bras. »

A peine eut le roy cessé sa parolle, quant ses complices commencerent par si grant effroy à combattre et assaillir la ville, et les Sarrazins à deffendre, que c'estoit chose espovantable à regarder. Mais, en la fin, tel et si dur fut l'assault dont cristiens par diverses manieres guerroierent ceulz de la ville, que le capittaine d'ycelle mist une enseigne dehors, en signifiance qu'il voulloit parlementer. Si se tint chascun quoy ; et le Sarrazin, regardant le conte de Furron, mist main à la barbe, en signifiance qu'il se povoit sceurement aprochier de lui : en quoy faisant, descendy prestement du mur et s'aprocha du dit conte; si luy dist son intention, laquele le conte recorda au roy : lequel, son offre oye, s'i acordoit assez, adfin de eschiever la perte de ses gens et prevenir à la destinee de fortune[1]. Mais le duc Guy Marus, et tous les autres seigneurs qui entour luy estoient, supplierent qu'il n'en feist rien; car ilz n'estoient point là venus en intencion de prendre ung grant tas de vuide muraille.

Adont, le roy, voiant comme tous les siens de contraire oppinion, fist retourner le Sarrazin et assaillir la ville plus fort que devant. Ouquel assault, fort et terrible [de tous deux costés], persevererent tout ce vendredy; et tant exploiterent les cristiens par assiduele dilligence, que le samedy, au matin, avoient jà abattu une tour et ung grant pan de mur. Si commencerent à entrer par là en la ville, atout la banniere du roy de Portugal desploiee, et abattre et tuer Sarrazins. Puis, par autres diverses parties de la muraille, monterent cristiens par eschelles, et tant que yceulz montans ouvrirent la porte; et, adont, veissiés courir les ungz de chà, les autres de là, au plus grant dommage qu'ilz povoient de leurs annemis. Et les Sarrazins, à cause des rues qui estoient estroites et en plusieurs lieux tortues, se deffendirent vaillamment, et misrent grant paine pour y cuidier resister; mais tout ce riens ne leur valut; anchois les convint, en fin, tourner à la fuite. Et entre les aigrement poursievans estoit le conte de Marialne, prince vertueux, qui tant les coita

---

1. Var. : « La perte de ses gens et l'inegale jugement de fortune. » (*Fonds Sorbonne*, n° 432.)

que grant nombre d'eulz s'embarerent en la Musquette, c'est leur eglise, cuidant illec estre à saulveté. Ouquel lieu, esperant que ses gens le sievroient, se boutta entr'eulz, comme le loup es brebis, frapant et abattant Sarrazins qui aigrement se deffendirent, où il fist des armes larguement ; mais, en la fin, tout mat et hors d'allaine, fut abattu et occis, dont ce fut grant dommage ; car, à ce que les Sarrazins mesmes en raconterent depuis, ung Rolland n'en eust peu plus faire : et bien se moustra en ceulz que là on trouva entour luy, les ungz mors et les autres navrez, en grant quantité.

D'autre part, la plus grant partye des cristiens s'estoient prins à assaillir le chastel ; et, pour ce qu'il estoit fort et basty de bonne muraille, garny des grosses tours et de plusieurs vaillans Sarrazins et Genevois, faisans grant resistence auz cristiens, et leur donnoient beaucoup à faire ; mais, neantmoins, tant furent les Sarrazins pressez du tres dur assault des cristiens, que le capittaine qui, comme oy avez, avoit, le jour devant, esté devers le roy, mist dehors un blancq penonceau, en signifiance qu'il requeroit sceureté pour parler d'aulcun apointement. Pour quoy le roy fist cesser ses gens tant qu'il eust oy la parolle du Sarrazin, qui luy requeroit qu'on les laissast aller leurs corpz saulfz, [et qu'ilz luy renderoient le chasteau] : ce que le roy avoit aucques acordé, quant Sarrazins recommencerent à tyrer sur cristiens, dont le roy fut si courouchié qu'il convint le payen retourner sans autre chose besongnier, combien que moult envis. Et puis fist le roy l'assault renouveller, où aulcuns gentilz hommes s'esprouverent si vaillamment, qu'ilz monterent sur les murs du dit chastel; mais ilz y trouverent si grant deffence que entrer n'y povoient. Et, adont, le roy, trouvant plus grant resistence qu'il ne cuidoit, delibera admonnester auz Sarrazins partir de la place, leurs vyes saulves. Et sur ce pas, les ungs dient que le roy y envoia le conte de Montsaint[1], et autres dient que le mesmes conte requist au roy d'y aller pour demander le butin qui y serroit trouvé. Lequel conte, estant appuyé sur le mur dudit chastel, parlant de cest acord, fut feru d'une lance en la gorge, dont il chut mort par terre, quy fut grant perte pour les cristiens; car c'estoit ung tres vaillant chevallier, de grant sens et conduite, qui moult honnourablement avoit servy le roy. Et aulcuns dient que les Sarrazins mesmes firent la requeste au roy qu'il leur envoiast ung noble homme de son sang, pour lui rendre la place, auquel le dit conte requist instamment d'y aller : ce que le roy luy refusa, tousjours soy doubtant de trahison. Mais, enfin, tant le importuna de ses prieres qu'il le laissa aller, et que, luy entré dedens le chastel, il fut tué par ung Genevoix, comme il estoit ordonné par les destinees que les Genevois quy, par avant, avoient tué le pere, maintenant tuassent le filz.

Lors le roy, terriblement courouchié de despit pour la mort du conte ainsi trahiteusement murdry, fist plus fort combattre et assaillir le chastel que devant; telement que, par force, ses gens y entrerent, dont fut l'un des premiers entrans dom Rodrigue, filz naturel du dit feu conte, atout ses gens, où hardiement vengerent la mort de leur seigneur; car tous les

---

1. Alvarès de Castro, comte de Musanto, camérier major du roi.

Genevois et Sarrazins qu'ilz y trouverent misrent à l'espee.

Ainsi, comme vous oez, fut prinse la ville d'Azille et faite cristienne, qui longtempz avoit esté payenne, par ung samedy, jour de saint Berthelemieu, xxiiii[e] d'aoust mil IIII[c] LXXI[1]. Et lendemain, qu'il fut dimence, l'archevesque de Lixebonne chanta messe sollempnele en la musquette qui fut des Sarrazins, en grant joye de tout l'ost; et le nomma on Saint Berthelemieu, en la memoire du saint au jour duquel elle avoit esté prinse. Sy furent illec mors xvii[cz] cristiens, et des Sarrazins deux mil vii[c] lxxv. Entre lesquelz fina ses jours [vieulx] Jacquelaires, le meilleur capittaine et plus renommé chevallier d'Auffricque, et l'un des grans princes d'ycelle terre. Et les prisonniers furent nombrez à v[m]; entre lesquelz estoient deux femmes et ung filz à Morleghet[2], qui est ung grant prince ou royaulme des Fez, et ung tres grant capittaine; et, à ce qu'ilz dient, c'estoit la plus belle creature qu'ilz veyrent oncques, dont le dit Morleghet fut tres doullent. Si envoia tantost supplier au roy qu'il feist garder ses femmes, filz et chevalliers, sans faire part à nulluy, ne les mettre avec l'autre butin, jusques à ce qu'il eust parlé à luy. Au sourplus, qu'il lui pleust consentir que il luy venist faire la reverence; laquele chose le roy luy acorda, et l'atendoit au disner. Et le dimence aprez, les Sarrazins des villages d'entour Azille, quy sont environ de xv[m] maisons, se vindrent,

---

1. Le récit de cette expédition aurait dû être placé à la fin des Chroniques de Wavrin, puisque la pièce qui les clôt est datée du 29 mai 1471. Le manuscrit *Fonds Sorbonne* n° 432 suit l'ordre chronologique.

2. Muley Xeque.

atout ung penon blancq en signe de paix, offrir au roy, luy suppliant qu'il les laissast vivre en paix et labourer leurs terres, en luy paiant son tribut : ce que le roy leur accorda, et les retint pour ses hommes.

Le buttin fut exstimé à ung milyon de ducas, sans ce quy n'estoit pas venu à congnoissance et sans deux grans tresors qui furent aprez trouvez soubz terre, quy furent à Jacquelaires et à Morleghet; lesquelz furent descouvers au roy par le lieutenant du capittaine de la ville; et, en guerredon de ce service, le roy luy donna ses femmes et enfans, et tous ses biens qui là furent trouvez en grant quantité; car on afferma qu'il avoit assez de vivres pour v ans.

Le roy donna la capittainerie de la dite ville d'Azille au conte[1], quy paravant fut capittaine d'Alcacer; et celle d'Alcacer à dom Fernant, frere d'ycelluy conte. Et le mardy ensievant, vindrent trois Sarrazins devers le roy, quy luy conterent comment les habittans de Tangere, sitost qu'ilz sceurent que la ville d'Azille estoit prinse, qu'ilz tenoient estre imprenable, ilz osterent à grant haste tout quancques ilz avoient en la ville, avec leurs femmes et enfans; sy tyrerent vers la montaigne, en prenant le pays de Fez, et demouroit la ville toute seulle, les portes ouvertes : à quoy le roy ne voult point adjouster foy. Et le merquedy, qui fut lendemain au matin, vindrent quatre autres Sarrazins de cheval, par saulfconduit, parler au roy, qui luy aporterent samblables nouvelles, mettant leurs testes en guaige s'il le trouvoit autrement. Et jà le roy plus asseuré, envoia tantost dom Jehan, filz au duc

---

1. Don Henri de Menesès, comte de Viana.

de Bergauge[1], par terre, atout v^m hommes à pied, tous arballestriers et culvriniers, et environ deux mil hommes à cheval, et, par mer, xiiii craveles, devers celle dite ville de Tangere; laquele ilz trouverent toute seulle, comme dit avoit esté au roy. Si entrerent dedens ycelle, quy estoit toute saine et entiere; les maisons bien estoffees de meubles et tous vivres, excepté chars et vins, telement que assez en avoient pour trois ans; et sy trouverent aussi bombardes, canons, pouldres et toute autre artillerie en grant souffisance. Ainsi que vous oez, se habandonna la ville de Tangere auz Portugallois, qui mainteffois paravant leur avoit donné assez à faire.

Ceulz de la ville de Calez, quy est du royaulme d'Espaigne, seant delà la mer, fort doubtans l'yre du roy, à cause de certaines emprinses que fait avoient sur aulcunes cravelles du roy chargiés de marchandises, envoierent en Portugal vi^{xx} quintauz de graines de paradis et plusieurs moriens qu'ilz avoient prins. Et leur marquis, qui tousjours au dit royaulme avoit esté fort contraire, envoia offrir au roy, par son seelle, que il voulloit devenir son homme, et le servir à son povoir en toutes manieres possibles.

Ancores aprez ces nouvelles, avec les gallees de Venise, arriverent certaines naves de Byscayns, qui dirent que ung maistre des nefz de la flotte du roy, quy avoit esté à la prinse de ces deux villes, leur certiffia que le roy des Fez, sitost qu'il sceut la venue du roy de Portugal, qu'il assembla vi^m hommes de cheval, et de pedestres tres grant nombre, pen-

---

1. Don Juan, fils du duc de Bragance.

sant ancores venir à tempz pour lever le siege devant Azille ; car il ne cuidoit mie que le dit roy de Portugal deust sitost venir à son emprinse. Sicque, quant il trouva qu'il estoit jà trop tard, il envoia demander saulfconduit au roy de Portugal pour venir parler à luy; il, illec, luy envoia son gand, en signe de sceureté. Et tantost le roy des Fez vint devers luy : si parlerent grant pieche ensamble; de quoy? je ne scai, fors tant que, aprez le partement du roy Sarrasin, on aporta au roy de Portugal les oz de l'infant dom Fernant son oncle, que les Sarrasins avoient, ou tempz passé, fait morir en prison, comme dit est. Lesquelz oz, on disoit que Moleghet, qui gouvernoit le roy des Fez à son plaisir, avoit fait rendre, adfin de ravoir ses deux femmes et son filz, que le roy de Portugal tenoit prisonniers : et ceste fut la cause pour quoy le roy des Fez vint lors parler au dit roy de Portugal, quy prestement fist les oz de son oncle porter en son pays, pour enterrer en la chapele où gisoit le roy son pere.

Or retournerons nous à parler des besongnes d'Angleterre, en ycelles poursievant tant et si longuement que le roy Edouard aura reconcquis son royalme tout entierement.

1318. Comment le roy Edouard d'Engleterre se party du Port de Flechine, en Zeelande, atout grant navire, adcompaignié de gens d'armes et de trait, pour retourner en Engleterre, et, là, recouvrer ycelluy son royaulme sur ses annemis [1].   XXV.

En l'an mil quatre cens LXXI, le second jour de

1. Le récit qui va suivre est une traduction assez fidèle de *the Historie*

mars¹, le noble roy Edouard quatriesme de ce nom, par la grace de Dieu roy d'Engleterre et de France, seigneur d'Yrlande, aprez qu'il eut long tempz sejourné en la ville de Bruges, où il fut bien festoié et assisté de plusieurs gens, en especial du seigneur de la Gruthuse, fist preparer ses habillemens de guerre, et assambla grant compaignie de gens d'armes, tant des pays du duc de Bourguoigne comme d'Engleterre; puis vint en Zeelande, au port de Flechine², avec luy son frere le duc de Clocestre³, le conte de Riviere, seigneur de Scalles, le seigneur de Hastinghues, son chambellan, le seigneur de Saye⁴, le seigneur de Duras⁵, et aulcuns autres, adcompaignié d'environ xii^{cz} combatans bien prins, proposant de passer la mer et recouvrer son heritage d'Engleterre, quy pour lors luy estoit occupé et usurpé par Henry, VIe de ce nom, par l'enhort et ayde des trahittres, et le pourchas de son grant rebelle Richard, conte de Warewic, et ses complices.

Si entra en son navire, au dit port de Flechine, l'an et jour dessusdit; mais, quant il fut tout pourveu de ce que besoing luy estoit, le vent se tourna contraire, non obstant laquele chose le roy ne voult mie descendre à terre: ains, comme cellui quy grant desir

---

of the arrivall of the King Edward IV. Néanmoins la narration de Wavrin est abrégée en plusieurs passages. Nous n'avons relevé en notes que ce qui peut servir d'éclaircissement à son texte.

1. « After the comptinge of the churche of England. »
2. Flessingue.
3. Voy. ci-dessus, tome II, p. 296, note 1.
4. William Say, tué à la bataille de Barnet, le 14 avril 1471. (Dugdale, III, 246.)
5. Voy. ci-dessus, tome II, p 207, note 1.

avoit de singler oultre, demoura en son navire. Aussi firent pareillement tous ceulz de sa compaignie par l'espace de ix jours, atendans le bon vent, lequel ilz eurent l'onzieme jour du dit mois de march, que lors il commanda à tous faire voille, prendant leur cours droit vers la coste de Norfolz : et tant singlerent le roy et sa dite routte, qu'ilz arriverent devant une ville appelée Cromer[1], par ung joesdy, contre la nuit, douzieme du dit mois. Auquel lieu le roy arrivé, il s'apensa qu'il envoieroit aulcuns de ses escuiiers sur terre, en la contree d'environ, comme il fist : c'est à scavoir, sire Robert, chambrelan, [sire Guillebert de Beuhain[2], chevalier], et aulcuns autres, par lesquelz il esperoit estre adverty comment le pays estoit disposé envers luy, especialement la contree voisine.

Quant les dessusdis congneurent la voullenté de leur maistre, ilz se misrent à terre, où ilz enquisrent, soubz coulleur d'estre amis, comment le pays d'environ estoit disposé envers leur seigneur, mesmement auz serviteurs d'aulcuns seigneurs bienvoeillans du roy Edouard, couvertement : ce qu'ilz n'ozoient pour lors moustrer, ains faindoient favorisier le conte de Warewic.

A ceste meisme heure, l'archevesque de Canthorbye[3] et l'evesque de Rocestre[4] avoient envoié deux gentilz

---

1. Cromer, située sur la côte de Norfolk, à 130 milles de Londres.
2. Gilbert Debenham est porté sur la liste des chevaliers de l'ordre de la Jarretière, la 4e année du règne de Henri VI (1425 ou 1426). Anstis, I, 93, note x.)
3. Voy. ci-dessus, tome II, p. 217, note 1.
4. Thomas Scott, surnommé Rotherham, évêque de Rochester de 1468 à décembre 1471, époque où il fut transféré à l'évêché de Lincoln. (Godwin, 299, 535.) Ni lui, ni l'archevêque de Cantorbéry ne sont mentionnés dans le texte anglais.

hommes sur la marine faire le guet aprez la navire du roy Edouard; laquele voyant arrivee, entrerent tous housez dedens son vaissel, et aprez qu'ilz eurent fait au roy la reverence, ilz luy raconterent comment toute la contree d'environ estoit plaine de ses annemis, et le peuple d'ycelle mal disposé à l'encontre de luy.

Quant le roy entendy ces nouvelles, sans illec plus arrester fist faire voille, prenant son train vers le north, et lors qu'il eut singlé avec sa flotte sur les undes de la mer certaine espace, tempeste moult horrible et merveilleuse s'esleva et les sourprinst envers le matin d'un mardy, xiiiie jour du dit mois de mars; mais, non obstant la tempeste et horrible mer, par la grace de Dieu, en quy le bon roy se fyoit et mettoit du tout son espoir et adventure, il arriva à port salutaire à Humberhede[1], jà feussent ses nefz separees les unes des autres par les tourbillons, telement que, par force, furent gectés à terre, cy l'une, là l'autre.

Le roy, doncques, ainsy arrivé au dit Humberhede, ayant perdu la veue de plusieurs vaisseaulz de sa compaignie, remercya Nostre Seigneur qui ainsi l'avoit gecté de l'horrible tempeste dessus dite, où il avoit souffert moult de paine. Si estoit moult doullent de sa navire ainsy dispersee, dont son frere le duc de Clocestre, atout sa brigade, quy estoit de trois cens hommes bien prins, arriva à quatre lyeues Anglesses du port où le roy estoit. Le conte de Riviere aussi, atout trois cens hommes, prinst terre [à une place appellee

---

1. Spurnhead, à l'entrée de l'Humber. — « The Kinge with his shippe aloone, wherein was the lord Hastings his Chamberlayne, and other, to the number of v^c well chosen men, landed within Humber, on Holderness syde, at a place callyd Ravenersporne. »

Paule[1]], à xiiii milles prez du lieu où le roy estoit arrivé, et le remanant de sa compaignie où ilz peurent le mieulz.

La nuit prochaine que le roy fut arrivé à Humberhede, comme dit est, il s'en alla logier à ung povre village deux lieues de là, à petite compaignie; mais, au matin ensievant[2], le residu de ceulz qui estoient en la navire, aprez l'orrage conspiré, descendirent tous à terre, eulz tyrant vers le roy, leur seigneur, tant qu'ilz le trouverent; non obstant laquele chose, peu luy vindrent des gens de la contree, et ce, par l'enhortement d'aulcunes personnes quy là avoient esté envoiez les preschier et esmouvoir contre luy par ses rebelles; combien que pour l'amour qu'ilz avoient porté jadis au prince, de bonne memoire, son pere, duc d'Yorc, le peuple aulcunement le favoriserent, contentz que il feust duc d'Yorc, comme aisné filz. Et sur ceste opinion, les populaires, quy estoient en armes par grans tropeaulz, adfin de resister contre lui, se contenterent, deliberant lui faire quelque empeschement, ne à ceulz de sa compaignie; se tenant tous asseurez que sur ceste entente le roy Edouard venoit illec, et non sur autre.

Quant l'ost du roy fut tout assamblé et adreschié devers luy, il prinst advis quele chose estoit meilleure de faire; et conclud briefment, combien que ses principaulx annemis feussent environ Londres, et que le prochain chemin pour tyrer vers eulz feust par la conté de Lincolle, sicque pour se traire illec l'eust convenu reutrer en mer, passant par dessus Humberhede; en

---

1. « Called Powle. » — Paul, ou Paghill, sur les bords et à l'est de l'Humber.

2. « The XV. day of Marche. »

quoy faisant on eust peu penser qu'il fuist par paour; et ainsi, comme vaillant et hardy, craingnant deshonneur, determina prendre le droit chemin vers la cité d'Yorc. Et puis, ymaginant le long tempz qu'ilz serroient sur le chemin, fist commandement parmy son ost que chascun homme faindist plainement, par tous les lieux où ilz venroient, que l'entente de leur seigneur estoit d'estre duc d'Yorck seullement, et que pour à nul autre droit contendre ne venoit; car c'estoit son propre heritage, à luy succedé par le trespas de son feu pere. Pour lequel bruit ainsi publicquement semé, le peuple de la contree assamblé, comme dit est, bien de VI à VII^m, dont estoient cappitaines ung maulvaix prestre vicieux, [vicaire de....][1], et ung gentil homme de la contree, appelé Martin de la Mer, à entente de donner au roy empeschement à son passage, par l'esmouvement de ses rebelles et leurs complices, prindrent au contraire conclusion à luy devoir porter faveur en ceste querelle, non discernant ou ramembrant que son feu pere, avec ce qu'il estoit duc d'Yorck, aussi estoit il indifferamment vray heritier du royaulme d'Engleterre et de la couronne d'ycellui, comme il avoit esté declaré par les trois Estas du dit royaulme, à ung Parlement tenu à Westmoustre, jusques à ce jour rapellé ne revocquié.

Ainsi doncques, soubz ceste coulleur, exploiterent le noble roy et sa compaignie le droit chemin vers York, en adreschant vers une bonne ville nommee Bener-

---

1. « A priste the vycar of.... » L'éditeur, M. John Bruce, met en note (p. 42) : « This appears to have been one John Westerdale, who was afterwards thrown into the Marshalsea prison, probably for his interference upon this occasion. »

ley¹, [assise sur le grant chemin d'Yorcq], et quant il fut là arrivé, si s'apensa qu'il envoieroit ses messagiers en une autre bonne ville prez de là, forte et bien muree, nommee Houllé², requerre auz manans et habittans qu'ilz luy feissent entree en ycelle. Laquelle chose ilz refuserent par l'enhortement des dis rebelles quy là avoient envoié, nouvellement, yceulz admonnester que de tout leur povoir voulsissent resister au roy Edouard, se d'aventure illec arrivoit. Et pour tant, le roy, laissant ceste ville derriere, tint son droit chemin d'Yorck, sur lequel chemin estoient aussi assamblez plusieurs gens du pays, en diverses places, comme il fut raporté au roy ; mais ilz ne se ozoient aparoir, ains le laisserent passer sans quelque destourbier faire à luy ne auz siens : qui, comme on peult ymaginer, fut pour deux causes principalles, l'une pour ce, comme dit est, que le bruit couroit par le pays que pour nul autre droit callengier ne venoit que pour la ducié d'Yorc avoir ; et l'autre cause estoit que, jà feussent ilz en plus grant nombre que luy, touteffois, considerant la grant asseurance et virtu de corage dont ilz le scentoient estre plain, avec la parfaitte valleur de sa compaignie, n'oserent sur eulz couppler ; par quoy le roy entretint son chemin tant qu'il arriva devant la cité d'Yorc [le lundy, xviiiᵉ jour du mois] ; mais quant le roy vint à quatre³ lyeues prez d'ycelle, vint à son encontre Martin de la Mer, avec luy le recordeur de la dite cité, lequel avoit nom Commers⁴, quy paravant n'avoit pas

1. Beverley, à 28 milles d'York et à 9 milles de Hull.
2. « Kyngstown upon Hull. » Hull est située sur les bords de la rivière de ce nom, à 37 milles de la ville d'York.
3. « III myles. »
4. « Thomas Coniers, Recordar of the citie. »

esté leal à son party. Si luy dirent que pas ne serroit sens qu'il venist ainsi en la cité; car, s'il y entroit, il serroit en adventure de perdre lui et tous les siens.

Le roy, voiant que si dure fortune estoit aparant en sa prosperité, et que en ce ne veoit que uzer de hardiesse, constamment decreta en soy mesmes qu'il poursievroit ce qu'il avoit encommenchié, atendant tele fortune que Dieu lui voldroit donner. Et ainsi, non obstant les descoragiés motz des deux devant ditz recordeur et Martin de la Mer, que autreffois avoit eus en soupechon, tyra avant son chemin hardiement devers la dite cité; si encontra tost aprez, venans d'ycelle, Rogier Cliffort[1] et Richard Burge[2], qui luy donnerent meilleur confort, affermant que en la querelle devant dite de son pere, le duc d'Yorck, il serroit recheu en la cité : pour quoy, un peu mieulz encoragié, continua son chemin, non obstant laquele chose, revint tantost le dit Commers, qui le remist en soupechon pareille. Et ainsi en tel ballance, il laissa son armee soubz la conduitte de son frere, duc de Clocestre, à trois gects d'arcq prez de la dite cité[3]. Si se party d'eulz adcompaignié de xv[4] hommes d'armes tant seullement, et chevaulcha jusques à la porte, laquele il trouva fermee. Et là, il fist appeler le mayeur de la ville, lequel estoit en hault sur la porte, avecques

---

1. Roger Clifford, fils de Jean Clifford, tué à la bataille de Saint-Albans, en 1455. (Dugdale, I, 342.) Il était de l'expédition que fit en France, en 1475, le roi Édouard IV. (Molinet, I, 140.)

2. « Burghe. » C'est probablement la véritable orthographe de ce nom, et celle que donne le ms. 432, Fonds Sorbonne.

3. Cette phrase n'est pas dans l'anglais.

4. « XVI or xvii persons, in the ledinge of the sayde Clifford and Richard Burgh, passed even in at the gates. »

aulcuns des gouverneurs d'ycelle, et luy requist de sa bouche qu'on le souffrist entrer en sa cité, lui et ses gens quy estoient moult traeilliés du chemin, pour luy et yceulz rafreschir et remettre à point. A quoy lui fut respondu que s'il luy plaisoit entrer avec son simple estat, que voullentiers le recepveroient; mais atout son armee, non : car il y avoit aulcuns en la ville qui ne se porroient tenir paisibles avec ses gens de guerre. Et le roy, sur ce, retourna en son ost, et demanda de ce conseil : dont les aulcuns lui dirent que, s'il entroit ainsi en la cité, on le pourroit faire morir. A quoy le roy respondy que s'il povoit parler au commun, il ne doubtoit pas que bien ne les contentast; disant, oultre, que s'il n'entroit en la cité, ains se tyroit autre part, que les dis communes armez les poursievroient et diroient qu'il fuiroit.

Ainsy, doncques, le roy prinst corage, deliberant soy mettre en l'adventure du peuple furieux, pour saulver luy et sa compaignie. Si revint à la porte, atout seullement xv hommes d'armes et xii archiers, laquele luy fut ouverte. Si entra dedens ycelle, qui prestement fut refermee, dont aulcuns de sa compaignie eurent grant doubte. Neantmoins, il chevaulcha parmy la rue tant qu'il trouva, en ung quarfour de la ville, un grant tas de communes armez, bien x^m ou plus, lesquelz, tous d'une voix, cryerent moult hault, à sa venue : « Vive le roy Henry ! » dont luy et tous ceulz de sa compaignie eurent plus grant paour que devant.

En ces anxietez, le noble roy, ferme en corage, non trop espoventé ne troublé, requist au commun de faire sillence, et qu'ilz le voulsissent oyr parler : ce quy luy fut acordé. Et lors il commença à dire haultement, que chascun le povoit oyr : « Beaulz seigneurs et amis, ygnorez vous que je suis vostre sire naturel, aisné filz de vostre feu duc, mon seigneur et pere? Et, combien que par aulcuns trahittres j'aye aulcun tempz esté absent de ce pays, touteffois presentement me veez retourné, et me suis premiers adreschié en ceste cité, dont par droit succession je suis duc et seigneur, et n'ay autre intencion, pour le present, synon recouvrer la duchié à moy escheue, à quoy n'avez cause aulcune de contredire; car vous scavez mon estat, et que oncques ne pensay synon à toute loyaulté et preudhommie, et n'eusse jamais creu que eussiez fait contre moy nulle resistence, atendu que je n'ay voullenté de vous faire quelque grief, ne à tout le pays d'Engleterre ; mais, au plaisir de Dieu et de monseigneur Saint George, je poursievray mes annemis, le conte de Warewic et autres, par lesquelz j'ai esté debouttez de ce royaulme. »

Quant les communes oyrent ces raisons, et que le roy avoit voullenté de grever le conte de Warewic qu'ilz avoient en grant hayne, non pas sans cause, car il leur avoit fait de grans dommages en diverses manieres, ilz le conjoyrent, cryant par voix commune : « Vive le noble duc d'Yorck ! » puis lui dirent qu'il envoiast querir ses gens de guerre, qu'il avoit laissiés dehors la ville, et qu'ilz leur serroient bien venus, à condition touteffois que, lendemain, ilz partyroient de la cité, endedens douze heures. Et, adont, le roy en personne retourna devers son frere le duc de Clocestre; si l'emmena avec toute sa routte logier dedens la cité, où ilz firent tres bonne chiere toute ceste nuit et lendemain, jusques envers x heures, que le dit recordeur et ce Martin de la Mer vindrent devers le roy, auquel le dit Martin parla moult inreveramment, en le blasmant de ce que ses gens ne faisoient nul signe de partir, et si aprochoient XII heures, auquel le roy respondy qu'il entretenroit sa promesse. Et adont replicqua le dit Martin, disant : « Sire, en vostre entree de ceste ville, vous avez promis de non calumpnier ne requerir droit à la couronne d'Engleterre, disant que cy estes venus seullement pour prendre possession de vostre patrimoine de la ducié d'Yorck; pour quoy je vous dy que nous tous avons conclu ensamble que jamais ne partyrez de cy que, premiers, ne venez en la grant eglise de ceste cité, ouquel lieu ferez serment sollempnel, present tout le peuple, de non jamais pretendre droit à la couronne d'Engleterre. »

Leroy, oiant cestui ainsi parler, luy dist : « Martin, tu me raportes tousjours mauvaises nouvelles ; mais, dys moy, où sont les nobles du pays d'Engleterre, devant lesquelz je feray ce serment? prenez espace de deux ou trois jours, si envoiez querir le conte de Northumbelland[1], quy est prez de cy, et aulcuns autres princes du pays, devant lesquelz je face le dit serment; autrement il ne serroit pas honneste que moy, qui suis filz du duc d'York, vostre naturel seigneur, feisse serment. »

Tandis que ces parolles estoient entre le roy et le dit Martin, le duc de Clocestre, frere au roy, et le conte de Rivieres et seigneur de Scalles, estans en la chambre et oyans ces parolles desraisonnables, se tyrerent à part,

---

1. Henri Perci, mort le 28 avril 1489. Le titre de comte de Northumberland lui fut rendu en même temps qu'on créait John Nevill, qui l'avait possédé, marquis de Montagu. (DUGDALE, I, 282.) Voy. ci-dessus, tome II, p. 250, note 3.

et dist le duc au seigneur de Scalles qu'il n'estoit point aparant qu'ilz peussent partir de ceste ville sans dangier, sinon qu'ilz tuassent illec, en la chambre, les dis recordeur et Martin de la Mer : ce qu'ilz conclurrent ainsi faire, se autrement n'en povoient venir à chief. Mais le dit conte, voyant le peril aparant, vint parler au roy en secret, et lui dist qu'il entretenist de parolles ces recordeur et Martin, et il yroit faire mettre leurs gens en ordonnance [pour vuidier la ville], comme il fist : et s'en alla à une porte autour de laquele tous ses gens estoient logiés ; si les fist armer et monter à cheval, commandant qu'ilz se tenissent saisis de la dite porte, et ycelle toute ouverte : puis retourna, tout armé, en la chambre du roy, auquel il dist : « Sus ! sus ! à cheval. » Et prestement le roy, descendant de sa chambre, trouva au pié des degrez son cheval prest, sur lequel il monta et fist sonner les trompettes du deslogement. Si vuiderent tous de la ville sans nul dangier, et prindrent le chemin vers Thedeatre,[1] une ville dont le conte de Northumbelland estoit seigneur, [qui] dix milles [loin estoit] de la cité devant dite. Et lendemain tyra le roy vers Waghefled[2], Sendalle[3], une grande seignourie apartenant à la ducié d'Yorck, laissant la cité et chastel de Pontfret[4] à la bonne main[5], où pour lors estoit le marquis de Montagu, qui en riens ne le troubla, ains le laissa paisiblement passer oultre, feust voullentiers ou non. De ce peult on ju-

---

1. Tadcaster, sur la rivière de Wharf, à 10 milles d'York.
2. Wakefield, sur la rivière de Calder, à 182 milles de Londres.
3. Sandal, à 2 milles de Wakefield.
4. Pontefract, à 9 milles de Wakefield et 177 milles de Londres.
5. « Leving the Castell of Pomfrete on his lefte hand. »

gier à voullenté; mais je croy assez qu'il ne povoit pas avoir assamblé puissante compaignie pour lui resister en la querelle de Henry, soy disant roy. A quoy y avoit une cause eminente, entre autres; car grant partie du peuple amoient la personne du roy Edouard, pour quoy ilz ne povoient estre legierement inclinez à lui faire turbation : et ancores une autre coulleur y avoit, car la pluspart des nobles hommes et communes des dites parties se tenoient de la bende du conte de Northumbelland, ne avec nul autre esmouvoir ne se voulloient, se ce ne feust par son commandement; et, pour tant que le dit conte se tenoit coy pour l'une partie et pour l'autre, le peuple aussi, à son exemple, se tint paisible : en tele maniere que le dit marquis soy voullant mettre en paine les assambler en quelconcque querelle, ne pour son amour, ne pour son commandement, n'eussent pas entendu à le assister. Par quoy il appert que le dit conte, en ceste partye, fist au roy Edouard tres bon et notable service, et, comme aulcuns l'entendent, il ne lui eust peu faire meilleur, jà se feust il plainement declarié tenir sa querelle, et pour ceste cause avoit assamblé tout le peuple qu'il povoit; mais, combien qu'il amast le roy Edouard parfaitement, comme de ce eut certaine congnoissance, et voulloit de tout son povoir le servir, ancores fut il supposé, comme samblable estoit estre vray, que plusieurs gentilz hommes et autres, lesquelz estoient mis en armes par luy, n'eussent point voullu si franchement ne si extremement se estre eulz mesmes determinez au droit du roy, ne en sa querelle, comme le dit conte luy mesme eust voullu faire, aiant en leurs fresches ramembranches comment le roy, à sa premiere entree, et recouvrance de son droit du royaulme et couronne d'Engleterre, avoit eu et guaignié en ces partyes une grant bataille[1], où leurs peres et parens avoient esté occis, et leurs voisins; pour quoy, et non sans cause, estoit pensé qu'ilz ne povoient porter bonne voullenté de faire nul service au roy en sa presente querelle. Si est bon à jugier que le coy tenir du dit conte causa au roi grant bien, et que ce, principallement, le fist souffrir passer parmy la cité d'Yorck et tout le pays d'environ paisiblement. Non obstant, il povoit dire comme fist Julle Cesar, pour les contrarietez de sa querelle : « Cellui qui est contre moy, est avecques moy. » Mais, neantmoins, le roy passa sans destourbier, touteffois contre son espoir, parmy la seigneurie de Walquefelde dessus dite; et de là environ lui vindrent aulcuns gentilz hommes en ayde[2], de quoy, du moins, son nombre acreut.

De là, passa avant jusques à Dancastre[3] et ainsi exploitant ses journees tant que il vint à Northinghem[4], en laquele ville luy vindrent deux nobles chevalliers; c'est à scavoir, mesire Guillame Payer[5] et messire Jacques Harington[6], avec eulz deux bonnes bendes des gens d'armes bien en point jusques au nombre de vi^{ex}. Et le roy, sejournant à Northinghem, envoia ses espies entour la contree voisine, pour aprendre se aulcune assamblee se faisoit contre

---

1. La bataille de Towton, donnée le 29 mars 1461.
2. « But not so many as he supposed wolde have comen. »
3. Doncaster, sur le Don, à 37 milles d'York, et à 162 milles de Londres.
4. Nottingham, à 126 milles de Londres.
5. William Parr. Voy. ci-dessus, tome II, p. 408, note 1.
6. Voy. ci-dessus, tome II, p. 286, note 1.

luy; aulcuns desquelz allerent en la ville de Nevech[1], où estoit le duc d'Excestre[2], le conte d'Oxemfort[3], le seigneur de Badolf[4], et autres en grant compaignie, assemblez es comtez de Fuffolk[5], de Norfolk, Suffolk, Cantebruge, Hintguidon et Lincolle, jusques au nombre de quatre mille combattans.

Les dis duc et conte furent advertiz comment les espies du roy Edouard avoient esté dedens la ville : sachans que le dit roy les aprochoit, doubtans qu'il ne venist sur eulz, si se determinerent que ilz ne l'atenderoient pas. Pour quoy bien matin se deslogerent, et s'en fuyrent hors de la dite ville[6]. Et vray est, quant les espies du roy eurent ainsy faist leur debvoir, tout prestement s'en retournerent devers leur seigneur, quy ancores estoit à Northinguem. Si luy conterent leurs nouvelles; et quant le roy les entendy, il assembla son ost, si prinst le chemin aprez les seigneurs dessus dis; mais, quant il eut tant erré luy et sa compaignie qu'ilz furent à quatre lieues prez de la dite ville [de Neverc], luy vindrent certaines

1. Newark sur Trent, à 20 milles de Nottingham et à 124 milles de Londres.
2. Voy. ci-dessus, tome II, p. 179, note 4.
3. John Vere, comte d'Oxford. Mort le 10 mars 1513. (DUGDALE, I, 197, 199.)
4. William, vicomte de Beaumont, lord Bardolf. Mort le 28 décembre 1508. (DUGDALE, II, 54, 55.)
5. « In *Essex**, in Northfolke, Sowthfolke, Cambridgeshire, Huntyngdonshire, and Lyncolneshire. »
6. « And ther they lost parte of the people that they had gatheryd and browght with them thethar. »

* Le ms. 482, *Fonds Sorbonne*, porte *Exez*, d'accord en cela avec la relation anglaise. On peut donc regarder comme une erreur du copiste de Wavrin l'introduction dans son texte du nom, inconnu, de *Fuffolk*.

nouvelles qu'ilz estoient partis d'illec. Pour quoy le roy retourna à Northinghem dont il venoit, et là determina qu'il tenroit le droit chemin devers son grant rebelle, le conte de Warewic, congnoissant de vray qu'il s'estoit party de Londres, et allé en la conté de Warewic, pour illec assambler une puissante armee, et resister au roy Edouard, et contendre à ycelluy descomfire. Sicque le roy se party arriere de Northinghuem, si s'achemina celle part, passant parmy la conté de Leecexstre[1]; mais quant Warewic entendy son aprochement, comme celluy quy estoit sans corage[2], pensant à estre trop foible pour recepvoir la puissance du roy en champ de battaille, jà eust il plus de peuple que le roy, il se retray en une forte ville, tres bien muree, qui prez de luy estoit, appelée Conventry[3]. Et le roy passant par Leecestre, lui vint illec une compaignie de trois mille hommes, lesquelz, oultrement, se voulloient adventurer avec luy au pieur et au meilleur de sa querelle. Et ainsi mieulz adcompaignié que paravant, se party de là et vint devant Conventry, le xxx[e][4] jour de mars : et quant il entendy que le conte de Warewic s'estoit illec enclos atout de vii à

1. Leicester, à 96 milles de Londres.
2. Deux autres chroniqueurs s'accordent aussi à taxer le comte de Warwick de poltronnerie : 1° Commynes (I, 259). « Le dict conte de Warwic n'estoit jamais acoustumé vouloir descendre à pied, mais avoit de coustume, quand il avoit mis ses gens en besongne, de monter à cheval : et si la besongne alloit bien pour luy, il se trouvoit à la meslee : et si elle alloit mal, il se deslogeoit de bonne heure. » 2° Chastellain (485) : « Warwyc.... estoit laiche et couard, ne oncques ne se trouva en lieu, fors fuitif. »
3. Coventry, à 10 milles de Warwick, et à 91 milles de Londres, dans le Warwickshire.
4. « The xxix. day of Marche. »

VIII^m hommes[1], il envoia illec ung herault lui signifier qu'il venist en plain champ pour là determiner sa querelle encontre celluy auquel il devoit foy et hommage : laquele signification le rudde et ingenieux trahittre ne voult accepter. Laquele chose voyant le roy, il se tyra avec toute sa compaignie devers la ville de Warewic, qui à VIII lieues prez de là estoit, où il fut recheu comme roy. Et là fist faire ses proclamations comme roy, pensant que, par ce, son dit rebelle prendroit corage et isteroit hors de la ville de Conventry; mais jà, pour ce, ne voult faire ainsi comme le roy supposoit.

1319. Comment le duc de Clarence se reconcilia au roy Edouard, son frere.   XXVI.

Ce tempz pendant que le roy Edouard estoit es parties de la mer, tant en Hollande et Zeelande comme ailleurs, es pays du duc de Bourguoigne, le duc de Clarence, son second frere, considerant les grans inconveniens advenus ou pays par les soubtilz moyens et faulses invencions du conte de Warewic qui l'avoit separé de l'amour de ses deux freres, le roy Edouard et le duc de Clocestre; memorant aussi la desheritance en eulz de la couronne d'Engleterre, et la detestable ou criminele guerre [qui] avoit esté, estoit, et pourroit ancores estre ou tempz advenir entr'eulz; considerant que quiconcques feust vainceur, si demourroit il en doubte de sa personne, et si savoit bien, mesmement, qu'il estoit en grant regard d'espies et hay de tous nobles hommes, seigneurs et autres adherans à Henry, usur-

---

1. « Of VI or VII^m men. »

peur de l'empire, Marguerite sa femme, et Edouard leur filz, soy disant aussi Prince de Galles. Il veoit aussi que journelement labouroient à rompre les apointemens par eulz fais envers luy, et que continuelement contendoient, conspiroient et procuroient la totale destruction de luy et de tout son sang, par quoy estoit aparant que le royalme d'Engleterre demourroit en la possession de ceulz qui en nulle maniere n'y povoient demander aulcun vray droit ou tiltre : sicque, pour tant qu'il scavoit bien ce estre contre nature et la voullenté de Dieu, continuer et durer nulle tele guerre entr'eulz, s'il povoit estre autrement; pourveu aussi que maintes diverses remonstrances lui furent faites par aulcuns preudhommes, amateurs du bien publicque, se contenta et agrea d'aulcunement entendre à quelque bon apointement.

De ceste pacification, par tres couvertes voyes et moyens, furent bons mediateurs les puissantes Princesses, madame leur mere[1], madame d'Excestre[2], madame de Suffolk[3] et leurs sereurs, le cardinal de Canterbery[4], monseigneur de Bath[5], monseigneur d'Exces[6], et la provision d'aulcuns prestres, clers et autres bien disposees personnes.

---

1. Cécile, fille de Raph Newil, comte de Westmoreland. Son testament porte la date du 1er avril 1495. (DUGDALE, II, 161.)

2. Anne, fille de la précédente ; mariée à Henry Holland, duc d'Excester. Voy. ci-dessus, tome II, p. 179, note 4.

3. Élisabeth, sœur d'Anne; mariée à John de la Pole, duc de Suffolk. Voy. ci-dessus, tome II, p. 268, note 1.

4. Thomas Bourchier, créé cardinal le 18 septembre 1464. Voy. ci-dessus, tome II, page 180, note 2, et page 217, note 1.

5. Robert Stillington, évêque de Bath, intronisé en avril 1465 ; mort en juin 1491. (GODWIN, 382-383.)

6. Jean Boothe, évêque d'Excester de 1466 au 1er avril 1478, époque de sa mort. (GODWIN, 413.)

Entour le tempz et sejour du roy Edouard d'Engleterre en Hollande et autres parties de la mer, tres grant, dilligent effect et labeur fut tres continuelement fait par la tres haulte et puissante princesse la ducesse de Bourguoigne, laquele ne cessoit d'envoier ses messagiers devers le roy son frere, en quelconcque lieu qu'il feust, et, en pareille maniere, au dit duc de Clarence, aussi son frere, pour lors estant en Engleterre. Et aussi son bon et vray debvoir en ceste partie [fist] le seigneur de Hastingues, chambellan du roy Edouard, tant que ung acord fut apointié et conclu entr'eulz. En quoy le duc de Clarence moult honnourablement et vrayement se porta; car, incontinent luy adverty de la venue de son frere le roy, il assembla en haste tous ceulz qui volrent accepter son plaisir et voullenté : puis, aussi tost que bonnement peult, se tyra devers le roy, son frere, pour le adreschier et assister contre tous ses annemis, adcompaignié de quatre mille hommes, ou plus.

Le roy Edouard estant à Warewic, entendant l'aprochement de son frere de Clarence, par ung aprez disner issy hors de la dite cité de Warewic avec tout son povoir, et chevaulcha environ trois lieues angloises jusques à ung beau plain champ, lez la ville de Bauby[1], où il parcheut son dit frere venant vers lui en moult bel arroy et grant compaignie. Et quant ilz furent prez l'un de l'autre, à demye lieue du pays, le roy mist son peuple en ordonnance, faisant commandement que chascun se tenist coy. Puis alla audevant

1. Banbury, à 23 milles d'Oxford, et à 75 milles de Londres, dans le Oxfordshire.

de son present frere de Clarence, adcompaignié du duc de Clocestre, leur maisné frere, du conte de Riviere, du seigneur de Hastingues, et trois ou quatre autres sans plus. Et samblablement en fist le duc de Clarence, tant que au milieu des deux ostz s'entrecontrerent. Si serroit longue chose à raconter les amyables parolles illec mises avant entre les nobles freres. Si fut illec conclute et accordee ferme paix fraternele, aussi cordiale, amoureuse et chiere comme faire se povoit et peult estre entre deux freres de si hault et noble estat. Par quoy tout le peuple assistent, quy ce veoit, fut moult joyeux, loant Dieu haultement de cest amyable rencontre, unité et accord; esperans que, par ce, leur accroisteroit prospereuse fortune. Si commencerent à sonner trompettes et mennestrelz, par grant mellodie; et le roy emmena son frere de Clarence en son logis, où il fut recheu de tous les seigneurs et nobles hommes qui y estoient, en grant honneur et joye. Et puis le roy, acompaignié des dis seigneurs, alla parmy l'ost de son dit frere de Clarence, où il promist à tous ceulz qui y estoient, grans dons et biens à faire. Si s'assamblerent tost aprez les deux ostz en ung, où ilz recheurent et conjoyrent grandement l'un l'autre.

Ainsi ces choses faites, les deux compaignies joiesement, avec leurs princes, s'en retournerent à Warewic avec le roy: si se logerent toutes manieres de gens d'armes en la contree d'environ. Et tantost aprez le duc de Clarence, desirant de procurer aulcun bon accord entre le roy son frere et le conte de Warewic, non pas seullement pour le dit conte, mais aussi pour attraire à la bonne grace du roy plusieurs seigneurs et nobles hommes, qui largement avoient adheré au dit conte en ses monopolles, et adfin que paix et transquilité demourast ou pays d'Engleterre, et que toute cruelle et mortele guerre feust appaisee, qui par le contraire estoit aparante ensievir, si fist pour ce ses motions, tant devers le roy, comme devers le conte, puis chà, puis là, autant pour les dessus nommez, comme pour soy vrayement acquiter en l'amour qu'il devoit audit conte de Warewic, à cause qu'il estoit alyé à son sang, par le mariage de sa fille qu'il avoit espousee. Telement que, à l'instance de son dit frere de Clarence, le roy se contenta de monstrer largement sa grace avec diverses bonnes considerations et pourfitables, eues au dit conte, se il les eust voullu accepter, à quoy nullement il ne voult entendre. Premierement, pour ce qu'il consideroit les grans attemptemens par lui commis encontre le roy Edouard; secondement, pour la grant voullenté qu'il avoit d'entretenir les grosses promesses, pactz et juremens fais au contraire, tant au roy de France, comme à la royne Margueritte et son filz; triecement, pour ce que par avant avoit pensé et advisé et à ce proupos prouveu que, en cas qu'il ne pourroit avoir la main au dessus du roy Edouard, il trouveroit maniere d'eschaper d'Engleterre, et soy retraire en la ville de Callaix, qu'il esperoit estre pour luy en chascun point; et, quartement, par le maulvaix conseil [du] conte d'Oxemfort et autres, qui estoient disposez en exstreme mallice contre le roy Edouard. Lesquelz ne voulloient nullement souffrir qu'il acceptast aulcune maniere d'apointement tant raisonnable feust, mais le causerent de refuser : par quoy tous ces traitiés rompirent et ne causerent nul effect.

En ce meismes tempore que le roy estoit à Warewic, comme vous oez, accroissoit journelement l'armee du conte de Warewic, estant enclos à Conventry, ainsi que j'ay dit devant; et mesmes luy vint le duc d'Oxemfort à grant puissance. Laquele chose considerans le roy, ses freres et leurs consaulz, et que nulle chose ne le povoit provocquier à issir hors de la ditte ville, non pensant estre prouffitable le layans assegier, conclurrent que ilz yroient vers Londres, et là, avec l'ayde et bonne assistence des vrais amis et bienvoeillans du roy Edouard qui là entour estoient en grant nombre, congnoissans aussi que le principal adversaire du roy Edouard, c'est à scavoir Henry son usurpeur, avec plusieurs tenans son party, estoient illec usans de son droit contre raison; par quoy ilz l'empeschoient de plusieurs aydes et assistences que bien eust peu avoir en diverses partyes, s'il se povoit monstrer mesmes en puissance de rompre ceste auctorité : sicque, par l'advis de ses dis consaulz et parens, prinst son chemin vers Londres, soy et toute son armee monstrant devant Conventry, desirant que Warewic et sa puissance ississent illec aux plains champz pour le combattre, et determiner leur querelle; dont il fut refusant. Pour quoy le roy et son ost, en poursievant leur conclusion, passerent oultre, quy fut par ung vendredy, v^e jour d'apvril, et lendemain vindrent à une ville appelee Daventry[1], où, le dimence, le roy en grant devotion oy le divin service, car il estoit le jour de Pasques flories, en la grande Eglise, où Dieu et sainte Anne monstrerent ung beau miracle, signifiant bon prodige

---

1. A 72 milles de Londres, dans le Northamptonshire.

et heureuse adventure qui debvoit advenir par la main de Dieu, au dit roy, en la meditation de ceste benoitte matronne sainte Anne.

Vray est que quant le roy Edouard estoit hors de son royaulme, en grant trouble et pensee par l'adversité devant ditte, il requeroit souvent nostre seigneur Dieu, sa glorieuse Mere et les beneurez sains et saintes de Paradis, entre lesquelz il avoit especiale devotion à madame sainte Anne, le pryant qu'elle le voulsist ayder en sa querele, et à elle se voua, disant que à la premiere ymage pourtraite ou taillié à la samblance d'elle qu'il trouveroit, il y feroit ses priieres et offrandes. Or advint que en ce saint dimence de Pasques flories, ainsi que le roy alloit à procession, et tout son peuple aprez luy, par bonne devotion, comme au service du jour apartenoit, ainsi que la procession fut revenue dedens l'eglise et arrestee devant le Crucefix, où le peuple s'agenouilla reveramment, le roy pareillement se mist à genoux pour honnourer le Crucefix, et là, à ung piller, pendoit à l'encontre du roy ung tableau fermé et cloz d'une cheville de fer, comme il est coustume en quaresme de muchier toutes ymages es eglises : dedens lequel tableau ainsi fermé avoit une petite ymage d'allebastre fourmee et taillié selon la figure et samblance de madame sainte Anne; lequel tablet, ainsi fermé que dist est, se ouvry soubdainement en rompant ceste dite cheville de fer, laquele chose bien aparcheurent le roy et tout le peuple, qui là estoit present. Et quant le roy congneut l'ymage, il luy souvint soubdainement de son veu, remercyant Dieu et sainte Anne, et prenant ce pour bon espoir de prospereuse adventure que Dieu luy voulloit envoier en sa querelle. Si honnoura l'ymage en donnant illec ses offrandes humblement et devotement : aussi firent tous les assistens, moult esmerveilliés dudit miracle.

Le roy, aprez ses priieres et offrandes faites à Dieu et à sainte Anne, comme dit est, se party de Daventry, et, avec luy tout son ost, s'en alla en une bonne ville, appelee Northampnon[1], où il fut tres bien recheu ; et d'illec prinst la droite voye vers Londres. Icy eschiet de ramembrer que durant le tempz que le roy Edouard, sejournant à Warewic, s'appareilloit pour aprochier Londres, Emond, soy disant duc de Sombresset[2], son frere, appelé le marquis de Dorset[3], et Thomas Courtenay, soy apellant conte de Domestiere[4], estans à Londres, eurent certaines nouvelles que la royne Margueritte, son filz, qu'ilz nommoient Prince de Galles, la contesse de Warewic, le Prieur de Saint Jehan[5], le seigneur de Vennelok[6], avec pluiseurs autres, tenans leur parti, à toute la puissance qu'ilz avoient peu assambler, coeilloient en France navires pour passer en Engleterre ; proposant arriver en la contree de West. Pour quoy le dessus dis Emond et les autres se partirent de Londres, et s'en allerent sur la dite bende de West, où ilz se misrent en paine d'assambler gens à grant force pour recepvoir la dite royne, son filz et

---

1. Northampton, à 66 milles de Londres.
2. Edmond Beaufort, duc de Somerset, tué à la bataille de Tewksbury, le 4 mai 1471. (DUGDALE, II, 124, 125.)
3. John.
4. Thomas Courtenay, comte de Devonshire, fils du comte de Devonshire qui fut décapité en 1461. Tué à la bataille de Tewksbury. (DUGDALE, I, 641.)
5. Voy. ci-dessus, p. 13, note 1.
6. Voy. ci-dessus, tome II, p. 204, note 2.

toute leur compaignie, et pour les adcompaignier, fortiffier et assister encontre le roy Edouard et ses adherens, en la querelle de Henry, appelé roy, et pour lors occupant le regally d'Engleterre.

Et vray estoit que la dite royne et sa compaignie entrerent, pour la cause dessus dite, en leurs vaissaulz, le xxiiiie jour de mars; mais ilz furent waucrans sur la mer jusques au xiiie jour d'apvril, à l'appetit du vent, et de la grant tempeste qui lors continua sur la mer, par l'espace de xxx[1] jours continuelz : si laisserons ung petit d'eulz, et retournerons au roy Edouard, qui chevaulchoit vers la cité de Londres.

1320. Comment le roy Edouard arriva à Londres, où il fut honnourablement recheu.   XXVII.

Tant exploita le roy Edouard, par ses journees, qu'il arriva à Donstalle[2] l'onzieme[3] jour d'apvril, que lors il envoia à madame la royne, sa femme, estant au pallaix de Wemoustre, confortables nouvelles de sa venue, et pareillement auz seigneurs, ses vrais servans et amis estans à Londres en dissimullation. Sur quoy, par les plus couvers moiens qu'ilz peurent, adviserent et pratiquerent comment le Roy leur souverain seigneur porroit estre recheu et bien venu en sa dite cité de Londres.

Lors le conte de Warewic, congnoissant l'aprochement au roy Edouard de Londres, il envoia illec ses lettres aux manans, en leur commandant que à toute

---

1. « By the space of xx dayes. »
2. Dunstable, à 33 milles de Londres, dans le Bedfordshire.
3. « The ix. day. »

dilligence et puissance lui resistaissent; rescripvant mesmement à son frere, l'archevesque d'Yorck, illec estant, qu'ilz la tenissent contre le Roy deux ou trois jours, en promettant que, là en dedens, venroit atout grant puissance pour combattre ledit Roy, supposant oultreement le destruire, et tous les siens.

Adont ledit archevesque, esmeu et encoragié par les lettres de son frere, le joesdy, ixe jour d'apvril, assambla à Saint Pol de Londres tous ceulx qu'il scavoit tenir le party de son dit frere, tous en armes selon ce que à luy appartenoit, qui en nombre ne passoient pas v ou vi^{cz} hommes[1] : laquele chose esmeut Henry, soy disant roy, monter à cheval et chevaulchier, adcompaignié des dis seigneurs, gentilz hommes et autres, proposant que, pour soy monstrer en tel arroy, provocqueroit les cytoyens, manans et habittans de Londres venir vers lui pour conforter et ayder sa partie. Mais les gouverneurs de ladite cité, voians ceste fachon de faire, s'assamblerent en conseil, ouquel fut consideré le petit nombre que ce roy Henry avoit; par quoy ilz ne peurent prendre nul corage de venir vers lui, ne fortiffier son party. Mesmement consideroient que se aulcunement lui eussent voullu faire assistence, non obstant leur povoir, qu'il ne leur estoit pas bien possible de resister au roy Edouard en sa venue, qui fort aprochoit la cité[2]. Et, aussi, grant nombre des plus honnourables de ladite cité estoient plainement disposez de favoriser le roy Edouard, et lui ouvrir les portes à sa venue. Consi-

---

1. « In all, passed nat in nombar vj or vij^m men. »
2. « And was that nyght at Seint Albons. »

derant qu'il estoit moult honnourablement adcompaignié de maintz hardis hommes, bienvoeillans et de grant corage, lesquelz, pour nulle resistence qui leur peust estre faite, ne s'espagneroient à la prinse d'ycelle cité : et aussi que, pour lors, ledit Roy avoit plusieurs grans et puissans amis et serviteurs dedens la cité, lesquelz ne luy fauldroient point, par diverses emprinses, à faire ouverture, comme ce ne peult estre descongneu à plusieurs; aussi, tant pour l'amour et faveur que plusieurs portoient au dit roy Edouard, comme pour paour que plusieurs gens avoient, et pour autres diverses grandes considerations[1], le Maisre, les Eschevins et moult d'autres honnourables hommes de la dite cité, determinerent clerement entr'eulz qu'ilz garderoient la cité pour le roy Edouard, et que, à sa venue, luy ouvriroient les portes sans nulle resistence. Si lui envoierent couvertement unes lettres, esqueles estoit declaree leur entente et comment ilz voulloient estre les guides de son plaisir.

L'archevesque d'Yorck, voiant clerement, par la contenance et maintieng de ceulz de la dite cité de Londres, que point ne voulloient resister au roy Edouard, ains mesmement le assister, luy, congnoissant son aprochement, envoia secretement devers sa personne, desirant acquerre sa bonne grace et venir

---

1. Commynes dit à ce sujet (I, 259) : « A ce qui m'a esté compté, trois choses furent cause que la ville se tourna des siens. La premiere, les gens qu'il avoit es franchises, et la royne sa femme qui avoit eu ung filz. La seconde, les grans debtes qu'il debvoit en la ville, pourquoy les marchans, à qui il debvoit, tinrent pour luy. La tiers, plusieurs femmes d'estat et riches bourgeoises de la ville, dont autresfois il avoit eu grant privaulté et grant accointance, luy gaignerent leurs maris et de leurs parens. »

en aulcun bon apointement, promettant par ce moyen
faire chose à lui agreable. Et lors le Roy, pour certaines causes et considerations, recheut l'archevesque
à mercy, et arriva devant Londres [sur un jeudy ma-
tin], l'onzieme jour d'apvril, et entra dedens, où il fut
recheu du Maisre, des Eschevins, bourgois et autres,
moult lyement, sans nulle resistence. Si chevaulcha du
long de la ville jusques à l'Eglise de Saint Pol, et de là au
pallaix de l'evesque de Londres[1], où ledit archevesque
d'Yorck estoit, quy luy requist sa bonne grace. Et
aussi estoit illec logié l'usurpeur Henry, appelé
Roy; duquel il se tint saisy et, avec ce, de plusieurs
autres ses rebelles; puis s'en alla à Westmoustre, où
il fist ses priieres devotement à Dieu, à sa glorieuse
Mere, Saint Pierre et Saint Edouard, roy et confesseur. Puis, incontinent aprez ses contemplacions et
priieres achevees, il s'en alla devers la royne sa
femme, qui longuement avoit esté oudit pallaix de
Westmoustre en grant lamentacions et dolleur des-
plaisante, duquel trouble que en grant paine elle portoit, elle delivra d'un beau filz[2] qu'elle presenta au
Roy en sa venue vers elle, dont il eut grant joye et
confort. Et là furent mises en jeu entre le Roy et la
royne, au bienviengnant, plusieurs amoureuses parolles qui longues serroient à raconter.

Quant vint lendemain au matin, le Roy, la royne
et tous les leurs tyrerent vers Londres, qui est à
demye lieue prez de là; si se loga à l'hostel madame
d'Yorck, sa mere; et là oy le divin service ce jour
et la nuit ensievant, car c'estoit le Vendredy Saint, et

1. Thomas Kemp. Voy. ci-dessus, tome II, p. 218, note 3.
2. Édouard V, né le 4 décembre 1470. (*Art de vérifier les dates*, I, 817.)

puis se conseilla aux princes de son sang et autres de son conseil des adventures quy povoient advenir.

1321. Comment le conte de Warewic se party de Conventry pour venir combattre le roy Edouard, et comment il fut descomfy. XXVIII.

Le conte de Warewic, soy disant lieutenant d'Engleterre, ainsi constitué par l'auctorité patente du roy Henry, estant à Conventry, comme oy avez, entendant le roy Edouard estre devant Londres, pensant que les cytoiens luy auroient fait resistence, non sachant la certaineté de son entree en ycelle, issi hors de Conventry, atout grant nombre de seigneurs, en grant triumphe et puissance. Si prinst son chemin vers Londres, proposant sourprendre le Roy par derriere, et toute sa compaignie, pensant par ce avoir grant advantage : où, se d'aventure on l'eust laissié entrer, comme on fist, il l'eust, en sollempnisant la Pasque, prins à despourveu ; mais le Roy, bien adverty de celle venue, et [de leur] faulz, malicieux propos, fist grant dilligence pour rencontrer le dit conte et son armee avant ce qu'ilz venissent jusques à la cité, de laquele il se party atout son ost, le samedy, veille de grans Pasques, xiiie jour d'apvril. Si se mist à chemin envers ses annemis, avecques luy le roy Henry ; car, quelque part qu'il allast, puis qu'il l'eut prins, le menoit tousjours avec luy. Et ainsi chevaulcha tant qu'il vint à une ville qu'on appelle Barnet[1], à dix mille prez de Londres, que ses estradeurs trouverent ceulz du conte, lesquelz ilz chasserent jusques à leur ost, quy

---

1. A 11 milles de Londres, dans le Hertfordshire.

estoit à demye lieue prez de là, soubz la costierre d'une haye, prest et rengié en arroy de battaille.

Le Roy, doncques, venu en ladite ville de Barnet, entendant ces nouvelles par ses ditz avantcoureurs, ne voult souffrir que nulz sejournast en la dite ville; ains commanda que chascun tyrast auz champz en sa compaignie; mais, pour ce que la nuit aprochoit et qu'il ne povoit nullement veoir ses annemis, qui, comme dit est, estoient rengiés en battaille, il se loga et tout son ost plus prez d'eulz beaucop qu'il ne cuidoit, où il mist ses gens en bonne ordonnance, commandant que, celle nuit, nul ne menast bruit ou noise.

Les deux ostz estoient moult bien garnis de tous engiens à pouldre; mais le conte, sans comparoison, en avoit plus que le Roy : et pour ce, toute la nuit, cuidant faire reculler le Roy et son ost par le trait de ses engiens, commanda que toute la nuit on ne cessast de tyrer. Mais le trait passoit tout oultre l'armee sans les grever, et la cause fut pour ce qu'ilz estoient plus prez des annemis beaucop qu'ilz ne cuidoient. Et là, le Roy et tout son peuple se tindrent celle nuit tous coys, sans noise faire, ne nulz engiens gecter. Par quoy ses annemis ne peurent plainement congnoistre la place où il estoit logié : ce quy fut à luy et aux siens moult prouffitable.

Le demain au matin, le Roy, voiant le jour crever et poindre, chevaulcha parmy son ost donnant corage à ses gens, en leur remoustrant que, comme il avoit bon droit et vraye querelle, proposoit, au Dieu plaisir, combattre ses annemis. Puis, quant ce vint entre chincq et vi heures, non obstant la grande bruyne que pour lors il faisoit, recommanda et mist sa querelle en la voullenté de Dieu tout puissant, soy advanchant, desploiant ses bannieres et faisant sonner ses trompettes. Là commencerent les archiers de la battaille du roy à tyrer saiettes puissamment, puis tantost se joindirent main à main, où leurs annemis les recheurent corageusement. Si fut la battaille moult cruele et mortele, où furent maint vaillant homme mort et navré; car, de commencement, se deffendoient vaillamment les Warewicz, telement que sur l'un des boutz de la battaille du roy firent grant destourse et occision. Par quoy aulcuns de cest endroit prindrent la fuite, dont les aulcuns fuyrent jusques à Londres. Si en fut la cité fort esmeute. Mais neantmoins le residu de la battaille, où le vaillant roy estoit, qui riens n'avoient aparcheu de la dite malle adventure par l'empeschement de la dite bruyne, se maintindrent moult hardiement.

Par la descomfiture devant declaree s'espardirent nouvelles par tout le pays d'environ, que le roy Edouard et tout son ost estoient descomfis; mais, comme il pleut à Dieu, il en fut tout autrement, comme vous orez. Là furent faites de grans apartises d'armes de la partie du roy, especialement de sa personne; car, comme vaillant, corageux et hardy, se mist au millieu et au plus fort de la meslee, où nul n'arrestoit devant luy qu'il ne feust abattu à terre. Moult[1] chevalleureusement aussi s'i porterent les ducz de Clarence et de Clocestre, freres du roy : si firent le conte de Rivieres, le seigneur de Hastingues et plusieurs autres vaillans hommes, serviteurs et bons amis du roy Edouard.

---

1. Tout ce qui suit, jusqu'à *tourna tous les rebelles en fuite*, manque dans l'anglais.

De l'adverse partie, faisoit aussi merveilles le seigneur de Montagu, marquis, frere au conte de Warewic, en detrenchant testes et bracz, et tout ce qu'il encontroit. Mais, non obstant son chevallereuz corage et grant hardiesse, il fut, en la fin, abattu par terre et navré à mort. De laquele chose le conte de Warewic, son frere, adcertené, fut moult courouchié et effraé, comme cellui qui nul courage en luy n'avoit, voire presques confus et descomfy; mais, en fin, de la bataille cruele demoura la victore au roy Edouard quy tourna tous les rebelles en fuite, où fut occis ledit conte de Warewic[1]. Aussi furent plusieurs chevalliers et nobles hommes de sa partie, desquelz je ne scai les noms; aussi fut abattu par terre le duc d'Excestre, tenant le parti de Warewic, moult fort navré et tenu pour mort, avec les occis qui en grant nombre estoient, non congnoissant que ce feust il. Le conte de Oxemfort, en fuiant, enchey en la compaignie d'aulcuns fugitifz du North, avec lesquelz il tyra vers Escoce. Ceste bataille dont la victore, par la voullenté de Dieu, le merite des glorieuz Sains et moiennant la vraye querelle, demoura au roy Edouard, dura par l'espace de quatre heures[2], et y estoient ses annemis plus de xxx^m, comme il fut sceu de vray, contre ix^m : non plus n'en avoit. Aprez laquele battaille ainsi finee, le roy haultement remercya Nostre Seigneur de la belle grace que fait lui avoit en ceste journee. Puis s'en retourna à la ville de Barnet, où il se rafreschy, et rassambla tout

---

1. Voir aux *Pièces justificatives*, n° IX, une lettre de Marguerite d'York à la duchesse douairière de Bourgogne, où il est rendu compte de cette bataille. — « Ther was also slayne the marques Montagwe. »

2. « By the space of *thre* howrs. »

son peuple qui demouré luy estoit : entre laquele multitude ne furent pas trouvez aulcuns seigneurs et nobles hommes qui à la bataille avoient esté, car les ungz estoient navrez piteusement et les autres occis, [gisans] parmy le champ, dont le Roy eut grant dommage et fut moult desplaisant. Non obstant laquele chose, aprez que le roy et son ost furent radreschiés et rafreschis, il se mist à chemin vers Londres, où il fut recheu moult honnourablement du Mayeur, Eschevins, bourgois, marchans et commun de la cité, lesquelz tous ensamble rendirent graces à Dieu de la victore qu'il avoit obtenue.

Lendemain, commanda le Roy que les corpz du conte de Warewic et de son frere le marquis feussent aportez à Saint Pol de Londres, et là, descouvers, monstrez à tout le peuple, adfin que de là en avant ne feussent plus nulz abus de sa personne, comme par avant avoient esté; car, sans doubte, se ainsi n'eussent esté demonstrez au commun, la rumeur eust tantost couru parmy le royaulme qu'ilz feussent ancores vivans tous deux, aumoins le conte; par lesqueles murmures se peussent estre eslevees nouvelles insurrections ou rebellions entre le peuple mal disposé.

1322. Comment la royne Margueritte et le Prince de Galles, son filz, retournerent de France en Engleterre, et de ce qu'il en advint. XXIX.

Aprez toutes ces choses ainsi advenues, ainsi que dit avons, le [jeudy apres Pasques], xvie jour d'apvril, vindrent certaines nouvelles au roy Edouard, que la royne Margueritte, son filz, appellé Prince de Galles, la contesse de Warewic, femme au conte defunct, le Prieur de Saint Jehan, pour lors appelé le Tresorier d'Engleterre, le seigneur de Venlok et plusieurs autres chevalliers et escuiers de leur partie, qui par long tempz avoient esté hors du pays d'Engleterre, estoient arrivez au costé du Westland sur le jour de grans Pasques, à ung port qu'on appele illec Waimouth[1], lesquelz avoient longuement waucré sur la mer; car eulz entendant passer de Northmandie en Engleterre, prindrent premierement mer à Homfleu le xxiiiie jour de mars; mais, de là en avant, eurent ilz tousjours vent contraire jusques au xiiie jour d'apvril, qui fut la veille de Pasques. Par quoy, ce tempz pendant, furent maintes fois constrains et rebouttez à terre. Mais quant le vent les accueilla, ilz arriverent lendemain, quy fut jour de Pasques, au port dessusdit. Et arriva tout premiers la contesse de Warewic, pour ce qu'elle avoit une nef advantageuse, à ung havre appelé Portemonth[2] : puis, elle descendue à terre, alla à Souhampton[3], adfin de trouver la royne Margueritte, qui, comme oy avez, avoit prins terre à Waymonth; auquel lieu de Souhampton elle eut nouvelles certaines que le roy Edouard avoit vaincu son mary en battaille, où il avoit esté occis : dont elle fut moult esbahie, doullente et courouchié en son ceur, dont elle ne fist nulle mention; anchois, sans plus avant aller de son droit chemin, passa une riviere[4] et se tyra le plus secretement

---

1. Weymouth.
2. Portsmouth.
3. Southampton, dans le Hampshire.
4. La rivière de Southampton.

que elle peult en ung cloistre de nonnes[1] qui prez de là estoit, pour estre en sceureté de sa personne.

Du dit port de Waimonth se partirent la royne Margueritte, son filz et leur compaignie; si s'en allerent logier à une abbaye, nommee Selle[2], où vindrent vers eulz, Emond, soy disant duc de Sombresset, Thomas Courtenay, soy disant conte de Dommeschiere, avec eulz grant peuple, lesquelz bienvingnerent la royne, son filz et tous les seigneurs de sa compaignie, les comfortant et mettant en bon espoir, non obstant la descomfiture escheue sur Warewic; eulz determinant qu'ilz assambleroient ung si grant peuple en diverses parties d'Engleterre, que point ne serroit au povoir du roy Edouard de à eulz resister, et que en celle contree où ilz estoient commenceroient à faire assamblee; comme ilz firent. Puis envoierent leurs messagiers portans leurs lettres, en la ducié de Sombresset premierement, aprez en Dorset et en Wilthee[3], pour faire apointier le peuple en arroy d'armes, à ung certain jour prins entre eulz. Et adont la royne, son jenne filz, et toute leur compaignie, se tyrerent vers Cornuaille, proposant aussi là faire assamblee de peuple. Puis vindrent à la cité d'Excestre, et envoierent querir Jehan d'Arondel[4], sire Hugues Cour-

1. « But, secretly, gat ovar Hampton-watar into the new forreste, where she tooke hir to the fraunches of an abbey called Beawlew, whiche, as it is sayde, is ample, and as large as the franchesse of Westmynstar, or of Seint Martins at London. » — Beaulieu est situé à l'ouest des bords de la rivière, à 5 milles de Southampton.

2. L'abbaye de Cerne ou Cernell, sur la rivière de ce nom, dans le Dorsetshire.

3. « Somarsetshere, Dorsetshire, and parte of Wiltshere. »

4. Jean d'Arundel, fils de William, comte d'Arundel. Dugdale (I, 323) ne dit rien autre de ce personnage.

tenai¹, et plusieurs autres en qui ilz se fyoient le plus, et telement que, en substance, ilz esleverent toute la puissance de Cornuaille et de Dommeschiere².

Ainsi, doncques, adcompaigniés de grant multitude de gens armez, se partirent de la cité d'Excestre³, prenant le droit chemin de Gastombery⁴, et d'illec à la cité de Bache⁵, [où ilz vindrent le xvᵉ jour d'apvril], et tousjours, en allant, eslevoient gens d'armes et tous les gentilz hommes qu'ilz povoient.

Le roy Edouard estant à Londres, et aiant congnoissance de tout le demené des devant dis, tantost il pourvey au relievement de ses gens qui avoient esté hurtez et plaiiez à la battaille de Bernet, lesquelz estoient en grant nombre, tant dedens Londres comme en la contree d'environ. Et aussi envoia il partout faire commandement, de par lui, que chascun feust prest pour le venir servir à ung certain jour qu'il y assigna. Si fist faire preparation de toutes choses apartenans à battaille. Et quant tous ses gens furent prestz et venus devers lui, il se party de Londres [le xixᵉ d'apvril], si s'en alla à Windesore pour là faire ses devotes priieres et oroisons à Dieu, et à Saint George ; où il festiva la sollempnité du glorieux martir, demourant un peu plus longuement pour ceste cause ou dit chastel. Puis, au partir de là, prinst son chemin le plus droit qu'il peult devers annemis qui, comme raporté lui fut par ses espies, estoient es parties de Cornuaille,

1. Hugues de Courtenay figure sur la liste des seigneurs déclarés rebelles par Édouard IV, le 27 avril 1471. (RYMER, V, partie III, 3.)
2. Devonshire.
3. Exeter.
4. Glastonbury, sur les bords de la Brue, dans le Somersetshire.
5. Bath, sur la rivière d'Avon, à 107 milles de Londres.

tyrant vers Northirest. Si se hasta le plutost qu'il peult pour leur estouper le passage desdites partyes, esqueles ilz tendoient aller, pour y faire assamblee nouvelle à son prejudice; lequel passage estoit par Gloncestre¹, par Tenosbury², et non par autre place³; pour quoy tousjours le roy gisoit auz champs, en tele maniere que nullement ilz ne povoient passer sans son rencontre. Sicque la royne, son filz et les seigneurs de leur compaignie, congnoissans l'aprochement du roy, envoierent leurs estradeurs droit à Chastelbury⁴ : mais, eulz, ilz prindrent le chemin vers Tawnton⁵ et Glastonbery, contendans abuser le roy en son aprochement vers eulz. Mais il n'estoit mie inadverty de ce, car il faisoit descouvrir chascun chemin, comme il appert par la matiere sequente.

1323. Comment le roy Edouard poursievy tant la royne Margueritte et son filz, le Prince de Galles, qu'il les descomfy en battaille. XXX.

Quant doncques le roy Edouard fut party de Windesore⁶, poursievant ses annemis; il exploita telement qu'il vint à Bindon⁷ [le xxvııͤ jour d'apvril], où il demoura une nuit; et lendemain alla à Cycestre⁸, où il

1. Glocester.
2. Tewksbury, à 107 ¼ milles de Londres, près la jonction de l'Avon et de la Savern, dans le Glocestershire.
3. « Or farthar of at Worcestar. »
4. Shafstesbury, dans le Dorsetshire.
5. Tawton, sur la rivière Taw, dans le Devonshire.
6. « He departyd the Wedensday, the morne aftar Saynt Georgis day, the xxııı. day of Aprell. »
7. Abingdon, à 56 milles de Londres, dans le Berkshire.
8. Cirencester, à 89 milles de Londres, dans le Glocestershire.

eut certaines nouvelles que ses dis annemis tyroient vers la cité de Bathe, et que proposé avoient venir vers sa battaille; pour laquele cause issit de la dite ville, luy et tout son ost. Si se loga, la prochaine nuit, en ung plain champ à trois lieues de là [1] : et, lendemain au matin, il oy certaines nouvelles que ses annemis, atendans son aprochement es marches prez de eulz, avoient laissié leur propos de lui donner battaille, et que ilz avoient prins ung autre chemin vers Bristow [2], une forte ville moult bien muree, en laquele ilz furent moult bien rafreschis et recueillies par ceulz qui estoient rebelles au roy, manans en ycelle; où aussi furent renforchiés, tant d'or et d'argent comme de peuple et d'artillerie; par quoy ilz furent moult rencoragiés. Si conclurrent et proposerent entr'eulz que, le joesdy ensievant, prenderoient les champz pour donner battaille au roy; entretenant lequel propos, envoierent leurs avant coureurs à une ville à dix milles [3] de là, appelee Sudburi [4], et par delà apareillerent un champ pour la battaille, en une place nommee Sudburihill [5]. Et le roy, congnoissant l'intencion de sesdis annemis, prinst son chemin vers là; et tant fist, que lui et tout son ost y arriverent en bonne ordonnance le joesdy [6] dessus dit; lequel jour aussi issirent ses annemis de

1. « And, on the morow, he, having no certayne tydyngs of theyr comynge forward, went to Malmesbury, sekynge upon them. »
2. Bristol, à 120 milles de Londres, situé sur la rivière d'Avon, dans le Glocestershire et le Somersetshire.
3. « To a towne ix myle from Bristow. »
4. Chipping Sodbury, à 110 milles de Londres.
5. Little Sodbury est à un mille de Chipping Sodbury. Sur le haut de Sodbury Hill se trouve un champ d'environ 12 acres; et, à un demi-mille au nord, un autre champ de 8 acres. (Th. Moule.)
6. « First day of May. »

Bristow, tyrant vers la place par eulz assignee. Mais quant ilz sceurent pour vray que le roy avec sa puissance, en grant voullenté de les trouver et combattre, les aprochoit si fort, ilz laisserent leur chemin et propos, et, traveillant toute la nuit, vindrent à Berlray[1] et de là allerent à Gloucestre.

Quant le roy fut parvenu à la dite place de Surdburyhills, cuidant là trouver ses annemis, il envoia ses coureurs descouvrir le pays d'environ, esperant que par eulz serroit adcertené du lieu où ilz estoient, pensant qu'ilz feussent bien prez de là, comme bien eussent peu estre se leur droit chemin ilz eussent tenu : mais voiant que nulle certaineté il ne povoit avoir d'eulz, advancha sa bataille et loga son advangarde un peu par delà la dite place, en une vallee[2]. Et lui, avec tout le residu de son ost, se logerent en la mesme place. Et puis le lendemain, au matin[3], le roy entendy par ses avant coureurs comment ilz n'avoient point tenu le droit chemin vers lui, ains s'estoient tyrez[4] à Gloucestre; sur quoy il se conseilla de ce qu'il avoit à faire pour l'empeschement de leur passage es deux lieuz devant dis de Gloucestre et Teukesbury. Et, premierement, pourvey pour Gloucestre, envoiant illec ung sien capitaine[5] nommé Richard Beauchamp[6], filz [et] heritier du seigneur de Beau-

1. Berkeley, à 15 milles de Glocester.
2. « Towards the towne of Sudberye, and lodged hymselfe, with the remenaunt of his hooste, at the selfe hill called Sudbery hill. »
3. « Sonne aftar three of the cloke. »
4. « By Barkley toward Gloucestar. »
5. « And sent thethar certaine servaunts of his owne to Richard Bewchamp. »
6. Richard Beauchamp, fils de John, lord Beauchamp de Powyke. (DUGDALE, I, 249, 250.)

champ, lequel il avoit commis capittaine de la dite ville et chasteau de Gloucestre, atout une bonne bende de gens d'armes, lui commandant qu'il gardast bien sa dite ville et chastel, en cas que ses annemis le volroient assaillir, comme l'en supposoit qu'ilz feroient; luy promettant de toute heure secours, se besoing en avoit. Adont se party du roy son seigneur ledit Richard[1] avec sa routte, et vint à Gloucestre, où il fut moult voullentiers recheu des manans d'ycelle ville, où il vint à si bonne heure que mieulz ne povoit, comme ses annemis eussent espoir determiné d'entrer en ycelle, pour eulz traire es contrees où ilz pensoient à estre puissamment assistez, tant des Gallois, lesquelz, comme ilz supposoient, feussent venus vers eulz par le moyen de Jaspar, conte de Pennebrocq, comme de ceulz de Lancastre et d'Excestre[2], esquelz especialement se fyoient; pour laquele cause avoient fort traveillié leur peuple : telement que, entour dix heures du matin, vindrent devant Gloucestre atout leur ost, où l'entree leur fut refusee par ledit Richard Beauchamp, qui, comme oy avez, estoit illec envoiez par le roy Edouard, jà feussent aulcuns des habittans grandement ediffiez devers eulz, comme bien scavoient; pour quoy ilz furent fort mal contentz de la resistence, durement manechant le dit Richard et tous ceulz de sa sequele, faisant maniere de la dite ville assaillir. Mais, quant ilz sceurent le roy et son ost estre si prochains de eulz, oncques n'oserent donner assault à ycelle :

1. Richard Beauchamp, selon le récit anglais, n'était pas auprès du roi, mais à Glocester, et c'est là qu'il reçut et accueillit avec empressement les envoyés d'Édouard.
2. « Lancashire and *Chesshere.* »

anchois prindrent briefve conclusion entr'eulz qu'ilz yroient vers Teukesbury[1], comme ilz firent; où ilz arriverent ce mesmes jour, environ v heures aprez midy, moult fort lassez, et non sans cause; car chevaulchié avoient, depuis le matin qu'ilz se partirent de Gloucestre, xxx lyeues angloises[2]. Et pour ce que la plus grant partie de leur ost estoient de pié, ilz ne peurent chevaulchier oultre, se ilz n'eussent voullu perdre et laissier leurs pietons qui, en grant nombre, estoient derriere. Sicque, voulsissent ou non, furent constrains de là demourer, pour deux causes : l'une, pour ce que leur peuple estoit tres durement lassé, tant que nullement ne povoient plus endurer le chemin; et l'autre, pour ce que bien congnoissoient que de plus prez en plus prez aprochoit le roy de eulz, tousjours prest, en bel arroy, ordonnance et voullenté, de les combattre.

Pour toutes ces considerations narrees, les dessusdis determinerent illec atendre l'adventure que Dieu leur voldroit envoier, et, à ces fins, firent illec ordonner et fortiffier leur parcq, ou champ de battaille, en tele maniere que la ville et abbaye de Teukesbury leur faisoient deffence d'un costé. Et lors le roy les poursievant, ainsi que oy avez, se tyra en une champaigne, appelee Cottesvolde, où il desploia ses banieres, faisant de son ost III battailles. Puis envoia ses chevaulcheurs d'un costé et d'autre, et ainsi, en bel arroy et ordonnance, vint à ung village ap-

---

1. Tewksbury, dans le Glocestershire.
2. « XXXVI longe myles, in a fowle contrye, all in lanes and stonny wayes, betwyxt woodes, without any good refresshynge. »

pelé Citheuham[1], qui estoit à v lieues de Teukesbury, où il eut certaines nouvelles ses annemis estre arrivez ce mesmes jour, voire determinez de illec atendre luy et sa puissance. Pour quoy le roy, sans sejourner au dit village, prinst le plutost qu'il peult son droit chemin vers ses annemis; mais, quant il vint à trois lieues d'eulz, la nuit le sourprinst : si le convint illec demourer jusques au jour aparant bel et cler, quy fut par ung samedy, quatriesme jour de may, que le bon roy s'apareilla en bonne ordonnance, desploia ses banieres, fist sonner ses trompettes et commist sa querelle en Dieu tout puissant, sa Mere glorieuse, et monseigneur saint Jacques, saint George, et tous les benois sains et saintes de Paradis, advanchant son ost vers ses annemis et en aprochant leur champ, lequel estoit bien bastillié et seant en une merveilleusement forte place, moult difficille à assaillir. Non obstant laquele chose, le roy commenda qu'ilz feussent assaillis : et là commencerent la battaille les archiers du roy, qui à leurs annemis donnerent ung moult pesant assault, lesquelz vaillamment se deffendirent, tant de trait d'engins, comme de saiettes; et si avoit au front de leur parcq parfons fossez, hayes et buissons, par quoy ilz estoient maulvais à eulz aprochier main à main. Mais Emond, appelé duc de Sombresset, qui pour ce jour estoit conducteur de l'advangarde, lui et ses compaignons ennuyez en celle place, ou espoventez du trait qui moult dru cheoit

---

1. Cheltenham, à 94 milles de Londres, est située sur le Chelt, rivière qui se jette dans la Severn. Les *Cotswold* Hills sont presque immédiatement derrière cette ville, et l'abritent au nord et à l'est. (Th. Moule.)

sur eulz, ou par grant hardiesse et corage quy les sourmontoit, issirent hors de leur parcq; et lors, voians que nul ne se aparchevoit leur issue, s'en vindrent parmy une ruyelle mettre en belle ordonnance, droit à l'oposite de la battaille du roy, où ilz encommencerent ung tres merveilleux estour, où le roy moult corageusement le recheut; et tant fist par sa vaillance et proesse, et la vraye asseurance de ceulz de sa compaignie, qu'il entra dedens l'enclos, guaignant par force d'armes l'enclos et fossé, tant que constrainte fut à ses annemis eulz retraire de là la montaigne.

Icy est à ramembrer que quant le roy fut venu devant ledit parcq, il considera, avant qu'il les assaillist, que à la droite main de ce fort avait ung bois moult espes, dedens lequel il pensoit ses annemis avoir mis une grosse embusche, pour laquele cause il choisy deux cens lances des meilleurs de son ost, ausquelz il commanda eulz traire sur la costiere de ce bois, ayans illec tousjours l'ueil, et que, se necessité estoit, ilz se y emploiassent et feissent bien leur debvoir : et, en cas qu'ilz ne veissent quelque aparence d'embusche, qu'ilz retournassent vers la bataille, et que en la plus grant advantage qu'ilz porroient frappassent sur leurs annemis. Laquele provision vint aussi bien à point que possible estoit; car les deux cens lances devant dites, depuis qu'ilz eurent une espace costoié le bois, et que nulle aparence d'embusche n'y veoient, parchevans où bien employer se porroient autre part, fraperent sur ledit duc de Sombresset et sa compaignie, telement que, par leur emprinse et la vaillance du roy Edouard, qui atout sa battaille les assailloit de l'autre costé, comme oy avez, ledit de Sombresset et toute l'avangarde qu'il menoit furent constrains de fuyr, en laquele fuite fut faite grant occision. Et quant le roy eut descomfy l'avangarde de ses annemis, il marcha avant courageusement contre la battaille que menoit Edouard, appelé Prince de Galles, où maintes belles apartises d'armes furent faites, tant d'un costé comme d'autre ; mais, finablement, la parfaite victore[1] en demoura au roy Edouard, et la descomfiture tourna sur ses annemis.

En ceste battaille furent occis Edouard, soy disant Prince de Galles, Thomas, appelé conte de Dommessiere[2], Jehan de Sombresset, nommé marquis Dorset[3], le seigneur de Vennelok et plusieurs autres chevalliers et escuiiers, en moult grand nombre. Toutes lesqueles choses ainsi faites et achevees, le Roy se tyra vers l'abaye, pour rendre graces et loenges à Dieu de la belle victore que, ce jour, luy avoit eslargie, où il fut recheu et convoié à procession jusques au grant autel, où il fist ses offrandes et devotion.

En ceste abbaye estoient venus en francise plusieurs rebelles au Roy, qui à la bataille avoient esté, esperans illec estre en sceureté ; mais, toutes voies, le Roy les eust bien peu faire tyrer dehors de la dite abaye et, comme trahittres à luy, faire executer ; car, en tel cas, n'estoit tenue, observee ne gardee quelconcque francise : mais, à la reverence de la benoite Trinité, de la glorieuse Vierge Marie, et du vray martir monseigneur Saint George, les laissa

---

1. Cette bataille, dite de Tewksbury, se donna le 4 mai 1471.
2. Devonshire. Voy. ci-dessus, p. 119, note 4.
3. Voy. ci-dessus, p. 119, note 2.

sans aulcun corporel mal leur faire. Et ainsi, par la reverence devant dite, commanda que le corpz Edouard, appelé Prince de Galles, et aussi les corpz des seigneurs quy avoient esté occis en la battaille, feussent ensepvelis, et, aprez leurs obseques fais, mis en terre, là ou ailleurs.

1324. Comment, aprez ceste battaille, le Prieur de Saint Jehan, le duc de Sombresset et autres furent prins et decapitez. XXXI.

Aprez ceste battaille achevee, advint que, en la ville de Teukesbury, furent trouvez Emond, appelé duc de Sombresset, le Prieur de Saint Jehan[1], sire Thomas de Tressehem, sire Gervais de Cliston, chevalliers, et plusieurs autres nobles hommes; lesquelz furent prins et menez devant le duc de Clocestre, frere du roy Edouard, Connestable d'Engleterre, où là leur fut remonstré et declaré leur rebellion et desloyauté que long tempz avoient portee envers leur souverain seigneur : puis, ycelle dite remonstrance à eulz faite par le duc, ilz furent emprisonnez jusques à lendemain qu'on les ramena devant lui et le duc de Nortfod[2], qui estoient commis leurs juges de par le Roy, lesquelz, tout bien consideré, les condempnerent à estre decapitez, comme ilz furent, sur ung eschaffaut, present tout le peuple, la teste sur un blocq, d'une dolloire. Toutes lesqueles choses ainsi faites, se party le roy de Teukesbury par ung mardy, viiie jour[3] de may, tyrant

1. « Called Ser John Longestrother, Ser Thomas Tresshem, Ser Gervaux of Clyfton, knyghts, squiers, and othar notable parsonnes dyvers. »
2. John, duc de Norfolk. Mort le mardi après l'Épiphanie, en 1476. (Dugdale, I, 131.)
3. « The Twesday, the vii. day of May. »

vers la cité d'Orcestre[1]; mais gueres n'eut chevaulchié, quant certaines nouvelles lui vindrent que la royne Margueritte estoit trouvee, non pas loingz de là, en une povre religion, où elle s'estoit muchié pour la sceureté de sa personne, de laquele il fut saisi à sa voullenté.

Quant le Roy fut arrivé à la cité d'Orcestre, il eut aussi certaines nouvelles que ses rebelles des parties du North recommencoient commotions de peuple à son contraire, en la querelle de Henry, soy disant Roy. Pour quoy il se delibera, pour ad ce obvier, tyrer à Conventry, comme il fist; où il, et sa compaignie, arrivez le xie jour dudit mois de may, se rafreschirent trois jours entiers[2], durant lesquelz le Roy envoia ses lettres par toute la contree d'environ, à ceulz en qui plus se fioit, leur commandant que ilz le venissent servir à restraindre la maulvaise voullenté de ses rebelles, qui, es parties du North, s'esmouvoient. Mais bien est vray que, pendant le tempz que le Roy reparoit son armee, il oy certaines nouvelles que les dis du North, adcertenez de ses victorieuses emprinses, se desistoient de toute rebellion : pour quoy le conseil du Roy porta qu'il ne lui estoit jà besoing soy traveillier de tyrer celle part son armee. Et, à ceste heure, sourvint à Conventry ung messagier aportant lettres au Roy de par le Maisre de Londres, contenans comment le bastard de Faucquenbergue[3], lequel avoit paravant esté commis sur mer par le conte de Warewic, comme j'ai dit

---

1. « Worcester. » — Est situé sur les bords de la Severn, à 114 milles de Londres.
2. « And thethar was browght unto hym Qwene Margaret. »
3. Voy. ci-dessus, p. 32, note 2.

cy dessus, où il desreuba divers marchans Portugallois, en rompant l'alyance qui de long temps s'estoit tenue entre les roiaulmes d'Engleterre et de Portugal, avoit assamblé grant quantité d'escumeurs de mer par tous les portz d'Engleterre, et estoient descendus au port de Sanduich, où, de jour en jour, accroissoient leur puissance parmy la conté de Kent, entendant faire aulcun meschief. Et tant fist ledit bastard auz aulcuns par manaces, et auz autres de beau parler, qu'il assambla bien de xvi à xviii^m hommes, puis prinst son chemin vers la cité de Londres, où il arriva es faubours d'ycelle le xvie jour de may, prenant la querelle du roy Henry, lequel il pretendoit, à celle empainte, tyrer hors de la tour de Londres. Pour laquele cause il fist parler auz Maisre et Eschevins de la ville, disant, pourveu qu'ilz luy rendissent le roy Henry, que son intencion estoit passer parmy Londres paisiblement, sans faire grief à personne, et aller tout droit combattre le roy Edouard où plus tost le pourroit trouver : à laquele chose ceulz de Londres ne vouldrent entendre, ains francement lui refuserent l'entree de la ville et à force luy deffendirent.

Journelement venoient nouvelles au Roy, de par les Londriens, de ceste chose, lesqueles forment l'inciterent aprochier en toute haste la dite cité, pour la deffence d'ycelle, et aussy de la royne sa femme qui, pour lors, estoit en la tour de Londres, avec elle monseigneur le prince de Galles, son filz, et les seigneurs et dames qui les servoient.

Quant le bastard de Faucquenbergue vey que, par priieres, belles parolles ne manaches, il ne impetreroit des Londriens sa requeste, il fist samblant de passer la Thamise atout sa compaignie, par le pont de Kingston, à dix mille prez de la cité, laissant ses nefz emprez Sainte Katherine, non gueres loingz de la tour de Londres, pretendant retourner parmy le pallaix de Westmoustre pour ycellui destruire avec les faubours de Londres, adfin de prendre vengance du deneement[1] de son entree[2].

1325. Comment le roy Edouard, atout son armee, poursievy le bastard de Faucquenbergue : comment il prinst tout son navire au port de Sandvich ; et comment ledit bastard fut recheu en la grace du roy. XXXII.

Le roy Edouard, doncques, adverti de ces choses, envoia une partye de son ost pour aidier et conforter ceulz de Londres ; aprez lesquelz seullement deux jours, se parti[3] de Conventry pour venir à Londres : mais ses annemis, sachans sa venue, rapasserent la riviere de Thamise. Si s'en allerent assaillir la cité, tyrans de flesches dedens ycelle, avec canons et serpentines, et mesmes boutterent les feuz en aulcunes maisons sur le pont de Londres, et à deux portes tout à une fois ; mais les contes d'Excestre et de Rivieres, avec aulcuns autres serviteurs et amis du Roy, par l'ayde des cytoiens les reboutterent et tournerent en fuite[4] ;

1. Deneement, deniement, *refus*.
2. Ce qui concerne, jusqu'ici, l'entreprise du bâtard de Fauconbridge a été un peu abrégé par Wavrin ; mais dans ce qui suit, il cesse entièrement de traduire. La fin de cette expédition hasardeuse porte, dans l'original anglais, un sommaire, et paraît être une partie ajoutée au récit de l'arrivée d'Édouard IV en Angleterre.
3. « The xvi day of May. »
4. Var. : « A l'ayde des cytoyens issirent sur eux et les assaillirent si radement qu'ilz en occyrent plus de deux mille et les autres mis en fuite. » (*Bibl. imp.*, Mss., *Fonds Sorbonne*, n° 432.)

lesquelz se retrayrent es montaignes, à quatre lieues prez de Londres, où ilz se tindrent en grant nombre trois ou quatre jours; mais quant ilz sceurent que le Roy venoit vers eulz, ilz se trayrent vers la mer.

Aprez toutes ces choses, le roy Edouard entra en sa cité de Londres le xxiᵉ jour de may, grandement adcompaignié des seigneurs et gen lz hommes de son royaulme; sicque ilz estoient bien xxx^m hommes à cheval. Et, tantost aprez, furent amenez devers lui la royne Margueritte et plusieurs autres capittaines[1] de sa partie, de laquele Royne le Roy voiant la tribullation, en eut pitié. Pour quoy il lui relaxa la vie, et lui presenta estat honneste en quel lieu qu'il lui plairoit, dont elle se contenta pour ce qu'elle veoit tous ses adherens mors. Si requist au Roy avoir son estat en la cité de Londres, sa vie durant; auquel lieu le Roy lui bailla ordonnance de xv nobles personnes, hommes et femmes, pour elle servir à l'hostel du baron Dondelai[2], où elle eut sa demeure : de toutes lesqueles choses oyr, le roy Henry, estant lors en la tour de Londres, en prinst si grant desplaisir qu'il en morut. Le xxiiiᵉ jour de may ensievant, se party de Londres le roy Edouard, à grosse armee, pour tyrer aprez ses annemis, lesquelz s'estoient separez en diverses partyes, dont le dit bastard de Faucquenbergue, atout grant nombre de vaisseaulz, estoit entré en la ville de Sandvich; car il estoit illec chief de xliii navires. Mais, sitost quilz sceurent que le Roy les aprochoit, ilz envoierent de-

---

1. Var. : « Autres capitaines de la partie du Prince de Galles, son filz, jà mort, comme dit est. Qu'il en fist, *je ne scay encores.* » (*Id., ib.*)

2. Dudley. Voy. tome II, p. 185, note 3.

vers luy, adfin de estre remis en sa bonne grace et avoir apointement devers lui, lequel ilz obtindrent : et de fait restablirent en sa [puissance] la dite ville et tout leur navire le xxvie jour dudit mois. Et fut ce bastard de Faucquembergue, pour toute sceureté, mis en la main du duc de Clocestre, tierc frere du Roy, lequel il fist mener en une place nommee Merlan[1] ; auquel lieu il se tind, allant et venant avec les autres serviteurs, sans estre lyé, ne lui faire grief : mais, comme homme mallingue[2] qu'il estoit, se cuida esconser[3], et recouvrer navire pour de rechief grever le roy Edouard. Mais son fait fut descouvert et sceu par ledit duc de Clocestre, quy luy fist la teste trenchier.

Ainsi, comme vous oez, recouvra son royaulme le roy Edouard, quart de ce nom, en moins de trois mois, par la faveur, port et ayde du duc Charles de Bourguoigne, son beau frere[4] ; moyennant aussi sa vaillance et hardie entrepresure; voire, touteffois, par la grace et bonté de Dieu, qui donne les victores à qui qu'il luy plaist. Laquele victore est bien tournee à la grant confusion de ses hayneux et malvoeillans.

Toutes ces besongnes ainsi faites et achevees que oy avez cy dessus, le bon roy Edouard escripvit une

---

1. C'est évidemment *Molands* des cartes de Blaeu, de Hondius e autres anciens géographes. Cet endroit n'existe plus aujourd'hui.
2. Nous ne trouvons *mallingue* dans aucun glossaire. Peut-être faut-il lire *maling*, qu'on voit dans Joinville et Marot, où il a le sens (qui conviendrait fort ici) de malin, rusé, subtil.
3. Esconser (d'*abscondere*), *cacher*.
4. Le passage qui concerne le duc de Bourgogne n'est pas dans le texte anglais.

lettres[1] moult amiables à ceulz de Bruges, dont la teneur s'ensieult.

« Edouard, par la grace de Dieu, roy d'Angleterre et de France, seigneur d'Irlande, à nos tres chiers et especiaux amis les nobles hommes, Escoutette, Burgmaistres, Eschevins et Conseil de la ville de Bruges, et à chascun d'eulz, salut et dillection. Très chiers et bien especiaulx amis, nous vous mercyons, tant et si cordialement que faire povons, de la bonne chiere et grande courtoisie que, de vostre tres begnivolente affection, vous a pleu de nous faire et demoustrer gracieusement et largement, au bien et consollation de nous, et de nos gens, pendant le tempz que nous estions en vostre ville. Nous nous en tenons grandement tenus à vous : ce que nous recongnoisterons par effect, se chose est que jamais puissons faire bonnement pour le bien de vous et de la dicte ville, vous signifiant qu'il a pleu à nostre benoit Createur, de sa grace, nous donner, depuis que partismes de la dite ville et arrivasmes en cestui nostre royaulme, si bonne prosperité et gracieuse fortune, que nous avons obtenu la victore de tous nos annemis et rebelles de par de chà, et sommes paisiblement resaisis et possessez de nostre royaulme, couronne, et regalité, et bien deuement obey, comme par le porteur de cestes en porrez estre adcertenez plus amplement ; dont nous rendons tres singullieres graces et mercis à Nos-

---

1. Cette lettre manque dans l'imprimé anglais ; mais on la retrouve à la fin d'un autre récit du recouvrement du royaume d'Angleterre par Édouard IV (Voyez les Mémoires de Philippe de Commynes, III, 281). Cette dernière narration paraît être un abrégé de celle qu'on vient de lire dans Wavrin.

tre Redempteur, lequel, tres chiers et especiaulz amis, prions vous avoir tousjours en sa sainte garde.

« Donné soubz nostre signe, en nostre cité de Çanterbery, le xxix⁰ jour de may, l'an mil IIII^{cz} LXXI. »

Ainsy signé : EDOUARD[1].

---

1. Ici s'arrête notre manuscrit, sans que rien indique l'achèvement de l'œuvre. Si l'on prend garde qu'à la tête et à la fin des trente-cinq livres qui précèdent celui-ci Wavrin a eu le soin d'énoncer minutieusement qu'ici commence et là finit tel ou tel livre, on se croira fondé, peut-être, à penser que l'unique copie des Anciennes chroniques d'Angleterre qui soit réputée complète est cependant inachevée ? Nous ne partageons pas cet avis. Le nombre de chapitres annoncé au commencement du sixième livre (voy. ci-dessus, page 1) est complet, et, suivant nous, c'est à la seule inadvertance du copiste qu'il faut attribuer l'absence de l'indication que nous avons signalée.

PIÈCES JUSTIFICATIVES

PIÈCES JUSTIFICATIVES.

I

(Voy. t. II, page 58, note 1.)

L'an mil ccccxl (*sic*) monseigneur de Bourgogne estant à Chalon, vint à luy ung ambassadeur de part l'ampereur de Constantinoble, qui luy presenta, de part le dit ampereur, pluseurs reliques, et luy requist aide et secours contre les Turs, lesquieulx luy faisoient grant guerre, et s'aparailloient de faire ancores plus grande. Et, apres pluseurs remonstrances et requestes, mon dit seigneur luy accorda, pour aler à son secours, sa grosse nave armee, sept gualees et une gualiote; lesquieulx yroient en son aide, avec ung legat et armee que nostre saint Pere Eugene y anvoioit. Et pour armer quatre gualees, anvoia mon dit seigneur monseigneur de Wavrin à Venize, et anvoia messire Joffroy de Thoisy à Nice, en Provence, où estoit sa dite grosse nave et trois gualees, et une gualiote que là avoit fait faire, lesquelles le dit messire Joffroy de

Thoisy fist prestement tres bien armer; et, pour ce qui scavoit que la dite armee de Venize n'estoit ancores preste, courut toute la Barbarie, depuis One[1] jusques à Auffrique[2], où y guaigna pluseurs navires; et de là traversa à Corfo, y cuidant trouver la dite armee de nostre saint Pere et le dit monseigneur de Wavrin, lesquieulx ancores n'y estoient; mais là, fut acertenés le dit Joffroy de Thoisy que le Souldan, atout grande puissance, anvoioit asseger Roddes, lesquieulx avoient tres grant besoing d'estre secourus; car, sans avoir secours, estoient en voie d'estre perdus. Pour quoy le dit Joffroy, avec les trois dites gualees et la gualiote moult bien armee, tyra ativement celle part, et trouva la dite cyté tres devisee; car monseigneur le Maistre du dit Roddes n'avoit des freres de son Ordre pas deux cent, que vieux que jones; et les sodoiers, lesquieulx estoient de pluseurs nacions, gueres n'avoient bonne voulenté d'atendre le dit siege; et pour avoir couleur de eulx en aler, pour ce qu'ilz scavoient que mon dit seigneur le Maistre n'avoit point d'argent, luy demandoient la paie de quatre ou sinq mois, ou aultrement ilz s'en vouloient aler.

Le dit Joffroy, arrivés en la dicte ville, fust prestement informés des choses dessus dites; pour quoy anvoia devers mon dit seigneur le Maistre luy dire que ly vouloit aler faire la reverence, et luy dire aucunes choses, presens les nacions et les principaulx de la dite ville, en luy priant que il les feist assambler. Et, ce fait, presens tous, luy presenta, de part monsei-

---

1. Bone, en Algérie.
2. Africa, en Tunisie.

gneur le duc, mile combatans estans en ces navires, et que, supposé que tous eulx abandonnasse la dite ville, à l'aide de Dieu, il la garderoit, et en randroit bon compte. Desquelles paroles tout le peuple fust reconfortés, et ceux des dites nations confus. Et, pour ce que yls ne scavoie ou estoit la dite armee du Souldan, le lendemain se party le dit Joffroy, pour scavoir où elle estoit; laquelle il trouva en Turquie, à LX miles de Roddes, où ilz avoie deschargés et affutee leur grosse artilerie, affin qui n'y failly riens quant ilz viendroie au dit siege. Et tantost les gualees du dit Joffroy s'approcherent d'eulx, à la sye, la poupe devers eulx, lesquelles gualees estoient tres bien artilee, et especialment de canons, desquieulx toutes les chambres estoient paillees et propres pour chacun canon; et ne tyroient que des canons de la dite poupe, et s'aidoient de toutes les chambres des aultres canons; pour quoy de chacun canon ilz tyroient presque aussy tost que d'unne arbalaste : cy en tirarent tant que ilz leur tuerent assez de leurs gens, et, entre les autres, ung de leurs amiralx; car à tyrer en leur flote, laquelle estoit sarree, ne povoient faillir, et les nostres gualees estoient esparse, pour quoy ne les povoie cy bien assigner. Pour laquelle chose, toute la nuyt rechargerent leurs chevalx et leur dite artilerie, et, au matin, fyrent voele et vindrent devant Roddes, où ilz myrent le siege; et l'aultre jour emsuivant, leurs bonbardes et bricoles prestes pour gecter, et tout ainsy que ilz se logoient, le dit Joffroy logoit ces gens devant eulx, entre la fausse et la vraye muraille, et ly se loga devant leur capitaine : et chacun jour y eu saillies esquelles furent mors pluseurs d'ung costé et d'aultre, plus beaucopt desdits Sarrasins que des nostres ; car durant le dit siege, qui dura XL jours, n'y eu ung seur homme pris à mercy.

Or avint que, apres pluseurs jours, de pluseurs bonbardes ilz eurent batuz ung grant pan de muraille, tellement qu'elle estoit en cheoir, et, elle cheue, eulx tous prest pour assaillir. Pour quoy le dit Joffroy, toute la nuyt, fist apourter de grans sacs de coton, et les fist par cy bonne maniere atacher à la dite muraille, que depuis cos[1] de leurs dites bonbardes n'y povoie grever ; et les dits Sarrazins veans se, fyrent affuter partie de leurs dites bonbardes sur le mole Sainct Nycolas, pour destruire les naves et gualees estant au port du dit Roddes. Et là les faisoient garder par aucun nombre de gens, esperant que, se grant charge leur venoit de la dite ville, que par ung passage, qui estoit pres de la tour, l'ost les povoit secourir. Or fu, par necessité, conclute la saillie pour gaigner les dites bonbardes ; car, aultrement, tous les dits navires estoient destruis ; et, pour ce que le dit passage estre bien gardés, on povoit seurement gaigner les dictes bonbardes, on bailla au dit Joffroy et à ces gens la charge de garder le dit passage ; lequel ne l'andura refuser. Et pour secourir, quant la grant charge viendroit, on ordonna le chastellain d'Anposte, atout six vins hommes, lesquieulx se tiendroient à my voie de la dite ville et du dit Joffroy, pour estre......[2]. La dite saillie fust sur le vespre ; et chacun ala où il estoit ordonnés, et toute la puis-

1. Cops, *coups*.
2. Cinq ou six mots ont été coupés par le ciseau du relieur.

sance des dits Sarrazins vint au dit passage; et dura tant le debat, que trait failly d'ung costé et d'aultre, et tellement que, apres le dit trait failly, ilz combatirent plus d'unne heure au dit passage, aux lances et aux espees, et cy longuement, que les dites bonbardes furent ammenees en la dite ville, et que le dit castellain, qui les devoit secourir, fut retrait, cuidant, pour la multitude des dits Sarrazins, que le dit Joffroy ne ces gens ne se peussent jamais retraire en la dite ville. Toutesfois, par la grace de Dieu, ilz se retrairent sans grande perte, et apourterent Pierre de Moroges, nepveu du dit Joffroy, lequel estoit bien fort blessé; car, en la dite besoigne, ilz fist tres vaillamment, et fust, ce dit jour, deux fois pris et recos. Le seigneur de la Hamaide, le dit Joffroy de Thoisy, Guillaume de la Baulme[1] ilz furent (faits?) chevaliers, et pluseurs aultres.

Se fait, les dis Sarrazins conclurent d'assaillir, et firent leurs abillemens et fagos pour amplir les fossés : et ung jour, au soleil levant, venoient pour assaillir à grant son de trompectes et de tabors, et leur capitaine tout le premier; lequel, devant le dit Joffroy de Thoisy, droit sus le bort du foussés, d'unne colovrine fut tués leur dit capitaine, lequel ilz amporterent. Luy mort, les aultres eurent le courage perdus, et sans faire grant samblant, chargerent leurs baghes, et de nuyt monterent en leurs navires; et tantost furent en

---

1. Guillaume de Baulme, seigneur d'Erlan, chevalier d'honneur de a duchesse de Bourgogne, Marguerite d'York. Assistait, en 1478, au baptême de Philippe, fils de Maximilien et de Marie de Bourgogne (MOLINET, II, 160). Chevalier de la Toison-d'Or : était mort en 1500. (ID., V, 141.)

leurs contrees, car ilz eurent bon vent. Le dit siege levé, le dit Joffroy de Thoisy ammena les dites gualees à Constantinoble, vers le Legat et monseigneur Wurain[1], pour leur aider à garder le destroit : et là furent tout l'iver, faisant guerre aux Turs, auxquieulx ilz eurent pluseurs estarmuches. Et l'eté ansuivant, coururent toute la mer Maior, et prinrent sur les dits Turs, pluseurs navires et ung chasteau nommé Ouyo[2], lequel ilz brulerent. Et, de là, alerent veoir l'empereur de Trapezonde, et passerent oultre en ung lieu appellé l'Onaty[3], cuidant là prandre pluseurs Tartres, lesquieulx amainerent là, de Sammaqui[4] les soies; et ce soir là y estoit arrivés le prince du pais, atout aviron six cens hommes, lequel prince on appelle Patano Guoriely : et, au point du jour, descendy (en la ville) le dit Joffroy de Thoisy, atout deux cens hommes, cuidant forny son anprinse. Y ne fut gueres jours, quant il trouva le dit seigneur avec ces gens au devant, tous prest pour combatre; et, pour ce que les dits gualees estoient loing, furent contraint de les combatre; car ilz ne s'y povoient retraire. Et tellement combatirent, que le dit seigneur et ces dites gens furent desconfis, et s'en fuirent, et deux de ces principaux batars mors avec plusieurs aultres; et depuis se ralierent et vindrent, de rechef, combatre. Et pour ce que les dites guales estoient aprochees les navres des nostres, cy commanserent à retraire, et aucuns aultres,

---

1. Wavrin.
2. Honio, des cartes du moyen âge; aujourd'hui Eunieh, dans l'Asie Mineure.
3. Vaty. Voy. ci-dessus, tome II, p. 96, note 4.
4. Samarcand, en Boukharie.

et tellement que, à la fin, ilz laisserent le dit Joffroy de Thoisy tout seul, lequel fut prins et navrés; et, depuis sa prinse, fut doucement traictiés; car, non obstant que en ce dit pais, que l'on appelle Mygrelye, soient estranges gens et d'estrange vie, toutesfois entre eulx cely seroit deshonnorés qui aroit mal traicter, ne fait vilonnie à ung prisonnier. Le dit Joffroy de Thoisy y demoura prisonnier tout le mois de may. Et, pour la doubte qu'ilz avoient des dites gualees, lesquelles faisoient grant guerre au dit pays, et par le moien du dit ampereur de Trapezonde, le dit Joffroy fust delivrés, moyennant que il promist que des dites gualees ne seroit faicte guerre audit pais. Et, de là, retournerent à Trapezonde, vers le dit ampereur; lequel les receu tres honnorablement, et leur fist de beau present : en laquelle cité trespassa Pierre de Moroges, d'unne plaie qu'il avoit eue en Turquie.

De là, alerent les dites gualees en la mer de Latane[1], en ung lieu nommé Copa[2], où ilz prinrent anviron quatre cens tartres; et, de là, retournerent à Cafa et à Constantinoble, où ilz trouverent lettres, par lesquelles mon dit seigneur le Legat et monseigneur de Waurin le mandoient; lesquieulx estoient en la Dunoe, où ilz alerent et aiderent à prandre aucunnes places que les dis Turs tenoient, ou grant prejudice des Hongres et des Walacques. Et, de là, retournerent au Tenedon, et se departy la dite armee; car le dit Legat et mon dit seigneur de Wavrin alerent à Venise desarmer; et les

1. La mer d'Azov.
2. Aujourd'hui Kopani, dans le pays des cosaques de la mer Noire.

dites gualees de mon dit seigneur le duc alerent courre toute la coste d'Egipte et de Surie, où ilz prinrent pluseurs navires. Et devant Barut[1], à ung matin, trouverent la gualiache du Souldan, laquelle estoit à la voele : et, tantost qu'elle les vist, s'en retourna au dit Barut. Et là, la tirerent le plus pres de terre qu'ilz pourent et le plus pres de la tourt, et y entra des gens de la dite ville tant que y leur sambloit que en y avoit asses pour la deffendre de dix gualees, consideré, aucy, que de la dite tourt et de la terre les deffandoient de trait, de canons et de pierres. Les dites gualees des Bourguignons s'armerent et myrent en point pour assaillir, et s'assaillirent, par l'espasse de sinq eures, et tellement que, apres se que tous eulx estans en ladite gualiache furent mors ou blessés, ilz la guaignerent et ammenerent en Chipre : dont entre les dits mores de tout le dit pais fut grande renommee de l'oultrageux assault que ilz avoient veu faire en prenant la dite gualiache; car, consideré les gens y estant et qui la deffendoient, james n'eusse pensé que trois ne quatre gualees l'eussent ozer assailly, ou lieu où elle estoit. Et, de là, les dites gualees prinrent leurs chemins pour venir desarmer à Marsaille; et, en venant, coururent la Barbarie, depuis le mont de Barque[2] jusques ou gouffre de Tunes, où ilz prinrent pluseurs petis navire; et, à ung matin, trouverent deux grosses naves de mores, et ne faisoit goute de vent. L'assault fut donné à la plus grosse, et tantost fut prinse : et ceulx l'aultre dite nave, quant ils virent

1. Beyrouth.
2. Monts de Barcah, dans le pays du même nom.

leur conserve prinse, mirent le feu en la leur et ou palesquarme s'en fuirent en terre.

(*Bibl. imp.*, *Mss. français*, n° 1278, fol. 127-129.)

II

(Voy. t. II, page 220, note 2.)

Mon tres honnouré et doubté Seigneur, je me recommande humblement à vostre bonne grace. Et vous plaise savoir que aujourd'ui Jehan Piercon, serviteur et poursuivant, est retourné d'Angleterre; et, pour ce que Piercon m'a dit que je vous rescrive et fache savoir des nouvelles d'Angleterre, mon dit serviteur m'a certiffié que la nuit de le Panchecouste il arriva à Londres, où le roy d'Angleterre estoit, auquel, le lendemain, il parla, et vey qu'il faisoit tres bonne chiere. Le mardy ensuivant, nouvelles lui vindrent que ung nommé messire Rasse Grey, qui, paravant, avoit tenu son parti, et avoit en garde deux ou trois places, l'une nommee Anuy[1], s'estoit retourné du party du roi Henry, et lui avoit rendu les dites places, qui sont au party du Noort. Desquelles nouvelles les gens du pays furent moult esmeu, et, incontinent, Mons' de Warwich envoia son frere, Mons' de Montagu au Neufchastel[2] pour le garder, lequel chastel le dit mes-

1. Alnwick.
2. Newcastle.

sire Rasse Gray cuida avoir. Et le roy Henry et la royne, avec eux Monsr de la Varenne, sont venu à Bambourg et ont environ II^m hommes. Depuis, vindrent nouvelles au roy que devant Neufchastel avoit eu une escarmuche, où demourerent aucuns des gens du roy Henry; et aussi y avoit eu aucuns navires de Franche qui y estoient pour ravitailler Bambourg[1], dont ceulx de Neufchastel prinrent quatre des plus gros navires. Et dist l'on que l'une est la quervelle de mons^r le conte d'Eu.

Le vendredy ensuivant se parti mons^r de Warwick et mons^r de Stanlay, son beau frere, à grant foison de gens, et le seigneur de Scales les devoit suivre incontinent pour mectre les garnisons à l'encontre des dites places : et ont intencion de les avoir recouvrer en brief temps, pour ce qu'ilz (sous) mal et peu avitaillié; parquoy le dit de Warwick a empensé de tantost retourner.

Au fait de l'ambazade, les seigneurs s'appoincterent, et mesme mons^r de Warwick a intencion de en estre : toutevoyes, y seront mons^r son frere, le Chancelier d'Angleterre[2], mons^r le Boursier, conte d'Excez, mons^r de Hastinez[3], chambellan du roy, messire Jehan de Wenlock, messire Wastel Blond[4], tresorier de Calais, messire Jehan Clais, messire Thomas Abouron[5], ung docteur[6], et maistre Loy

1. Bamborough.
2. Georges Nevill. Voy. ci-dessus, t. II, p. 193, note 2.
3. Hastings.
4. Water Blount. Voy. ci-dessus, t. II, p. 405, note 1.
5. Thomas de Burgh ou Borough. Voy. ci-dessus, t. II, p. 406, note 4.
6. Voy. ci-dessus, t. II, p. 310, note 5.

Galet[1] : et desjà ont aprester le poursuivant du seigneur de Wenlock, pour venir querir leur saufconduit.

Ces choses m'a mondit serviteur rapporté et certiffié. Avec ce, m'a dit que la mutation et debat qui a esté à Londres entre le peuple contre les estrangeres nacions, est apaisié, et les vous envoie par ce porteur.

Mon tres honnouré et doubté seigneur, j'ay fait mectre à poinct et a prester les chambres de vostre chastel de Renti, comme Piercon m'avoit chargié. Quant aux autres nouvelles de par deca, tous vos serviteurs et amis sont en bonne santé, bien desirans vostre venue.

S'il est chose qu'il vous plaise moy commander, je suis cellui qui les desire de bon cuer acomplir, priant Dieu, mon tres honnouré et doubté Seigneur, qu'il vous doinst bon vie et l'acomplissement de vos haulx desirs.

Escript à Sainct Omer, le xix de juing 1463.

Au dos il y a : « Le bailly de St Omer à mon tres honnouré et redoubté seigneur, mons^r de Croy, conte de Porcien et de Guines, grant maistre d'ostel de Franche, conseiller et premier chambellain de mons^r le duc de Bourg^{ne}, conte de Flandres et d'Artois. »

(*Bibl. imp.*, Mss., *Fonds Baluze*, n° 9037^7, fol. 81.)

[1]. Louis Galet est qualifié *maître des requestes de l'hostel du Roy* dans une lettre du duc de Sommerset au roi Charles VII, en date du dernier jour de février (1448). Rymer (V, II, 116) le cite au nombre des ambassadeurs envoyés, le 4 juillet 1463, par Édouard IV vers le duc de Bourgogne. Peut-être est-ce son habileté diplomatique qui le fait traiter de *notable trompeur* par Charles de Melun écrivant au comte de Charolais. (14 avril 1463. Voy. COMMYNES, III, 200.)

III

(Voy. t. II, page 220, note 2.)

Mon tres honnouré et redoubté Seigneur, tres humblement à vous je me recommande. Et vous plaise savoir, mon tres honnouré et redoubté Seigneur, que aujourd'huy, à ce matin, est arrivé dedens le halle de ceste ville ung des pescheurs de ceste ville, lequel vient d'Engleterre, et a amené dedens son navire ung Engles, nommé Colin Herevé, lequel est clerc de Wettell[1], lieutenant de Guisnes, et est le dit Herevé bien gracieulx compaignon et veritable. Si m'a dit pour vray que lundy, sans faillir, son maistre Wettel, sire Waltier Blout et Ourselay[2] seront à Calais pour preparer tout au devant de l'ambassade qui vient; car elle part pour vray, comme il dit, lundy de Londres pour venir à Sandwik. Le roy d'Engleterre est parti dès il y eubt jeudy VIII jours, et s'en va vers le Nort.

Au regard des nouvelles du Nort, messire Pierre de Bresey, messire Raphe Gray et aultres avoient assigié une place assez prez de Henewik, mais le seigneur de Montegu, frere au conte de Warwick, messire Rebert Alwang et autres sont venu lever le siege : mais les autres ne les ont point actendu, ains se sont retrais. Ledit conte de Warwich, atout grosse puissance de

---

1. Witell.
2. Audley? Voy. ci-dessus, t. II, p. 206, note 1.

gens, estoit dedens le Neufchastel, et disoit on pour vray, au partement dudit Herevé, qu'il n'aresteroit tant qu'il fust en Escoche. On dist que le roy le sievra atout grosse armée.

Au regard des nouvelles d'Escoche, on dist que la royne d'Escoche[1] est remariee à ung seigneur du pais, nommé le seigneur de Heyller, et qu'il y a, pour ceste cause, grande discencion ; car le dit seigneur de Heyllé a osté à l'evesque de Saint Andrieu[2] et aux trois Estas du pais le roy d'Escoche, qu'ilz tenoient en leurs mains. Le conte de Douglas[3] maisne tousjours forte guerre en Escoche et se tient es montaigne de Gabois[4] : et dit on que le dit seigneur de Heylli et autres gros seigneurs luy ont promis qu'ilz seront de son party.

1. Marie de Gueldres, veuve de Jacques II, ne jouissait pas d'une très-bonne renommée. Pinkerton (I, 252, note 7) dit que « Hepburns de Hales, plus tard de Bothwell, nuisit beaucoup à la réputation de cette princesse.» Adam Hepburn de Hales est accusé par Mair (327) d'un commerce adultère avec la reine, à laquelle un auteur contemporain, (Wyrestres, *ad finem libri nigri a Hearne*, II, 492), donne pour amant le duc de Sommerset, lequel eut l'indiscrétion de s'en vanter à Louis XI. La reine, pour se venger, aurait engagé le seigneur de Haylis à tuer le duc.

2. Sur ce personnage, voy. ci-après, p. 165, note 2.

Les historiens s'accordent à dire que le commencement de la régence fut très-orageux ; mais Buchanan est le seul, que nous sachions, qui ait mentionné (XII, 22) ce fait de la soustraction du jeune roi d'Écosse à la surveillance de l'évêque de Saint-André. Pinkerton, à cette occasion, le tance vertement (I, 256) ; il traite son récit de fable qui ne supporte pas l'examen. L'événement dont il s'agit, selon Pinkerton, serait postérieur à la mort de l'évêque de Saint-André. Or, ce prélat ne mourut qu'en 1466, et le document que nous publions est de 1463 ; il relate l'enlèvement du roi d'Écosse, et nous donne pleine confiance en Buchanan.

3. Voy. ci-après, p. 172, note 1.

4. Galloway.

Au regard des ambassadeurs d'Engleterre, certainement ilz ne fauront point d'estre cy à toutte haste.

Mon tres honnouré et redoubté Seigneur, ce sont toutes les nouvelles que ledit Colin m'a dictes. Se autres choses sourvient de nouvel, je le vous feray savoir à touttes diligence. Ce set Dieu, qui vous doinst ce que vostre noble cuer desire.

Escript à Boulloingne, ce samedy matin, xve jour de juillet 1463.

Vostre tres humble serviteur,
CRAN.

A mon tres-honnouré et redoubté Seigneur mons^r le conte de Porcian et de Guisnes.

Au dos : « Copies des lettres de Philippe de Cran à mons^r de Crouy, du xve jour de juillet 1463. — Receu à Orguil, le xxvie jour de juillet mil iiii^c lxiii. » (*Bib. imp.*, Mss., *Fonds Baluze*, N° 9037[7], fol. 182.)

III *bis*.

(Voy. t. II, page 289[1].)

INSTRUCTIONS[2] A MESSSIE GUILLAUME, SEIGNEUR DE

---

1. Comme il n'y a dans le texte aucune indication de renvoi à cette *Pièce*, nous croyons utile de transcrire ici le passage précis auquel elle se rapporte :

« En ceste mesmes nuit, doncques, la royne et les siens, aians troussé tout leur baguage portatif, se partirent en grant haste de la cité d'Yorc; si s'enfuyrent en Escoce. »

2. Cette pièce révèle plusieurs faits curieux. Celui qui concerne le

MENYPENY[1] DE CE QU'IL A A DIRE A TRES HAULT, TRES PUISSANT ET TRES CRESTIEN PRINCE LE ROY DE FRANCE DE PAR L'EVESQUE DE SAINT ANDRIEU[2] EN ESCOSSE.

Et premierement.

Premierement, à luy presenter les lettres du roy, mon souverain seigneur et les miennes, avecques les salutations et recommandacions acoustumez.

Item. En apres luy remonstrer et exposer comment mon cousin, le Prevost de Saint Andrieu[3], et Vermandoiz le Heurault furent par sa haultesse envoiez par devers moy, à Bruges[4] en Flandres, avecques certaines lettres et charges de tres noble et glorieuse memoire

---

passage de Henri VI en Écosse nous a déterminée à l'insérer ici : mais, outre l'importance de ce renseignement qui nous paraît avoir échappé à la plupart des historiens, ces instructions sont toutes, par elles-mêmes, d'un très-grand intérêt pour l'histoire, émanées qu'elles sont de l'homme le plus éminent de l'Écosse à cette époque, et dont la véracité ne peut être mise en doute. Sa haute naissance, son intégrité, sa prudence, son habileté et sa sagesse à diriger les affaires du gouvernement, joints à sa charité chrétienne, font de lui l'homme le plus accompli. Les historiens s'accordent à dire que sa mort fut un deuil général pour l'Écosse.

1. William Monypenny, créé lord Monypenny le 1er mai 1450, mort vers 1464. (DOUGLAS, *Peerage of Scotland*, 487.)

2. James Kennedy, fils de James Kennedy et de Marie Stewart, fille du roi d'Écosse Robert III; promu au siége de Dunkeld en 1438 et transféré à l'évêché de Saint-Andrews en 1440; nommé chancelier d'Écosse en 1444. Conseiller de Jacques II, il fut nommé, après la mor de ce dernier, un des régents du royaume durant la minorité de Jacques III. Fondateur du collége de Saint-Sauveur à Saint-Andrews, il le dota richement. Mort le 10 mai 1466, il fut enterré dans la chapelle de son collége. (DOUGLAS, *Peerage of Scotland*, 135.)

3. John Kennedy. (PINKERTON, I, 242.)

4. L'évêque, nommé chef d'une ambassade que le roy d'Écosse envoyait en France en 1460, afin de s'entendre avec les envoyés du roi de Danemark au sujet d'une contestation entre ces deux princes, et dont Charles VII devait être le juge, tomba malade à Bruges, ayant en sa possession le duplicata original des conventions, dont les Danois ne purent produire la copie. (ID., *ib.*, 263.)

le feu roy, son progeniteur, que Dieu absoille, en moy exhortant que, toutes aultres choses delaissees, je m'en alasse en Escosse pour tenir la main et aider au roy Henry [1], son cousin : à laquelle exhortacion et charge j'estoye prest de obeyr, en espoir d'estre tousjours, de plus en plus, en sa bonne grace, comme ma parfaite fiance estoit d'avoir esté, s'il eust gueres vescu.

Item. Pour luy remonstrer comment, apres que je feuz arrivé ou dit royaulme d'Escosse, je trouvay une grant division ou dit pays mise par la royne, que Dieu pardoint, par laquelle il en vint une grant discencion [2] entre ladite royne [3] et moy, et grant apparance d'occision de noz parens et amis de chacune part : et, ce non obstant, je me gouvernay bien parcienment pour luy complaire, en entencion de tirer son couraige à l'aide du dit roi Henry, si comme je feiz, en tant que je la traitroye à faire fiansailles entre sa fille [4] et le filz du dit roy Henry, le prince de Galles, contre la voulenté, quasi, de tous les grans seigeurs du royaulme, lesquelx disoient que, pour complaire au dit roy de France, j'estoye taillé de mectre le dit royaulme d'Escosse en perdicion.

---

1. Henri VI.
2. C'est au sujet de la régence. Jacques II venait de mourir (3 août 1460.) Buchanan, qui parle de cette division (XI, 6-17), est accusé par Pinkerton (I, 247, note 3) d'avoir inventé une fable pour servir la faction de Murray contre Marie de Gueldres, et mérite en cela, ajoute-t-il, une sévère réprobation, etc. Ce même fait, raconté par celui qui a été un des principaux acteurs dans ces dissentions, est encore une preuve irréfragable de la véracité de Buchanan. Les historiens se taisent sur les troubles de la régence. Pinkerton dit (m., *ib.*, 247) que le commencement en est un peu obscur.
3. Marie de Gueldres, mariée en 1449, morte le 16 novembre 1463.
4. Marie, mariée 1° au lord Boyd, et 2° au lord Hamilton.

Item. En apres, la royne fut conseillee, par aucuns qui estoient contraires au dit roy Henry, de mener le roy son filz[1] devers les marches d'Escosse; et ilecques vindrent au devant d'eulx, le conte de Warwyk[2] et plusieurs autres seigneurs du conseil du roy Edouart, lesquelx communiquerent ensemble pour avoir longues treves et de faire doubles aliances et amitiez. Sur lesquelles choses ilz eurent advis à delayer leur conclusions jusques apres le prochain parlement, lequel fut ordonné estre tenu à Sterling, comme il a esté. Et illecques tous les seigneurs furent d'accord de tenir la dite journee, parmy ce, toutesvoyes, que je alasse avecques eulx en personne. Et aussi les Angloys disoient que, si je n'y aloye, ilz ne vendroient jà à la dite journee; à laquelle je reffusay expressement d'aler : et, par ainsi, faillit leurs dictes assemblees.

Item. Et bien tost apres furent envoiez troys ou quatre chevaliers d'Angleterre en Escoce, pour cuider trouver, par soutilles persuasions, aultres convencions et appoinctemens pour parvenir à la fin qu'ilz desiroient : toutes lesquelles choses je feis rompre et mectre au neant, comme devant.

Item. Et tantost apres le tres crestien roy, qui à present est, envoya ses lectres exhortatoires à mon souverain seigneur et à moy, pour assister au dit roy Henry

---

1. Jacques III, mort en juin 1488.
2. En avril 1462, selon Wyrcestre (493), Warwick rencontra Marie à Dumfries, *pour affaires de mariage.* Pinkerton dit (I, 251) que Warwick avait artificieusement détaché Marie de la cause de Henri VI, en lui proposant d'épouser le nouveau monarque anglais, et que la reine avait été même à Carlisle pour avancer les négociations.

son cousin, comme dit est, avecques aultres ses lettres patentes[1], soubz son grant seau, en lui signifiant comment il assistoit au dit roy Henry en toute puissance, avecques tous ses subgetz et amis, en faisant faire inhibicion à tous ceulx de son royaume que homme ne feust si hardy d'avoir communicacion avecques ceulx du party dudit roy Edouart, ne de faire marchandises avecques eulx, ne aucune aultre conversacion, avecques plusieurs aultres articles, bien favorarables pour le dit roy Henry, contenuz en ses dites lettres.

Item. Et, peu de temps apres, vint le conte de Maulevrier, qui aporta à mon dit souverain seigneur pareilles lettres closes et patentes, de par le dit tres crestien prince, avecques tres cordiale recommandacion et creance : lesquelles lectres, comme disoit le dit seigneur de Maulevrier, estoient proclamees en France publicquement, par son de trompe, en plusieurs bonnes villes, citez et pors de son royaume. Lesquelles lectres, et la publicacion d'icelles, me causoient de plus en plus de montrer ma bonne voulenté au dit roy Henry, son cousin.

Item. Et quant la dite royne et les seigneurs de ce royaume virent que le dit tres crestien roy de France

1. Chastellain (219) cite cette partie de l'ordonnance sans en donner la date : « De guerre n'avoit (Louis XI) à nulluy, fors tant seullement que lui meismes s'en bailla au roy Edouart auquel il fit crier et publier à son de trompe par tout son realme inimitié mortelle, et que nuls, sur paine de mort, de ceux de son realme, communicassent ne en marchandise ne aultrement avec les Anglais du parti du dict Edouart. » Le comte de Maulevrier étant porteur de semblable lettre pour le roi d'Écosse, ne put les remettre à ce prince qu'après le mois d'octobre 1462, car ce fut à cette époque que la reine Marguerite revint en Angleterre accompagnée de ce seigneur. (LINGARD, II, 558.)

ne mist point à execution sa dite proclamacion pour le dit roy Henry, comme ses dites lettres portoient, leurs couraiges se refroydirent et leur bon vouloir se changa, et se mirent à complaire au dit roy Edouart et à ceulx de son party, voyant qu'il prospera de jour en jour en son fait, et l'aultre n'avoit point de aide ne confort, fors que, tant seulement, le royaume d'Escoce. Par quoy le dit roy Henry et son conseil se doubtoient à demourer si pres des Marches, comme à Edembourgh[1], paour que les Anglois et aucuns Escossoys, qui mieulx aymoient le party contraire que luy, ne feissent aucune convencion ou prejudice de luy et de son beau filz, le Prince. Par quoy il desiroit, pour la seureté de sa personne, venir en ma place de Saint Andry, là où il fut bien recueilly, selon ma petite puissance, et

---

1. William Maitland (II, 634) dit qu'après la perte de la bataille de de Tewton, Henri VI, sa femme et son fils s'enfuirent, en premier à Berwick, puis à Édimbourg, où ce malheureux prince trouva un asile honorable. James Kennedy, évêque de Saint-Andrew, fut la personne à laquelle le roi fugitif fut le plus redevable en cette occasion, par l'influence de ce digne et vénérable prélat.

On peut voir, par la lettre qui suit, que le roi Henri VI était à Édimbourg le 28 mars 1461, v. s.

« A tres hault et puissant prince nostre tres chier et tres amé cousin germain de France.

« Tres hault et puissant Prince, tres chier et tres amé cousin germain de France, nous avons esté bien amplement informez par plusieurs foiz que tousjours vous estes monstré nostre bon cousin et amy, et vous estes tousjours bien encliné en toutes les affaires de nous et la recouvrance de nostre dit royaume, à voz grans coustz et despens, tant de gens, d'argen comme aultrement, dont tres fort nous en reputons tenuz à vous.

« Nous envoyons presentement par devers vous plusieurs de noz gens et ambaxadeurs, comme plus à plain porrez veoir par noz aultres lettres que vous rescripvons entre lesquelx noz gens et ambaxadeurs y est nostre amé et feal chancellier Jehan Fortescu, chevalier, auquel sommes fort atenuz,

bien reconforté, tant dedens, comme de luy prester or et argent monnoyé et a monnoyer, et aultres choses à luy necessaires, en luy faisant aussi bonne chiere comme je luy ay sceu ne peu faire : et d'illecques le convoyay en une aultre de mes places sur la

car à ses despens nous a tousjours entretenu nostre estat et fait plusieurs aultres services, dont luy sommes fort atenuz. Pour lesquelles choses, tres hault et puissant Prince, tres chier et tres amé cousin, nous vous prions, tant et si affectueusement que plus povons que icelluy nostre chancellier, en nostre faveur et prieres, vous vueillez favorablement traicter et luy secourir et aider comme à nostre propre personne en toutes les necessitez et affaires qu'il peut avoir, tant pour nous et noz affaires, comme pour luy mesmes, afin qu'il puisse congnoistre que noz prieres luy aient prouffité en aucune maniere. Et quant Dieu plaira que nous aions la joissance et recouvrance de nostre dit royaume, nous ferons avecques vous en telle maniere que toute vostre noble royalle Magesté n'ara jamais cause de s'en douloir : en vous priant que vueillez tousjours de mieulx en mieulx continuer ainsi, comme bien y avons nostre singuliere et parfaite confiance, aidant le benoist filz de Dieu, tres hault et puissant Prince, tres chier et tres amé cousin, qu'il vous vueille avoir et tenir en sa saincte et benoiste garde.

« Donné à Edynburgh, le xxviie jour de mars.

« HENRY. » (Signature autographe.)

(*Bibl. imp.*, Mss., *Fonds Baluze*, n° 9037[7], fol. 176.)

La lettre suivante, prise à la même source, semble un appendice naturel à celle qu'on vient de lire.

« Au Roy, nostre souverain seigneur.

« Nostre souverain Seigneur, nous nous recommandons à vostre bonne grace tant et si tres humblement comme plus povons. Et vous plaise savoir, nostre souverain Seigneur, que au jourd'uy sont entrez par congié, en ceste ville de Rouen, le conte de Pennebroc et messire Jehan Forescu, chevalier, chancelier du roy Henry d'Angleterre, lesquelz sont venus devers nous, et nous ont remonstré que, de par le dit roy Henry, ilz estoient envoiez comme ambaxadeurs devers vous, et avoient prins la charge soubz la confidence du congié general d'aler et venir par voz pays, qu'il vous pleust octroyer en la faveur dudit roy Henry à tous ses subgiez tenans son party; mais, pour ce qu'ilz avoient sceu, eulx estans en Flandres, la deffense generalle faite aux Anglois de non eulx trouver en

mer, et de là le transmis seurement en son royaume.
Et tout ce luy feys, pour l'onneur du dit tres crestien
roy de France et pour luy complaire, lequel m'avoit
sur ce tres gracieusement escript et requis, et si,

vostre royaume sans avoir saufconduit, ilz estoient tournez devers monseigneur de Charolois, qui leur avoit octroyer, pour leur seurté, certaines lettres requisitoires à tous voz justiciers et lieutenans, lesquelles ilz nous monstrerent, ensemble unes lettres missives que nous escripvoit en leur faveur mon dit seigneur de Charolois, pour les laisser passer, ainsi que porez veoir, se c'est vostre bon plaisir, par icelles lettres missives et mesmes par double des lettres requisitoires de mon dit seigneur de Charolois, cy dedens encloses; et nous requeroient de seurté de aler devers vous, disans qu'ilz avoient lettres que mon dit seigneur de Charolois vous escripvoit pour leur fait. Sur quoy, Sire, apres que avons debatu la matere avec aucuns de vostre conseil estans par decà, avons remonstré au dit conte et chancellier que, au regard de la deffense qui faite avoit esté, elle estoit generalle pour tous les Anglois, tant de ceulx du costé du roy Henry, que de l'autre part, par complaintes qui vous avoient esté faites des inconveniens qui estoient advenus et povoient advenir à voz subgiez par courses et pilleries, pour raison de la frequentacion que avoient eue par deca ceulx du party dudit roy Henry, dont aucuns s'estoient tournez de l'autre costé, et pour autres causes qui à ce vous avoient meu : e puis que ainsi estoit que la deffence avoit esté faite, et par cry publique, que à nous n'estoit pas de y toucher; mais, toutes voys, que, consideré leur cas et qu'ilz affermoient aler devers vous, et aussi qu'ilz disoient porter lettres de mon dit seigneur de Charolois, ne leur donnerions aucun empeschement, et advisassent à ce qu'ilz avoient à faire. Par quoy, Sire, ilz ont prins le chemin pour tirer devers vous, comme ilz dient : et, pour ces causes, envoyons ce message en toute diligence devers vous, afin que en soiez adverty avant leur venue, en ensuivant ce qu'il vous a pleu nous escripre et commander, de vous advertir tousjours de ce qui surviendroit des nouvelles des dits Anglois pour, ou surplus, ordonner vostre bon plaisir. Nostre souverain Seigneur, nous prions le benoist filz de Dieu qu'il vous ait en sa saincte garde, et vous doint tres bonne vie et longue, et accomplissement de voz tres nobles desirs.

« Escript à Rouen, le xiiie jour de juing (1462).

« Vos tres humbles et tres obeissans subgiez et serviteurs,

« L'evesque de Saint Brieuc, Louys d'Estouteville
et Jehan Arnoulfin.   E. Picart. »

(*Ib.*, *id.*, fol. 177.)

savoye bien que le dit roy Henry n'avoit de quoy me recompenser.

Item. Et voyant par le dit roy Edouart la grand division qui estoit entre nous, s'efforsa de toute sa puissance de nous venir courir sus, pour nous cuider mectre en subjection, et, par especial, tous ceulx qui estoient amis et bien vueillans du dit roy Henry. Et, sur ce, envoya devant luy le traictre de Douglas[1] a tout grant quantité de finance, pour recueillir et souldoyer gens de legier couraige, pres des marches; et lequel traictre, par aucuns moyens qu'il trouva et dons qu'il donna, assembla grant nombre de meschantes gens qui firent grant dommaige ou pays. Et si estoit bien taillé, à l'aide du dit roy Edouart et de son host, qui estoit pour icelle cause assemblé, d'avoir mis le royaume en voye de perdicion, mesmement veu et consideré le temps de l'aage du dit roy, mon dit souverain seigneur, et la division qui estoit ou dit royaume, se Dieu, de sa grace, n'y eust mis remede. Et tout ce mal et peril fut imputé sur moy, par quoy j'estoye bien taillé d'estre finablement destruit par les gens du pays, pour ce que j'estoye cause de l'interrupcion des journees devant dictes pour enfraindre les accords qui appoinctés estoient entre le royaume d'Escoce et le dit Edouart. Et, non obstant ce que n'estoye pas bien disposé en ma personne, ne accoustumé d'aler en guerre, encores me preparay y aler en personne, avecques mon souverain seigneur, à l'encontre du dit traictre, en grant dangier de noz personnes et de toute sa com-

---

1. James IXe du nom, comte de Douglas, mort le 15 avril 1488. (Douglas, *Peerage of Scotland*, p. 188, 189.)

paignie, considerees les choses dessus dictes : et à la parfin, ainsi qu'il a pleu à Dieu, l'entreprinse du dit roy Edouart fut rompue, et le dit traictre rebouté, et justice faite de son frere et de plusieurs aultres ses complices[1].

Item. Et apres toutes ces choses, nous avons entendu comme le dit tres crestien roy de France avoit prins abstinence de guerre[2] avecques ledit roy Edouart, sans ce que ce dit royaume y fust comprins en aucune maniere, de quoy tout le dit royaume en estoit bien esbay et esmervueillé, veu et consideré la division d'icelluy et le temps de l'aage du dit roy, comme dessus est dit, et aussi le grant dangier en quoy le dict royaume estoit en icelluy temps : par quoy il fut advisé et trouvé expedient que j'envoiasse aucuns de mes gens especiaulx, comme de mon propre mouvement, et non point de par le roy ni le royaume, au conte de Warwyk, conduiseur dudit royaume d'Angleterre dessoubz le dit roy Edouart, pour trouver moyen avecques luy d'avoir treves et abstinance de guerre. Laquelle charge je accomply, et envoyay ung chevalier et ung escuier, lesquelx appoincterent et prindrent certaines abstinances pour aucuns temps, et jour mis

---

1. Les historiens ne font nulle mention de cette prise d'armes d'Édouard IV contre le jeune roi d'Écosse, ni de la présence du comte de Douglas et de la *justice* qui fut faite de son frère. Le comte n'en avait plus qu'un seul à ce moment, nommé John lord Balveny. Cette *entreprise* n'a pu avoir lieu que peu après le 15 juillet 1463, puisque, comme on le voit dans la Pièce justificative IIIe, le comte de Douglas *menait alors orte guerre en Escoche* et se tenait *es montaigne de Gabois* (Galloway), et qu'Édouard IV était en chemin vers le nord, sans doute pour se joindre au comte, ainsi que le dit l'évêque de Saint-André.

2. Probablement la trêve du 27 octobre 1463. (RYMER, V, partie III. p. 117.)

pour faire assembler certain nombre de seigneurs, tant d'un cousté que d'aultre, pour eulx trouver et assembler en certain lieu et temps nommez; c'est assavoir au Neufchastel, en Angleterre, le vi° jour de mars[1], au quel jour les Anglois faillirent de venir : et, ce non obstant, je renvoyay les dessus dictes gens de rechief, de mon propre mouvement, par souffrance, toutesfoiz, de mon souverain seigneur, lesquelx alors appoincterent ung jour non doutable, si comme j'espoir, là où certains seigneurs des dics deux royaumes se doyvent trouver et assembler, comme devant, audit lieu de Neufchastel le xx° jour d'avril prochain venant à laquelle journee au plaisir de Dieu bon appoinctement se trouvera pour le bien des dics deux royaumes. Et, par adventure, aucuns moyens se trouveront pour avoir longue paix entre iceulx royaumes, comme expediant sera veu aux seigneurs qui envoiez seront de tous les dics deux coustez; car en verité de Dieu, le royaume a souvent esté mis en grand peril de perdicion, à l'occasion des guerres qui si longtemps ont duré entre les dics deux royaumes, ou temps passé, comme il peut aparoir par maintes raisons qui longues seroient à escripre.

Item. Et, finablement, pour remonster au dit tres crestien roy de France comme j'estoye serviteur de son feu progeniteur, à qui Dieu pardoint, de toute ma puissance; et, se je savoye que mon service luy feust agreable, tres volontiers et de bon cuer luy seroye, en pareille forme et maniere comme j'estoye à son dict feu

---

[1]. Cette date et celle qui suit prouvent évidemment que le prélat donna ces instructions entre le 6 mars 1463 (v. s.) et le 20 avril suivant (1464).

progeniteur ou mieulx, se mieulx povoye, et devant tous vivans, excepté mon dit souverain seigneur et le bien de son royaume ; et quelque chose qu'il adviengne, je seray et suis tousjours de bon vouloir, et de toute ma puissance m'enploieray et tendray la main que les anciennes aliances des royaumes de France et d'Escoce soient inviolablement observez et gardez, devant toutes treves, confederacions et aliances qui se porroient jamaiz trouver entre les dicts royaumes d'Escoce et d'Angleterre, en suppliant et requerant sa haultesse et royale Magesté qu'il ne vueille pancer le contraire en moy, supposé que voulentiers je me voulsisse emploier à la bouter pour le bien et transquilité du dict royaume, dont je suis de la Maison descendu ; car, quant le dict royaume se portera bien, le dict seigneur en ara plus d'amis et serviteurs, et quant il sera en tribulacion et adversitez, ceulx du dict royaume ne luy pourroient si bonnement faire service comme leurs ancestres ont fait à ses progeniteurs roys de France, pour le temps passé, ne comme lui feroient de leurs propres couraiges, voulentiers et de toute leur puissance, quant il ara besoing d'eulx. Et, par ainsi, je repute sa haultesse ayant grant tresor en ce royaume des loyaulx couraiges des gens, se sa haultesse le voulsist bien considerer, si comme je croye fermement, sans doubte, que sa prudence et discrecion le saura mieulx considerer que je ne sauroye deviser.

(*Bib. imp.*, Mss., *Fonds Baluze*, n° 9987, fol. 19 rect. — 21 verso.)

IV

(Voy. t. II, page 316, note 2.)

Nos Margareta, regina Anglie, fatemur nos recepisse ab illustrissimo et serenissimo principe cognato nostro germano Francie Ludovico viginti milia libras turonensis monete nunc currentis in Francia, ad quorum viginti milium librarum turonensium solucionem, virtute commissionis et potestatis nobis date a serenissimo principe domino meo rege Anglie, obligamus dicto cognato nostro, per expressum, villam et castrum Calesie sub forma que sequitur, videlicet : Quod quam cito dictus Dominus meus rex Anglie recuperaverit antedictam villam et castrum Calesie, vel aliquis de suis pro eo et in ejus nomine ea recuperaverit, Dominus meus antedictus constituet ibi predilectum fratrem nostrum Jasperem, comitem Pembrochie, vel dilectum consanguineum nostrum Johannem de Foix, comitem de Hendale, in capitaneum, qui jurabit et promittet reddere, tradere et deliberare antedicta villam et castrum Calesie in manus illustrissimi principis cognati nostri Francie antedicti, vel in manus suorum commissariorum infra annum ex tunc venturum, vel alias reddere et restituere eidem consanguineo nostro Francie antedicto predictam summam viginti milium librarum infra annum predictum. Ita tamen quod si dicta summa viginti milium librarum non fuerit predicto cognato nostro Francie infra annum, ut premittitur, soluta, obligamus nos per presentes, et in vim prefate nostre commissionis facere tradi et deliberari predicto cognato nostro villam et castrum Calesie antedicta : cum hoc quod idem cognatus noster solvat domino nostro regi Anglie antedicto quadraginta milia scutorum ultra viginti milia libras prenominatas. Ac eciam promittimus per presentes quod dominus meus rex Anglie antedictus obligabit seipsum ad omnia premissa ut premittitur observanda, et super hiis deliberare faciemus litteras convenientes in manus comitis de Maulevrier, vel alicujus alterius persone, ad complacenciam dicti cognati nostri, apud Dominum meum antedictum pro ea re transmittende. In cujus rei testimonium signetum meum presentibus manu nostra propria subscriptis apposuimus.

Datum apud Caynonem, xxiij^a die mensis Junii, anno Domini millesimo cccc^{mo} lxii° et regni Domini mei antedicti quadragesimo.

MARGUERTE. *Manfeld.*

Sceau en cire rouge sur simple queue.

(*Archives impériales*, Trésor des Chartes, J. 648, n° 2.)

V

(Voy. t. II, pages 316-317[1].)

COPPIE DES INSTRUCTIONS BAILLÉES (*déchiré*) A MESSIRE COUSSINOT[2] (*déchiré*) ET AUTRES ARTICLES DONT (*déchiré*) CHARGE OULTRE SES DITES INSTRUCTIONS.

Oultre mes instructions. Pour ce que la royne d'Angleterre avoit escript plusieurs lettres au roy Henry et à ceulx de son conseil, les uns par ung nommé Jehan Bron, et les autres par ung nommé Willem Bacquier, qui fut au duc de Xestre, lesquelles lettres contenoient, entre autres choses, qu'elle avoit eu de bonnes nouvelles du duc de Bretaigne et de monseigneur de

1. Voici le passage des *Cronicques* auquel la présente pièce justificative se rattache :

« Doncques, ou mois d'aoust de l'an LXII, le roy Loys de France, voiant sa cousine, la royne Marguerite, estre venue devers luy en si povre estat.... luy fist delivrer deux mille combatans de bonne estoffe, desquelz il fist capittaine messire Pierre de Brezy...., Il s'y porta si sagement que à son commencement qu'il fut entrez en Engleterre, il y conequist plusieurs places, lesqueles il tint, esperant secours du duc de Sombresset, *qui avoit promis* grans gens de par lui avec une grande et grosse armee d'Escosse, qui ensamble se devoient joindre avec la dite royne et les François. »

2. Guillaume II Cousinot, seigneur de Montreuil, chambellan de Louis XI, « fut employé successivement par ce prince dans toutes les affaires ardues de son règne, il accomplit également au dehors diverses ambassades. » Il mourut en 1484. (M. VALLET DE VIRIVILLE, *Chronique de la Pucelle*, p. 22-32.) Il fut fait chevalier en 1449, à la prise de Rouen, et bailly de cette ville. (MATHIEU D'ESCOUCHY, X, 190 et 204.)

Charolois, et qu'ilz estoient tout ung ensemble, et tous fermez et joings pour secourir le roy Henry en tout ce qu'il leur seroit possible : et avec ce, estoit venu devers le dit roy Henry ung nommé Preston, qui demeure avec mon dit seigneur de Charollois, lequel lui avoit apporté lettres du dit mon dit seigneur de Charolois, bien gracieuses et confortatives, avec creance de bouche pour lui donner toute l'esperance qu'il estoit possible tant de secours et aide que de bon vouloir qu'il avoit à luy; et qu'il tendroit tousjours son parti sans varier. Et aussi il estoit venu ung navire de Bretaigne à Quicombri[1], en Escosse, duquel les Bretons qui estoient dedens, en disoient autant touchant Bretaigne, et qu'ilz avoient charge, de par le duc, de bailler au dit roy Henri tout ce qu'il leur demanderoient de leur marchandise, il fut advisé par le dit roy Henri et ceulx de son conseil que, apres ce que j'aurois esté devers le roy, je m'en iroye devers la dite royne d'Angleterre pour ces matieres, et lui declaireroie l'estat d'Angleterre et ce que monseigneur de Sombresset avoit rapporté ; c'est assavoir qu'il avoit le serment et scellé de xvii hommes de Galles des plus grans qui feussent ou pays, lesquelx il nomma au roy Henri, et pareillement luy nomma plusieurs autres qui sont devers le West et devers le Su, qui semblablement estoient tous joings et fermez ensemble pour icellui roy Henry. Et, à ceste cause, avoye charge de dire à la dite reyne d'Angleterre que, en entretenant les choses qui estoient entre elle et les dits duc de Bretaigne et monseigneur

1. Kirkudbright.

de Charrollois, elle voulsist tendre à troys fins cy apres declairees.

La premiere, qu'il y eust bonne amour et bonne aliance entre les dits duc de Bretaigne et monseigneur de Charollois ; et que par vertu du povoir que la dite royne d'Angleterre avoit elle y comprensist le dit roy Henry, se jà ne l'avoit fait, en telle forme et maniere comme elle adviseroit à faire pour le mieulx, et qu'elle en baillast telles seurtez comme les autres voudroient avoir ; et le dit roy Henri les ratiffieroit.

La seconde fin à quoy la dite royne d'Angleterre devoit tendre, estoit que icelle dame trouvast fasson, par le moien du roy de Secille et des dits duc de Bretaigne et monseigneur de Charollois, que tous les seigneurs de France voulsissent supplier au roy qu'il ne prensist aucunes treves ne appoinctement avec le roy Edouart.

La tierce fin estoit que la dite dame trouvast moien avec mon dit seigneur de Charolloys qu'il envoiast aucun secours à Bambourg[1] d'artillerie ou de vitailles, et que le roy de Secille y envoiast des canonniers et des culuvrynes, et avec ce que icelle dame trouvast quelque fasson pour avoir ung peu d'argent pour entretenir ceulx qui estoient au dit de Bambourg et es autres places.

Et, d'autre part, que la dite dame envoiast devers le duc de Bretaigne, et que moy mesmes y vousisse aller pour ceste cause : c'est assavoir pour trouver maniere

---

1. Cette place fut rendue par le duc de Somerset, le 24 décembre 1463. Voy. ci-dessus, tome II, p. 287, note 1.

qu'il envoiast en Galles mons de Pennebrok [1], avec quelque armee, et ne fust elle ores que de mille ou v^c hommes, et que en faisant ces choses et donnant à faire au roy Edouart par les deux boutz du royaume, avec les faveurs que le dit roy Henri avoit dedans le dit royaume, le dit roy Henry ne faisoit point de doubte que le peuple ne se levast de tous costez et qu'il ne le remist sus ainsi qu'il estoit auparavant; et avoit ferme esperance le dit roy Henry, veu ainsi que lui avoit esté mandé auparavant, que le dit duc de Bretaigne feroit pour luy ce que dessus est dit, et toutes choses qui luy seroient possibles, et en ce ne mectoit aucune difficuté [2].

(*Bibl. imp.*, Mss., *fonds Baluze*, n° 9037⁷, fol. 184.)

1. En 1462, le comte de Pembroke était en Irlande, essayant de procurer assistance à Henri VI. (*Fenn's letters*, t. I, 266, note.)
2. Cette pièce ne porte aucune date; mais, selon toute apparence, ces instructions doivent avoir été données durant le court séjour que la reine Marguerite fit en France; c'est-à-dire entre le 16 avril 1461 (v. s.), et le mois d'octobre 1462. (PINKERTON, I, 249, 250.)

Le 16 août 1462, Louis XI écrivait au vicomte de Ponteaudemer :
« Comme puis n'agueres, par certains appoinctemens faits entre nous, d'une part, et tres haute et puissante princesse nostre tres chere et tres amee cousine la royne d'Angleterre, pour et au nom de tres haut et puissant prince le roy Henry, son mary, nous nous soyons declarez de porter et favoriser la part de nos ditz cousin et cousine à l'encontre de Edouard de la Marche, subject rebelle et desobeissant envers nostre dit cousin, soy efforcant de luy oster sa seigneurie, pour la recouvrance de laquelle nostre dite cousine se soit disposee s'en retourner devers son dit espoux en grande diligence, pour le passage de laquelle, et de sa compagnie, nous vous mandons que vous vous transportiez par tous les ports de mer de Normandie et de Picardie, et faictes commandement à tous maistres de navire que ils vous baillent les navires que leur requerrez, et à tous matelots et mariniers que ils viennent servir, etc.

« Donné à Rouen, le 16 d'aoust 1462. » (LENGLET, II, 373.)

VI

(Voy. t. II, pages 310-319[1].)

« Mon souverain Seigneur, tant et si humblement que plus puis je me recommande à vostre bonne noble grace. Et vous soit plaisir de scavoir, mon souverain Seigneur, que, depuis mes dernieres lettres que vous ay envoyees, j'ay esté à Guisnes devers Richart Witel pour oyr de toutes nouvelles touchant les matieres que scavez : duquel, obstant l'atente de monseigneur de Lannoy en Angleterre, lequel passa la mer le xviie jour de ce mois, je n'ay peu riens scavoir de luy sinon ce qu'il vous pourra apparoir par une lettre que Mr de Warvich luy a rescriptes que vous envoie, ensemble la copie d'icelles translatés d'anglois en franchois de la main dudit Richart Witel, cy dedans enclose. Outre plus, m'a dit le dit Witel vous dire et avertir les nouvelles qui s'ensuit.

Premier, que l'ambassade d'Espagne qui estoit nagueres partie de devers le roy d'Angleterre, est retournee par devers luy.

---

1. La pièce se rapporte au passage suivant des *Cronicques* :
« Et si n'eurent nulz secours des escochiers les dis Francois, lesquelz, se ilz eussent ce sceu, ne feussent pas si longuement demourez es places par eulz concquises, comme *Brambourg*, Bervic en Galles, Amunchie, Durem et planté d'autres forteresses........, fut ordonné le conte de Warewic, à une puissance de gens d'armes et de trait, aller assegier et reconcquerre les places que les dis Francois avoient prinses. Et, de fait, les reconcquist toutes. »

Item. Est le roy d'Angleterre deliberé, ces Pasques passees ou tost apres, aler mettre le siege devant Bandebourg[1] où est le roy Henry, et deux autres places de son obeissance.

Item. Est le peuple d'Angleterre mal content de ce que ung nommé Pierre Cousinot, qui est vostre subget et de vostre royaume est au dit lieu de Bandebourg à l'aide et tenant le party du dit roy Henry.

Item. Est conclud que monseigneur le chancellier d'Angleterre vendra sans quelque faulte à la convention qui se doit tenir pour l'apaisement des differens, combien que le dit Witel m'a dit que M. de Lannoy pourra si bien besongner par de là qui ne sera besoing de tenir la dite journee.

Item. M'a monstré le dit Witel unes lettres qu'il vous a pleu luy envoier touchant ung nommé maistre Estienne, nagueres detenu prisonnier au dit lieu de Guisnes, et, avec ce, la deposition par luy faite sur plusieurs poins et articles qu'il dit avoir esté interrogié, luy estant au dit lieu de Guisnes, par le dit Witel, dont le contenu en icelle : il se donne grant merveilles, et m'a chargié vous dire qui n'est besoing que de ceste matiere en escripviez au roy d'Angleterre pour l'excusation des charges baillees par ledit maistre Estienne, et congnoist bien que ce ne sont que menchounes et choses controuvees, en quoy faisans semble audit Witel que icelluy maistre Estienne est digne de grant pugnition.

D'autre part, mais je n'ay point charge du dit Witel

---

1. Bamborough fut reprise le 25 avril 1464 par le comte de Warwick. (Lingard, II, 560, 561.)

le vous dire, moy estant au dit Guisnes, auquel lieu j'ay sejourné sept ou huit jours, sont venus aucuns de Calais pour deviser et composer à y faire deux boeuvres pour la fortification de la dite place, à la facon desquels l'on besongne journellement à grant diligence. Et si a aussi nouvellement venu es dits lieux de Calais et de Guisnes beaucoup de menu artillerie, comme ceux de la place m'ont dit; font aussi grant provision de bled, doubtant avoir le siege, les treves passees, dont ils voudroient bien estre assourez du contraire; car ils dient qu'ils n'ont, quant à present, que deux chiefs en Angleterre, dont Mr de Warwich en est l'un, et le second ay oublié le nom. Et, pour leur donner bon couraige, leur respondeis que le cas advienne qu'ils ne se scauront où bouter; car, de prime face, vous avez vos garnisons à Gravelines, à Ardre, à le Montoire, à Fresnes, à Hardenthun et à Boulongne, qui sont toutes places voisines et frontieres de leur pays, dont ils ne furent gueres joyeux, et, au propos, me respondirent ung mot que ne vous puis dire sinon de bouche : ce que feray moi estre par devers vous.

Item. Se sont partis, jusques au nombre de xxx ou xl hommes de guerre de, la garnison de la dite ville de Calais, et s'en vont, tant soubz M^r le Bastard comme autrement, sur le Turcq[1].

Item. Quant au Besgue de Bizemont, il se tient en un village qui s'appelle la Rouge Moustier, à une

---

1. « Au dit an soixante quatre, le vingt uniesme jour de mai, Antoine, bastard de Bourgogne..., accompagnié de..., se partirent du dit lieu (de l'Escluse) et singlerent en mer sur les ennemis de la foi chrestienne. » (DUCLERCQ, XIV, 341.)

lieue de Guines, qui est terre Englesse, et d'illec ne se part, pour doubte d'estre aprehendé, et se garde fort, car, à ce que j'ay peu scavoir, il est assez adverty.

Item. Je vous envoye ung advis dont il vous pleut moy chargier, vous estans à Saint Riquier[1], pour instituer et faire acheter en vostre pays de Picardie.

Mon souvain Seigneur, j'ay esté adverty que M^r d'Auxy vous a demandé, ou a intention de demander, vostre hostel en ceste ville d'Abbeville, qui est le lieu ouquel, a cent ans, vos receveurs de ceste vostre conté ont accoustumé faire leur residence, et à ceste cause s'appelle Hostel de la recepte, ouquel mes predecesseurs en office ont demouré et demeurent quant à present, et en icelluy ont eu et ay aussi en garde tout le tresor des chartres et registres de vostre dit comté de Pontieu, vous suppliant, en toute humilité, mon souverain Seigneur, me entretenir en mes droits, libertés et franchises qui appartiennent à mon dit office, selon la fourme et teneur de mes lettres de receveur, à cause de mon estat de vostre officier et receveur de vostre dit comté. Et combien que mon dit s^r d'Auxy ait par cy devant tenu la dite maison, toutesfois il en rendoit à mes dits predecesseurs, chacun an, par maniere de louage, xx ou xxv frans, dont messeigneurs de vos finances sont bien du tout advertis, consideré aussi les grands ouvrages et mises que ay faites à reparer et remettre à point le dit hostel. Si vous supplie de rechief, mon souverain Seigneur, attendu ce que dit est, moy avoir en

---

1. Louis XI était dans cette ville le 19 décembre précédent, 1463. Il s'agit ici du rachat des villes de la Somme.

cesté partie pour recommandé, et moy commander vos hauts et nobles plaisirs pour les faire et accomplir à mon povre et petit povoir, comme faire doy, à l'aide de Nostre Seigneur, ouquel je prie, mon souverain Seigneur, qu'il vous doint entier accomplissement de vos desirs.

Escript en vostre ville d'Abbeville, le dernier jour de mars (1463)[1].

Le dit Richart Witel m'a chargié, apres ce que aurez veues les lettres de mon dit seigneur de Warwich, de les luy reporter ou envoyer. »

(*Bib. imp.*, Mss., *Suppl. fr.*, n° 2875[12], pièce 188. LEGRAND, t. XII.)

VII

(Voy. t. II, page 344, note 2.)

Lettre de William Menypeny[2], *ambassadeur de France auprès d'Edouard, au roi Louis XI.*

« Sire, maistre Robert Neuville et moy primes terre à Sandevic en Angleterre le jeudy devant Noel, car le

---

1. En 1464, le premier jour de l'année tombait le 1er avril.
2. Divers actes et quittances existant au Cabinet généalogique de la Bibliothèque impériale nous montrent Guillaume de Menypenny successivement qualifié (15 juillet-20 octobre 1439) écuyer d'écurie de « Loys, fils du roy de France, daulphin de Viennois; » (26 mars 1456-16 janvier 1457) chevalier, conseiller et chambellan du Roi, seigneur de de Congressault; (10 octobre 1473) sénéchal de Xaintonge « au lieu de Patris Foucart, decedé; » (24 janvier 1474) seigneur de Menypenny, de

vent nous estoit sy fort contraire que nous ne pouvions aller par mer, là où estoit monseigneur de

Concressault et d'Aubin, vicomte d'Anville. Une quittance de ses gages pour l'office de sénéchal de Saintonge est datée du 22 novembre 1479. C'est le dernier document dans lequel nous apparaisse son nom.

Nous croyons utile de rapporter en son entier l'acte suivant, dans lequel sont vidimées des lettres patentes du roi Charles VII relatives au seigneur de Concressault.

« A tous ceulx qui ces presentes lettres verront, Olivier Sainton, garde du scel royal establi et dont l'on use aux contratz en la ville, chatellenie et ressort de Tours, salut. Savoir faisons que les nottaires cy dessoubz escriptz nous ont certiffié, soubz leurs saings manuelz, avoir au jour d'uy veu, tenu, leu de mot à mot et diligemment regardé unes lettres patentes du roy nostre sire, scellees en simple queue et cire jaune, avec une atache de Messeigneurs les generaulx conseilliers sur le fait et gouvernement de toutes ses finances attachés ausdites lettres soubz l'un de leurs signetz en cire vermeille, icelles lettres et atache saines et entieres en scel et escripture, desquelles subsequamment les teneurs s'ensuyvent.

« Charles, par la grace de Dieu, roy de France, à noz amez et feaulx les generaulx conseilliers par nous ordonnés sur le fait et gouvernement de toutes noz finances, salut et dilection. Nostre amé et feal conseillier et chambellam Guillaume de Menypegny, chevalier, seigneur de Congressault, nous a fait remonstrer que puis aucuns ans en ca il fut par nous envoyé avec autres noz conseilliers ou païs et royaume d'Escosse pour certaines grans matieres qui tres grandement touchoient le bien de nostre royaume et de la chose publique d'icelluy, au retour duquel voyage ilz furent par certain grant orage de vent et par la tourmente de la mer portés sur la coste d'Angleterre, et illec rompi leur navire et perdirent tous leurs biens, et avec ce furent prins et emprisonnés par noz anciens ennemis et adversaires les Angloys et par eulx longuement detenuz et mis à tres grandes et excessives finances, et mesmement nostre dit conseillier exposant, pour laquelle païer il a employé tout le sien, et, ce non obstant, n'y a peu fournir, mais en doit encores grant somme de reste, pour seureté de laquelle il a baillés certains ostaiges entre les mains desdits Angloys, qui y ont jà longuement demouré à sa tres grant charge et despence, et ne luy seroit bonnement possible de païer sadicte finance ne de tirer sesdits ostaiges sans nostre aide, ainsy qu'il nous a fait dire et remonstrer, requerant humblement que attendu qu'il estoit allé oudit voyage par nostre ordonnance et commandement et pour le bien de la chose publique de nostre royaume, et que, se il n'avoit sur ce aide de nous, il serait contraint à retourner tenir prison en Engleterre et illec finer ses

Varvic; et, de là, primes notre chemin jusques à Londres, où nous trouvasmes le conseil de mon dit

jours en povretté et misere, il nous plaise sur ce luy impartir nostre grace. Pour ce est il que Nous, ces choses considerees, bien recors dudit voyage fait par ledit exposant oudit royaume d'Escosse, qui fut par nostre ordonnance, et pour le bien de la chose publique de nostre dit royaume, considerant aussi que quant aucun de noz serviteurs a esté ou est prins par nosdiz ennemis, luy estant ou service de la chose publique, est bien raisonnable chose que par nous luy soit aidié, audit sire de Congressault, pour ces causes et par l'adviz et deliberacion d'aucuns des gens de nostre conseil, avons donnee et donnons par ces presentes la somme de quatre mil escus d'or à present ians cours pour luy aidier à païer sadicte finance et raencon et retirer sesdiz ostaiges des mains de nos ennemis les Anglois, à icelle somme de quatre mil escus d'or avoir et prendre par descharge du receveur general de noz finances en la maniere cy apres declairee, c'est assavoir sur chascun minot de sel qui sera vendu ès greniers à sel establis de par nous à Angiers, Saumur, Chinon, Tours, Blois, Orleans, Suly, Gien, La Charité, Cosne, Nevers, Disise, Mente, Yenville, Chartres, Chasteaudun et à Vendosme la somme de dix deniers tournois oultre nostre droit de gabele et celui du marchant, et voulons que le sel qui sera vendu esdiz greniers soit vendu à la dite creue, à commencer du jour que ces presentes seront mises à execucion jusques au premier jour d'octobre prouchainement venant, et dudit premier jour d'octobre jusques en ung an apres ensuyvant, et avec ce semblable somme de dix deniers sur chascun minot de seel qui sera vendu en noz greniers de Normandie à commencer du jour que expireront certaines noz lettres de certain octroy que avons fait pour pareille cause à nostre amé et feal conseillier Guillaume Cousinot, chevalier, bailli de Rouen, sur le sel vendu en nosdiz greniers de Normandie jusques ad ce que ledit sire de Congressault soit entierement païé et parfourny de ladite somme de iiii mil escus d'or, laquelle somme il aura et prendra par descharge de noz receveurs generaulx selon l'ordre de noz finances, c'est assavoir de ce qui se livrera sur lesdiz greniers de nostre païs de Normandie par descharge de nostre receveur general de Normendie, et ce qui se lievera es autres greniers dessus diz hors Normendie de maistre Mathieu Beauvallet. Sy vous mandons et enjoingnons par ces presentes que, en faisant nostre dit conseillier exposant jouir et user de nostre present don et octroy, vous faictes vendre le sel esdiz greniers à ladite creue de dix deniers tournois oultre chascun minot, et icelle creue bailler par les greuetiers desdiz greniers à nostre dit conseillier exposant en la maniere dessus desclairee, jusques à fin de paie de ladite somme de iiij^m. escus : et pour ce qui sera be-

seigneur de Varvic, quy estoit là demouré pour entretenir ceulx de la citez, et estoit avecques eulx monsei-

soing audit exposant faire apparoir de nostre presente volenté et ordonnance en chascun desdiz greniers, nous voulons que au vidimus desdictes presentes, fait soubz scel royal, plaine foy soit adjoustee comme à ce present original. Donné à Saint-Paer, ou Daulphiné, le xxvj^e jour de mars, l'an de grace mil cccc cinquante et six, avant Pasques, et de nostre regne le xxxve. Ainsi signé, par le roy, le duc de Bourbon, le comte de Dunoys, le sire de Loheac, l'admiral, le sire de la Forest, maistre Pierre d'Oriole et autres presens. J. de LA LOERE.

« Les generaulx conseilliers du roy nostre sire sur le fait et gouvernement de toutes ses finances, veues par nous les lettres dudit sire, ausquelles ces presentes sont atachees soubz l'un de noz signetz, par les quelles et pour les causes plus à plain contenues en icelles, ledit seigneur a donné à messire Guillaume de Menypegny, chevalier, sire de Congressault, la somme de quatre mil escus d'or à present aians cours pour luy aidier à païer sa finance et raencon qui luy convient païer aux Anglois, desquelz il fut prins prisonnier avec autres conseilliers du roy en retournant de devers le roy d'Escosse, où ilz estoient allez par l'ordonnance dudit seigneur et aussy pour luy aider à retirer des mains desdiz Anglois certains ostages qui y sont pour luy, à icelle somme de quatre mil escus d'or avoir et prandre par descharge du receveur general de ses finances en la maniere cy apres declairee, c'est assavoir sur chascun minot de sel qui sera vendu ès greniers à sel establis de par icellui seigneur à Angiers, Saumur, Chinon, Tours, Blois, Orleans, Suly, Gien, La Charité, Cosne, Nevers, Disise, Mente, Yenville, Chartres, Chasteaudun et à Vendosme la somme de dix deniers tournois oultre et pardessus le droit de gabele appartenant audit seigneur et cellui du marchant, à commencer du jour que lesdites lettres seront mises à excecucion jusques au premier jour d'octobre prouchainement venant, et dudit premier jour d'octobre jusques à ung an apres en suyvant, et avec ce semblable somme de dix deniers tournois sur chascun minot de sel qui sera vendu ès greniers dudit seigneur ou païs de Normendie à commancer du jour que expireront certaines autres lettres d'icellui seigneur de certain octroy par luy fait pour pareille cause à messire Guillaume Cousinot, chevalier, bailli de Rouen, sur le sel vendu esdiz greniers de Normendie par descharge du receveur general dudit païs de Normendie; et ce qui se lievera ès autres greniers dessus diz hors Normendie de maistre Mathieu Beauvallet, consentons l'enterinement et accomplissement desdites lettres, en mandant aux grenetiers desdiz greniers dessusdiz que ladite creue ilz lievent et icelle baillent et delivrent audit seigneur de Congres-

gneur de Venloc et maistre Thomas Quent, lesquieulx me demanderent se il estoit vray que l'ambassade de Bourgongne estoit allee devers vous et devers vostre frere et le duc. Je leur dit que ouy; quant j'avoye veu à Honnefleu messire Olivier de la Marche et d'autres du conseil dudit duc de Bourgongne. Ils me respondirent que c'estoient les meillieurs nouvelles qu'ils povoient avoir pour le bien de mon dit seigneur de Varvic, et aussy me conseilloient, come qu'il fust, que je passasse par là où estoit le roy d'Engleterre; come je fitz pour beaucoups de raisons, et le trouvé en une ville nommee Coventre, qui estoit bien à quatre journees, où monseigneur de Varvic tenoit sa feste de Nouel.

En oultre, me dit monseigneur de Wenlof et messire Thomas Quent, que le roy avoit eu nouvelles que les dits embassadeurs s'en aloient devers vous. Plus fort, disoient que le roy de Cecylle, le duc de Bourgongne et monseigneur le comte du Maine estoient joins ensamble, et tous à une voulenté de apaiser les debas et questions qui estoient entre vous et vostre frere, et toutz vos aultres parens et suges du royaume de France; et aussy dissoient que ils avoient entendu que on parloit tres forct du mariage de une de Madames vos filles et du prince de Galles : de quoy

---

sault par la maniere dessus declairee à fin de paiement de ladite somme de quatre mil escus d'or, tout ainsi et par la forme et maniere que ledit seigneur le veult et mande par icelles lettres. Donné soubz nosdiz signetz le xixe jour d'avril l'an de grace mil cccc cinquante sept après pasques. *Ainsi signé* : LE COINTE.

« Donné à Tours, par maniere de vidimus, soubz le scel royal establi et dont l'en use aux contractz dessusdiz, le xxje jour de janvier l'an mil cccc cinquante sept.

« Collacion faicte.   « J. TERRÉ.   LE QUEUX. »

tous estoient, par de cà, les plus effraiés que oncques gens fuirent; en disant par tous les tavernes de Londres, et partout le pays avec que il faloit coupé la teste à tous ces trestres quy avoient conseillé leur roy de laisser de apointer avecques vous, et de prendre aliance avecquez le duc de Bourgongne.

Aussy, Sire, par leur conseil, je m'en allé par là où estoit le roy : lequel, incontinent que je fus arivé, m'envoya querir pour parler à luy, et m'enquist des nouvelles de vous, en me demandant se avoye aucunes laitre à luy adresantes.

Au regard des nouvelles, luy respondy que, Dieu mercy, estoit le roy en bonne prosperité, et que faisiés tres bien vos besognes et que vous [avoie] laissié aussy bien accompagnié de seigneurs et gens d'armes que oncquez fust Roy de France.

Au regard des lettres, luy respondit que n'en envoyé à luy adresantes et que m'en aloye à mon pays pour aucunes de mes affaires. M'enquist se en avoye aucunes adressantes à monseigneur de Varouic : luy dit que ouy. — Me demanda se aucunement savoye du contenu de icelles : luy dit que bien pensoie que aucunement, ne contenant que avoiés grant merveilles que ils n'avoit envoyé devers vous touchant la responce que il debvoit faire sur la proposition de vostre desrainiere enbassade, consideré que par vos enbassadeurs il vous avoit averty et ausy par ses laittres que en toute diligence il vous envoyret enbassade pour vous faire responce sur icelle proposition.

Me respondy que son entention estoit de vous envoyer gens bientost, par l'avis et conseil de mon dit seignieur de Varouic, pour besongner avecques vous :

en quelle maniere, Sire, je ne le sorois dire; mes bien me dit, en jurant un serment qu'il a acoustumé, par la mercy Dieu, que il vous aideroit encontre vostre frere, present son chambellant et les sires d'Escelles et v ou vi autres, en disant que il savoit bien que vostre dit frere n'estoit que ung fol, et que les seigneurs le vouldroient avoir entre mains pour gouverner le royaume à leur voulenté. Je luy respondy que se ne seroit pas son proffit que ainsy fust que il eust le gouvernement du royaulme; car luy et tous les seigneurs se joindroent ensemble pour vous deffaire. Ainsy que je puis entendre, il me semble qu'il n'est pas bien seur de aulcunes promesses à luy faictes par aucuns des seigneurs de vostre royaulme, combien que mon dit seigneur de Bourgongne luy ait comprins, par ung sien secretaire venu depuis que je suis arrivé, que, touchant la conclusion du mariage dudit de Bourgogne et la seur dudit Roy, il luy fera, sur la fin de ce present moys, plaine responce, son enbassade retournee de devers le Pape, et en disant que luy duisié (nuisié?) fort touchant la dispensation à la court de Rome.

Sire, se aulcun moyen se peult trouver, devers le Pape, de differer la dite dispensation du dit mariage, je n'en fais nulle doubte que, au plaisir de Nostre Seigneur, vous ne metés tout cest royaume d'Engleterre encontre le dit seigneur de Bourgongne; car luy presuposera que tous ses fais ne sont que dissimulations, et, par ce moyen, destruirés en toult ceuls qui, par desà, ont tenu son party. Sire, il me semble, soubz correction, que par telz moiens que bons vous semblera et deveriés faire entretenir le dit monseigneur de Bourgongne sans rien conclure; car se ainsy le faictes, pour ce, sans aulcune doubte, venir au dessus de vos besongnes; car depuis...... a ledit monseigneur de Bourgongne en grant jelosie, seulement pour le treve quy de vi moys et l'enbasade quy de fran....... devers vous et vostre frere et le duc.

Ausy, Sire, landemein des trois Roys, le roy d'Engleterre envoya ung mesagier devers monseigneur de Varouic, et luy menda qu'il vint devers luy, lequel, par grant deliberation de son conseil, respondit tout court qui n'y entreroit jà, jusques à tant que voz mortelz anemis, quy estoient entour luy, fussent dehors, comme le tresorier Herbert, d'Escelles et le seigneur de Sodovic (Oudeville, autrement Widwille), et sy a envoyé devers le dit roy son enbasade; c'est assavoir Mre Seroup, sire Oualtre Oisele, son chambrelanc, maistre Guillaume Apres, son maistre d'ostel, quy est borgne.

Ausy, Sire, le jour de l'an, une partie du commun du parti de Quent (Kent) sont levés et allés à une place que tient le tresorié, pere de la royne, au dit pays de Quent, et ont abatu ses parques et tué tous ses daims qu'il y avoit dedens; et avoit entention, le lendemain, de assembler plus largement de gens et de le piller; mes ses gens s'en furent de nuit avecquez les meilleurs besoignes qu'il avoit dedans. Ausy, à ung aultre pays, nommé Surforchier[1], sont levés bien trois cens archiers et ont fait ung capitaine come Robin .... (Riddesdale) et ont envoyé devers monseigneur de Varouic pour savoir se il estoit temps de besongnier,

---

1. Suffolkshire, évidemment.

et que tous leurs voisins estoient prés. Il leur a mandé quy se retiroient chacun à son hostel, et quy n'estoit pas encores temps de besoigner, mès il leur fera assavoir quant mestier en sera.

Ausy, Sire, ce monseigneur de Varouic retient encore avecques luy maistre Robert Neuville jusques à tant qu'il est parlé et conclue avec son frere le comte de Northoubelant; lequel fera, come j'entemps, jeudy prochain, et apres ilz vous envoyra à toute haste avecquez seu que vous savés, et je demoure par deca, et entetendray, au mieulx que je pourray, le fer au feu; mès ne lessés point pourtant de entretenir monseigneur de Bourgongne et de empeschier, en ce que vous pourrés, le mariage. Et cela rompu, il n'y a femme ny enfant de Engleterre quy ne courent sur luy, et me semble que vous avés bonne occasion de le faire; car, par le traicté d'Aras, il est obligé au contraire, quy ne se peut marier ne là ny alieure, ne de faire aulcunes bendes ny aliances quy soit contre de vous ne de vostre royaulme.

Ausy, Sire, depuis naguieres le duc de Bretaigne a envoyé de par decà au roy d'Engleterre, en luy offrant de quatorze ou quinze places quy disoit qu'il avoit ganié sur vous en la duché de Normendie, moyennant, toutefoys, que on luy envoya troys mille archiers pour luy aider à deffendre ses dites places et son pays, et, sy on ne luy bailloit les dits archiés, qu'il metrat ses places en la main de monsieur vostre frere; et je vous assure que sesy est veritable; car moy mesme ay veu le double des laictres que monsieur de Varouic luy a monstrees.

Ausy, Sire, monsieur de Varouic s'en part demain

de une place où il a tenu sa feste de Noel, nomé Cherchaoz[1], à un mil de Hiorc, et va sur la frontiere de Escosse où son frere le comte de Northonbrelane se doit rendre au devant de luy et tous les gens de frontiere, et a entention, se le roy se tire plus devers le North, de se deffendre de luy. C'es de tout estre maistre ou varlet, et m'a assuré que tout tant quy a esté par le present, monsieur l'amiral quy le tendra, et sur mon arivé (ame?) je croy quy n'y a en se monde plus envers vous plus loyal homme qu'il a esté; mès il est tres long en ses besongnes et bac (bien?) ung peu lache, mès l'eure est venue quy ne pourra plus dissimuler.

Aujourduy, il est venu ung de ses gens devers le roy d'Escosse, quy luy aporte lettres quy s'aproche devers la ville de Varouic, qui est droictement sur la frontiere d'Escosse, et là, le roy d'Escosse se rendra, et parleroient ensemble de plusieurs matieres pour le bien d'eulx deulx, et me envoie ativement devers ledit roy affin quy se haste de venir audit Varouic. Sire, je me tiendroy tousjours avec mon dit seigneur et ne l'oiray point jusques atant que je voye la fin; mès, Sire, sy vous plaist, vous me voyrés par mon pourseant porteur de ceste que quelque chose pour venir par deca sy voit les nouvelles que je verroye par deca, je le vous fairé assavoir, car je retiens ung messagiers tout prest de vous envoyes, en priant le

1. Ce nom de lieu, évidemment altéré, ressemblerait assez, en tenant compte de la corruption que le mot a pu subir en passant d'une langue dans une autre par l'intermédiaire d'une personne qui a cherché à reproduire les sons qu'elle a cru entendre, à *Churchhouse* : mais existe-t-il, a-t-il existé une place nommée Churhhouse? Nous ne trouvons à la distance indiquée d'York, que Dringhouse.

benoist filz de Dieu quy vous tienne en sa sainte garde, et vous dointe tres bonne vie et longue.

Escript à Cherenton[1], le xvie jour de janvier (1467, v. s.)
Vostre humble et tres obeissant subjet et serviteur.

P. MENY PENY. »

(*Bibl. imp.*, Mss., *Suppl. fr.*, n° 2875[16], pièce 3. LE GRAND, t. XVI.)

VIII

(Voy. t. III, page 41, note 1)

INSTRUCTIONS *de ce que le roy, nostre seigneur a chargé et ordonné à tres reverend pere en Dieu Loys de Harecourt, patriarche de Jherusalem, evesque de Bayeux, Tanguy du Chastel, vicomte de La Belliere, gouverneur de Roussillon, Guillaume de Menypeny, seigneur de Congressault, Yvez, seigneur du Fou, chevaliés et chambellans du roi nostre dit seigneur, maistre Nicole Michel, docteur en theologie, penitancier et chanoine des églises de Baieux et Conflan, Guillaume de Cerisay, greffier de la court de Parlement, tous conseiliers du roy, de faire et besongner particulierement avec monseigneur conte de Warenych, auquel il les a expressement chargé eulx adresser pour toutes les matieres pour lesquelles il les envoye en Angleterre.*

PREMIEREMENT. Apres la presentation des lettres et salutacions acoustumees, diront à mon seigneur de

---

1. Sherrington?

Warvych que le roy le remercie tant affectueusement qu'il peut des bons et favorables termes qu'il a tenu et tient envers le roy et ses subgetz, depuis qu'il est veu en sa prosperité; de laquelle le roy a esté et est aussi joieux que de chose qui lui peust en ce monde avenir; car il n'y a homme vivant auquel le roy ait plus d'amour et confiance qu'il a en mon dit seigneur de Warewych; lequel il tient et repute le meilleur amy qu'il ait au monde et son propre pere, et peut estre certain que le roy, tant qu'il vive, portera et soustendra mon dit seigneur Warevych, les siens et sa querelle, sans jamais l'abandonner pour chose qui puisse en ce monde avenir.

Item. Diront que incontinent veues les lettres de mon dit seigneur de Warevych, le roy a mandé par tous les lieux de son royaume où il a navires, pour iceulx faire armer et advitailer pour aller servir à l'entention de mondit seigneur de Warevych et ja y en a bien grant partie sur mer.

Item. Et, semblablement, par ses lettres patentes le roy a fait faire commandement à tous marchans et autres du pais de Normandie qui sont puissans de ce faire, de incontinent charger blez et autres vivres et iceulx envoyer à Calais, afin qu'il n'y en ait faulte. Et, en oultre, a envoyé gens tous exprès pour en faire la diligence et y contraindre tous eulx qui pour ce seront à contraindre, et afin qu'il n'y ait faulte, le roy a fait asseurer tous les marchans et autres qui porteront vivres au dit Calais que ce, par rencontre d'ennemis ou autrement, ilz les perdoient sur le chemin, de les rembourser et restituer de leurs pertes. Et tellement y a le roy pourveu qu'il croit que ja l'on en a mené à

Calais une bonne quantité, et à eulx ne autres qui tiennent le party de mon dit seigneur de Warevych ne fauldra de chose qu'il puisse.

Item. Et dès sitost que le roy a sceu la victoire de mon dit seigneur de Warvych et que le royaume d'Angleterre tenoit son party, il a fait crier et publier partout que tous les marchans et autres du pais d'Angleterre tenans le party du roy d'Angleterre Henry et de mon dit seigneur de Warvych qui vouldroient venir au royaume de France, y feussent benignement receuz, recueilliz et traictez en aussi grant faveur que ses propres subgectz, et avec ce que de toutes les denrees et marchandises qu'ilz ameneroient, acheteroient et chargeroient en tous les pais que le roy tient en sa main, ils feussent tenuz francs et quictes d'icy à deux ans de toutes traictes, peages, passaiges et autres trehaz qui seroient deuz tant au roy que à autres, par moien desquelles choses les gens de tous estatz du royaume d'Angleterre pourront congnoistre que, en tenant le party de mon dit seigneur de Warevych, ilz pourront plus prouffiter, et leur fait de marchandise et autrement se pourra mieulx et plus seurement conduire.

Item. Diront à mon dit seigneur de Warevych que le roy est et sera toujours en la voulenté et propos de toutes les choses qu'il lui dist derrenierement qu'ilz parlerent ensemble à Angiers. Et, en especial, le roy veult et desire proceder et avoir bonne amour et aliance avec tous ceulx que mon dit seigneur de Warevych advisera, tant envers le roi d'Angleterre Henry que autres, tous ainsi et en la forme qu'il verra estre à faire.

Item. Et apres diront à mon dit seigneur de Warevych que, en suivant ce que le roy lui a nagueres fait savoir par Poictou, il envoye presentement par de là ses ambassadeurs dessus nommez, et combien qu'ilz aient lettres adrecans au roy d'Angleterre charge de le visiter lui remonstrer la joye et consolation que le roy a de sa prosperite; et aussi le remercier des bons termes qu'il a tenuz et fait tenir aux subgetz du roy, pareillement lui remonstrer les grans services que lui a fait mondit seigneur de Warevych et comme il est tout le moyen et fondement de sa ressourse, et que sur toutes choses il le doit amer et entretenir. Toutefoiz, les dessus dicts ont espresse charge de monstrer toutes leurs instructions à mon dit seigneur de Warevych et clerement lui dire toute l'entencion du roy et ne y faire chose quelconque ne y tenir autres termes ne parolles, fors telz qu'il advisera.

Item. Et la principale cause pourquoy le roy envoya ses ambaxadeurs par de là, c'est pour plus à plain savoir de l'estat et disposition de mon dit seigneur de Warevych, et pour conclure et appoincter avec lui tout ce qui est à faire pour le bien des matieres, lesquelles le roy a remis et remect entre ses mains et en sa conduicte.

Item. Et pour venir à la matiere, les dits ambaxadeurs ont charge et puissance de par le roy de traicter et conclure avec le roy d'Angleterre et mon dit seigneur de Warevych aliance especialle contre le duc de Bourgnoigne, et que la dite aliance soit telle et si bien et seurement faicte, que nulle des parties ne puisse jamais faire traicté, paix, accord ne appoinctement, treve ne abstencion de guerre avec ledit duc de Bourgoingne, ne en tenir parolle pour quelconque chose qui puisse avenir, l'un sans l'autre et sans le sceu et l'expres vouloir et consentement l'un de l'autre; mais seront chacune des parties tenues de poursuivre tout oultre, conduire et continuer la guerre jusques à la fin de la conqueste du dit duc de Bourgogne et de tous ses pais, terres et seigneuries, et que cellui qui premier aura achevé de son costé, partant ne laisse ladite guerre, mais soit tenu d'aler avecques toute sa puissance aider et secourir à l'autre jusques toute la conqueste soit achevee, et de ce seront faictes lettres et scellez d'un costé et d'autre, les plus fors et les plus expres qu'on pourra adviser.

Item. Aussi ont charge et puissance lesdits ambaxadeurs de conclure et appoincter quelle partie et porcion chacun aura de la conqueste qui sera faicte sur le dit duc de Bourgoigne, et feront ouverture que mon dit seigneur de Warevych ait pour sa part les pais et seigneuries de Hollende et de Zellande.

Item. Et affin que les matieres se puissent mieulx et plus seurement conclure sans delay, le roy a chargé expressement les dessus dits ses ambassadeurs de promectre, appoincté et accorder pour et au nom du roy tout ce que par mon dit seigneur de Warevych et eulx sera advisé touchant les terres et seigneuries que tient ledit duc de Bourgoigne, et ont plaine puissance d'en faire et bailler lettres et seuretez toutes telles qu'il verra estre à faire.

Item. Et pareillement ont charge de pratiquer et appoincter à queles despens se souldoieront les gens qu'on menera pour faire la dicte conqueste, et, sur ce point, semble que les gens d'armes de France doivent estre souldoiez par le roy et à ses despens, et les gens d'armes d'Angleterre doivent estre souldoiez par les Anglois, veu mesmement la part qu'ilz auront en la dicte conqueste. Et aussi, en ce faisant, ilz defferont le dit de Bourgongne qui s'est declairé et monstré formel ennemy du roy d'Angleterre et de mon dit seigneur de Warevych.

Item. Les dessus dits adviseront et pratiqueront avec mon dit seigneur de Warevych comment et en quelle forme se fera et conduira ladite guerre, laquelle semble estre à conduire par l'une des trois manieres cy apres declairees. La premiere, de faire venir descendre les Anglois par le pais de Caux, et joindre toutes les puissances ensemble, tant de France que d'Angleterre, pour faire dès le premier perdre les champs au duc de Bourgongne, et puis pourront departir comme l'en advisera. La seconde, que le roy face la guerre de son costé devers la Picardie, et mon seigneur de Warevych et les Anglais descendent à Calais vers Saint-Omer ou es marches d'environ, et que le roy envoye cinq ou six cens lances pour joindre avec mon dit seigneur Warevych. La tierce, que les puissances soient en trois parties : c'est assavoir, le roy, en une partie, devers Compiengne et Noyon : monsieur le grant maistre, en une autre partie, devers Caux, et mon dit seigneur de Warevych et toute sa puissance devers Calais et Saint Omer.

Item. Et de l'autre costé le roy de France a ordonné que mons^r le conte Daulphin, mons^r le conte de Perigort, mons^r le conte de Comminge et autres grans seigneurs soient devers la duché et franche conté de Bourgongne avec si grant puissance de gens d'armes que le dit de Bourgongne n'en saurait tirer ung homme.

Item. Aussi appoincteront avec mon dit seigneur de Warevych combien de gens chacune des parties menera pour le fait de la dite guerre, et, sur ce point, semble que chacun en doit mener tout le plus qu'il pourra, afin de lui faire dès le premier perdre les champs, car son peuple se mectra en rebellion et incontinent se mectront contre lui.

Item. Conclurront et appoincteront le jour, le temps que chacune des parties sera preste et sur les champs pour marcher afin que de tous costez la guerre soit faicte en ung mesmes temps, et il n'y aura point de faulte que le roy ne soit prest, de son costé, au jour et temps qui sera entreprins, et traicteront que ce soit le plus brief que faire se pourra, en remonstrant à mon dit seigneur de Warevych qu'il est besoing de ainsi le faire pour plusieurs causes.

Item. Et se, entre deux, quelque ung voioit son advantaige sur ledit de Bourgongne, le roy ne vouldroit pas que mon dit seigneur de Warevych le delayast, et aussi, s'il y voit son bon, il ne le delaiera pas de sa part.

Item. Les dessusdits adviseront avec mon dit seigneur de Warevych les grans personnaiges du royaume d'Angleterre qu'il fault gaigner et entretenir pour le bien de toutes les matieres, et sur ce pratiqueront les moiens qu'il semble à mon dit seigneur de Warevych qu'on y doit tenir, soit pour leur donner des terres et seigneuries de la dite conqueste, ou autrement.

Item. Et en ce, et en toutes les autres choses dessus dites, le roy ne veult ne entend faire si non ainsi que mon dit seigneur de Warevych conseillera, et pour ce le prie qu'il advise à tout, et afin qu'on puisse tout conclure par delà, et qu'il n'y faille point retourner, le roy a donné toute plaine puissance et commandement à ses dits ambaxadeurs d'y faire, promectre et accorder tout ainsi que par mon dit seigneur de Warevych sera advisé, et non autrement.

Item. Diront à mon dit seigneur de Warevych que le roy le prie tant affectueusement qu'il peut qu'il le advertisse le plus au certain qu'il pourra de tous les traictez faiz par le dit de Bourgongne avecques le dit Edouart, tant par aliances que autrement, et de toutes les machinacions et entreprinses qu'il a faictes contre le roy, et mesmement touchant le traicté par lequel Edouart devait bailler audit duc de Bourgongne la duchié de Normandie moiennant qu'il lui devoit aider à conquester Guyenne, et certaines autres choses accordees entre eulx, et generallement de toutes autres choses qu'on trouvera avoir esté faites et machines contre le roy et le royaume par le dit duc de Bourgongne ou autres subgetz du roy, mesmement depuis le traictié de Peronne : et aussi que se l'on peut recouvrer quelxconques lettres signees de la main du dit duc de Bourgongne, d'aucuns de ces secretaires, seellees de son seel auctentique par notaires ou autrement, et semblablement des autres subgetz du roy, qu'il les vueille envoier au roy pour mieulx l'advertir de tout.

Item. Et, avec ce, les dessus dits s'enquerront par tous les moiens qu'ilz pourront de toutes les choses que le duc de Bourgongne et autres subgetz du roy ont traicté, machiné et conspiré avec ledit Edouart et autres Anglois ou prejucdice du roy et mesmement depuis le temps dudit traictié de Peronne, qui fut le dix ou unziesme jour d'octobre mil IIII LXVIII.

Fait aux Montils lez Tours, le XIII° jour de novembre, l'an mil CCCC soixante dix.

Signé : LOYS. *J. Bourré.*

(*Bibl. imp.*, Mss., *fonds Baluze*, 9037¹, 186-188.)

IX

LA VILLE D'AIRE VENDUE A LOUIS XI EN 1482.

(Voy. t. III, page 68, note 6.)

Assiégée par les troupes du roi Louis XI, Aire leur fut rendue, ou plutôt vendue, le 28 juillet 1482, après quelques jours d'une défense simulée. Jean de Berghes, seigneur de Cohen, principal capitaine de la ville, est signalé par deux historiens dignes de foi, Commynes[1] et Molinet[2], comme coupable de cette trahison envers l'archiduc d'Autriche. L'accusation est-elle assise sur des fondements assurés? Godefroy[3] ne le pense pas. Il essaye de démontrer, sans produire toutefois aucune preuve à l'appui de ses raisonnements, que *la trahison du sieur de Cohen est imaginaire*. Il a été vivement et, nous le croyons, victorieusement réfuté, en 1846, par M. Jules Rouyer, dans un intéressant et curieux *Aperçu historique sur deux cloches du beffroi d'Aire*[4]. Nous même avions eu déjà, en 1843, l'occasion de nous prononcer contre le

1. II, 237.
2. II, 306.
3. Voy. LENGLET, IV, partie I, page 83.
4. Voy. *Mémoires de la Société des Antiquaires de la Morinie*, t. VII, (1844-1846), pag. 233-255.

sentiment de Godefroy[1]. Nous persistons plus que jamais dans notre avis, en présence d'un document, récemment trouvé par nous, qui montre Jean de Berghes, naguère ennemi passionné du roi de France[2], en possession, dès le 6 janvier 1483, de l'office de conseiller et chambellan de ce prince, et pourvu, par don, du gouvernement et capitainerie de Melun, ainsi que du revenu de ces fonctions[3].

Il nous semble impossible de ne pas voir dans ces places lucratives une partie, tout au moins, des récompenses qui durent être stipulées.

Le seigneur de Cohen, au dire de Molinet, avait demandé « la somme de dix mille escus par an, et cent lances d'ordonnance. » Cela est-il exact? Nous ne saurions le dire; mais, si le fait est vrai, et si Louis XI tint religieusement le traité, ce qui ne nous est pas prouvé, il bénéficia d'assez fortes sommes et se procura d'autres avantages en acceptant le marché de Jean de Berghes[4], car un seigneur bien plus puissant et en meilleure position que le capitaine d'Aire, élevait, comme de juste, des prétentions beaucoup plus hautes pour la même trahison. Le seigneur de Cohen, placé sous les ordres de monseigneur de Bevres, gouverneur de l'Artois, eut probablement connaissance des pourparlers existants entre les confidents de ce gouverneur et les émissaires du roi au sujet de la livraison d'Aire, comme aussi du prix de la vente. Il

---

1. *Mémoires de Philippes de Commynes*, II, 237, note 3.

2. « Monseigneur de Bièvres et monseigneur de Cohen *nourrissaient en amour* (de la cause de l'archiduc d'Autriche) Saint-Omer et Aire.... et.... se conduirent si chevalereusement qu'ils ont acquis auréole de perpétuel honneur. » (MOLINET, II, 72.)

3. « Don à Mre Jean de Berches (sic), ch^er, seig^r de Cohain, con^er et chambellan du Roy, du gouvernement et capitainerie de Melun et du revenu. D. au Plessis, le six j^er 1482. » (*Tabulae libri memorabilium camerae compotorum dni regis*, mense maii 1481 *et finiti* 1483, fol. IIe xxii, verso. *Bibl. imp.*, Mss., *Fonds Gaignières*, n° 771, p. 227.)

4. Le nom de *Jean de Berghes* que portait le *seigneur de Cohen* nous l'a fait confondre (voy. COMMYNES, II, 238, note 2) avec un autre *Jean de Berghes*, son contemporain et son parent, dont veut parler Commynes à l'endroit cité. Celui-ci était *seigneur de Walhain* (MOLINET, II, 316). Nous saisissons avec empressement cette occasion de reconnaître notre erreur.

fit alors, en tenant pour réel ce que rapporte Molinet, une sorte de soumission au rabais. Puisqu'aussi bien la cause bourguignone allait être trahie, pourquoi n'aurait-il pas tiré profit de cette circonstance? C'est le raisonnement, sinon très-loyal, du moins très-juste au point de vue de l'intérêt personnel, du *Chien qui porte au cou le dîner de son maître.*

La pièce qui va suivre nous fera connaître les exigences du seigneur de Bevres. Nous y retrouverons quelques-unes de celles que Molinet attribue au capitaine de la ville d'Aire.

Un autre document, qui se rapporte également à la reddition d'Aire, nous a paru bon à produire à la suite de la pièce principale.

I

Pour advertir le roy de ce que Denis de Geresme a trouvé aveecques Jacques de Compignys, envoyé devers luy de par mons^r de Beuvres pour savoir la responce qu'il plairoyt au Roy lui faire sur les demandes que ledit de Beuvres a fait faire au dit seigneur pour lui bailler Ayres.

Apres que le dit Denis eut remonstré au dit Jacques de Compignys comme le Roy estoit deliberé de entretenir de point en point toutes les demandes que le dit de Beuvres luy avoit fait faire en luy baillant le dit Ayre, le dit de Compignys luy demanda qui estoient ceulx qui avoient la charge de par le roy de besoigner en ceste matiere, et s'ilz avoient, entre autres choses, charge pour mectre la dite ville en nutralité, comme le dit seigneur de Beuvres a tousjours demandé.

A quoy luy respondit le dit Denis que le roy avoit

donné charge à mons^r de Maigné[1] de besoigner avec le dit de Beuvres pour ses seuretez touchant les demandes qui luy avoit fait faire, mais que de la nutralité ne savoit point se le dit de Maigné en avoit charge. Et apres ces choses oyes, et que de la nutralité on ne s'asseura point, monstra le dit de Compignys semblant d'estre fort mary, en disant qu'il ne veoyt point que la chose peust sortir effect sans nutralité, et que quy le vouldroit faire pour Ayre, qu'il esperoit que pareillement on le feroit pour Saint Omer.

Item. Dit le dit Jacques de Compignys que se la nutralité se faisoit, que le dit de Beuvres vouldroit bien que le roy luy paiast *cent lances* qui seroient es deux villes qui feroient avec le dit de Beuvres le serment au roy, en recevant le payement, et qui y feroit quelque double en eulx jusques ad ce que on les eust essayez, que on ne les paiast que de quinze jours, ou ung moys.

Et dit ledit de Compignys que ce qui meut le dit de Beuvres de demander la nutralité est pour essayer à faire au Roy plus grant service que de lui faire avoir les deux villes; car il dit que sy unesfois du tout il se declairoit francoys, qu'il ne pourroit plus faire le service qu'il a desir de faire, soit d'autres villes ou à gaigner gens, et semble bien au dit de Compignys que le dit de Beuvres ne sera.... en la nutralité qu'il ne

---

1. Antoine de Chourses, seigneur de Maigné et d'Échiré, fils de Guy de Chourses, seigneur de Malicorne et le chef d'une des principales et des plus anciennes familles du Maine. Il épousa Catherine de Coëtivy, fille d'Olivier de Coëtivy, seigneur de Taillebourg, et de Marie de Valois, fille naturelle de Charles VII. Par conséquent Catherine était nièce de Louis XI, et Antoine, seigneur de Maigné, son neveu.

se declaire pour le Roy, et jusques à aller devers luy, ou monsʳ son pere[1].

Et au regard des demandes que le dit de Beuvres a fait au roy, tant de la conté que des cinquantes mille escuz et des vingt milles francs de pancion, le dit de Compignys dit qu'il n'en demande riens qui ne vouldra jusques ad ce qu'il soit devers le roy, et se contentera d'avoir unes lettres par lesquelles le dit seigneur luy promectra entretenir les promesses qui luy ont esté faictes, et que nommement les dits ouffrez soient declairés par les dites lettres.

Et apres ce que le dit Denis eut oy ainsi parler le dit de Compignys, luy demanda si le dit de Beuvres en vouldroit point escripre au roy; à quoy luy fit responce que le dit de Beuvres n'oseroit, doubtant que les lettres tumbassent es mains de gens quy en porroient advertir les flamens; mais que sy le plaisir du roy estoit luy escripre premier, il luy feroit responce ad ce qu'il luy plairoit mander; et si le dit seigneur doubtoit que le dit de Beuvres voulust monstrer ce qu'il luy escriproit aux flamens ou autres, quy face mention par ses lettres des desmandes que le dit de Beuvres luy fait pour luy bailler les deux villes. Et est tout ce que le dit Denis a, pour ceste heure, peu tyrer du dit de Compignys.

(*Bibl. imp.*, Mss., *fonds de Béthune*, n° 8448, fol. 33.)

II

« Monsieur de Bouchaige, je me recommande à vous tant comme je puis. Vous savez comment Aire

---

[1]. Antoine, bâtard de Bourgogne.

est en la main du roy, de quoy je suys tres joieuse. Monsr de Gapanes[1] et moy sommes demourez pour faire au roy, à l'ayde de Dieu, tout service à nous possible : je suys seure que mon dit seigneur de Gapanes le servira bien et lealment. Mon cas est tel que j'ay perdu tous mes meubles, bagues et habillemens; car tout estoit en Flandres. Je vous prie qu'il vous plese à me ramentevoir au roy, affin qu'il ait pitié de moy et que je puisse avoir quelque provision de vivre tant que je me puisse ung peut revestir et remeubler. J'ay renvoié, depuis la prinse d'Aire, à Saint Omer une femme et ay escript à Jacques de Compignys, lequel m'a remandé qu'il n'estoit pas heure de parler et que son maistre estoit trop courchié; mais en briefz jours il me feroit savoir de bonnes nouvelles et tout par le consentement de monseigneur de Magnyé. Je vous prie qu'il vous plese à me escripre ce que j'ay à faire, et je le feray à l'ayde de Dieu, lequel je prie qu'il vous veuille avoir en sa saincte garde.

Escript à Ayre, ce xie jour d'aoust.

La toute vostre, Anthoinette de Contay. »

(*Id.*, *ibid.*, n° 8452, fol. 84.)

1. Voy. ci-dessus, page 72, note 2.

X

(Voy. t. III, page 127.)

Lettre de Marguerite d'York, duchesse de Bourgogne, à la duchesse douairière de Bourgogne, Isabelle de Portugal, sur la victoire remportée par le roi Édouard d'Angleterre, son frère, contre le comte de Warwick et ses adhérents. (Sans date. Avril 1471.)

Ma tres redoubtee dame et mere, tant et tres humblement que plus puis je me recommande à vostre bonne grace. Et vous plaise savoir que aujourd'huy est arrivé ung homme natif d'Engleterre, qui fu prins par les Austrelins et amenet à Zelande, lequel parti de Londres lundi, lendemain de Pasques, aprez disner, derrain passé, et dist et afferme pour vray les nouvelles qui s'ensuyvent estre vrayes.

C'est assavoir que monseigneur le roy et frere, venant atout ses gens ung matin, mon frere de Clarence, qui venoit aussi atout grant puissance vers lui, se trouverent aux champs prez l'ung de l'autre, assés prez d'une ville nommee Brambri. Lors chacun mist ses gens en ordonnance, et se tira mon dict frere de Clarence à petite compaignie arriere de ses gens, aprochant mon dit seigneur et frere, lequel, se veant, vint vers lui, et mon dit seigneur frere de Clarence se mist à genoulx, tellement que mon dit seigneur et frere, veant son humilité en parolles, le leva et baisa plusieurs fois, et fisrent grant chiere. Et lors ilz crierent : « Vive le roy Edouart! » et jusques yla mon dit seigneur et frere n'avoit fait nul cri comme roy.

Si se tirerent pour venir à Londres; et aucuns leurs bons serviteurs et amis, de ce advertis, entreprirent, le merquedy de Tenebres au matin, de prendre la porterne de la tour de Londres, et de fait le tinrent et gaignerent la tour. Ceulx de la ville, ce veant et aussi sentans le roy estre pres, n'oserent eulx esmouvoir, ne faire aucun semblant, et laisserent entrer paisiblement en la dite ville mon dit seigneur et frere, joeudy ensuyvant. Et alerent en l'esglise de Saint Pol, où estoit le roy Henry et l'archevesque d'Iorc, auquel roy Henry mondit seigneur et frere tendi la main; mais le roy Henry le vint embrachier, en disant : « Mon cousin d'Iorc, vous soiés le tres bien venu : je tiengs que ma vie ne sera pas en dangier en vos mains. » Et mon dit seigneur et frere lui respondi qu'il ne se soussiaist de riens, et qu'il povoit faire bonne chiere. L'archevesque d'Iorck s'excusa moult enverz mon dit seigneur et frere, en disant que oncques il n'avoit esté contre lui, mais qu'il avoit bien esté consentans de la venue de son frere de Warwicque, quand il estoit en France, non sachant que mon dit seigneur et frere deust estre deboutez du pais; et mesme qu'il fust vray, s'en raportoit au peuple et a chascun se en nuls prestemens il avoit dit aucune chose, touchant le droit de la couronne, qu'il deust apartenir à autre que à lui. Et finablement, aprez ses excusacions faictes, mon dit seigneur et frere s'en ala vers madame et mere, laquelle, ensemble la royne et son fils, le mena en la dite tour de Londres.

Et lendemain, qui fu le bon vendredi, faignant le roy que Warwicque s'estoit parti de Conventry, et se devoit joindre avec son frere le duc de Excester, le duc de Sombresset et le conte d'Ouchefort, et qu'il avoient grant puissance et intencion de le trouver et ruer jus en chemin, mon dit seigneur et frere fist crier en ladite ville de Londres le pris d'aucunes monnoies, aussi que l'escut de France ne vauldroit que IIII sous de gros, et le lion v sous; aussi que nul ne fust sy hardi qu'il meffesist à nulz subjectz des pais de monseigneur, et semblablement que tous hommes à piet, que povoient porter bastons, yssirent dehors. Et se commencherent à partir le dit vendredi.

Lendemain, la nuit de Pasques, fist aussy crier mon dit seigneur et frere que toutes gens à cheval yssissent la ville avec luy. Et de fait il se parti, et avoit en sa compaignie le roy Henri et mes autres freres, et n'estoient ensemble environ XII^m x hommes.

Et ainsi que le jour de Pasques, bien matin, le dit Warwicque et autres dessusnommés, aiant bien de xx à XXIIII^m, et sachant la venue de mon dit seigneur et frere, se joindirent aux champs : il faisoit si grant bruynne qu'ilz se trouverrent si prez les ungs des autres en un champ que, avant qu'ilz peussent estre du tout mis en ordonnance, iz frapperent les ungs sur les autres. Et s'estoient assemblés les archiers de corps de mon dit seigneur et frere, et ceulx qui soloient estre en garnison à Callaix, que Warwicq a fait bouter hors, de VIII à IX cent, qui firent sarement de non fuir du camp, mais combatre jusques à la mort, lesquelx s'i porterent vaillamment. Et finablement commencherent a VIII heures du matin, et dura la bataille jusques à x heures ou plus; et jusques tant mon dit seigneur et frere se porta si honnestement que, là où il avoit le visage vers le vilage où Warwicque estoit parti, qui est à dix mil de Londres, nommet Vernet, il se trouva le dos en le fin contre icelui village. Et furent pluiseurs tués, et l'on ne set pas encore le nombre; mais peu du costé de mon dit seigneur et frere. Et illec fu tués le frere de Warwicq, marquis de Montagu; et iceluy Warwicq, ce veant, et sentant qu'il avoit le pire, monta sus ung cheval, soy cuidant sauver; et ainsi qu'il s'en aloit, fu ratains d'ung homme qui le print, et comme il le remenoit, aucuns le congneurent et le tuerent. Mon dit seigneur et frere, de sa prinse adverti, acourut vers lui, le cuidant sauver; mais il le trouva mort, dont il fist grant regret. Et lesdits ducs d'Excester et Sombresset et conte de Douchefort s'enfuirent.

Et ce meisme jour de Pasques, mon dit seigneur et frere revint à Londres, acompaigné comme dessus. On avoit raporté qu'il estoit rués jus, et continuerent ces nouvelles bien III heures. Et le vinrent recepvoir hors de la porte le lieutenant du Maire de Londres, ensemble les haudremans, auquel leur fist grant chiere, et de là s'en ala en ladite esglise de Saint Pol en celle ville faire son offrande, et aprez à l'ostel madame ma mere. Et, pour ce que mon dit seigneur le roy entendi que aucuns de la ville ne creoient pas que le dit de Warwicq et son frere fuissent mors, il fist aporter leurs corps, lendemain lundi matin, en ladite esglise Saint Pol, où ilz furent couchiés et descouverz de la poitrine en amont, et là veu d'ung chascun. Et à l'eure de x heures, ou environ, le dit homme, qui est venu, le vit et le leissa en ladite esglise.

Et n'en set plus avant: car le jour mesme se parti, et entra en son bateau, pour aller Nasfort, dont il est, cuidant aporter les premieres nouvelles. Mais il trouva les Austrelins, qui le prirent en Zellande.

Les mors et prins :

Le duc de Excester, le conte de Warwicq et son frere, marquis de Montagu, le conte de Guiffort, bien blechiet et prins; mons^r Richart d'Ouscal, chevalier; mons^r Jehan Griselle, fort blechié et prins; mons^r Guillaume Thierret et ung de ses freres, de mons^r le conte d'Oexenfort, mors; Thomas Stocphart, fort blechié et prins.

Les prisonniers au roy Edouart :

Le roy Henri; l'archevesque de Yorck; l'evesque de Vincester; l'evesque de Lincol; l'evesque de Saint Denis; l'evesque d'Ecester, et encor pluiseurs autres gens nobles, thués en bataille.

Les mors du costé du roy Edouart :

Le s^r de Cornaille; le s^r de Say; mons^r de Bourset; Thomas Perquier; Ferby Testiner; Gesfray Gurnat.

Les aliés du roy de France :

L'empereur de Romme; le roy d'Espaigne; le roy Henri d'Engleterre; le roy d'Escosse; le roy de Sezille; le duc de Ghiennes; le duc de Millan; le duc de Calabre.

Les aliés de monseigneur de Bourgogne :

L'empereur de Romme; le roy de Portingal; le roy Edouart d'Engleterre; le roy d'Escoce; le roy d'Arragon; le duc de Bretaingne; le duc de la maison de Savoie; le duc de Jullers; le duc de Venise; le duc de Bauviere; le conte Palatin; l'archevesque de Cologne; l'archevesque de Mayenche; l'archevesque de Treves.

(*Archives de l'État de Namur : Registre aux reliefs des fiefs du souverain bailliage de* 1467-1477, *fol.* 72 *et suiv.* — Compte rendu des séances de la Commission d'histoire de Belgique, tome VII, page 47, 2ᵉ série.)

FIN DES PIÈCES JUSTIFICATIVES.

APPENDICE.

Voyez ce que nous avons dit de la chronique qui forme cet *Appendice* dans notre premier volume, note 5 de la Préface.

HISTOIRE DE CHARLES

DERNIER DUC DE BOURGOGNE.

PROLOGUE.

Comme nouvellement me soient advenus pleurs, angoisses et empirement pour la mort du tres excellent prince l'auguste duc Phelipes, le grant lyon, le grant duc de Bourgongne, le pillier de l'honneur de France et la perle des princes crestiens, et que, avec le grant interest que je y avoye, je consideroye aussy la perte universelle qui s'en faisoit entre tant de haulz nobles hommes ses serviteurs et ausquelz la vie desormais, par samblant, estoit ennuyeuse et desesperant; à ceste cause, moy voeullant donner lieu à ma dolleur, et pour icelle tant myeulx povoir demener à par moy, fut en pleurs et en regretz, ou fut en mains destordre, ou en parolle, me mys seul en lieu clos; doncqz, comme doeul droit là demené à mon aise en longue espace me donnoit turbation en l'esperit, et, par la vexation trop longuement continuee, pesanteur en l'entendement et fatigue, me escheit alors de me assommeiller. Et comme non tant seullement la mort de ce noble duc, mon maistre, me avoit esté impectoree, mais egallement le grand doeul du tres noble fils et heritier, lesquelles pesanteurs infinies tournoient sur moy par ceste mort, et lesquelles je avoye escogitees et maniees en mon entendement, par amour que j'avoye envers luy, advint lors que je chey en vision estrange. Et comme je realment veisse alors des yeulx corporelz et non dormant, ce me sembloit, me trouvay en chambre close, là où estoit ce josne nouvel duc, le duc Charles, tout seul dedens, sur ung bancq assis, sans arme nulle et vestu de robe de doeul, ung bonnet seullement en teste, qu'il pensoit et musoit durement, ne scavoye à quoy : mais prestement, comme se ce eust esté fantommerie ou chose d'illusion, me percheuz de multitude de personnages d'hommes et femmes qui droit là naissoient, et sans y estre entrez par huys, par fenestre, ne par toict, ne par soubzterre, en ung subit et tout à ung flot, et à tous lez, l'environnoient et en prindrent saisine toute estroicte avoient touttesfois tant en veis ayans tous et toutes sur eux tiltres et escripteaulx en divers lieux, par lesquelz donnoient à congnoistre leurs noms et leur estre, et desquelz aultre que moy en deduysant le mistere fera narration : tant seullement me loist parler de deux, d'un jouvencel et d'une dame, dont la dame gisoit devant lui à genoulx avec ung miroir en sa main, et le jouvencel se tenoit droit devant luy, vestu de blanc sandal, à chevelure comme or et la face comme perle, lequel, comme je le perceuz le dernier et le derrain monstrant, et doubtoie bien que l'effect de tout ce mistere, en la plus grant part, debvoit tourner sur luy, comme il fist, je oys alors et si le veys à l'oeul, qu'il commenca ceste parolle en disant :

« Charles, nouvellement duc de Bourgongne, prince de grant venue et de haulte attente, fils d'un pere qui n'a pareil, et d'un duc dont le nom ternist les couronnes, que siez tu droit cy et te maintiens morne et pensif, et es en dedens toy encombré, ce me samble, en l'esperit, et au dehors tout alteré visiblement en tes moeurs et en tes manieres? droit cy, à dextre et à senestre, t'environnent multitude de gens, diversité d'hommes et de femmes qui te travaillent, te estonnent les oreilles, te encombrent la veue et l'entendement, te tirent par le mantel et par la robbe, et, couchié au lict, te hochent l'oreiller de ton repos. Les vecy, Charles, les vecy : je les te monstre. Ce sont personnages de nouvel affaire et de grant note, et lesquelz, posé que sambler porroit qu'il te deussent inferer passion, si sont ilz neantmoins de l'essence de ton nouvel estat et de la congruité aujourd'huy de ta haultesse. Regarde en moy, ô prince pensif, reprens vertu et vigueur devers toy, et entends et prens escout à mon estre. J'ay, à mon cler entendement, luminaire et estor le plus precieux de l'homme, qui, en la perplexité où je te vois ahers et assis, quasy tout entrepris entre faire et non faire, te viens à confort et monstrer que là où maintenant, poeult estre, te tiens à vexé de ceste diverse gent non aprins, tu tiendras à salut et grant fruict leur venue, et, cy apres, la presse qui te livrent à grant joye : si ne te esmaye en riens, je te prie, ne de chose que tu voyes ne fais murmure. Touttes ces personnes droit cy ont leur nom, leur nature et singuliere operation à toy servantes, sont de ta necessité hodierne et quasi ce mesmes que tu es, quierent ta personne et ton approce, desirent à estre veuz et ouys, et grant part de tes interiores vertus envers eux tournees. Leurs noms viendront cy aprez piece à piece, là où, par singulieres qualitez, par doctrine, et, comme le present mistere requiert que je commence et que je le te declare, expositeur ung apres aultre; dont, et pour ce que une dame, entre touttes aultres, droit cy se est mise à genoulx devant toy, et, comme la derniere venue, se est approchié à toy par importun langage, desirant avoir le premier escout, moy argue aulcunement en son importunité. Et, pour ce que l'impression m'en est plus ague, feray mon commencement sur elle; et, jà soit ce que les aultres soient de substance tres grande et de grant effect, et trop plus, poeult estre, que ceste, touttesfois, comme il convient avoir entree en touttes choses et en touttes matieres convenable addresse, ceste cy, la derniere venue, sera portiere et ouverture à touttes les aultres : laquelle, comme je la trouve baptisee de propre nom, et, avec son miroir qu'elle te monstre, se nomme *Cognoissance de toy meismes*. Et de ceste cognoissance, telle qu'elle est, et du fruict qu'elle t'a porté pareillement, et de son agreer si chauldement ta personne pour avoir le premier escout, et de la cause pourquoy, je te voeul assouffire, si que il te plaise tourner cy à benigne oreille et là où tu poeulx avoir diverse ymagination en cestuy acte, entens à la sieute du mistere.

« Cognoissance de toy meismes, doncqz, te vient premier adherdre; voire, et par samblant, voeult estre la premiere ouye, quant par singulier signe, à genoulx te fait singulier honneur: et en est la singularité du faire, ce sembleroit, aussi de singulier mouvement qui à ce la maine. Si convient ainsy entendre qu'elle sent aulcune chose estre en elle, par laquelle elle entend te povoir donner singulier fruict et advantage aussy, en la deduction d'aultres choses de singulier effect. Or, comme pour son dernier venir et de son ostencion droit cy porroit donner admiration de son importun semblant ne que à cela la porroit mouvoir si aigre, je, en son excuse, la declaire debvoir faire ainsy, et, devant tous aultres personnages, de combien haulte nature ilz soient, debvoir obtenir ton audience. Soyes en juge toy meismes et regarde que voeult dire le mot, et, le mot bien entendu, regarde quel lieu il doibt avoir emprez toy, premier ou dernier. Le mot te admonneste que, pour entree de tout salut et de tout bien, tu cognoisses et prende cognoissance de toy meismes, qui tu es en substance, quel tu es en fortune et en tous accidens; et certes, quand tu le regarderas et considereras, et vouldras cognoistre et entendre ce que tu es et quoy, ne dont tu viens et procedes, et ce que tu es advenir en temps futur, ne fait aultrement à croire que de tout ce present encombre droit cy de ceste gent que tu ignores que tu ne les sache bien desvoleper, et de tout ce que t'en poeult venir de fruict et de bien tu n'en saches bien faire ton preu.

« A venir, doncqz, à cognoistre qui tu es ne quoy, tu poeulx dire et juger toy meismes que tu es le filz du plus hault duc de la terre, le plus illustre et le plus fameux, le plus reputé de mille ans en çà, et de qui, en cas de fortune et de haulx et glorieux fais, se debvra et porra plus escripre. Tu es doncqz le filz d'un duc de

Bourgongne, dont le nom a esté grant en ton pere : si estoit il hault et redoubtable en ton grant pere, le duc Jehan, et, tiercement et plus avant encores, en ton ave, là où le oignon du royal lis dont tu es yssu prist ton essource. Quant doncqz tu regardes et consideres que tu es celluy, et que tu faiz et encommences la quarte generation de tels glorieux hommes, qui si haultement et si glorieusement ont regné en telle redoubtance, que te doibt il sembler aultrement, fors que regner et prosperer sur terre te sievent et doibvent appartenir de nature, et aussy naturellement de tes peres, comme leur patrimosne ? Raison evidente y a et bon argument; car, de ce dont separation n'a esté faicte en ton ave, en descendant, ains annexation plus et plus ferme de pere en filz, c'est de haulte fortune à haulte maison, ne se fera point fait esperer en toy le quatriesme sep, le grigneur des aultres. Considere meismes en quoy et par quoy ils ont regné et dominé : ceste vertu, tu en as aussy devers toy la possession et habondance. Ton ave, filz du roy Jehan de France, en la dignité de sa nature se acquist par commune voix le tiltre du bon duc ; et, combien que touttes aultres vertus y estoient, cestuy nom seullement luy estoit attribué par une preminence sur les aultres de son temps, car sa bonté vaincquoit et passoit toultes aultres par singulieres oeuvres. Luy, le plus josne et dernier des quatre, florissoit et parcreut : et se disposa et tourna son entendement à preudhommye à touttes ses oeuvres, et conclusions à l'integrité de ce royalme et de publicque salut : avoit le cœur à l'honneur de Dieu et du sien, et, en ce regard, gouvernoit seul ce royalme dessus son frere, et portoit le trosne de France, dont il estoit pillier, sur ses espaules. En luy se maintenoit beaulté et preudhommye, reverence vers Dieu et envers son tronc; et, en celle qualité, il merita benediction, non pas de Dieu tant seullement, mais des hommes, et de quoy les rays encores redondent et resplandissent sur toy. Vint apres luy le noble duc Jehan, son successeur, prince de reputation tres excelse, ne forlignant ne soy estordant des graces de son pere, ne de ses moeurs; mais, par contraires oblicques fortunes, circui de tribulations et de divers dangiers, fut compellé et constrainct de regner tout son temps en armes, efforceement encontre ses ennemis, et, à quoi les greigneurs pers de France, ses contraires, ne pooient mettre remede, tenoit Francois soubz sa vergue et Engletz en filiere. Si n'avoit en luy delicate condition ne molesse de char par quoy, à toutte heure, jour et nuict, ne fut prest à belliqueux encombre, avoit grant sens et peu de vices, veritable et prompt à tout bien faire : dont enfin, par envie et par dol, il enchei en piteuse mort, plus glorieuse pour lui, ainsy perpetree, que non. De luy sailly, et ainsy le vault Dieu, le grant lyon et duc ton pere, celluy en qui Dieu a doublé et mys en ung les benedictions de ses deux peres passez, et de qui si je volloye comprendre de reciter et raconter les haultes graces, singulieres beatitudes et glorieuses adventures que Dieu luy a donnees et envoyees, luy regnant, et de quoy poeuple et longtaines regions, livres et memoires des hommes sont comblez et pleines, ce me seroit trop eslongnance de ma voye et de ma matiere : mais tant en soeuffre bien dire, et moy je l'ose ainsy, sans encore la glorifier en ses vertus, et desquelz je laisse disputer entre Dieu et les hommes. En la terre n'avoit nul plus beaulx hommes de luy, ne myeulx doé, plus cler ne plus eslevé en fortune, ne à qui fin a esté gardee de meismes à la nature de son regne. Que diront de luy poeuples, ne que porront dire nations voisines ne foraines? n'est mort icelluy seul, qui a esté en la bonté et recommendation de tout le monde, et de qui, pour la felicité de sa personne, pour la transquilité de ses terres et pays, pour l'affluence des biens en iceux, pour la grande extencion de ses terres, pour ses victoires et battailles et haultes conduictes en guerre et en paix les hommes ont fait admiration, le ont deifié quasy entre aultres hommes, et le ont volu recognoistre quasi meilleur que homme. Or est il finé comme ses peres et t'a laissé en son lieu son successeur. Il avoit glorieux peres et tres fameux par devant luy, et luy ne a point empiré leur tiltre dont il te soit moindresse : il te a laissé seul leurs trois beatitudes, leurs trois benedictions et grandesses dont leurs regnes ont esté estorez. Il a laissé le regne d'un preudhomme, ton ave, le bon duc et le sage, le bien voulu de tout le monde, le sens, la beaulté de France et le parement, et l'honneur de crestienté en son temps : il a laissé en ton decorement encore le regne du plus vaillant prince de regnans, celluy à qui fer estoit annexé à sa char comme par nature, qui oncqz ne craignit effort, ne à qui peur oncqz ne donna mutation, et lequel, puissant en regne comme son pere, le ensievant de ses moeurs et conditions, ne luy fist point de blasme. Puis est venu ton noble pere, jà deffunct, que Dieu absolve, et t'a laissé le sien regne avec le decorement de ses peres. Quel? certes de tous celluy perce les nues et transvolle, et circuit les grandes mers, celluy dont il n'est nul pareil ne semblable entre les roys, ne entre les empereurs qui y approche de long temps. De celluy haultement regnant tu es l'unicque filz, et de ceulx glorieux hommes tu as receu trosne et regne. Tu es doncqz ton ave, le tres cler viellart, de qui tu empruntes splendeur, et tu es le tres redoubté prince ton grant pere, de cuy main tu l'augmentes; et tu es ton pere, le souverain de tous, en cuy gloire avec la tienne tu m'esblouys la veue, en luy tu rechoipz les trois benedictions passees, trois cleres fortunes de felicité et telle multiplicité de graces, que je ne scay se mieulx en loist le taire que le dire : le dire en pouroit tourner à excez et le taire à non reprise. Qui doncqz ce vois et te cognois tel homme, tel prince si glorieusement dirivé, de tronc en tronc, par pere du glorieux trosne de France, par mere du royal tronc de Portugal, cler comme estoille, et en as la sieute et les haultes possessions, les honneurs et les aornemens du monde, avec infinité de biens, et te vois josne prince, florissant et vert, bien doé de nature et excellentement pourveu en dons de grace, nulle part ayant voisins ne ton pareil, que doibs tu juger de toy aultrement, fors que tu es celluy seul en la terre le plus heureux et de qui Dieu, par benefice receu, doibt avoir de graces? N'y a roy en la terre, tant en dis je bien, de si hault coeur que tu es, ne de qui la fortune me samble estre reculee empres la tienne. Si, touttesfois, aulcuns d'iceulx te precedent en dignité de couronne, tu en precedes pluseurs et beaucoup en dignité de plus hault tiltre; tu as en toy la meule de leur envie, et sur laquelle ils aguisent leur convoit : c'est le hault regne de tes peres, duquel, touttesfois, comme ils s'en sont glorieusement chevy, tu te cheviras à leur exemple et y mettras peine.

« Comme doncqz tu cognois presentement et sens qui tu es en puissance et en gloire, et de qui tu les as tirees, et cognois aussy que à ung tel et si tres hault homme, et en telle dignité comme tu es, il y appartient avoir pensees et operations de meismes, avec saine et bonne volunté en bien, non merveilles, certes, se toutte ceste gent droit cy, qui sont connaturelz et une meismes chose avec toy, te circuisent et advironnent, et te donnent presse et vexation en ton esperit, chacun selon sa nature; car n'y a nul qui, en sa presentation devant toy et en son office faire, ne te serve et profitte. Exemple : velà *Soing*, ce bon chevalier, homme tres agu et pressant, ensemble *Soussy*, son frere, avec leur soeur, dame *Cure*, qui te naissent de l'ame tous trois, et te viennent soliciter le coeur et les esperis de ton affaire. Certes et ce font ilz deuement et bien, comme qui poisent et regardent, au jourd'huy, que soing et soussy, grant cure et grant solicitude te doibvent estre prochaines, et tenir touttes les veines de ton coeur enferrees en leurs ferremens ; car en accroissement de seignourie sieut voluntiers mutacion de corage, du meismes à l'estat. Qui est en la terre celluy qui ne dit que curieux soing et grant soussy, au jourd'huy, ne te soient propres et de ta necessité, et quasy impossible de les te fortraire, quant tu as le fardeau de l'honneur du monde entre les mains, la clef pour clorre et ouvrir humain salut, et l'auctorité de povoir faire ou deffaire ta propre benediction et l'aultruy? Voirement, et non sans cause, te duict bien cy avoir cure et grant soing comment tu besongneras en ces trois choses, et comment tu tiendras en estat l'ancien edifice que tes nobles peres y ont fondé dessus. O non plaise à

Dieu que ce ne te soit immobilement en l'oeul, et que ce glorieux edifice, de si longue main fabricqué et faict, tu n'ayes plus chier que ta vie! Tes peres, helas! le ont cuydé ediffier perpetuel, et tu, se Dieu plaist, ne frustreras point leur haulte expectation par petit y entendre.

« Vient apres ces trois cy ung aultre, et d'aultre presentation, et se nomme *Paour* : et te remonstre icelluy que, naturellement, il doibt avoir lieu emprez toy et continuel siege, disant que sans luy tu de legier te porroyes tordre et tourner à la voye oblicque, et par luy tu tiendras en balance et en longue suspence ton election, de paour de mal conclurre, comment il te remonstre. Et me samble que vray dit que paour, au jourd'huy, te sert merveilleusement et te est de fruict, et ne fust tant seullement que pour garder à sa necteté le trosne de tes engendreurs, lesquelz, par paour qu'ilz ont eu de mal faire et de ternir leur nom, le ont eslevé plus cler que fin or par curieux entremettre. Paour, telle comme droit cy, en hault homme est une salutaire vertu : elle a ung oeul eslevé en Dieu et l'autre en soy meismes, l'un en la garde d'aultruy honneur, et l'aultre en son propre, et ne soeuffre jamais prendre fourvoy à homme noble. Ceste paour ne acompaigna mye le roy Boam au decez de son pere, mais tost et follement la dechassa en arriere de luy, et, habandonnant le conseil des vieulx et des sages preudhommes, declina au conseil des josnes, à sa dure meschance; car, heritier du trosne sur douze ligniés, pour le povoir regir prestement, en perdit les dix par son oultrage. Son pere les avoit gouvernez soubz vergue de jong, et luy se presumoit de les conduire soubz vergue de fer : si failli à son pretendre, et les Manassiés s'en rebellerent, et prindrent ung aultre roy à son contraire. O comme fructueux exemple droit cy, et comme proffitable à la bien gouster! Salomon estoit filz de David, et leal et feable, à cuy Dieu avoit faict sempiterne promission, et en cuy faveur il conferma au dit Salomon, son filz, son regne et son trosne. Le trosne de David avoit esté faict et acreu à diverses foiz, à diverses cures et labeurs de battailles, et de grandes chevauchiés contre les ennemis de Dieu, et non oncqz, fors au dernier de ses jours, tout viellart, n'avoit eu quietude : tout son temps avoit maintenu les guerres encontre les estranges nations, avoit esté plain de soings et de cures toutte sa vie, et de ce de quoy oncqz il ne avoit eu fors sueur et travail, pour le mettre en ung, le laissa à son filz tout paisible et transquile. Le filz maintint son regne glorieusement, s'asseist ou trosne que son pere luy avoit preparé : ne luy besongna d'emprendre armes ne escu au col, tout trouvoit transquile et tout sien, en paix et en concorde, ne fit ne çà ne là deschirement ne fraction nulle : mais, comme se Dieu l'eust aymé, comme il fist, d'une singuliere amour, et faveur non jamais veue ailleurs, toutte la benediction du ciel et de la terre luy affluoit, ce sambloit, et luy felicitoit son regne, et tout en l'amour et en la bonté de son pere David, lequel avoit pris en grace. Se desvoya touttesfois ce Salomon en sa felicité, à tout son grant sens : et, en l'yvresse de tant de biens et de gloires, il oublia Dieu, perdy ceste paour que j'ay icy ramentue et courouca Dieu. Dieu n'en prist pas toutefois la vengance sur luy en son vivant, et tout pour l'amour de son pere : mais en son hoir luy promist dissipation et decadence de son regne. Qui est ce David icy? le prince de travail et de grandes cures portees, qui, à tant de diverses fois et encores tant de diverses mains, a ediffié et construict son trosne en ung entier: c'est le noble duc ton pere. Et le noble Salomon, qui tout treuve paisible, tout reflamboiant d'or et de perles, tout plain de benediction et de humain convoit? c'est ta haulte et heuree personne, que Dieu a volu beatifier ainsy en l'amour de ton pere espoir et pour estre le pillier de son poeuple, en quoy il te troeuva ydoine. Dea! si Salomon se oublia et se tordi, ne s'ensieut mye pour tant et n'est de necessité que tu faces ainsy : mais l'advertence en est fructueuse, pour tant qu'en l'affluence de tant de felicitez comme la sienne, la desvoyance y fait fort à craindre. Or es tu le vray ymage de ton pere David, et Dieu, en la sienne promesse et en la vertu qu'il t'a donné, te confermera ton regne en ton trosne sans le courroucer, et ne seras pas Roboam en cuy mains tout dissipa et rompi par confusion.

« Auprez de ceste Paour, dont j'ay fait mon compte, je voy ung personnage qui se nomme *Desir*: et icelluy, au samblant qu'il monstre, te quiert durement à tenir de pres et de te avoir en main, comme se sa nature portoit forte convenience et samblableté avec la tienne, doncqz moy, qui de ce me perchoy et me cognois assez en ton inclination, je luy loe de faire son office et de souvent te poindre et boutter avant, affin que ceste paour, qui te tient d'un lez, ne te tienne trop longuement en difficile conclurre; car, par trop longuement la tenir et trop ample, la paour te tourneroit à vice, par maniere de pusillanimité, et ne te souffriroit produire ne conclurre effect en temps et à point. Et, par ainsy, l'aigre desir que tu as et doibz avoir de bien faire, et de faire glorieuse et utile oeuvre, vient chauldier et poindre à l'aultre lez de la paour, pour emprendre et executer ce qui est de ton estat, de ton appartenir et de la necessité des choses, et desquelles les unes prendent et poevent tourner à gloire et à grant honneur pour toy, et les aultres à proffit et à utilité commune. Ne m'est doubte nulle que le desir ne te soit aigre de vivre et de regner haultement, et de adjouster encores, avec la gloire, nouvelle clarté par propres fais. Ce te vient de nature et de paternelle infusion, que tu le doibz ainsy; et la grandesse aussy de ta naissance et du noble sang dont tu es t'en sont cause. Touttesfois, doibs bien garder que le desir ne te pende point tant en l'honneur du monde, que le merite et le fruict de ton oeuvre ne te soit plus chier que la gloire qui en ensieut, ou aultrement tu declines à vanité, et vanité te payera de vaine paye.

« Je voy apres une dame emprez toy, et laquelle, à peu de parolle, te guygne de l'oeul souvent, et se nomme *Vergongne*, reprehensive, mais instructive; car, à dire vray, celle qui est reprehensive, elle presupose aulcuns meffaitz ou aulcuns vices commis, de quoy le commetteur à honte; et celle qui est instructive, elle baille l'advertence aux haulx et nobles corages de eux garder, sans riens qui soit de blasme ne de vice commettre : et est ceste vergongne instructive, celle qui se presente icy et qui est propre et de grant fruict pour toy, et louable et salutaire pour moult de causes. Ceste vergongne instructive, elle fait considerer à ung prince comment vices et meschancetez sont fort messeans à ung aultre de son estat semblable, et comment, par laidure de leurs fais, ils se acquierent laide grace et blasme de leurs fais et mesuz. Si s'en chastie volontiers qui sages est, et s'en corrige quant il les voit, et, par exemple, de ce dont il a honte de le veoir en aultruy se contregarde curieux en soy, affin de non cheoir en semblable. Tout homme curieux de son honneur doibt estre curieux aussy de son sens, par lequel il se conduict; car, par sens, il delaisse ce qui est à non emprendre. Quelle honte est ce et vergongne à ung prince, quant il delaisse et habandonne le train des nobles moeurs, et s'encline et adonne à paresse et à lacheté, en contraire de sa lignié. Certes, apres le cas commis, vergongne reprehensive y est toutte et en est l'homme deffait : mais, le cas non commis encores, et pendant le temps que ung prince varie tel fois et est tempté de chose non honneste, vergongne instructive droit cy le contretient et garde, en luy disant : « Que voeulx tu faire, homme? tu en seras deshonnoré. Tu vois les aultres blasmez du meismes de ce que tu voeulx faire, tu ne le feras pas. » Et en ceste advertence l'homme s'arreste et se advise, et, pour fuyr blasme, il delaisse ce qui est de malvais propos; et, pour merite acquerre et garder honneur, il observe et se mect au train de ce qui est honneste et de fruict benoicte. Et, doncqz, bien louable est ceste vergongne par laquelle les princes se troeuvent en paix et en arrest de leur necteté, et corrigent, et repriment leurs passions et vicieux propos qui les peuvent tempter et tirer à vice.

« De rechief je voy icy emprez toy, tout en ung flot, ung grant mont de femmes et d'hommes, et lesquelles, quant bien je les regarde touttes, sont de ta prochaineté, assez necessaires et quasi connaturelles, et se nomment Diverses cogitations, Parfonde pensee, Convoitise d'honneur, Noblesse de corage, Haultain propos, Ardeur de bien faire et de glorieusement vivre. Si me delitte droit cy, o noble duc, de t'en exposer ung peu grossement ce que je comprens de leur nature et de leur office emprez toy, et me samble voir que moult sont convenables et seantes à ta noble personne, et, que plus est, non bonnement separables; car trop te sont de pres et intrinsecques en l'ame. Exemple de *Diverse cogitation*. comment te porroit elle estre separee ne estorse, ne comment porroies tu vivre sans, quant tu as tant de diverses matieres et de diverses causes en quoy tu labeures intellectivement, que la multitude en empesche la discretion pour en distinguer par nombre? et comment porroies tu aussy, sans *Parfonde pensee?* qui as l'abisme des humains affaires entre mains, et qui touchent à l'ame et à l'honneur, et, sommierement, à tant de qualitez et de conditions d'hommes, comme tu as diversitez de pays et de diverses natures. Tu doibs à chascun voloir satisfaire, traicter chascun en nature de noble prince, gaigner coeurs et corages par vertu, les subgetz par bonne gouverne, les serviteurs par recognoissance, les nobles par bonne exemple, et les villes et citez par justice, en quel affaire et quy tout vouldroit bien peser et scrutiner, il y poeult seoir de parfonde pensee beaucoup et difficillement comprise, souvent, comment on en porra user; car à tant de difficultez respondre, et pourveoir à tout, n'est pas legiere chose. Ces deux dames, doncqz, ont grant exercite en toy et continuelle operation, et là où nonchaillance te porroit traire à oyseuse, qui est grant vice en prince, elles mettent ton josne boullon en multitude de charges, et par lesquelles te parfont et glorifient. Non moins en fait bon debvoir *Convoitise d'honneur*. Ceste là, où que tu te tournes ou voises, te sieut à queue et ne te laisse pas, ne ne te quictera jamais que tu ne parviengnes à ton intencion. Certes et non merveilles; car elle te tient d'hoirie et de succession, et de generation en generation, de long temps et d'ancienne noblesse qui te est infuse, et dont la loy voeult avoir sa nourriture en toy et son usage. Car tout hault homme, comme plus est hault tant plus convoite hault honneur et sollempnel oeuvre, et aultrement n'est point homme hault qui ne jouyt de hault tiltre, ceste convoitise d'honneur en ung prince est moult louable, car elle fait garder curieusement ce qui est acquis par luy ou par aultruy; et, de ce qui est à povoir acquerre par labeur, elle donne soing et attente : et, voluntiers, tous ceulx qui sont de cest esgard coustumierement sont haulx et eslevez corages, et netz et honnestes, sans reproce, et peu les voit on encheoir en mesuz. Et pour ce dit on voluntiers que : Qui ayme son honneur, il ayme son ame : et s'en ensieut que tout preudhomme doibt aymer son honneur, car nul ne poeult estre preudhomme sans aymer son ame. Si y a encores *Noblesse de corage*, *Haultain propos*, *Ardeur de bien faire et de glorieusement vivre*, qui te donnent de la peine beaucoup, et ne te laissent en nul repos : mais te font le coeur envoller l'une fois envers le ciel tout au plus hault, l'aultre fois à la rondeur de la terre par grant circuit toutte large, te promectre la mer povoir subjuguer en ta main et la terre en ta force; touttes voyes et manieres te font excogiter pour hault parattaindre, et pour en singuliers haulz fais acquerre singuliers loz. Cestes conditions et natures sont, et doibvent estre de l'essence de tout noble prince, et tant plus comme il est plus hault et d'excellent origine. Ton pere en a eu haulte et large portion, en son temps, de telles haultes et singulieres attainctes, et par lesquelles sa tombe reluit et gist perlisee glorieusement. Si n'est ce point hors de ta nature, ne de ton appartenir, si ces nobles meismes dames qui l'ont tenu de pres tout son temps, te sieuvent aussy et se joignent à toy par intencion samblable.

« Vrainment encores me perchoy d'une dame aultre qui se advance et laquelle, affin qu'elle ne soit oubliee pour la presse des autres, crie tout hault, et se nomme *Necessité publicque*, disant : « O tres noble et tres hault duc de Bourgongne, prince de haulte et renommee vertu, donne moy ton regard. Je suis publicque necessité, qui doy avoir lieu droit cy et escout en ton siege. Les princes de la terre sont ordonnés ad ce, et constitués, que par eulx et par leurs sens il soit pourveu en moy de mon affaire. Je suis celle à qui pend la conversation du monde, l'entretenement des hommes et la paix des corages, lors que je suis bien maintenue. » A tant se taist' ceste dame et n'en dit plus, et moy, du surplus, o noble duc, je feray son office. Si est vray, o tres hault prince, que ceste dame publicque necessité samble te voloir persuader que tu la prende fort en coeur, et que ton affaire tu pourvoies par grant sens, et que du sien affaire tu traictes et disposes par saines voyes; car, entens bien, en toy originelement doibt estre regardee la necessité publicque, comme pour toy et comme prince : et es aultres, les suppos de tes seignouries et divers pays, elle doibt estre regardee par toy comme participation universelle. Exemple : il est publicque necessité à toy, se tu voeulx vivre et regner, et avoir la benediction de ton pere, que au meismes point là où il a laissé tout, que tu te formes et reduises à icelluy pour estre son ressamble. Et que sera ce? ne quel sera ce point? Certes, c'est que tu te faces aymer cordialement à ung chascun, comme luy, que tu te faces prendre en dilection par ta doulceur, et craindre et avoir en reverence par ta justice. Ceste necessité principalement concerne à ta seulle personne, et non à aultre. Tu voeulx doncqz et quiers à regner puissant, et avoir en ta possession et main ce qui est de ton hoirie, et raison le voeult : mais, avec, convient il entendre que, comme tu appetes à avoir ce qui est de ton convoit et de ton amour, en semblable, et par la meisme raison, tu doibs appeter ce par quoy ce que tu aymes, ce sont tes pays, puissent demourer en estat ; ou, aultrement, ton amour ne serviroit à nul rien que à toy, et ce que tu debvroies aymer pour te tenir grant iroit à perissance. Ne fait à ygnorer que la seulle et souveraine felicité de leurs suppos pend en la prudence et vertueux usage des princes. Qui est au monde prudence plus grande, en ung prince, que de soy faire aymer? qui est plus vertueux usage en terre, ne de si grant fruict, que de gaigner les coeurs des hommes par reverence? prince aymé se fait reverer, et poeuple qui aime porte cremeur : de poeuple amy vient au prince richesse, et au prince cremu vient puissance de poeuple. Et qui est ce qui fait aymer? ce fait bonté tiree du fons de prince, et ce qu'il le fait craindre, ce fait sa vertu et sa justice roiddement maintenue. Et quelle provision vient au poeuple, ne quel fruict de cest amour de prince? certes tres hault et tres salutaire. Il en vient que touttes choses en sont observees et maintenues en ordre et en reigle, en divers estatz sont mises diverses ordonnances : en adversité de causes et d'accidens quotidiens sont mis divers remedes, et tout au salut et à la paix, et à l'entretenement du monde et à quoy les princes sont constituez d'avoir l'oeul et de y mettre attente, et cure à chascune personne et à chascune cause, à l'exigence et necessité de l'affaire. Là gist la publicque necessité que le prince doibt avoir en l'oeul, et en quoy, par amour et pour l'honneur de Dieu, qui à ce l'a commis, il doibt labourer et veiller. Et par ce faire, il gaigne les cœurs des hommes et se fait aymer; et par amour gaignié, il se fait doubter et craindre en son dedens et dehors, et en tire la substance. Il est doncqz publicque necessité que le poeuple soit bien traicté, qu'il soit gardé d'inconvenient, qu'il soit pourveu de ce qui est de salut, et administré de ce qui est de prouffit. En ces quatre poincts, et lesquels viennent de benefice de prince, est conservee et comprise tout humaine felicité, et entierement paracomply, aussy, le debvoir de principal vocation.

« De rechief je en voy trois nouvelles, lesquelles, au samblant qu'elles portent, te debvront donner du pensement beaucoup et de grans regretz en toy. Et se nomme la premiere *Consideration des humains affaires*, la seconde *Haulte pesanteur de tes pays*, et la tierce *Diverse condition et qualité de tes divers poeuples*, desquelles n'y a celle qui ne se repute bien valoir d'avoir escout et d'estre avec toy : traicte et maine chacune à sa nature. Venons doncqz à la premiere, qui se dit Consideration des humains affaires, et advisons en quoy et combien elle te compete de l'avoir en tes yeulx. Certes, à mon vray jugement, elle te compete à beaucoup, ce me semble; car, sans tourner ton entendement, parvenir à tiltre de bon prince et de qui le droit et le debvoir si est d'entendre au bien de ses hommes et de leurs affaires, comme commys ad ce et establi de Dieu par remede. Or sont les humains affaires comme les undes de la mer, infinies, fluctueus et mouvans à tous ventz : huy, tempestueuses et furibondes, bruyent et font une freeur espoventable; demain, seront paisibles et coyes, et se remecteront en nature. Ainsy sont les humains affaires : ilz sont infiniz et oultre toutte comprehension; ilz sourdent et s'esmoeuvent à tous ventz de fortune, ne jamais ne sont sans mutacions en ung endroit de la terre, d'une maniere en une aultre. Huy sont en guerre, demain en paix : huy conduisables, demain desesperables. N'y a stabilité nulle ne ferme arrest, sinon aultant que les gouverneurs des princes y mettent de leurs sens et de leur provision, par bonnes reigles et par bonnes loix, telle fois, à l'estroit et bien asseurement, telle fois, aussy, ung peu mollement et en moyenne doulceur, selon l'exigence des diverses natures et causes, lesquelles touttes sont à considerer à prince de hault regne. La mer se soeuffre naviguer par art et par sens, et par industrie d'homme, et conduit on, parmy les impetueuses et espoventables undes, le navire à port de salut : le patron qui le gouverne a tout en main; il a la vie, la mort de mille hommes en sa disposition; il pourvoit en ses offices dessoubz luy, et à chacun baille son entremise; et luy meismes, pour le salut de tous, il veille, il traveille, il pense et solicite chacun à faire son debvoir, et ne donne repos à nulluy jusquez ad ce que chacun soit hors de peril tout oultre. Tel doibt estre d'un prince qui, par les diverses tribulations et variations de ce monde, a poeuples et diverses nations à conduire, et desquelz il avoit le soing pour les mener à sauf. Luy premierement et sur tous doibt avoir le souverain regard, et, pour plus aiseement en venir à bonne fin, il doibt mettre en pratique sa conduicte par diverses mains, par divers offices gens utiles et laborieux, et luy, tousjours veillant et entendant sur eulx par le moyen de sa solicitude, il menera à sauf et à port ce que il a en garde.

« L'aultre dame, qui se nomme Pesanteur de tes pays, se ramentoit maintenant droit cy. Si fait Diverse condition et qualité de tes divers poeuples, et desirent fort que tu entendes à elles et que tu les cognoisses. Quant à la premiere, qui se nomme Pesanteur de tes pays, n'est de merveilles se elle se presente à toy et se ramentoit; car te dis bien, sans faulte, que la pesanteur de tes pays est grande, et non pas grande, mais admirablement de grand estime et de grand importance. Elle est grande en nature de situation où ilz sont, elle est grande en la nature de l'habitacion qui y est, elle est grande en la qualité et condition des habitans qui y sont sans nombre, elle est grande en consideration de leur ancien tout viel ploy et usage, dont se souffreroient frustrer ne rompre, elle est grande en consideration de leurs richesses et grandes puissances de leurs usages, et privileges de leurs loix, lesquelles voeullent avoir observees, elle est grande, encore, en consideration de ce que, depuis mille ans, et avant que premierement furent habitez, ce ont esté les pays des parties d'occident les plus populeux, les mieulx edifiez de fortz et de villes, les mieulz stabititez et pourveuz de loix, les mieulx et les plus submis à justice, les mieulx usant et habituez de marchandises, les plus certains pour touttes nations recepvoir, les plus sages et les plus expers en touttes nations subtilles, les plus riches et les plus habondans en biens, les mieulx et les plus haultement gouvernez de haulx princes, et les plus tenus en francise et en grant police qui fussent en la terre. Par quoy, tout ce consideré, et quel est la nature de tel peuple et de telz pays, quelle est la preeminence des haultx titres et des haultes graces qui y sont et qui se voyent à l'oeul, et que la duration en a esté si anchienne et si glorieuse, et que leur transquilité et paix a esté si curieusement observee tousjours, et deffendue par tant de haulx et nobles princes, sans que oncqz l'on mordit en eux, ne que on les violat, pitié seroit et amere dolleur se en toy ceste glorieuse felicité prenoit fin ne amoindrenement, qui es le grigneur encore et de plus grant attente que oncqz nul de tes peres, et qui plus y doibz mectre peine et soing pour le conserver en estre.

O et comment te doibvent donner à penser parfondement cincq ou six aultres dames que je voy icy devant toy d'une felle maniere et hideuse, et desquelles la premiere se nomme *l'Inimitié des roix* et des princes tes hayneux, l'envie et hayne des francois et des voisines nations, murmure, machination, fraulde et deception couvertes, et desquelles touttes ensemble les menaches et evidens perilz apparent et les voit on à l'oeul. Si convient encore à toutte la charge que tu as de toy conduyre et gouverner avec tes subgetz que en ces dames icy, qui touchent à la vie et à l'honneur de ta personne, tu souverainement regardes et entendes; car du lez dont plus tost te poeult venir le hazart se doibt plus tost mettre le remede. Inimitiés sont dures et font à craindre, et souverainement en ceulx qui portent injure non vengee. Tu scés à qui tu as poincté, et à quelle cause, et es assés expert des corages de ceulx qui ne te sont point amys : si aujourd'hui ilz different d'executer leurs hayneux propos, demain s'en metteront en peine et se essayeront en ta personne. S'ilz poevent, ilz s'en vengeront sur les tiens; et là où ilz ne porront aller par effect et par main mise, soubz couverte et longue machination feront venir et envoyeront fraulde en jeu pour te vaincre. C'est celle seule soubz qui se faindront voloir entendre à ton amitié reconciliee : mais ce sera pour te deffaire. La hayne y est congree trop ancienne, et l'envie trop multiforme redoublee. Envie et hayne sont nees avec francois encontre ta maison; les meres en respandent le lait en la bouche de leurs enfans au bers, et est chose si connaturelle à eulx, qu'il convient ou que France produise une nouvelle generation toutte aultre de ceste, ou que ta maison de Bourgongne soit foullee aux piedz et toutte demolie. Jamais aultrement n'y aura concorde en ton bien : ce sont les deux extremitez, bien difficilles touttesfois. Et pour ce que je les trouve difficiles, je juge difficilement y povoir trouver bonne amour. Là où, doncqz, l'amour ne se poeult trouver fors soubz doubte, ruses et scrupuleuses voyes, il se convient pourveoir encontre l'inimitié par convenables remedes. Ennemy veille et ne cesse de songer mal: tu en as, tu le scez bien, de malicieux songeurs contre toy, et lesquelz sont nez de celle heure que jamais bien ne te feront. Touttefois ilz sont creatures et œuvre de Dieu, et leur preste Dieu regne et vie : mais ce poeult estre au bien et à la gloire d'autruy qui, par ce moyen, exercent leurs vertus et s'en font aprez louer et recommander. Les aspres et dures fortunes souvent, en josne eage, font croistre et devenir glorieux viellars : le fer s'aguise et se pollist sur la dure pierre, et le vertueux homme sur ces durs affaires. Ton pere a eu de durs passages beaucoup et de bien estroitz, et lesquelz, aprez les avoir passés, les a trouvés larges et delectables. Ne fut oncqz, jusquez à son tout viel eage, sans avoir des escuremens contre la dure pierre; touttefois n'y est oncqz succumbé; aussy ne feras, espoir m'est : il a eu les inimitiés les non pareilles du monde, il les a glorieusement vaincues touttes, et tu aussy les vaincqueras, se à toy ne tient. Comment à toy ? c'est que tu y pourvoies par sens, et par obeir au conseil des sages preudhommes et expers d'eage, que tu te fies en iceulx dont tu cognois les bonnes moeurs, les vertus et les recommandations, et que tu ne mettes point ton corps en mains de legiere sorte, ne ton secret en bouche de flatteur. Tu en as veu des meschiez et de grans griefz advenir : pense se je dis vray. Ton grant pere en fut murdri, et toy le as cuydé estre : ton pere en a esté menaché, mais son heur ne l'a souffert. Tu viz encores en semblables menaches, mais Dieu, qui est ta garde et ton meneur, te preservera de tout. Tu es à luy : la foy saulve l'homme et sa bonne vie. Mais Dieu voeult que l'on se ayde et que l'en se ordonne et arme de nobles œuvres et de vertueulx faictz, et que l'on mette son faict et son estat en nobles et sages mains, et en preudhomme, pondereux conseil, et que l'on se fortifie de l'amour et benivolence de son poeuple et de ses nobles, par lesquelz on achieve les grans fais et les dures impulsions des ennemis. Prince qui est bien amé de ses nobles ne poeult succumber : il est riche de precieuse chair et a du sang à commandement, comme d'eaue en mer. O noble amour et bien employé qui là se tourne; et comme est grant pitié et plorable, quant prince à ce ne regarde. Ton pere avoit coeur, ratte et polmons; il avoit les vies et les substances de ses subgectz, et leur estoit son aspect habandonnement à la mort.

« Tout à ce dernier, et comme en queue, je voy venir avant encore ung personnage d'homme, froidement enmanieré et de bonne mode, et, comme je perchoy de son estre, il porte quatre noms : le premier si est *Regard à son debvoir*, le second *Regard à sa vocation*, le tiers se dit *Regard à sa glorieuse fortune*, le quart *Regard à multitude de divers grans exemples*. Or, tres hault et tres excellent duc, icy te plaise à entendre, je te prie, à l'exposition de ces quatre, et par lesquelz je voeulx conclurre et faire fin en ceste matiere; car n'y voys mais chose nulle, ne mistere qui me donne plus loy de parler. Et me samble qu'en tant qu'il touche ne competer poeult à ton noble et principal estat, à ta haulte et excellente personne, ne aux presens affaires de tes subgectz, pays et seignouries, tout y sera à suffisance compris, touchié et remonstré dedens pour aultant de l'effect que la vision et du mistere presant porte et là où je voeul copper. Or, doncqz, regarde à ton debvoir qui te vient admonester droit cy en son premier tiltre, et fais bien. Mais poeulx demander de quoy, ne de quel chose te voeult il donner l'enhort, et je respons que de moult grant chose et fort convenable; car il te voeult faire muser et penser à ce que tu doibz, et à ce à quoy tu es oblegé, par contraire de ce qui te porroit mal seoir et que tu doibs laisser. Qu'esse doncqz qui te porroit bien seoir ou mal, ne en quoy tu porras acquicter ton debvoir ou non? ce sont vertus ou vices. Vertus et bonnes œuvres te doibvent estre connaturelles, et les vicieuses moeurs aneanties. Quelle chose doncques appellerons nous debvoir en toy, ne à quoy tu es oblegé, ne de quelles vertus dirons nous qu'il te convient user en acquictant nature? je respons, certes, que non d'une vertu ne de deux, ne de trois, ne de telles, mais de touttes les plus haultes et les plus dignes, et les plus glorieuses dont adviser te porras ne ymaginer, et desquelles les plus haulx rois du monde du temps de jadis, et les plus parfaitz, et les mieulx adressez, et le plus renommés le ont fait en leurs temps, si comme on trouve en leur temps comme ilz ont esté decorez et parez, et qui ont en leur maniere de faire et de vaincre, et par leur hault sens, et par manificques courages, empris et conduict les haulx dangereux fais, conquis et submis royalmes et diverses nations, ediffié poeuples en police et en bonnes loix, et plus gaigné leurs corages par engin que par force, tant que la renommee leur en dure et durera tous les siecles. Donc, comme tu es aujourd'huy l'un des haulx princes de la terre et des plus eslevez, et, ausquelz pres, le second ou le tiers du monde, il est convenable que tu aussy, à l'advenant de ta haulte eslevee fortune, tu acquieres par singuliers faitz la renommee de meismes, et que tu face resplendir par vertu ce que fortune te donne par faveur. N'entens tu pas que possession de haulte seignourie, soit de sceptre ou de couronne, au malvais ung tirant tel fois possede, et regne au dur et à l'annuy d'aultruy? mais si n'a il tiltre, pourtant, fors de regner et que l'on dit de luy : Ung tel est roy. Mais le bon, qui regne en sa bonté, en son noble et vertueulx corage, et en consideration de son estat, celuy clarifie sa fortune par sa glorieuse renommee et fait resplendir son nom par la singularité de ses fais. Porter nom de prince tant seullement, c'est povre tiltre : sotz et povres personnages le portent; bossus, contrefais et aulcuns de perverse vie s'en parent. Ilz ont les possessions ou les noms sur quoy ilz se grandissent, et posé qu'ilz soient de troncq et de nom, si n'y a sieute nulle aultre que de vanité, ne bonnes moeurs, ne bon exemple : mais porter nom de prince princiant, c'est ung hault tiltre. Icelluy tiltre tant seullement compete à glorieux hommes, à princes de haulte renommee, qui exercent et exposent tous leurs engins en honneur, en bien faire et en bien regir : ceulx là sont princes à droit et tout à bon. Dignes sont de porter sceptre, et d'avoir regne et possession ; car le fait y est : et vault myeulx ung povre homme que vertu accompaigne venir à tiltre de roy et à coronne non doé de nature. Riens ne fait digne l'homme que ses bonnes moeurs, et riens ne le fait cler que ses biensfais, et son loablement proposer de soy acquicter en son debvoir, ou certes envers Dieu, envers soy meismes, envers son propre honneur, envers son propre salut, envers ses subgetz par equicté maintenir, envers ses nobles par les cognoistre, envers ses serviteurs par les remunerer, envers les bons et dignes par les advancier, envers les sages par les attraire, et les vaillans honnorer et tenir en amour par singulier benefice. Ne doibt avoir ung noble prince riens frustré en luy, riens cassé, ne riens vain : tout doibt avoir lieu, et note ce qu'il faict : tout doibt estre juste, et compasse l'effect à la cause ; et là où le fait ne poeult estre tousjours, que la volonté, pour le moins, s'y monstre. Belles parolles, doulces responces, amyables promesses de princes contentent les hommes : belles parolles mainent à mort. Si cuyde que plus est de fruict ung prince doulx et fort tenant, que ung rude bien large et de pervers affaire. Ne vault aultre chose à ung prince fors qu'il entende à son nom, qu'il entende que voeult dire prince et qu'il signifie, et lors, aprez l'entendre, il en prende l'effect, si luy plaist, devers luy, ou le delaisse. Si le prend aprez bien l'entendre, il s'estore bien ; et s'il le delaisse, il vit obscurement, il se monstre homme commun et de bas affaire, qui se doibt faire regarder comme le ciel.

« Or doy je parler, maintenant, de *Regard à sa vocation* et de ce à quoy il pretend envers toy. Certes il te voeult donner à entendre que ta vocation est d'estre le refuge du poeuple, le centre et le comble de leur ressort, et à qui ilz poevent et doibvent prendre chief et production, et advance de tout leur salut : dont, pour ce que infinie multitude d'hommes ne se poeult unir et concorder à soy sans chef de telle infinité, affin de les maintenir en reigle, dont comme ceste reigle sortit à diverses fins et effectz, comment doncqz elle se contourne en diverses vertus, et lesquelles sont de ta vocation, disons doncqz quelles sont les reigles ne les vertus de ta vocation. Et je dis, premierement, que ce sont justice, equitté, droicture en tous cas, parfond regard, frequente solicitude, diligence en commun bien, attente à salut et providence de paix, nourrir poeuple en cremeur, et aussy, pareillement, les nobles hommes en bonne amour, les pays en transquilité et bonne ordre, et iceulx preserver et deffendre d'ennemis, laisser ce que l'on troeuve bon en son estat, et ce qui va combre de le reduyre selon le faisable, user de sens et de raison, non de volonté, regner sur toy premier que sur aultre, et sur ton poeuple par doulceur, et en ton dehors par cremeur, avoir Dieu et saincte Eglise en reverence, propos à tout bien faire, d'estre exemple de bien au monde, et de dresser touttes les voyes à bonne fin. Cestes sont, avec pluseurs aultres, les conditions et les vertus qui duysent à ta vocation et qui sont de l'appartenance de ton estat et de ta personne, et en quelles il est apparence et espoir grant que tu floriras et floris, et en seras hault et loable à qui que Dieu doint.

« Que dirons nous du *Regard à ta glorieuse personne?* siet il icy ramentevoir, ne qu'on en face repetition? raison me juge que ouy, et que c'est chose convenable d'en gouster bien ce qui est de l'effect. L'on dit volontiers que ce qui est acquis chierement et en longz travaulx et dangiers, il doibt estre de chiere garde, et en doibt l'en avoir tant plus de soing comme il est hault et de chier acquest : chose obtenue et acquise ne vault que au poix de ce que l'acquerant en faict pris; et pour ce que le regard que l'homme y mect a l'equivalent de ce que la chose luy monte, si elle luy est grande, il y mect grand regard, et s'il luy samble petite, il en fait aussy moins de poix. Venons doncqz à ceste fortune et sur laquelle tu doibz asseoir ton regard, et voyons de quelle estime elle te poeult estre, ne de quelle reputation. Quant est à ce qu'il en samble aux hommes, elle est merveilleusement haulte : mais se l'estime en est samblable à toy, cela pend en doubte; et pour ce que la doubte y est, et que la faulte de la condigne reputation y porroit cheoir, ce regard droit cy te vient admonnester d'entendre à fortune, laquelle est affin que tu entendes quelle elle est, ne quel nom. Il la te baptise glorieuse, et, voirement, en bonne equitté, bien l'a baptisee ainsy; car, certes, glorieuse est elle et tres excelse, et sur toutte commune condition ailleurs peradmirable. Doncqz, pour en parler au vray, en touttes qualitez et dons qui sont du povoir de fortune, à ton noble pere et à toy elle en a donné tout l'extreme, ne a riens recoppé en l'un ne retaillé en l'aultre ce de quoy elle poeult enrichir tout homme : tout a converti à toy seul : à toy seul a ouvert son tresor, là où, nulle part, n'en distribue que par portion, cy d'une maniere, là d'une aultre. Veons doncqz quelles sont ces largesses de fortune envers toy, et les dons si extremes dont elle te sert. Ne sont ce les richesses, si grandes que le tout ne poeult estre compris? ne sont ce honneurs et exaltacions, egales avec les roix? ne sont ce puissances et anciennes possessions de seignouries, non moindres que royaulmes? ne sont ce faveurs et reverences de subgectz, nulle part trouvees semblables? ne sont ce aspirations des cieulx et des dieux, se ainsy parler on osoit, qui te donnent et ont envoyé à ton feu noble pere et à toy, gloires et victoires les plus admirables et les plus redoublees de la terre, avec touttes aultres benedictions, felicités et beatitudes, touttes gratuides et complacences si avant, et tout ainsy que souhait et convoit de cœur porroit appeter ne demander à Dieu, et dont l'approbation te reffiert au front et te fait cognoistre que nulle part du monde, ne loingz ne prez, l'en ne troeuve ainsy? c'est bien une glorieuse fortune, doncqz, et bien resplendissant, qui ainsy passe touttes aultres, et fait bien à tenir à chiere que l'a si faicte. Cesar prepara le triumphal empire et l'ediffia sur l'univers monde : l'Auguste, son nepveu, cler en vertu de son oncle, le possessa paisible, et en Tibere se declina la gloire de l'imperial acquest. Doleur, donqz, et reproche à Tibere de perdre l'integrité de si haultes gens comme les deux; et fault dire, ou que la vertu luy fut moindre que de aultres, ou son eur. Si vertu luy failly, ce luy fut reproce; et s'il tenoit à eur, si luy tourne il à charge, car n'estoit point bien volu des dieux. Le noble duc mort a esté Cesar : tu es et seras, si plaist à Dieu, le vray Auguste. Tu auras, si luy plaist, le tout en ta paix et fruycion; tu appaiseras les rebellions, et seras produyseur de unyon et de paix, partout où seras, en tes moeurs et beaulx exemples, comme deifié des hommes, entreteneur de ton trosne, non dissipeur, non elat ne enfieri en ton exaltation, corrigeur des malvais et l'exalteur des bons; et, rendant graces à Dieu de tant de biens, tu recognoistras ta glorieuse fortune et toy meismes, comme fist icelluy que Dieu tant beatiffia, qui voult naistre soubz luy et en son regne, comme j'espoir sur toy. Il porra renaistre encore tout nouvel en coeur des hommes, et se corrigeront les vices et les malvaistiés qui courrent aujourd'huy, et se revelera la foy de Dieu et l'honneur de l'Eglise en vigueur. Soubz les preudhommes princes et de leal coeur faict Dieu naistre, coustumierement, toutte felicité, habondance de paix et d'amour : et, par contraire, soubz prince tyrant, derrision en tous estas. Les hommes sievent leurs princes en exemple : c'est chose experte et cogneue. Leal homme, doncqz, et vray coeur, il cognoist les biens que Dieu luy a fait, il cognoist sa gloire et sa haulte felicité, il cognoist sa glorieuse fortune et la pourpense souvent ; et, selon ce, il se dispose et ordonne de luy en rendre grace, et d'en estre curieux gardeur sans decadence, laquelle ne fait jamais fors par couroucer Dieu et habandonner vertus. Cognoistre ce qu'on a, fait aymer : amour faict chierement garder d'une fruition, et joyeux pose de ce qui est de garde.

« Reste doncqz le dernier regard, celluy qui se nomme *Regard à divers haulx fais et grans exemples*, et duquel, pour faire usage du present mistere, il convient que j'en expose ce qu y fait à entendre. Regardons doncqz quel fruict il y a en avoir son regard assis en divers exemples, ne d'avoir son oeul rué en dehors de soy bien loingz, pour le retirer de pres arriere en dedens soy, à rapport et à gaigne. Certes, là où le rapport se faict de fruict et de lucre, il samble que le ruage y a esté fait à bon preu et à cause honneste. Les philozophes demonstrent que nostre humaine cognoissance nous procede et nait des choses exteriores, sensibles et capables par sens, et puis, par ung retour en devers nous, les bouttons en nostre entendement et en reservons l'ymage : et, par ainsy, la vertu sensitive esmoeult et mect en œuvre la vertu intellective. Comme doncqz cecy est vray, et que par touttes les choses qui en terre sont et jusquez au mouvement du ciel cecy se proeuve, utile chose est doncqz et tres necessaire que, pour soy assagir et faire cler par dedens, que l'on rue donqz les yeulx dehors soy et là envers, dont on ne poeult retirer clarté. Question est pourquoy ne poeult l'adveugle jugier des couleurs : response est pour ce qu'il n'en vit oncqz nulles et qui n'a point en luy la sensitive qui luy en fait le rapport. Il ignore la difference du blanc au noir. Appert, doncques, que la vertu sensitive du corps informe et enbesogne la puissance interiore, qui est en l'ame. Ramenons doncqz au propos cest argument : l'aveugle, qui oncqz ne vit blancq, ne scet comprendre aussy que c'est de noir ; et qui oncqz ne vit clarté, ne scet que c'est de tenebres. En luy ne poeult avoir nulles impressions de nulle riens, par carence de la vertu visine, qui fait les presentations. A qui acompagnerons nous l'adveugle? à ung prince ignorant. A quoy le blancq et le noir? à vertu et à vice. A quoy clarté et tenebres? à glorieusement et obscurement vivre, à vivre à prudence et à grant aguet, ou à vivre à nonchaillance, inutile à soy meismes. Comme, doncqz, prince ignorant est de grant grief au poeuple, et, que plus est, à luy meismes en ame et en corps, est comme ung homme despect et imparfaict, demy homme, demy riens ; ne vise ne à clarté ne à tenebres, ne au blanc ne au noir, car ne les cognoist ; ne vise que à mettre jour apres jour, en brutal usage. Par contraire, prince prudent et enluminé d'entendement, tout premier il pourveoit à luy meismes, et, par ce moyen, il pourveoit à son poeuple; et est la charité de luy à luy plus necessaire que de luy à aultre. En sa prudence, doncqz, et par ce qu'il a la cognoissance du blancq et du noir, il se adhere au blanc par election, il prefere clarté de tenebres, et sapience devant ignorance, il prefere glorieusement vivre devant vie obscure, et bien voyager et bien faire devant vanité et folie. Il a doncqz son election au blanc, qui luy representente les vertus; il a son amour en clarté, figure de glorieuse vie : et, par contraire, il contempne le noir pour sa laide representation, et les tenebres, il les fuit pour ce que à l'ame il les voit contraires; laquelle ame est clere et resplendissant en soy, et, par ce, elle ayme ce qui est son semblable. Que dirons nous, doncqz, de ces exemples dont parlé est dessus, et cause de quoy nous avons fait ces premisses? Exemples, vray est, sont de la nature des couleurs : les ungz sont blancz et les aultres sont noirs, les ungz obscurs et les aultres bien clers, et tous deux, neantmoins, les blancz et les noirs, et les clers et les obscurs, servent à ung sage prince : en ung endroit, pour luy eslever le corage en leur bonne demonstrance; en l'aultre, pour luy reprimer son desvoy par leur cogneu reproche. Ceste discrecion ne se troeuve point en prince ignorant : prince ignorant ne assiet nulle election, et si, d'avanture, il en assiet aulcune, si le assiet il en ce qui est de sa nature, en choses viles et basses; car n'a clarté en luy par quoy clarté luy soit de reputation. Telz sont les princes qui sont plains de lassiveté et d'ordure, tous enveloppez de charnelle volupté, qui mettent leur tresor en fange puant et le trosne de leur plaisir en volonté desbridee. Sages princes et de hault corage le mettent bien en lieu plus noble, et, nonobstant que la char tire et vainc tel fois, si le mettent ilz en precieux estuy tant hault, là où le soleil fiert dessus, et en fait tourner la reverberation en terre, tant que les yeulx des hommes et les memoires s'en remplissent et s'en clarifient iceulx, et si fais. Princes, au temps qu'ilz regnent, sont exemple et miroir, par ainsy faire, à leurs contemporains et à ceulx qui aprez viennent : ilz laissent en memoire leur vie, par exemple de les ensievir. S'ensieut, doncqz, que les biens vivans clers hommes sont et doibvent estre exemple à aultres de clere vocation et de cler corage; et, par la cognoissance et dilection que l'en a à celle clarté, necessairement, aussy, l'on se doibt tourner à la cognoissance des exemples obscures, par ce que la lecon pend entre choses contraires.

« Venons doncqz à alleguer nos exemples, soit en personnes, soit en cas advenus, par quoy nous puissons tirer fruict et parattaindre à nos demonstrances. Histoires et sainctes escriptures sont pleines des ungz et des aultres, de vertueux princes et de grant los, et d'aultres de povre recommandation. Les hommes vont en comparation avec les arbres, sont fertiles et rendent bon fruict, aultres steriles et ne servent à riens; et si, d'adventure, ilz produisent fruict, si est il sur et malvais : tout tel est il des hommes. Il est de beaulx hommes et de haulte extraction assez, et desquelz le fruict est de petit pris; et si en est d'aultres de moindre apparence, et dont le fruict est excellent et noble. La

beaulté ne fait riens à la vertu, ne la haulte extraction
à la noble vie : mais la noble rachine du coeur pro-
duict le noble fruict. Souvent on voit les fleurs cham-
pestres medicinales devant les cultivees en jardin royal,
et les moins belles devant les especialles. Cecy je ra-
maine à exemple, par doeul que j'ay des choses veues,
et que nobles hommes de hault royal lict et aultres
souvent de singuliere beaulté et de forme portent fruict,
le produisent tout au contraire à leur beau semblant,
et, que pis vault, contraire à leur rachine original
dont ilz naissent. Soubz le nom de noble arbre, ilz
portent de villain fruict : et, soubz beaulté de figure
et de couleur, portent fleurs sans vertu. Jugeons s'il
est vray, et advisons quantz il en est. Je dis que la plus
part des grans du monde sont telz : et eulx, qui deb-
vroient monstrer et boutter avant les fleurs de perfection et de bon exemple, ce sont ceulx qui sont les
plus forlignans et les plus bastardz en bien faire, se
desnaturent sans honte et ne ont vergongne de porter
reproche, et d'estre aultres en effect qu'en appartenir ;
se confient et se presument en leurs haultesses, ne
comptent à nulles parolles que les gens dient, et concluent que tout ce qui leur vient à gré leur est loisible.
S'ilz le osent penser, ilz le poeuvent faire ; subgectz ne
sont à nulle loy ne à chastoy de nulluy ; ne leur chault
quel fruict porte leur vie, mais qu'elle plaise à eux
meismes : la vie est leur, ilz sont grans et haulx en
dignité, si en voeullent user comme pour eux, dont en
effect largement et en grant nombre s'en pert tous les
jours, et s'evanoyssent et moeurent Dieu scet comment. Ilz vivent sensuellement, non en raison ; ilz
vivent de vie en volupté et en delectation de la char

purement, obeissent à leur inclination; non riens demonstre en eulx fors orgoeul et haulx apparaulx; vestent le dehors precieusement, dont le dedens n'est que tien; et de la sueur des povres et de leurs dures labeurs se grandissent par les rues; n'y a sieute de fruict nul, fors d'ignorance et de vanité, et contempnent scavoir et d'estre remontrez; de Dieu font petit poiz, le oublient le plus du temps, et du dernier et du plus froit du cœur le servent; tout leur temps ilz le passent en vanité, en ignorance et en ingratitude. Si font briefve termination, souvent, et fort doubteuse, et vivent comme bestes, et moeurent si fais.

« Quant, doncqz, entre si fais et haulx hommes, roix et princes de la terre, et desquelz je debveroye bien nommeement les exemples dire, il eschiet que ung ou deux entre tous eulx se addressent à bien, et rendent et portent fruict de perfection et de vertu, ceulx là se font regarder par exemple, ceulx là se font preferer en honneur et en loz : et comme l'estoile du matin se fait cognoistre en l'aube du jour, tout ainsy se fait cognoistre le prince en sa vertu sur les aultres. Entre cent millions d'estoilles au ciel n'y a que sept planettes, et en la rondeur de la terre, souvent, n'y a que ung prince cler. O bien heuré celluy! et ung seul soleil enlumine tout le ciel : lune et planettes se refont en luy seul. Tout ainsy poeult ung prince seul en addresser ung grant nombre d'aultres, et les parfaire, et font l'exemple et patron l'un à l'autre par ung chef. Ung prince de vertu en sa vie, il reprime et corrige ses subgectz, il leur recoppe ce qui est de salut, il proffitte à luy et à aultruy, il tient la terre et la mer sans vent d'orage, il tient Dieu benevolent envers son poeuple et le poeuple recognoissant de sa grace. Ne tient que à ung prince de vertu que le ciel et la terre, et les anges et les hommes, ne soient en ung compasse non divisibles, et que ung voloir ne soit commun à eulx tous. Or devisons des planettes non divisibles en tout le grant cercle du ciel, qui sont iceulx, et de l'estoille journal, qui est seulle au monde. Quant au ciel, le soleil se prefere, et, combien que les aultres se monstrent clers, si est ce en sa vertu. Ainsy est il : en la terre n'a que ung soleil, de qui tous les aultres principaulx estats prennent refulgence, le Pappe l'un, l'Empereur l'aultre. De ce qui fault, d'aventure, en tous les deux, ce se mect et se recoeuvre en la tres crestienne maison : au moins se doibt ainsy entendre. L'estoille journal, qui est ce? c'est celluy qui, realment et par effect, se fait grandir et cognoistre en ses cleres oeuvres et en ses clers exemples, et devant tous ceulx de son semblable estat. Princes et roix se font apparoir en leur clere vie : icelluy, quant moindre seroit d'un roy, si est il radressé de royal estat; en ce qu'il se prefere en clarté d'exemple, en tant se prefere il en dignité de personne. Le soleil soeuffre eclipse tel foiz et en tel temps, aussy il soeuffre tenebres ou rougeurs comme sang, et en est le ciel tout alteré et de jugement tout estrange. Se, par semblable, empereurs ou roix aulcuns les supereminens se desvoient ou desnaturent, ne s'ensieut mie que toutte la girarchie des princes en dessoubz eulx se fine pour tant avec eulx, ne se desmoeuvent de naturel ordre : cela ne se fait que à temps et à terme, et vertu en coeur d'homme, où que ce soit, demeure perpetuelle. Qui doncqz, en temps que clarté fault, reliesve clarté et la monstre? c'est celluy qui se fait cognoistre et veoir en temps d'eclipse. L'en voit l'homme en ses fais, et en ses moeurs on le juge. Se l'empereur fault, le tres crestien roy le recoeuvre : et se faulte a en celluy, aultre de son sang ou de son trosne le restore, le royal pere ne poeult perir pour ung corps retrograde. Souvent le moindre exerce l'office du plus grant, et est toutte une maison saulvee en la fermetté d'un pillier.

« Laissons les empereurs, n'y querons riens, ne faisons mention de leur clarté ne de leur exemple : ce qui est de eulx, il est veu. Venons aux empereurs du trosne de France, et voyons droit là qui nous est exemple : et delaissant Charlemaine et Pepin, prenons nous à nostre plus prez, là où il nous duict. Prenons nous au roy Charles cincquiesme, lequel, trouvant son pere prisonnier et les nobles du royalme, espuissé en finance jusquez faire monnoye de cuyr, et foullé et submis d'ennemis, regna seize ans sans plus, et en sa vertu, et en son sens, et en sa royalle clarté le remist plus hault que jamais ne fist homme, et avec toutte habondance d'humaine felicité, et de population, et de richesse, le mist en telle justice que meismes les Sarrasins y sont venus prendre jugement de leurs debatz. Que dirons nous de cest exemple? est il point digne d'estre pour ses faictz. Helas ! en son filz ne se continua mye ceste benediction : le soleil y souffrit durement eclipse, et de quoy tout le trosne tourna en trouble. Y avoit il des releveurs, touttesfois, et puis cy, puis là, lesquelz, par envye l'un de l'aultre, se descordoient pour l'advance. Ton grant pere y monstra sa clarté mieulx que nul : mais fortune l'en paya de dure, et ne parregna point. Vint Charles le septiesme aprez, et de qui, se

parler en loist par recommandation, n'a son per en
terre. Luy, en seulle vertu et aigre battaille encontre
fortune, surpasse tous roys, et par le contraire en quoy
aultres se reputent malheureux, c'est povreté : là est
monstré benoit, là se est monstré riche du tresor de
vertu, et de tout ce qui fault pour devenir grant
homme, tousjours son oeul luy veoit droit là, et au
point où il avoit fichié, là parvint ; il vaincquist povreté
au bras, et toutte adversité submist à la luicte ; il dechassa tenebres et orages à sueur de corps, et tout le
desirement de son royalme il interina par diligence ; il
ramena le lait en bel, l'obscur en clerté, et desolation
en joye ; il refist d'un trosne foullé, marchepied de
sacquemens, le plus excellent de tous les roys, et là
où justice et reverence, et cremeur, et toulte integrité de salut regnoient et tenoient siege. Et comme
vertu le avoit mené jusquez à là par divers temps et
degrez, celle meisme vertu il observa devers luy pour
sa duree ; la consideroit aussy necessaire en son hault
vol comme en son contendre pour monter hault : son
royalme mist en seureté, en ung entier et en ung rond,
tout espurgié d'ennemis et opprobres, et tant fist que
je ne scay ou se vertu prist clarté de luy, ou luy d'elle.
En ceste gloire trespassa du monde, et en ceste benoiste clarté laissa son royalme comme il est : aujourd'huy se poeult faire le jugement tel que on le voit.
J'en laisse l'exemple à ceulx à qui il sert, et la comparation de l'un à l'aultre, là où il sera besoing de le faire :
mais quant au pere, il estoit de glorieux exemple et
de hault miroir ; et quant au filz, si plaist Dieu, il se
trouvera pareil : la fin juge l'œuvre. Souvent les moyens
ne les commencemens ne sont du mesmes de la fin ;

l'un desment l'aultre souvent : mais, quoy que soit, l'effect demeure tousjours, et de l'effect procede le tiltre; quant l'homme fault, jamais tiltre ne fault pour tant. Et, au premier, quant l'homme est failly, là se troeuve sa fame, et en fait on exemple et allegation de bien ou de mal, selon le cas. Le roy de Portugal, ton grant pere, te est une clere estoille et bel miroir : si est le roy d'Arragon Alphonce, qui de science et d'armes fist une mixtion peu veue : si est le roy d'Engleterre, d'aussi peu que regna, mais plus, poeult estre, en glore du monde que à salut d'ame. Ung conte Francisque, de bas et humble sang, en sa vertu et splendeur de corage se fist duc de Millan, se fist reputer avec les roys et digne d'imperial sceptre : et non, doncqz, pour tant, pour elevation de sa fortune, ne oublia humilité de sa vocation primitive, et en attribua la dignité, non à sa personne, mais à sa vertu, et d'icelle fist son manteau de parement. O hault exemple droit cy, et de grant fruict à tout noble prince!

« Or, as ouy pluseurs exemples et pluseurs haultes recommandations de prince par ung abregié, et lesquelz te sont et doibvent estre en miroir pour les ensievir; car aux bons siet louenge, et à ceulx qui clochent sombre grace; l'en doibt tourner l'oeul envers le blanc, par contraire du noir, et envers la clarté, par contraire aux tenebres, qui hydeuses sont et espoventables. Et qu'esse de mal vivre et de mal regner, qui est puantise et hideur? et de bien faire et de regner glorieusement, fors blancheur et clarté? sur quoy cleres parolles et louables escrips se fondent. Tu ois et entens ce que l'on dit en divers lieux, et cognois, par rapport des hommes, l'estat des royalmes, et les hommes et les royalmes portent leurs tiltres telz ou telz, et ne s'en poeult musser la vérité : mais grant chose est de prendre chastoy en aultruy desvoyance. Se ne fussent les loix, n'y auroit reverence nulle ne cremeur en terre ; et se ne fussent les dolloreux et divers accidens, n'y auroit nul exemple de correction. O Charles, Charles, entens droit cy : poise, je te prie, les divers exemples contraires, et ramembre souvent ; ne deviens mye de ceulx, helas ! qui pervertissent le bien en mal, ne qui muent paix et salut des hommes en turbation de corage ; tu as receu ung climat de terre scitué en paix et que le ciel a longuement regardé par faveur, metz peine de l'entretenir et de non le muer en pis que tu le troeuve. Le faire ainsy te donnera los et benediction, et à Dieu contentement ; et le faire aultrement, te donnera reproche et inreparable meschief. Dieu t'a haultement pourveu en biens de nature : des biens de fortune, tu en as toutte la sommitté, et, des dons de grace, tu en as ce qu'il fault à homme. Ne fault riens, doncqz, fors que raison te gouverne et que tu portes empire sur ta volonté pour la tourner en bien, que tousjours tu tourne les yeulx envers le hault, par honneur, et, par devers terre, en amour et dilection à ton poeuple, à l'exemple de ton pere. Il te loist estre doulx et familier, estre homme tout homme, seigneur sur tout et serf à tous, et, à l'exemple de Cesar, imperer tellement sur tes subgectz comme tes subgectz te vouldroient avoir empereur. Tu es de la plus noble rasse des crestiens, par pere et mere, du plus noble sang de la terre, et lequel jusquez en toy semble estre beneit et aspiré de Dieu. Tesmoing ton grant pere, le roy Jehan de Portugal, champion de la crestienne foy; tesmoingz tous ses nobles enfans, que Dieu a tous conduictz; tesmoing ta noble mere, la vertueuse princesse, coffre de charité et de devotes prieres, et de laquelle, avec ton propre bon zele et les bontez qui en toy sont, il ne poeult que tu ne tires fruict et beatitude, et que la main de Dieu ne te conduise et gouverne, et preserve de mal et de confusion, et de ruyne, comme tous les tiens. Vraye equitté est et naturelle que le bien faire grandist l'homme, et est force que, qui en vertu labeure, il attainde à hault honneur. Vertu prend son mouvement de Dieu, et envers le lieu dont elle moeult elle contourne sa fin. Dieu, doncqz, la guyde et la gouverne, et Dieu a l'oeul tousjours sur celluy qui de vertu use. Ayme doncqz vertu et ensieus les clers exemples, et te contourne envers celuy qui a l'oeul sur les clers hommes : requiers luy de son amour et te dispose à sa grace; les humaines tribulations et povretés dispense les, je te prie, et les supporte en ton sens; metz ta haultesse et ta haulte fortune en comparation à leur faculté povre; car comme est plus haulte et glorieuse la tienne, tant plus doibt estre humble et benigne envers la leur.

« Tu vois les royalmes et divers pays souffrir soubs prince deffectueux; tu vois les royalles lignees terminer et faillir à regne, par pugnition de Dieu; tu vois villes et citez perir pour vicieux gouverne, et de quoy les princes portent le fardeau; tu vois que peu, aujourd'huy, les grans de la terre entendent au fait de Dieu, passent leur temps en vanité et desordre : et Dieu, aussy, souvent les oublie et ignore; moeurent dollentz ou declinent d'honneur et de chevance, et ne se reliefvent jamais leurs hoirs. Les pechez mainent à neant les maisons, et les vertus et les bonnes oeuvres les eslievent : experience le te monstre par effect. Or, as la cognoissance de toy meismes, et scez qui tu es et dont tu viens ; et, par une chose et par aultre, tu entens et cognois ce qui est de ton appartenir et de ton laisser, et quel fruict tu poeulx prendre en contraires exemples. Reste tout le plus et le plus fort à ce dernier, c'est que tu cognois que tu es mortel homme et morras comme ton pere, sievras ton grant pere et ton ave, laisseras à aultruy ce qu'ilz ont laissé à toy, n'emporteras riens du tien ne du leur. Eulx, ilz te ont laissé gloire et felicité : rapporte leur benediction de leurs biensfais, prie pour eulx, aultruy priera pour toy ; eulx, ilz ont emporté le chappeau de leur gloire, fais le tien à ta poste, il sera tel que ta vie. Du leur ilz sont certains, et tu pendz en doubte du tien : par cy devant ilz ont gouverné les hommes, et maintenant ilz en sont au compte rendre. Là tu venras comme eulx, et aultres te sievront ; eulx sont allez devant, et tu les sievras aprez ; eulx ont rendu leur compte, et tu viendras à rendre le tien. Labeure doncqz en ton chappeau, et l'estore de belles fleurs : celluy de tes peres est plain de precieuses jacintes ; le leur reluist tres cler, fay resplendir le tien, car tu n'emporteras aultre chose. Ton compte sera du meismes à ton chappeau ; tel l'un, tel l'aultre ; et tout tel Dieu tu trouveras à compter là hault, comme tu auras usé de ta recepte en sa commission cà bas. »

A ce mot, presentement, s'esvanoist le parlant, ensamble tous les aultres personnages. Ainsy que subitement se estoient apparus, se perdirent ; et le noble prince demoura tout seul. Lors, ou en subit, je ovry les yeulx, et, en regardant entour de moy, me donnay merveilles de ce que veu avoye et ouy, dont, comme se j'en eusse eu la vive impression en moy, ou comme se ce fut ma propre oeuvre, j'en allay mectre en escript mon retenir, lequel, par humilité et grant amour, et en grant reverence, pour ce que l'ay trouvé competant à vous, o mon tres redoubté Seigneur, je le vous presente et envoye. Plaise vostre noble haultesse et bonté le recepvoir agreable, et l'envoyeur escripvain en vostre noble et bonne grace.

HISTOIRE
DE CHARLES

DERNIER DUC DE BOURGOGNE.

CHAPITRE PREMIER.

Comment, aprez la mort du duc Philippes, le conte de Charolois, son filz, fut duc de Bourgongne. D'une mutation de ceulx de Gand; et comment le roy de France fist [recepvoir] honnorablement le conte de Warvich.

Cf. Wavrin, VI⁰ partie, livre v, chap. xxxi.

A la fin de ce chapitre, à la page 354, le ms. porte :

Ou dit an LXVII fut mortalité d'impedimie en pluseurs bonnes villes parmy le royalme, et moroient grant nombre de gens es bonnes villes et villages environ.

CHAPITRE II.

Comment ceulx de la cité de Liege prindrent la ville de Huy; et comment le duc Charles fist son armee pour aller sur les Liegeois.

Cf. Id., *ibid.*, ch. xxxii.

CHAPITRE III.

Comment le duc Charles fist abatre les portes et les murs de Sainctron, de Tongres et aultres villes en Liege; et d'une ambassade que le roy envoya devers.

Cf. Id., *ibid.*, ch. xxxiii.

CHAPITRE IV.

Cy parle de la rendicion de la cité de Liege, et de la mort du seigneur de Contay et du seigneur de Saveuses.

Cf. Id., *ibid.*, ch. xxxiv.

Après ces mots de la page 363 : « *Ceste puissante cité de Lyege et de tout le pays d'environ,* » on lit :

En ce temps, le seigneur d'Arguel[1], filz du prince d'Orenge, nepveu du duc de Bretaigne, print par mariage demoiselle Jacqueline de Bourbon, cousine germaine au duc de Bourgongne, qui pour lors demouroit en l'hostel du dit duc de Bourgongne. Ou dit an (1467), le xixe jour de decembre, trespassa à Bruxelles le seigneur de Contay[2], gouverneur d'Arras, premier maistre d'hostel de monseigneur le duc de Bourgongne, et l'un des plus principaulx de son hostel, qui avoit tousjours esté bien renommé de sens et de prudhomie, et fut son corps apporté enterrer en la ville de Contay, dont il avoit esté seigneur.

CHAPITRE V.

Comment le duc Charles fist amener le Perron de Liege à Bruges.

Cf. Id., *ibid.*, ch. xxxiv.

---

1. Voy. ci-dessus, t. III, p. 36, note 1.
2. Guillaume de Contay. Voy. ci-dessus, t. II, p. 30, note 1. « Ce fut, dit Haynin (100), un sage et vaillant chevalier. »

CHAPITRE VI.

Comment le roy assambla les trois Estats de France, où il fut conclud que le roy ne povoit donner la ducé de Normendie à son frere. Et d'un feu de meschief qui fut à Lille.

Cf. Id., *ibid.*, ch. xxxv.

A la fin de ce chapitre, page 367, il y a en plus :

Le xie jour d'apvril, ou dit an lxvii, avant Pasques, se print ung feu à Lille, qui fut moult grant : si que l'hospital de la contesse d'Artois[1] fut ars et brullé, et le maistre meismes de l'hospital et toutte la librairie de dedens, qui y estoit belle et notable et de grant planté de joyaulx, et d'aultres richesses, ensamble de quarante à cinquante maisons d'illec entour.

CHAPITRE VII.

D'une compaignie de gens de guerre que le duc envoya à Kens, en Normendie ; et d'aulcuns malfaicteurs executez pour leurs demerites[2].

L'an mil quatre cens lxviii, environ la fin de juing, se partirent de l'Excluse, en Flandres, messire Pierre de Myraumont, chevalier, et le seigneur de Rabodengues, bailly de Sainct Omer, acompagniés de trente à quarante hommes d'armes et de cinq cens archiers de Picardie ; entrerent illec en mer, s'en allerent en Normendie pour entrer en la ville de Ken, que tenoient les bretons pour

---

1. Jeanne, dite de Constantinople, comtesse de Flandres, fille de Baudoin IX, fonda, en 1236, un hospice que le peuple désigna sous le nom de *Hôpital-Comtesse*. Mariée à Ferrand de Portugal, morte en 1244. (Voy. Derode, t. I, p. 88 et suiv.)

2. Ce chapitre, placé entre le XXXVe et le XXXVIe, manque dans Wavrin.

monseigneur Charles[1] de France, attendant illec, tous les jours, que le roy les envoyast assieger et prendre. Pour

---

1. Nous avons dit de ce prince (voy. ci-dessus, t. II, 361, note 1) qu'il mourut le 12 mai 1472, selon le P. Anselme; ou le 28 du même mois, d'après Vaissète. Cette dernière date paraît être évidemment fautive, et peut-être bien Anselme a-t-il raison. C'est aujourd'hui notre avis.

La Chronique scandaleuse (voy. LENGLET, II, 246) dit, à la date du jeudi 14 mai 1472 : « Ce jour, le roy eut certaines nouvelles, que lui fist assavoir Mgr de Malicorne, serviteur et bien fort aimé de mon dit seigneur de Guyenne, que le dit seigneur et maistre estoit alé de vie à trespas en la ville de Bordeaux. »

Le roi était au Plessis-du-Parc, qu'il ne quittait pas depuis quelque temps, lorsqu'il reçut l'annonce de cette mort, nouvelle qu'il attendait à tout moment avec la plus grande anxiété, et, afin qu'elle lui fût transmise le plus promptement possible, des courriers durent être placés de distance en distance pour lui apporter, jour par jour, le bulletin de la santé de son frère. Or, l'espace de quatre-vingts lieues qui sépare Bordeaux de la ville de Tours, pouvait aisément être franchi en quarante-huit heures par les émissaires de Louis XI. De sorte, donc, que la date assignée par Anselme à la mort du duc de Guienne concorde parfaitement avec celle du jour où le roi en fut informé; et ce qui pourrait encore rendre plus admissible cette date du 12 mai, c'est une lettre de Louis XI, écrite ce même jour, par laquelle il commet les seigneurs de Chabanne et de la Forest, pour *remettre en son obeissance le pays de Poitou*. Le roi averti, sans doute dès la veille, que son frère touchait à ses derniers moments, s'empressait d'ordonner la réunion à sa couronne des pays possédés par le duc de Guienne.

Quant à l'erreur où est tombé Dom Vaissète en plaçant la mort de ce prince au 28 mai, les extraits des lettres de Louis XI qui suivent, la démontrent, ce nous semble, irréfutablement.

I.

2 décembre 1471. (Montilz lez Tours.) — Aux seigneurs de Craon et d'Oriolle.

« ..... Des nouvelles de M. de Guienne, il est tousjours empiré depuis mes autres lettres, et l'ont porté en litière à une ville qui s'appelle Jaune, qui est sur le bort des pays de M. de Foix, entour Saint Sever et le dit pays. » (DUCLOS, III, 324.)

II.

29 décembre. (Montilz les Tours.) — Au Grant maistre Dampmartin.

quoy, à la requeste du dit monseigneur Charles et du duc de Bretaigne, le duc de Bourgongne y envoya les dessus nom-

« .... Ilz ont amené à Jaune M. de Guienne, qui a les fievres cartes. » (ID., *ib.*, 327; et LENGLET, II, 243.)

III.

18 mars 1471, v. s. (Montilz lez Tours.) — Au Grant maistre.

« Depuis les derrenieres lettres que je vous ay escriptes, j'ay eu nouvelles que M. de Guienne se meurt, et n'y a point de remede en son fait; et le me fait savoir ung des plus privez qu'il ait avecques lui, par homme expres. Et ne croyt pas, ainsi qu'il dit, qu'il soit vif à XV jours d'icy, au plus qu'on le puisse mener. (*) » (DUCLOS, III, 328; et LENGLET, II, 244.)

IV.

8 may 1472. (Plessis du Parc.) — Au viconte de la Belliere.

« M. le gouverneur, j'ay receu vos lettres. Je vous prie que vous tenez à Niort, et n'en bougez jusques à ce que aiez nouvelles de moy, et *n'entreprenez riens sur la Rochelle, Xaintes et Saint Jean*..... M. de Bourgogne ne voudroit point que, jusques à ce qu'il eust entre ses mains les places qui luy doivent estre baillees, *que je prinsse riens sur M. de Guienne.* » (DUCLOS, III, 329; LENGLET, III, 186.)

V.

9 mai. (Plessis du Parc.) — Au viconte de la Bellière.

« ..... Je vous ay escript que vous ne entreprenez riens jusques à ce que aiez nouvelles de moy; et, pour ce, je vous prie que ne mettez riens à execution d'icy *à deux ou trois jours*..... Au regart de l'artillerie, je vous en escripvy hier, et, quant il sera temps, elle est pres de vous, et la porrez avoir incontinent : et, cependant, s'il y a nulles bonnes places qui se veu-

---

* Le manuscrit fonds Béthune, n° 8453, fol. 62, où se trouve cette lettre, a subi à la date une malencontreuse rectification : de *mars* on a fait *may*. C'est à tort; car, comme on le verra ci-après, le roi était le 18 may à Montreuil Bellay. Duclos a eu raison de ne pas tenir compte de la rectification.

C'est sans doute à la nouvelle que renfermait cette lettre qu'on doit attribuer le bruit qui courut, à cette époque, de la mort du duc de Guyenne. A la fin de l'année 1471 (Pâques de l'année 1472 tombant le 29 mars), la Chronique scandaleuse dit : «Vint et fut nouvelle que mon dit seigneur de Guienne estoit mort à Bordeaux, dont il n'estoit rien. » (LENGLET, II, 92.)

mez, et leur dit bien, au partir, que s'ilz avoient affaire de secours qu'il les secourroit à plus grosse armée ; car aussy

lent mettre en voz mains, ne les reffusez pas. » (*Bibl. imp.*, Mss., fonds Gaignières, n° 371, fol. 46.)

VI.

12 mai. (Plessis du Parc.)

Le roi commet Antoine de Chabannes, avec Louis de Beaumont, sieur de la Forest, pour *remettre en son obeissance le pays de Poitou*, et, ensemble, donner grace aux villes, vassaux et subjects. (Lenglet, II, 327.)

VII.

14 mai. (Plessis du Parc.) — Au Seneschal de Poitou.

« Il est vray que je vous mandoye que vous vous retroissez : mais, depuis, je vous ay mandé que vous feissiez du mieulx que vous pourriez, et que vous assemblissiez ensemble toutes les compaignies, et que vous gardissiez bien que *personne ne entra dedens la Rochelle*. J'ay envoyé M. le gouverneur, M. de la Forest, par delà, et, pour ce, je vous prie qu'ils vous trouvent ensemble tant que vous estes, et francs archiers et tout. J'ay envoyé Guerin le Groing faire tirer l'artillerie à Nyort, et, pour ce, envoyez en querir tant que vous vouldrez : et *incontinent que vous me manderez pour la Rochelle, je monteray à cheval*, et m'y en iray à toute diligence. » (Duclos, III, 331.)

VIII.

15 mai. (Plessis du Parc.)—Aux seigneurs de la Belliere et de Crussol.

« ..... Je m'en pars *aujourd'hui* pour aller à mon pelerinage de Puy Nostre Dame, et *ne bougeray de Montreuil Bellay*, ou des environs, jusques à mercredy, en attendant de vos nouvelles : et, pour ce, je vous prie que vous me mandez se *l'entreprinse de la Rochelle est seüre;* car si vous me mandez que je m'y en tire, je partiray incontinent[*]. » (Lenglet, III, 187.)

IX.

18 mai. (Montreuil Bellay.) — Aux habitans de Bayonne.

« ..... Nous avons sceu *la mort de nostre frere*, dont Dieu ait l'ame. »

---

[*] Commynes (I, 127) dit que le duc de Bourgogne étant prêt à partir d'Arras, le 15 may 1472, « vindrent lettres de Symon de Quingy, lequel estoit devers le roy, ambassadeur pour icelluy duc de Bourgongne, contenant comme *le duc de Guienne estoit trespassé*, et que jà le roy avoit prins une grant partie de ses places. » Le roi partait ce jour-là du Plessis du Parc.

avoit il fait crier partout ses pais, que tout homme fust prest à le servir en armes le xv⁰ jour de juillet prochain aprez ensievant.

Environ ce temps, furent prins à Werny, en Flandres, trois ou quatre malvais hommes et inhumains, lesquels avoient esté commys à garder les malades et ensepulturer ceulx qui moroient illec de l'impedimie, et pour ce faire avoient bon sallaire. Advint que la pestillence se diminua, adoncqz les tirans, voyans leur gaing diminuer, vouldrent la pestillence remettre sus, et se adviserent de aller de nuict au sepulcre d'un homme mort nouvellement de l'impedimie, et descouvrirent ce corps, puis mirent grand plenté de cerises, qui estoient en saison, puis les reprirent

(BUCHON, *Notices littéraires*, xxxv, en tête du *Choix de chroniques*, contenant la *Chronique de Duguesclin*, etc., etc.)

X.

24 mai. (Bourneuf, pres la Rochelle.)

Le roi ordonne la réunion à sa couronne, comme son vrai domaine, de la ville de la Rochelle. (*Bibl. imp.*, mss. de Le Grand, n° 2875, t. XX.)

Par tout ce qu'on vient de lire, et surtout par la lettre du 18 mai 1472 (n° IX), il est suffisamment établi, pensons-nous, que le duc de Guyenne mourut antérieurement au jour indiqué par dom Vaissète, et rien ne s'oppose à ce qu'on adopte la date donnée, pour le même événement, par le P. Anselme. Tout au moins est-il certain que le frère de Louis XI « estoit alé de vie à trespas, » comme le dit la Chronique scandaleuse, dès le dit jour 18 mai. Ce point est important à noter, car Lenglet (sans indiquer, au reste, à quelle source il a puisé, ce qui rend tout contrôle impossible), publie le testament du duc de Guyenne avec la date, assurément fautive, du 24 mai 1472. Ce prince, mort avant le 18 mai, ne peut évidemment avoir testé le 24 du même mois.

L'erreur ne viendrait-elle pas de ce qu'au bas de l'acte testamentaire on aura cru lire may (1472) au lieu de mars (1471, v. s.). Dès le 2 décembre 1471, le duc de Guyenne était dangereusement malade (n° I), et son état empira si fort, que, le 18 mars suivant, le bruit se répandit qu'il était mort à Bordeaux, « dont il n'estoit rien, » dit la Chronique scandaleuse. (LENGLET, II, 92.) Nous donnons cette supposition pour ce qu'elle peut valoir; mais nous ne voyons pas d'autre moyen d'expliquer une erreur aussi manifeste.

et recouvrirent ce corps : et s'en allerent meller ces cerises avec des aultres qu'ilz firent vendre au marchié, dont advint que tous ceulx qui en mengerent en morurent[1]. D'un aultre josne homme malade ilz copperent la gorge, pour luy advancer sa mort, de paour qu'il ne retournast en santé, pour les quelz cas ilz furent prins et executez; et, pour ce qu'il fut trouvé qu'ilz avoient esté sodomites, ilz furent brullez jusques en cendres. Aulcuns aultres de celle sorte furent prins et executez à Bruges et à Lille, qui faisoient aussy morir les gens par empoisonner l'eaue benoitte dedens les eglises, et confesserent ceulx cy qu'ilz estoient bien de deux à trois cens espars par le païs usans de telz malefice

CHAPITRE VIII.

Comment le duc Charles espousa dame Margueritte d'Iorch, soeur au roy Edouart d'Engleterre; et de la feste que l'en y fist, grande et solemnelle, non obstant empeschement que le roy y eust volu mettre.

Cf. ID., *ibid.*, ch. xxxvi.

CHAPITRE IX.

De la feste du Thoison à Bruges. Et parle de la mort de messire Jacques de Bourbon, josne chevallier, qui moult fut plainct de touttes gens.

Cf. ID., *ibid.*, ch. xxxvii.

1. Ce fait est rapporté par Salazard. (*Histoire de Bourgogne.*)

CHAPITRE X.

De l'execution faicte du bastard de Condé, à Bruges, par le duc Charles, pour ce qu'il avoit fait tuer le frere d'un chanoine à peu d'occasion [1].

Le vi^e jour de juillet, ou dit an, fist le duc de Bourgongne decapiter à Bruges le bastard de Condé [2], frere du seigneur de Condé et de la Hamette, grant seigneur en Haynau, conseiller et chambellan du duc, vaillant homme d'armes, eagé de xxiiii ans, bel et gent homme entre tous aultres. La cause fut pour ce que, au jeu de palme, ung chanoine de Bruges jugea ung coup perdu contre luy; le bastard, qui le print mal en gré, dit au chanoine qu'il luy amenderoit; et de faict le guecta depuis, pluseurs fois, pour le tuer, mais le chanoine se gardoit tousjours bien. Ce chanoine avoit ung frere au village là entour; le bastard, qui en fut adverti, s'en alla ung jour au village, à grant compaignie de malvais garssons, et alla à la maison de ce frere qui luy crioit mercy à genoulx et à mains joinctes, en luy disant qu'il ne luy avoit riens meffait : mais, neantmoins, le bastard luy coppá les deux mains du premier coup de son espee, et puis le partua sans mercy. Les amys du mort s'en coururent à Bruges faire leur plaincte au duc, et le duc fist prendre le bastard et le mettre en prison, et fist faire son proces par longue et meure deliberation : et si envoya en Haynau faire enqueste de son estat et gouvernement, et luy fut rapporté que le bastard estoit au païs moult

---

1. Ce chapitre et le suivant, qui sont placés entre les chapitres XXXVII et XXXVIII de Wavrin, ne se trouvent point dans ses chroniques.
2. « Nommé Hernoul, fils naturel de messire Hernoul de la Hameyde, seigneur de Condet. » (Chastellain, 459.) Ce chroniqueur, qui donne des détails sur cette execution, ne dit pas quel était l'individu que le bâtard avait tué. Le bâtard de Condet avait assisté à la bataille de Montlehery, en 1465, où, dit encore Chastellain (460), « il s'estoit vaillamment porté et monstré, par jugement de beaucoup de gens. »

crainct et redoubté, pour les oultraiges qu'il y faisoit et faisoit faire par ses gens; et tellement que le bastard eust la teste trenchée, non obstant priere ne requeste que pluseurs seigneurs en feirent au duc, mesmement les ambassadeurs de Romme et ceulx de Bretaigne, et sa propre femme, et, qui plus est, les parens du frere du chanoine que le bastard avoit occis : mais, affin que le duc ne faillit à faire justice, il n'y voult oncqz entendre, ains le fist morir publicquement sur le marchié de Bruges, apres disner, et fist mettre son corps sur une roe, où il fut deux jours aux champs : et au troisiesme jour, à l'instance et priere de seigneurs et amys du bastard, le duc fut content que son corps fut mis en terre saincte, et se luy fist faire ung service pour le salut de son ame.

Cette exécution est longuement décrite par Chastellain, mais il ne fait pas connaître les motifs qui portèrent le duc de Bourgogne à condamner ce seigneur.

CHAPITRE XI.

Comment le roy de France fist decapiter le seigneur de Nantoullet, lequel parla depuis qu'il eust le col coppé[1].

Environ ce temps, le roy de France fist prendre et decapiter le seigneur de Nantoullet, qu'il avoit par avant fait et ordonné son lieutenant general par tout son royaulme, ancois que le conte de Sainct Pol fut connestable de France, et avoit esté le dit chevalier moult privé du roy, et si avoit pluseurs fois couché avec luy, tant estoit famillier du roy. La cause pour quoy, je ne scay, sinon que telle fut la volonté du roy, qui n'avoit mercy d'homme sur qui il eust aulcune

[1]. Charles de Melun, seigneur de Nantouillet, grand maître de France, décapité le 20 août 1468. (ANSELME, VIII, 281; V, 244.) D'après l'extrait du procès criminel, ce fut le 22 août. (LENGLET, III, 11-17.)

malvaise suspicion. Et dit on que le premier coup que le bourreau donna, il ne lui coppa la teste que moitié, et que le chevalier se releva et dit tout hault qu'il n'avoit coulpe en ce que le roy luy mettoit sus, et qu'il n'avoit la mort deservie, mais, puisque c'estoit le plaisir du roy, il prenoit la mort en gré. Et aprez qu'il eust ce dit, il fut pardecapité : ce fut fait publicquement, à Paris.

CHAPITRE XII.

Cy parle des grans assemblees de gens d'armes que firent lors le roy de France, d'une part, et le duc Charles, d'aultre part, entour de Peronne.

Cf. Id., *ibid.*, ch. xxxviii.

CHAPITRE XIII.

Comment ceulx de Liege se rebellerent, et, en grant nombre, s'en vinrent couvertement à Tongres, qu'ilz prindrent par faulte de guet, où ilz prindrent leur evesque, le seigneur de Hymbecourt et aultres.

Cf. Id., *ibid.*, ch. xxxix.

CHAPITRE XIV.

Du traictié de Peronne fait entre le roy Loys et le duc Charles. Et des lettres que le roy envoya par les bonnes villes de son royalme.

Cf. Id., *ibid.*, ch. xxxix.

CHAPITRE XV.

Comment la cité de Liege fut prinse d'assault, et y porta le roy l'enseigne de Sainct Andrieu.

Cf. Id., *ibid.*, ch. xl.

CHAPITRE XVI.

Comment le duc Charles fist ardoir et destruire la noble et riche cité de Liege.

Cf. Id., *ibid.*, ch. xli.

CHAPITRE XVII.

Comment le duc Charles fist son entree en la ville et cité d'Arras.

Cf. Id., *ibid.*, ch. xlii.

CHAPITRE XVIII.

Comment le duc d'Austrice vendi la conté de Ferete au duc Charles, et d'aultres choses qui lors advinrent.

Cf. Id., *ibid.*, ch. xliii.

A la fin de ce chapitre, le mss. fonds Dupuy ajoute :

Environ le viiie jour de jullet, ou dit an lxix, estoit ung prestre prisonnier à Hem, en Vermendois, pour pluseurs maulx par luy fais de murdres, de larcins, de violemens de femmes et tous aultres maulx, lequel fut mis sur ung hourt, publicquement, devant tout le monde, par deux evesques suffragans, par deux abbez et aultres gens d'eglise, vestu des habits sacerdotaux, comme s'il eust volu dire messe. Et, en ce point, fut dessacré, desvestu et desgradé, puis fut livré à la justice laye, et tout incontinent fut mené au gibet, et illec fut pendu et estranglé.

CHAPITRE XIX.

Des guerres et divisions qui lors furent en Engleterre, par la cautelle du conte de Warvich. Et parle d'une bataille, où le roy Edouart fut prins et desconfis, et eust le seigneur de Rivieres la teste coppee [1].

Au dit an LXIX, environ la fin de juillet, furent en Engleterre grandes seditions, qui porta grant dommage à tout le pays, par la trayson, subtilité et engin dyabolicque d'un grant seigneur du païs, nommé messire Richart de Noeufville, conte de Warvich de par sa mere [2], qui eust esté fille du feu conte de Salsebri, qui fut en son temps ung des plus vaillans hommes d'Engleterre. Le conte de Warvich estoit fort en la grace du commun d'Engleterre, et, par sa subtilité, avoit trouvé moyen de deposer de sa couronne le roy Henry, lequel roy Henry estoit simple homme et innocent, et avoit espousé la fille du roi René de Secille, duc d'Angiers, de laquelle il avoit ung beau filz que on nommoit prince de Galles : mais le conte de Warwich avoit seduit le poeuple, qui leur fist entendant que la royne avoit abusé de son corps et que le prince de Galles estoit bastard, et que le roy Henry estoit impotent à faire generation. Le poeuple, qui est de legiere credence, meismes en malvaistié, creoit ce conte de Warvich de tout ce qu'il leur disoit, et furent contens que le roy Henry fut deposé et tenu prison-

1. Ce chapitre est un abrégé succinct des événements que Wavrin décrit dans ses chapitres XLVI, XLVII, et dans le chapitre premier du livre VI.
2. De par sa *femme*, laquelle était fille et héritière de Richard de Beauchamp, comte de Warwick.

nier en la tour de Londres, où il fut tenu si longuement qu'il y perdi la vie, comme je diray cy apres, tendant icelluy de Warvich que Edouart, filz du duc d'Yorch, paravant decapité, print sa fille à femme, et que sa fille fut royne. Il procura tellement que Edouart fut roy couronné du gré de tout le pays, et le fut; mais ce roy Edouart se estoit enamouré de la fille du seigneur de Rivieres, Engloix, laquelle estoit niepce du conte de Sainct Pol, la plus belle fille d'Engleterre. Et lors estoit commune renommee que le roy Edouart l'avoit prinse à femme pour sa tres grande beaulté, pour lequel mariage le conte de Warvich moult desplaisant se tourna à eslonger et à ne plus frequenter le roy Edouart si souvent qu'il soloit; desplaisant aussy que le roy Edouart advancoit plus qu'il ne voulsist le seigneur de Rivieres, son beau pere, et ses enfans, dont, entre les aultres, y avoit ung filz, seigneur d'Escalles, moult beau chevalier et bien renommé, qu'il avoit advancé avec son pere et ses aultres enfans plus que Warvich ne voulsist : pour lesquelles causes ou aultres, que je scay point, icelluy conte de Warvich proceda tellement contre le roy Edouart, qu'il se declaira tout en appert son ennemy mortel, et assembla tous ceulx qu'il peust avoir de son parti, et les mist aux champs pour aller à Londres pour deffaire le roy Edouart. Lequel roy, adverti de touttes ces choses, assambla tout son povoir pour aller combatre ses ennemis, et issit de Londres le IIIe jour apres qu'il eust receup l'ordre du duc de Bourgongne, et s'en alla le seigneur de Crequy en armes avec luy, et aulcuns de sa compaignie : mais, quant ilz vindrent aux champs, le roy le renvoya à Londres notablement, et manda à ceulx de Londres qu'ilz fissent aultant d'honneur comme à sa propre personne, et que on luy baillast les clefs de la ville s'il volloit entrer ne issir leens à quelque heure que ce fut. Le Mayeur de Londres honnora moult le seigneur de Crequy, tant comme il sejourna ou païs. Or estoit que le conte de

Warvich, pour venir à ses malvaises fins, avoit donné sa fille à mariage au duc de Clarence, frere du roy Edouart, tendant tousjours de mettre division ou païs et meismes entre les deux freres; et poeult estre qu'il tendoit à la mort du roy Edouart, affin que son beau filz de Clarence fut roy, et, pour tant, sa fille seroit royne. Les compaignies, doncqz, s'approcherent, si qu'il ne restoit que combatre : mais Warvich n'y estoit point, ains se tenoit plus seurement en une forte place, attendant illec la fortune de la battaille, pour soy saulver au besoing; car on disoit lors, communement, qu'il ne se trouvoit jamais, ou tard, ou envis en battaille, pour les perilz qui y estoient. La battaille commença fiere et mortelle, à grant effusion de sang, mais enfin le roy le perdit et y fut prins luy meismes, le seigneur de Rivieres aussy, son filz second et pluseurs aultres : lesquelz prisonniers furent menez devant le conte de Warvich, en celle place où il estoit : lequel, tout incontinent, fist trencher la teste au seigneur de Rivieres, à son filz et à pluseurs aultres des plus privez et des meilleurs amys du roy; au roy ne fist il nul mal. De celle battaille eschappa le seigneur d'Escalles, et depuis fut il prins, soy cuydant saulver et retraire en Hollande, et fut ramené en Engleterre : mais il chey en si bonne main, et si estoit si bien renommé, qu'il eust sa vie saulve.

CHAPITRE XX.

Comment le duc Charles envoya lettres à Londres. Et comment le conte de Warvich delivra le roy Edouart, et pardonna le roy au dit conte tout ce qu'il eust faict, voulsist ou non.

Cf. Id., *ibid.*, liv. VI, chap. II.

CHAPITRE XXI.

De la paix faicte entre le roy Loys de France et Charles, duc de Berry, son frere.

Cf. Id., *ibid.*, liv. V, chap. xliv.

Page 398, après ces mots : « *par empennage,* » le ms. fonds Dupuy ajoute :

Ou dit an, le xve jour de novembre, la contesse de Sainct Pol[1] trespassa de ce monde, en son eage de lxxvi ans, en l'abbaye du Vergier, lez Cambray, et fut son corps apporté et mis en terre en l'eglise et abbaye de Cercamp, en la conté de Sainct Pol. Elle fut tout son temps sage dame, belle, honneste, et de bonne devotion à Dieu et aux Sainctz.

CHAPITRE XXII.

D'une ordonnance faicte par le duc Charles, sur le faict des guerres ; et comment le roy d'Engleterre luy envoya son ordre de la Jaretiere.

Cf. Id., *ibid.*, chap. xliv, à la page 398.

CHAPITRE XXIII.

Comment le roy Edouart vaincqui le conte de Willeby et l'occist. Et comment, de rechief, il vaincqui et chassa d'Engleterre le conte de Warvich.

Cf. Id., *ibid.*, liv. VI, chap. x.

Le ms. fonds Dupuy donne ainsi la fin du chapitre, page 398 :

Entretant que les besongnes se portoient ainsy, comme

---

1. Marguerite de Baux, mariée à Pierre de Luxembourg, père du Connétable : morte en 1469, enterrée dans l'abbaye de Cercamp. (Anselme, III, 726.).

dit est, en Engleterre, le duc de Bourgongne fist une ordonnance pour eslever gens d'armes en ses pais. Et fut son ordonnance telle, que tous les fiefvez et arrierefiefvez, dont les fiefz vauldroient deux cens livres de rente pour an, monteroient ung homme d'arme à trois chevaulx, et les moindres fiefz à l'advenant : ordonna aussy et fist crier par tous ses pais que tous ceulx qui avoient acoustumé eulx armer fussent pretz au premier jour d'apvril, et que chascun homme d'arme eust varlet, page, et ung archier à cheval et six archiers à pied. Et pour passer les monstres de ses gens, il envoya ses deputez avec ses cappitaines pour passer leurs monstres tout en ung lieu, en tel lieu que ses gens peussent venir de leurs lieux tout à ung jour, et retourner en leurs maisons tout en ung jour, affin de supporter le plat pais, qui lors estoit grandement foullé de gens d'armes qui se tenoient sur les champs. Ordonna aussy que, eulx retournez ainsy en leurs maisons, se tenissent tousjours pretz, et ordonna à chascun homme d'arme, pour homme et pour cheval, xv solz, monnoye d'Artois, à l'archier à cheval, xv deniers, à l'archier à pied, six deniers : mais tout incontinent qu'ilz se mettroient aux champs, par son commandement, ilz auroient les gaiges anciens et ordinaires. On disoit lors, communement, que le duc avoit fait celle ordonnance pour avoir ses gens pretz, pour ce que le roy avoit les siens tousjours prestz, et qu'il avoit volenté de les mener ou envoyer contre le duc de Bretaigne, qui estoit frere d'armes au duc de Bourgongne, et d'une meisme ordonnance pour ayder l'un l'aultre, se le roy volloit entreprendre quelque chose sur l'un d'eulx.

CHAPITRE XXIV.

Comment le conte de Warvich, à grant navire, vint devant Calaiz. Et comment le seigneur de Scalles desconfit sur la mer la plus grant partie du navire dudit conte de Warvich.

Cf. ID., *ibid.*, chap. XI.

CHAPITRE XXV.

Du navire de marchans prins par le bastard de Falquembergue, du parti de Warvich. Comment la ville de Mondidier fut arse par feu, de meschief, et d'aultres choses.

Cf. ID., *ibid.*, suite du chap. XI.

CHAPITRE XXVI.

Cy parle encores de la guerre d'Engleterre; et comment le conte de Warvich, cuydant aller en Engleterre, ne peust secourir ung conte, son allié, parquoy ce dit conte eust la teste coppee.

Cf. ID., *ibid.*, chap. XII.

CHAPITRE XXVII.

D'aulcunes choses qui lors advinrent; et dist icy les causes pourquoy le seigneur d'Argueil se partist de la court de Bourgongne, et ce, par la bonté du duc Charles meismes.

Cf. ID., *ibid.*, suite du chap. XII.

CHAPITRE XXVIII.

Comment le conte de Warvich retourna en Engleterre, et, par sa cautele, fist tant qu'il fut bien de ceulx de Londres, et fut le roy Edouard constrainct de vuyder le païs d'Engleterre.

Cf. ID., *ibid.*, chap. XIII-XVI.

CHAPITRE XXIX.

Comment le bastard Baudoin se partit celeement de la maison de Bourgongne, et autres pareillement : et comment le duc envoya un herault devers le roy.

Voir les variantes de la page 49.

CHAPITRE XXX.

Comment le roy envoya gens d'armes qui sommerent la ville d'Amiens : mais ceulx d'Amiens s'en excuserent celle fois, dont le duc Charles les fist remercier moult haultement.

Cf. ID., *ibid.*, chap. XVII.

CHAPITRE XXXI.

Comment la ville de Sainct Quentin se tourna francoise. Et comment le roy Edouart, à simulé estat, vint devers le duc Charles.

Cf. ID., *ibid.*, chap. XVII.

CHAPITRE XXXII.

Des assemblees de gens d'armes que firent le roy, d'une part, et le duc Charles, d'aultre part, et de pluseurs aultres choses.

Cf. Id., *ibid.*, chap. XVIII.

CHAPITRE XXXIII.

Comment messire Philipes de Crevecoeur se boutta dedens Abbeville, contre le gré des habitants. Comment la ville de Roye se rendit au roy, et pareillement la ville de Mondidier.

Cf. Id., *ibid.*, chap. XIX.

CHAPITRE XXXIV.

Comment ceulx d'Amiens se rendirent francois, et comment le duc Charles assembla grans gens pour aller à Amiens. Et comment le seigneur de Renti s'en alla de Peronne rendre francois.

Cf. Id., *ibid.*, chap. XIX-XX, jusqu'à ces mots de la page 65 : « *Desplaisans de ceste adventure.* »

CHAPITRE XXXV.

Comment le duc Charles print la ville et chasteau de Picquigni; et d'une course que firent les Francois au païs du duc.

Cf. Id., *ibid.*, chap. XX.

Le chapitre du ms. fonds Dupuy commence ainsi :

Au partement que fist le duc de Helbuterne, il s'en alla à toutte son armee devant Piquigni, laquelle il fist assaillir si radement que la ville fut en peu d'heure vaillamment emportée d'assault. Les Francois de la garnison se retrairent au chasteau : mais, tantost apres, ilz s'en allerent par composicion, corps et biens saulves, jusques à Amyens. A la prinse de la ditte ville de Piquigni, le feu se print en une petite estable, ne scay comment ce fut : mais en advint si grant meschief que la ville, finablement, en fut toutte arse. Le duc se tint illec pour quelque temps, et mist dedens les ville et chasteau bonne garnison. Le XXIIIIe jour du dit mois de fevrier [1], le duc de Bourgongne estant à Piquigni, comme dict est, se parti de Sainct Quentin cincq mille Francois, tous à cheval ou environ : en laquelle compaignie estoient *les principaulx, le conte de Sainct Pol, connestable*, etc.

Après ces derniers mots suivre à la page 66, ligne 18. Le passage compris entre la page 65, ligne 1, et la page 66, ligne 18, manque au ms. du fonds Dupuy.

CHAPITRE XXXVI.

Comment le duc Charles vint poser son siege devant Amiens. Et comment aulcuns Flamens furent tuez devant les portes de Corbie.

Cf. I<small>D</small>., *ibid.*, chap. XXI.

CHAPITRE XXXVII.

Des saillies et escarmuces qui se firent durant le siege d'Amiens. Comment le Connestable print le chastel de Chaunes. Et comment le duc se mist, de là l'eaue de Somme, en son parcq.

Cf. I<small>D</small>., *ibid.*, suite du chap. XXI.

1. 1470, v. s.

CHAPITRE XXXVIII.

Comment le conte de Sainct Pol, connestable de France, entra dedens Amiens à grant compaignie de gens de guerre.

Cf. Id., *ibid.*, chap. xxii.

CHAPITRE XXXIX.

Des fourrageurs du duc, qui furent destroussez et desconfis par les Francois; et d'aultres pluseurs courses et rencontres qui se firent en divers lieux, à perte et à gaigne de chascune partie.

Cf. Id., *ibid.*, chap. xxii-xxiii.

CHAPITRE XL.

D'aulcunes choses et courses que firent ceulx d'Amiens, où ilz perdirent une fois, et aultre fois gaignerent.

Cf. Id., *ibid.*, suite du chap. xxiii.

CHAPITRE XLI.

Comment le traicté se trouva entre le roy et le duc, et leva le duc Charles son siege et se tira à Corbie.

Cf. Id., *ibid.*, chap. xxiii.

CHAPITRE XLII.

Comment le roy Edouart retourna en Engleterre, où par grant vaillance, à l'ayde des siens, il vaincquist et occist le conte de Warvich et recouvra entierement tout son royalme [1].

Entre ces choses, le roy Edouart d'Engleterre, qui se fut longuement tenu à Bruges, receupt une grant somme d'argent illec que le duc de Bourgongne, son beau frere, luy fist delivrer, dont il assembla le plus de gens qu'il peust pour retourner en Engleterre où il avoit encores de bons amys : et, pour ce faire, s'en alla en Zellande avec ce qu'il avoit peu assambler de gens, aprez qu'il eut remecié ceulx de Bruges du bon recoeul et bonne chiere qu'ilz luy avoient fait tant comme il fut en ladicte ville de Bruges. Il fut en Zelande longuement et jusqes au mois de mars, attendant d'avoir le vent propice pour passer en Engleterre. Advint que leur vent fut si bon : si se partit de Zelande le xe jour de mars, ou dit an LXX, et trouva sur la mer ung tres dur temps et tres impetueux, mais, neantmoins, en tres grans perilz et dangiers, il arriva saulvement, le xiiiie jour du dit mois, en son royalme d'Engleterre, devers les parties de North, et s'en alla d'illec à Yorch, sa cité, et y vint le xviiie jour, où il fut receu comme seigneur. Puis alla tant qu'il vint à la riviere du Thim, qui est au millieu du royalme, et estoit le xxve jour dudit moys. Illec eust nouvelles que le duc de Suffort, grandement acompaigné de gens d'armes, gardoit ung passage affin que le roy n'y peust passer : mais sitost que le roy approcha, le dit duc s'enfuit. Et le roy passa oultre pour querir son mortel ennemy le conte de Warvich, qui tenoit les champs à une tres grosse puissance. Lequel de

---

1. Voir le troisième volume de Commynes, p. 281.

Warvich, sachant que le roy venoit pour le combatre, se mist saulvement, luy et tous ses gens, dedens une forte cité nommee Conventry, devant laquelle cité le roy se mist, tost aprez, en battaille; et fist sommer au conte de Warvich qu'il se mist aux champs pour terminer leur querelle par battaille, ce qu'il refusa par six jours continuelz, dont s'en alla le roy à la ville de Warvich, tendant affin de tirer Warvich hors de Conventry. Le roy issit à l'encontre de son frere, le duc de Clarence, lequel, à belle compaignie de gens d'armes, s'en vint rendre et submettre à luy, et il le receupt en sa grace. Lors eut le roy nouvelles que le duc d'Uxestre, le seigneur de Beaumont, et aultres, venoient en l'ayde du conte de Warvich : si s'en alla jusques en la cité d'Uxestre, pour le trouver. Mais ilz mirent en fuitte et ne l'oserent attendre : il estoit lors le iiie jour d'apvril. D'illec retourna le roy devant Conventry, pour faire issir le conte de Warvich, et y fut deux jours : mais ne vault souffrir que la ville fut assaillie, pour la pitié qu'il avoit du poeuple qui y estoit en grant nombre, car c'est une moult belle ville. Quand il veit que son ennemy ne volloit issir, il s'achemina pour aller à Londres, où estoit Henry, son principal ennemy : et il y vint le xie jour d'apvril. Et incontinent qu'il y vint, il fit la tour ouvrir et se saisist de la personne du roy Henry et de l'archevesque d'York, frere de Warvich, et d'aulcuns aultres, ses rebelles et contraires. Pensant doncques Warvich que le roy entenderoit illec à solempniser la feste de Pasques, qui estoit prochaine, et que, en ce faisant, il le porroit surprendre en cité de Londres, et que la tour se tenist encores, et que la plus part du poeuple de Londres fussent pour luy, il presuma d'issir de Conventry, et d'illec à Londres hastivement, avec toutte sa puissance. Mais le roy, adverti de son propos malicieux, se partit de Londres, à toutte sa puissance, la véille de Pasques, xiiie jour d'apvril, et s'en alla de tire tenir les champs au plus prez qu'il peust de son ennemy : là où, toutte la nuict, il se tint en bonne ordonnance, jusques à cincq heures du matin, qui estoit le jour de Pasques, que lors il courut sus à ses ennemis, et les envayst si baudement qu'il les mist à desconfiture, non obstant qu'ilz fussent plus de xxx mille combatans et trop plus qu'il n'en avoit avec luy ; car avec Warvich estoit le duc d'Excestre, le marquis de Montagu, frere de Warvich, le conte d'Exenfort et le seigneur de Beaumont, avec touttes leurs gens, qui se combatirent tres durement. Neantmoins Warvich fut occis sur le camp, en fuyant, et le marquis son frere, avec grant nombre de chevaliers et d'escuyers, et d'aultres gens qui, neantmoins, se combatirent tres vaillamment par l'espace de trois heures.

Aprez celle desconfiture, vindrent nouvelles au roy, le xvi⁶ jour d'apvril, que Marguerite, royne, femme du roy Henry, et Edouart, son filz, que l'en nommoit prince de Galles, et leurs adherans, estoient retournez en Engleterre, vers le pais du West, et qu'ilz tiroient à la cité d'Excestre, devers leurs amys qu'ilz avoient là entour et en Cornoille, si comme le duc de Sommerset, le conte Dorset, le seigneur de Vonchie, et pluseurs aultres, avec grant nombre de poeuple. Le roy, adverti de touttes ces choses, se remist aux champs à toutte son armee, et tant chemina qu'il vint à xviii mille du pais du lieu où estoient ses ennemis, et fut rapporté au roy qu'il seroit combatu le lendemain. Et lors il se mist en bonne ordonnance sur le camp pour les combatre. Mais, quant ilz sceurent qu'il les attendoit illec pour combatre, ilz muerent leur propos et se retrairent vers la cité de Resteville¹, qui est bonne cité et forte, là où ilz se raffreschirent de vivres et de gens, et prindrent corage de volloir combatre le roy. Et, pour ce faire, se mirent aux champs et choisirent ung beau camp, à ix mille d'illec;

---

1. Bristol. Voyez ci-dessus, p. 133, note 2.

mais, quant ilz sceurent que le roy estoit si prez, ilz se deslogerent ceste nuict, et, le jour ensievant, ilz cheminerent xxvi mille jusques à la cité de Wesquebry[1]. Le roy se print à les poursievre, tousjours en ordonnance, et tant exploicta que le iiie jour de may il vint à trois mille de celle ville, là où, pour celle nuict, il logea son ost aux champs jusques au matin, que lors, en belle ordonnance de bataille, [trouva] ses ennemis qui le attendoient en ung fort camp et advantageux : et lors, sans tarder, en recommandant à Dieu sa cause et sa querelle, il marcha contre eulx et eust la victoire. En celle battaille furent mors de ses ennemis, c'est asscavoir : ledit Edouart, prince de Galles, le marquis Dorset, frere dudit duc de Sommerset, le seigneur de Wenlot et pluseurs aultres chevaliers et escuyers en grant nombre, d'aultres gens largement. Aulcuns dient que le prince de Galles fut prins et amené devers le roy Edouart, lequel le fist desarmer, puis luy demanda son espee et luy en donna au travers du visage, et lors chacun se print à frapper sur luy : et fut occis inhumainement en son eage de xxi ans ou environ. En celle battaille furent prins Aymond, duc de Sommerset, le prieur de sainct Jehan, et pluseurs aultres chevaliers et escuyers; lesquelz, le vi^e jour de may, furent decolez à Wesquebry, et pluseurs aultres qui de long temps avoient machiné contre le roy. Le lendemain, viie jour de may, vindrent nouvelles au roy que ceulx de North commenchoient à eux assambler pour rebeller contre luy en la querelle du roy Henry. Si se tira celle part et jusques à Conventry, en laquelle ville luy et son ost se raffreschirent, le xie jour de may.

Quand ceulx de North sceurent que le roy les approchoit, ilz laisserent leurs assemblees et s'en allerent chacun sur son lieu. Mais, touttes voies, le seigneur de Camus et aulcuns aultres furent prins, et les aultres envoyerent au roy pour

---

1. Tewkesbury.

avoir leur pardon : et puis, tantost aprez, touttes les villes du pais se remirent en l'obeissance du dit roy Edouart. En ce point fut le roy acertené que le bastard de Falguergue[1], avec aulcuns souldoiers de Calaix, avoient traicteusement contre luy conspiré et qu'ilz avoient grant poeuple assamblé au païs Convent[2] pour la querelle du roy Henry, et tellement qu'ilz vindrent devant Londres le x° jour de may, disant qu'ils volloient avoir le roy Henry hors de la tour de Londres, et qu'ilz iroient querir le roy Edouart, où qu'il fut, pour le combatre, car ilz estoient bien xviii mille combatans. Le roy, adverti de ces choses, envoya hastivement une partie de son ost pour conforter ceulx de Londres; et il, de sa personne, se partit de Conventry deux jours apres, c'est asscavoir le xv° jour de may, pour aller à Londres. Lesquelz ennemis, advertis de sa venue, repasserent la riviere de Thamise et s'en allerent assaillir la cité de Londres, tirans flesches dedens la ville et coups de canons, et boutterent le feu en aulcunes maisons, sur le pont de Londres, et en deux portes tout à une fois. Mais le duc d'Excestre et le conte de Rivieres, et aulcuns aultres serviteurs et amys du roy, à l'ayde des citoyens, issirent sur eulx et les assaillirent si radement qu'ilz en occirent plus de deux mille, et les aultres mirent en fuitte. Ceulx cy se retrairent es montaignes à quatre lieues de Londres, en grant nombre, et là se tindrent trois ou quatre jours. Mais quant ils sceurent que le roy venoit vers eulx, ilz s'enfuirent et tirerent vers la mer. Aprez touttes ces choses, le roy entra en sa cité de Londres le xxvi° jour de may, grandement acompaignié des seigneurs et gentilz hommes de son royalme, et de leur gens; si qu'ilz estoient bien trente mille hommes à cheval. Et, tost aprez, luy furent amenez devers la royne Marguerite et pluseurs aultres du

1. Fauconberg.
2. Kent.

parti du prince de Galles, son filz, jà mort, comme dit est.
Qu'il en fist, je ne scay encores. Mais le roy Henry, lors
estant en la tour de Londres, touttes ces choses ouyes, en
print si grand courroux et si grand desplaisir qu'il en mourut,
le xxiiie jour de may.

Ou dit an se partit de Londres le roy Edouart, à grosse
armee, pour tirer aprez ses ennemis, lesquelz se estoient dep-
partis en plusieurs parties, excepté le bastard de Falquembergue, lequel, à grant nombre de mariniers, estoit entré
en la ville de Zandvich, là où il avoit pour luy, et dont il
estoit chef, quarante deux navires. Ilz envoyerent devers le
roy pour estre remis en sa grace et pour avoir appoinctement avec luy, lequel ilz obtindrent de luy : et, ce faict,
ilz remirent en la main du roy laditte ville de Zandvich et
tous leurs navires, le xxvie jour du dit mois. Ainsy doncques
recouvra son royalme d'Engleterre le roy Edouart, quart de
ce nom, en moins de trois mois, par le port, faveur et ayde
du duc de Bourgongne, son beau frere, moiennant sa vaillance et hardie entreprise, et, tout premierement, par la
grace et bonté de Dieu, qui donne la victoire à qui qu'il luy
plaist, laquelle victoire est tournee à grant confusion à ses
hayneurs et ennemis.

CHAPITRE XLIII.

D'unes lettres que le roy Edouart envoya à ceulx de Bruges, en les
remerciant du bon recoeul et prestz que l'en luy avoit fait, soy disant
avoir recouvré son royalme à leur cause.

Cf. ID., *ibid.*, chap. xxxii, à la fin.

CHAPITRE XLIV.

Comment le duc Charles fist ardoir la ville de Nelle, et puis il prinst la ville de Roye par composition, puis s'en alla devant Beauvais.

En l'an mil quatre cens LXXII, mist le duc Charles de Bourgongne, apres les trefves rompues d'entre le roy de France et luy, une grosse armee sus, et s'en alla vers Nelle, en Vermendois, laquelle il envoya sommer par ung herault; lequel herault ceulx de la ville tuerent d'une arbalestre, et incontinent fut ladite ville assaillie et prinse, non obstant leur deffence, et tous ceulx de leens occis, reservé aulcuns, comme gens d'eglise, femmes et enfans. Et, avec ce, fut la ville toutte arse et demolie totallement. De la ville de Nelle, s'en alla assieger Roye, là où il y avoit pluseurs de par le roy, entre lesquelz estoit le seigneur de Reubempré[1]. Et, aprez pluseurs escarmuches et beaulx fais de guerre fais d'un costé et d'aultre, lesditz Francois se rendirent, sauf leurs corps seullement, sinon que chacun chevalier eut ung petit cheval, pour aller dessus là où bon leur sembla. De Roye, incontinent que le duc et ses gens se furent ung petit raffreschis, ilz se tirerent hastivement devant Beauvais; mais les Francois vindrent oudit lieu, à grosse armee et puissante, et, à l'approce que le duc y fist pour assieger ladicte ville cuydant le prendre d'assault, il y eust moult de notables fais d'armes, là où il y morut pluseurs gens de bien. Et y fut, le duc et son armee, une grand espace à pou de son proffit; car les Francois y arrivoient journellement, que bien y povoient entrer, non obstant la puissance du duc, par l'aultre costé de la riviere, vers France. Quant le

1. Charles, seigneur de Rubempré et d'Authies, frère aîné de Jean de Rubempré, seigneur de Bièvres, nommé capitaine de la ville d'Amiens en 1494. (La Morlière, 61.) Fait chevalier, en 1477, par le seigneur de Chimay. (Molinet, II, 117.)

duc veit qu'il ne povoit riens gaigner devant Beauvais; il se partist à toutte son armee, et s'en vint à Poix : là, fist bruller la ville et le chasteau; de là vint à Oysemont, qu'il fist bruller et pluseurs aultres villages. Et, ung petit devant, ung chevalier de la partie du duc, nommé messire Olivier de la Marche[1], bourguignon, lequel avoit charge de cinquante lances, qui se tenoit de par le duc en garnison à Abbeville, s'en alla à Gamaches et prinst le chastel d'assault, lequel il fist bruller et la ville, laquelle ville appartenoit à Joachim Rohault[2], lors mareschal de France, qui s'i estoit tenu depuis le commencement de la guerre; mais pour lors il s'en estoit allé. Quant le duc partit d'Oisemont, il traversa le pais de Vymeu, lequel fut pillié totallement et mis en proye : et quant ceulx de Sainct Waleri, dont estoit cappitaine Robinet du Quesnoy[3], furent advertis de la venue du duc, ilz se partirent de haulte heure. Et lors ung chevallier, nommé messire Bauduin de Lannoy[4], estant à Abbeville, en garnison, adverti

1. Olivier de la Marche, conseiller, chambellan et capitaine des gardes de Charles le Téméraire, duc de Bourgogne, depuis premier maître d'hôtel de l'archiduc d'Autriche, fils de Philippe de La Marche et de Jeanne Bouton, marié à Isabeau Machefrin. Il testa à Bruxelles, le 8 octobre 1501. (*Bibl. imp.*, Cabinet des titres). C'est le chroniqueur. « Olivier de La Marche, dit Molinet (I, 55), très preux et hardi chevalier de la nation de Bourgogne, homme de petite stature, mais de très grande prudence, cler en vertu, riche en éloquence et de vif penetrant entendement. »

2. Voy. ci-dessus, 66, note 3.

3. « Au mois d'avril 1478, fut sceu par Guerin le Groin, baillif de Sainct Pierre le Moustier, et Robinet du Quesnoy, lesquels et chascun de eux avoient charge de cent lances de l'ordonnance du roy, qui estoient en garnison au pays de Picardie, que les Flamens venoient de Douay, pour apporter argent à ceux du dit lieu.... Lesquels capitaines se mirent aux champs pour gagner le dit argent, ce qu'ils firent, et ruerent jus ceux qui le portoient, et en tuerent aucuns et plusieurs prisonniers y furent pris. » (LENGLET, II, 148.) Robinet du Quesnoy, écuyer, était encore, en 1472, capitaine de Saint-Vallery. (*Bibl. imp.*, Mss., fonds Gaignières, n° 772², p. 533.)

4. Baudoin de Lannoy, seigneur de Molembais, chevalier de la Toison-d'Or. Mort le 7 mai 1501. (ANSELME, VIII, 78.)

de ce, partit hastivement, à tout cent lances dont il avoit la charge, et vint en ladicte ville de Sainct Wallery, là où il ordonna et mist de ses gens, de par le duc, sans faire aulcun dommage à ceulx de la ville. Ledit duc de Bourgongne s'en alla devant Rambures qu'il luy fut rendue par le seigneur de Rambures [1], lequel estoit dedens son chastel; mais quant il fut acertené de la venue du duc et de sa puissance, et qu'il veit bien qu'il n'y povoit remedier, il se partit de son chasteau et s'en vint au devant du dit duc soy mettre en son obeissance. Dudit Rambures, le duc laissa garnison au chastel, car il est à merveilles fort, et à grant peine l'auroit on sans affamer. Si partit à toutte son armee, et se tira devant Eu, qui luy fut rendue sans contredit. Et lors fist asseoir son parc prez ladicte ville, là où il se tint une grand espace; et estoit lors le mois d'aoust ou dit an LXXII.

En cest an, au mois d'aoust, se partirent d'Amiens une compaignie de Francois, dont estoit chef le mareschal de Loheac [2] et ung nommé Salezart [3], avec pluseurs aultres grans seigneurs, et arriverent à Auxy le XIIe jour d'aoust, au matin, et gaignerent la basse court du chastel de prime venue : puis se logerent en la ville, et envoyerent courre le pais environ, où ilz prindrent prisonniers, bestes et gens, et biens, qu'ilz amenerent tout à Auxy; puis boutterent le feu en la ville, et fut toutte arse. Ou dit an et ou dit mois, les Francois d'Amiens, desquelz Salezart estoit cappitaine principal, vindrent es faubourgz de Hesdin, le XXIXe jour d'aoust, en plain jour, et brullerent les avant coureurs la porte de Beaumont, le Tappecul, et la maison où les potiers se te-

---

1. Jacques, seigneur de Rambures, conseiller et chambellan du roi, vivait encore en 1488. (ANSELME, VIII, 67.)

2. Voyez ci-dessus, tome I, page 289, note 2.

3. « Jean de Salazar, natif du pays d'Espagne, conseiller et chambellan du roi.... trespassa à Troyes, le 12e jour de novembre, l'an de de grace 1479. » (SAINTE-MARTHE, 175-176.)

noient, et pareillement les faubourgz Sainct George et de la Puterie, puis s'en allerent bouttant les feux par tous les villages estans sur la riviere de Cance, jusques à la Vacquerie le Bouc. Et pareillement brullerent pluseurs villages seans entre les rivieres de Cance et d'Authie, comme Belleville, Roncesay, Buyres, Boufflers, Noeux, Maiserolles, Villers l'Hospital, Frohens et pluseurs aultres. Et estoient lesditz Francois, selon commune renommee, de quatre à cinq cens lances.

En cedit mois, le duc de Bourgongne estant encores auprez d'Eu, en son parc, se partit et mena son armee devant Rouen, auprez de la Justice, là où il fut trois ou quatre jours; et y eust pluseurs escarmuches des gens du dit duc et de ceulx de Rouen, sans plenté de proffit de l'un parti ne d'aultre. Il y eust grant famine en l'ost du duc, et tant que ung pain de quatre deniers y valloit plus de seize parisis, et si en vint en l'ost du dit duc grant mortalité; pour quoy il morut maint homme, et ramenoit on ceulx qui avoient de quoy, malades en chariotz à Abbeville, à Hesdin et ailleurs, dont les ungz moroient en chemin, et les aultres venoient jusques aux villes; mais ilz moroient incontinent, sans remede. Le duc fist bruller au pais de Caux, ou dit voyage, myeulx de trois cens villages, qui fut ung grant pitié et perte pour le pauvre poeuple. Dieu les voeulle recouvrer!

Ou dit mois d'aoust, et ledit duc estant au pais de Normendie, vint une garnison des gens du duc en la ville de Sainct Ricquier, dont estoient chiefz le seigneur de Contay[1], messire Philippe le Prevost, chevallier, ung nommé Bourlens[2] de Luxembourg, qui firent beaucoup de pertes et

---

1. Voyez ci-dessus, p. 71, note 1.
2. Bourlens de Luxembourg est porté sur un État de la maison du duc de Bourgogne (1472) en qualité d'homme d'armes de sa garde. (*Bibl. imp.*, Mss., n° 8430², fol. 53, verso.) Il est désigné ainsi qu'il suit sur un autre état de 1479 : « Jehan de Luxembourg, dit Bourlens, escuyer,

de meschiefz à la ville et au pais environ. Et ce pendant, où dit mois d'aoust, le mareschal de Gueldres, à tout une routte de gens, s'en vint boutter dedens l'eglise et abbaye dudit Sainct Ricquier; et pour ce que luy ne ses gens n'entendoient point le langage, ilz s'enfermoient tres songneusement en ladicte abbaye, là où ilz firent de la peine et du travail assez : lesquelz y furent longtemps, et jusques à tant que le duc retourna à Abbeville. Et si envoya ledit abbé devers le duc pour obtenir lettres qu'ilz deslogeassent, ce qu'il obtint; mais le mareschal n'y vault oncques obeyr. Ce pendant qu'ilz estoient à la dicte abbaye, une peste s'i frappa en eux et en morut si hastivement sept ou VIII, qui les failloit mettre deux en une fosse; et, entre les aultres, le nepveu dudit mareschal y morut; dont il mena grant doeul.

Item. Ce pendant, ung des gens dudit mareschal menoit le milleur cheval que ledit mareschal eust à l'eaue; mais ledit cheval se tua tout roidde à frapper sa teste contre une baille, et s'en revint ledit serviteur à pied. Se disoit que c'estoit pugnition divine, et comme miracle; mais, quelque chose qu'il en fut, il ne se partit oncques de l'eglise. Item, pendant la saison de moisson d'aoust, les gens dudit mareschal firent grans dommages et grandes pertes au povre poeuple; car ilz avoient des grans sacz qu'ilz portoient aux champs, et coppoient seullement les espiz des bledz qu'ilz trouvoient en dizeaux, en garbes, ou à soyer, s'ilz n'en trouvoient nulz aultres, là où ilz firent merveilleux dommages, et pareillement aux avaines : et quant les povres gens, qui point ne les entendoient, les volloient rescourre, ilz les battoient inhumainement, et n'y avoit homme qui en osast parler.

Au retour dudit [duc] de Bourgongne qu'il fist de Rouen,

---

capitaine des archers, de retenu au bailliage d'Evreux et Gisors, pour ses gages et voyages 240 ". » (*Bibl. imp.*, Mss., fonds Gaignières, n° 772², p. 700.) Vivait encore en 1491. (MOLINET, IV, 196.)

il s'en vint à Blangi, en Normendie, et de là à Rambures, et puis à Araines, là où il arriva le XVI° jour de septembre, et, à son partement, se tira une vespres à Picquigni ; et au pont de Picquigni morut le seigneur de Boufflers, et pluseurs aultres, en une escarmuce qui y fut faicte, et si y fut prins messire George Grec, englois[1], chevallier, ung gentilhomme de Flandres qui estoit au seigneur Desquerdes, et bien aymé dudit seigneur, nommé Jehan de Courteville[2],

1. Peut-être bien George Grey qui fut un des principaux personnages de l'armée anglaise envoyée en France, vers 1491, par Henri VII, afin de secourir Maximilien contre les Français. (DUGDALE, I, 718.)

2. « Jehannet de Courteville, échanson, au lieu de Pierre de Molembaix, le IIII° jour de fevrier LXXV. » (*État de la maison de Charles, dernier duc de Bourgogne* : Bibl. imp., Mss., n° 8430², fol. 19, verso.) Était aussi homme d'armes du duc. (ID., *ib.*, fol. 53, verso.) Est encore porté sur l'état de la maison de Maximilien, duc d'Autriche et de Bourgogne, comme « escuier eschancon, » en septembre 1477. (*Compte rendu des séances de la Commission d'Histoire de Belgique*, t. IX, p. 120, deuxième série.) Assistait à la bataille de Guinegate, en 1479. Le duc d'Autriche, à cette bataille, « s'en alloit fourrer en ung ost d'hommes d'armes francois, cuidant que ce fussent ses gens, n'eust esté le seigneur de Quievrain, qui s'en aperceu; et le duc, pour en scavoir la verité, choisit ung gentilhomme de Picardie, nommé *Jennet de Courteville*, et lui dit qu'il allast veoir s'ainsi estoit, et qu'il en rapportast certaine nouvelle, ensemble et de scavoir où estoient les aultres seigneurs, capitaines et conducteurs de la bataille. Le dit gentilhomme, pour obeir au duc son maistre, en postposant crainte de mourir, paour et hide que lui povoit survenir, se mist à toute diligence pour achever sa charge. Esprins de grant couraige, s'en alla celle part; mais en chemin trouva si merveilleux rencontre, que son cheval fut tué et abbatu sur lui; et tost apres, cinq francs archers eschappés de la tuison des aultres, s'amaserent et reposerent sur ledit cheval tué, en regardant ledit Jennet soubs ledit cheval, cuidans qu'il fuist expiré; et se prindrent à dire ensemble : « Quoy que soyons fort reboutez, au moins celui-ci y est demouré. » Le dit gentilhomme se sentant mal à son aise, pour le faict du cheval qu'i portoit sur lui, retira les bras à soi. Parquoi les cinq archiers, voyans qu'il n'estoit encore mort, lui coururent sus de tous lez. Ne fault doubter se le dit Jennet estoit fort estonné, car il se sentoit agressé tant du cheval que de ses ennemis; toutesfois iceulx archiers ne le scavoient comment atteindre, pour la pesanteur du cheval mort qui leur donnoit empeschement. Neanmoins l'ung d'iceulx lui mit la dague sur la gorge; et ledit gentilhomme lui arracha à force de bras, et se coppa les doigts; et

et pluseurs aultres. D'illec se tira le duc au Pont de Mer; à son deslogement dudit Pont, vuyderent les francois d'Amiens huict cens lances, et y eust moult grande escarmuche; mais, finablement, lesditz francois furent constrainctz de rentrer dedens Amiens. D'illec tira le duc à Moroeul, et fist bruller les terres du vydame d'Amiens, lequel avoit espousee la soeur[1] dudit duc de [Bourgogne]. De là tira à Charni, luy et son armee, qui luy fut rendue, et il la fist bruller et pillier. De là s'en alla à Jenlis, et pareillement luy fut rendu le chastel, lequel village et chastel il fist piller et bruller; et de là alla à Riblemont, qui pareillement fut toutte pillee et arse. De là s'en alla passer devant Hem, et de là devant Sainct Quentin, où il y eust grant escarmuche d'un costé et d'aultre, et de notables fais de guerre. Mais en la fin, par constraincte, retournerent les francois en la ville, et le duc s'en alla mettre le siege à Beaurevoir.

Ou dit an LXXII, ou mois d'octobre, les francois, en très grant nombre de gens de guerre et communes, retournerent devant Eu, desquelz estoient principaulx cappitaines Joachin Rohault, mareschal de France, et messire Robert d'Estouteville[2], prevost de Paris. Aprez pluseurs assaulx et

quant il jecta sa veue, perceut un hommes d'armes de sa congnoissance, nommé Jehan de Walers, auquel il escria aide; et icellui mit lance en arrest, deffit les francs archiers, delivra ce gentilhomme d'angoisseux peril, et le monta sur son cheval pour achever son message; et se trouva vers le duc, auquel il recita son adventure; et demanda au seigneur de Quievrain qui estoit ce gentilhomme; et lui dit sa nation, son nom et son estat. Perquoy le duc, de ceste heure, le print en sa grace, et lui fil depuis beaucoup de biens. » (MOLINET, II, 221 et suiv.) Maître d'hôtel du seigneur des Cordes, en 1486, Jehannet de Courteville fut fait prisonnier devant Douay, pour s'être trop avancé vers cette ville, par les ordres du seigneur des Cordes. (ID., ib., 126.)

1. Yolande, bâtarde de Bourgogne, mariée à Jean d'Ailly, seigneur de Picquigny, vidame d'Amiens. (ANSELME, I, 245.)

2. « Robert d'Estouteville, chevalier, seigneur de Beine, qui avoit esté prevost de Paris par l'espace de 43 ans, ala de vie à trespas, au mois de juin 1479, au dit lieu de Paris, et en son lieu le roy donna le dit office de

escarmuches fais devant ladicte ville, parlementerent ensamble : et, finablement, les .... et capitaines de ladicte ville se rendirent à la volonté desditz francois, sauf leurs vies, là où estoit messire Jennet de Saveuses [1], le seigneur de Samer [2], le seigneur de Rabodengues, bailly de Sainct Omer, et aultres notables hommes, qui furent detenus prisonniers et menez à Dieppe, là où ilz furent mis à raenchon; et tous les gens de guerre, non nobles, s'en allerent francement, ung baston en leurs mains, sans emporter aultre chose. De là, vindrent devant Sainct Wallery lesditz François, qui pareillement leur fut rendue et le chastel de Rambures. Et, ce pendant, le seigneur de Crevecoeur, bailly d'Amiens, avoit fait grande assemblee de gens de guerre, et arriva la nuict de la Toussaint à Abbeville, cuydant soy joindre avec la garnison d'Abbeville pour secourir lesdittes villes d'Eu, Sainct Wallery et Rambures; mais c'estoit sur le tard, car tout estoit jà remis en l'obeissance du roy. Et trouva, oudit lieu d'Abbeville, les gens de guerre desdites villes en povre estat et en grant disette; car ilz ne avoient denier, et si estoient tous leurs maistres prisonniers, et ne sçavoient comment retourner en leurs pais. Le duc de Bourgongne, qui estoit devant Beaurevoir durant lesdittes conquestes, vint mettre le siege devant Bohain, et illec furent trouvees unes trefves entre le roy et le duc de Bourgongne; et, adonc, il

---

prevost de Paris à Jacques d'Estouteville, fils dudit deffunct prevost, en faveur de ce qu'il disoit que ledit deffunct l'avoit bien et loyaulment servy à la rencontre de Montlhery et autres divers lieux.» (*Chronique scandaleuse;* voy. LENGLET, II, 156.)

1. Voy. ci-dessus, p. 70, note 1.

2. Haynin (211) le nomme le seigneur de Sains. « En che mime tans, les franchois allerte à grosse puissance devant la ville d'Eu, de laquelle estoit cappitaine le seigneur de Sains, le seigneur de Rabodenghes, etc., lesquels se renditre et paierte grosse ranchon, tant pour eus come pour toute leur compagnie.» On trouve aussi un seigneur du nom de Talemer, conseiller du duc de Bourgogne Philippe le Bon. (*Bibl. imp.*, Mss., n° 2340, Supp. fr., fol. 677.)

asseit ses garnisons pour l'yver à Peronne, à Corbie, Dourlens et aultres fors, et s'en vint à Abbeville.

Le duc estant audit Abbeville, comme dit est, fut logé de sa personne en l'eglise et prioré de Sainct Pierre, et sejourna en ladicte ville une grande espace de temps, et pluseurs notables seigneurs en sa compaignie, entre lesquels estoient les seigneurs de Gazebecque[1] et de Bausenies[2], brabancons, logez en l'hostel dudit prieur d'Abbeville, lequel seigneur de Gazebecque y fut une grande espace, et jusques à son partement de ladicte ville, qu'il eust congié dudit duc pour retourner en son pais : lequel seigneur menoit ung grand estat et faisoit mener avec trois chariotz chargez d'artillerie et d'aultres bagues servans à la guerre. Aprez que ledit duc eust sejourné ung grand espace de temps audit lieu d'Abbeville, et qu'il eust assis ses garnisons par toutes ses frontieres du pais, il se partit, avec lui une partie de ses gens, et s'en alla passer le pais de Flandres, et d'illec s'en alla en Ferisse, en Hollande ; là où il mist ladicte ville de Ferisse et le pais en son obeissance, et puis retourna en Flandres, là où il fist le residu de son yver jusques au printemps.

1. Le seigneur de Gasbergue est porté sur la liste des pensionnaires du duc de Bourgogne (1472). (*Bibl. imp.*, Mss , n° 8430², fol. 4, verso.) Philippe de Hornes, seigneur de Gasbecque, assistait, en 1478, au baptême de Philippe, fils du duc Maximilien et de Marie de Bourgogne. (Molinet, II, 160.)

2. Jean de Hornes, seigneur de Baussignies, fait chevalier de l'hôtel de Philippe le Bon, en 1420 (Monstrelet, IV, 266.), était aussi chambellan de ce prince. (La Barre, II, 209.)

CHAPITRE XLV.

Des voyages que fist le duc Charles, tant en Allemaigne, à Nansy, comme en Bourgongne : et d'aulcunes choses qui advindrent, en ce temps, au royalme de France.

L'an mil quatre cens soixante treize, ou mois de may, ledit duc de Bourgongne alla à Vallenciennes, là où il tint la feste de la Thoison d'or, eü grant pompes et seignourie; et y furent la plus part des seigneurs, portans l'ordre dudit Thoison, et pluseurs aultres notables chevalliers et escuyers. Ladicte feste achevee, le duc se partit pour aller conquester la ducé de Gueldres, lequel tenoit et faisoit tenir le duc dudit pais de Gueldres[1] prisonnier ou chastel de Courtray, qui y avoit esté longue espace de temps paravant; lequel duc de Bourgongne conquesta, ainssons retour, ladicte ducé, la conté de Meur, et seignourie de Zustephen, appartenant audit duc de Gueldres, qui avoit filz et fille bien petis, prochains parens audit duc de Bourgongne, lesquelz il fist prendre et emmener en la ville de Bethune, et illec les fist entretenir honnorablement. En conquestant lesditz pais, le duc fist asseoir pluseurs, là où il eust pluseurs grandes escarmuches et pluseurs rencontres d'un costé et d'aultre; mais, finablement, ceulx desditz pais ne peurent resister, et convint qu'il se rendissent en la volonté du duc, qui y commist le seigneur de Hymbercourt[2] principal gouverneur et garde dudit pais, et aultres cappitaines à sa volonté. Au partement dudit pais de Gueldres, aprez que le duc le eust du tout à sa volonté, il se partit et vint à Aix, en Allemaigne, et de là à Luxembourg, et de là à Treves, là où il

---

1. Adolphe, fils d'Arnould, duc de Gueldre, marié le 18 décembre 1463 à Catherine de Bourbon, sa tante. Tué au siége de Tournay, le 22 juin 1477. (*Art de vérifier les dates*, III, 184.)
2. Voy. ci-dessus, tome II, p. 380, note 1.

trouva l'empereur Federic, où furent fais grans triumphes de par ledit duc qui y fist despendre maint denier, à la maniere qu'il fist faire, quant ilz se trouverent ensamble. Et furent là une grande espace, parlans de leurs affaires : et puis se partit le duc.

Quant le duc de Bourgongne eut sejourné à son plaisir avec ledit Empereur, il se partit et print congié de luy, et se tira à Nansy le Duc, où il trouva le duc Regnier de Lorraine[1], et se firent grant chiere : et là furent renouvellees les anciennes alliances faictes par leurs predecesseurs. Et de Nansy se partit le duc à tout son armee, au moins une partie, et s'en alla en Ferrette prendre la possession de la conté et du pais qu'il avoit achetté au paravant. Au partement du duc de Bourgongne du pais de Ferrette, il s'en vint en la conté de Montbeliart, laquelle luy fut rendue en ung petit de temps. Aprez, il trouva maniere de faire prendre le conte de Montbeliart[2] prisounier, et le fist amener au chastel de Boullongne, lequel y fut long temps depuis. De là, se tira le duc de Bourgongne en son pais de Bourgougne, duquel il print possession ; car c'estoit la premiere fois qu'il y avoit esté depuis le trespas du duc Philippes, son pere. Et quant il eust esté en ladicte ducé, il s'en retourna à Luxembourg, et de là en son pais de Flandres; et là fist et ordonna

1. René II succéda à Nicolas, duc de Lorraine, en 1473. Mort le 10 décembre 1508. (*Art de vérifier les dates*, III, 56.)
2. Henry II, fils d'Ulric VII, comte de Wirtemberg. Il fut arrêté au commencement du mois de mai 1474. (LEGLET, II, 213.) Olivier de la Marche dit (570) : « En ce temps, Henry, comte de Vistemberg, vint passer près le duc (de Bourgogne), ses gens tous vestus de jaune ; et fut le duc averti que c'estoit contre luy. Si l'envoya prendre et amener prisonnier ; et en sa prison promit au duc de luy rendre le chasteau de Montbéliart ; et fusmes envoyés, monsieur Du Fay et moy, pour avoir la place ; mais le conte Henry ne pouvoit fournir à sa promesse ; car la coustume de Montbéliart est telle, que plus tost verroyent les soudoyers couper la teste à leur seigneur, que de rendre une telle place ; mais la gardent jusques au dernier des seigneurs qui demeure en vie. Et ainsi nous en revinsmes sans rien faire. »

asseoir ses garnisons par touttes les frontieres : et, entre les aultres, envoya deux cens [lances] à Abbeville, dont estoient cappitaines le seigneur de Frette[1] et de Beauvoir[2], qui estoient de Bourgongne, et y arriverent le XVe jour de janvier; et en y alla dix lances à Sainct Ricquier, et dix lances à Rue desditz deux cens lances.

En cedit an LXXIII, le roy de France faisoit tenir aussy ses garnisons es frontieres de son royalme, comme à Amiens, Sainct Quentin, Noyon, Compiengne et aultres, sans faire grans dommages au pais du duc de Bourgongne, à cause des trefves qui estoient entre eulx. En cest an fut tres bonne vinee, tellement que les vins de Somme et du pais environ sambloient estre vins de Paris et de Bourgongne. En ceste annee commencerent les monnoies ung petit à monter, comme ung escu de XXIIII solz à XXV, et les aultres monnoies ainssy ensievant.

CHAPITRE XLVI.

Comment le duc Charles mist le siege devant Nuz. Du trespas du seigneur d'Auxi. Et comment le duc de Lorraine envoya deffier le duc Charles estant devant [Nuz].

Environ le mois de juing, an LXXIIII, le duc s'en alla mettre le siege à Nuz[3], là où il fut ung an acompli, ou myeulx. En

1. Philippe de Poictiers, seigneur de la Frete, chambellan de Charles, duc de Bourgogne, dès 1472. (*Bibl. imp.*, Mss., n° 8430², fol. 10, recto.) Créé chevalier de l'Ordre de la Toison-d'Or en 1473. (REIFFENBERG, p. 87.) Assistait au siège de Neuss en 1474, conduisant deux cens lances des ordonnances et trois cens archers. Était « un très-chevalereux et expert conducteur. » (MOLINET, I, 34.)
2. Ferry de Clissance, seigneur de Beauvoir, assistait au siège de Neuss, ayant, ainsi que Philippe de Poictiers, la conduite de deux cens lances des ordonnances et trois cens archers. (MOLINET, I, 34.)
3. Le duc campa devant cette ville le 30 juillet 1474. (LENGLET, II, 214.)

ce pendant, l'empereur Federic vint illec pour lever le siege, où il y eut par diverses fois pluseurs escarmuches; et ceulx de la ville se deffendirent aussy à toutte dilligence. Et y eust audit siege moult de gens mors d'un costé et d'aultre : ceulx de la ville greverent merveilleusement fort ceulx du siege de traict à pouldre, dont ils estoient fort usitez, et tant que c'est pitié de recorder ceulx qui y morurent de dedens et de dehors, sans les blechez et navrez, dont il y en eust sans nombre, qui eschapperent de mort. Et estoient logez si prez les ungz des aultres, qu'ilz povoient combatre main à main. Et le dit an, environ la Sainct Jehan, se partirent les deux cens lances de Bourguignons, qui estoient et avoient esté depuis le mois de janvier jusques audit jour à Abbeville, à Sainct Ricquier et à Rue, et tirerent audit siege de Nuz; et le seigneur Desquerdes, cappitaine general de Picardie, remist aultres garnisons esdictes villes.

Audit an, à la my aoust, fina de vie par [trespas] le seigneur et Ber d'Auxi[1], nommé Jehan, qui en son temps fut le plus renommé chevallier qui fut en la maison de Bourgongne, de son estat. Il eut en gouvernement le duc Charles de Bourgongne, en son enfance, dez qu'il fut osté de ses nourrices, et son premier chambellan tant qu'il vesquist : il obtint de belles offices du duc Philippes de Bourgongne, en son vivant, et aprez le trespas dudit duc Philippes, le duc Charles les luy conferma. Il fut premierement, et dez sa jonesse, cappitaine de Sainct Ricquier, et devant qu'il eut ledit

---

1. Le Ber d'Auxy, gouverneur du comte de Charolais. « Et conduisoit le dict comte de Charolois un moult honneste et sage chevalier, nommé messire Jehan, seigneur et Ber d'Auxy. Cestui chevalier estoit bel homme, bien renommé, de bon age (1443), beau parleur; et voulentiers recitoit choses et matieres d'honneur et de haut affaire. Il estoit chaceur et voleur, duict à tous exercises et à tous jeux; et n'ay pas congnu un chevalier plus idoine pour avoir le gouvernement d'un jeune prince, que luy; et moult bien luy seoit la conduite de son maistre. » (OLIVIER DE LA MARCHE, 406.)

duc Charles en son gouvernement : puis fut seneschal de Ponthieu, cappitaine d'Abbeville, maistre des eaues et des forestz de Picardie, cappitaine de Courtray, de Tenremonde, de Rippemonde en Flandres, qui tint jusques à sa mort, et si tenoit, tant de par luy comme de par madame sa femme, de noeuf à dix mille frans de rente heritable. Dieu, par sa grace, luy face mercy à l'ame, et à tous les trespassés !

Oudit an, le duc de Bourgongne estant oudit siege de Nuz, luy vindrent nouvelles que ceulx de la conté de Ferrette avoient mis à mort, inhumainement, cent lances que le duc avoit laissé en laditte conté, pour la sceureté dudit pais. Mirent à mort, tout premierement, le cappitaine [1] desditz gens de guerre, par ce que, selon commune renommee, qu'il avoit prins à force, oultre son gré, une grande dame du pais, qui estoit de grant lignage ; qui fut cause de la mort dudit cappitaine et de ses gens, dont le duc de Bourgongne fut fort desplaisant ; mais pour lors ne le povoit amender. Oudit an, ledit duc estant audit siege, le duc Regnier de Lorraine luy renvoya les alliances qu'ilz avoient ensemble, en soy declairant son ennemy. Le duc fist semblant de faire pou de compte, et fist festoier le herault qui luy avoit apporté les nouvelles : si luy donna la robbe qu'il avoit vestu, moult riche, et aultres dons ; et puis ledit herault s'en retourna vers le duc de Lorraine, son maistre.

---

1. Pierre Archambault d'Hagenbach, gouverneur du comté de Ferrette pour le duc de Bourgogne.

CHAPITRE XLVII.

Comment le roy print Roye, le Tronquoy, Corbie et Dourlens; et comment le conte de Roussy fut desconfiz et prins par les Francois, et d'aultres choses touchant Sainct Ricquier, et des trefves de noeuf ans.

En cedit an, le roy fist venir et descendre, ès pais engagez, une grosse armee, là où il estoit en personne : et estoient les trefves faillies entre luy et le duc. Fist amener sa grosse artillerie, et, de prime face, vint à Roye, en Vermendois, qu'il fist abbatre et ardoir, ville et chastel, et murs. De là, s'en alla devant ung chastel nommé Tronquoy, ouquel avoit de trente à quarante compaignons qui se disoient au seigneur de Crevecoeur, bailly d'Amiens, qui faisoient tous les maulx du monde aux Francois d'Amiens et d'ailleurs, et à tout le païs d'environ; mais le roy y fist asseoir ses gros engins, et le fist abbatre et trebucher en terre, et pendre et estrangler tous ceulx de leens, reservé le cappitaine qui eschappa par finance. De là, s'en vint le roy devant Corbie, laquelle il fist assaillir par pluseurs fois, et battre de ses engins merveilleusement fort, et abbatirent grant foison de murs. Et lors le seigneur de Contay, le seigneur de Gappanes, et aultres du parti du duc, se rendirent, sauf leurs corps et leurs biens, et s'en allerent à Arras; et lors les Francois entrerent en la ville, laquelle ilz pillerent, et puis y boutterent le feu et abbatirent les murs auprez des terres. De là, s'en vint ladicte armee du roy devant Dourlens, laquelle luy fut rendue : puis pareillement fist bruller, demolir et abatre les murs jusques aux fondemens.

Ce pendant, oudit an, le conte de Roussy[1], filz du

---

[1]. Antoine de Luxembourg, comte de Brienne, de Ligny et de Roussy, etc., couseiller et chambellan du roi, fils du connétable de Saint-Paul (Anselme, III, 729.), fut d'abord attaché à la maison de Charles le Téméraire, et reçut, le 18 février 1472, les provisions de lieu-

conte de Sainct Pol, connestable de France, estoit en Bourgongne, cappitaine général commis de par le duc de Bourgongne, à tout une grosse armee de Picardz qu'il avoit amené avec luy des nobles de Bourgongne : furent mis en desroy, ruez jus et mors, et ledit conte de Roussy prins prisonnier, et pluseurs aultres avec luy.

En cest an, ou mois de may, le seigneur de Picquigny, vidame d'Amiens, vint à Sainct Ricquier, laquelle luy fut rendue par les gens de guerre qui se partirent leurs corps et biens saufz : et ceulx de la ville debvoient demourer avec leurs biens dedens ladicte ville, et tous ceulx des villages qui y estoient, en faisant le serment au roy, ce qu'ilz firent. Mais, incontinent qu'ilz furent leens, ilz commencerent à pillier en aulcuns lieux : et, au partir, le seigneur qui estoit logiez dedens l'abbaye fist chargier tous les biens moeubles dudit abbé, lictz, coffres, bancz, buffetz et aultre maisnage,

---

tenant général de Bourgogne. (SALAZARD, IV, 405.) Un compte de Jean de Varry, cité par La Barre (II, 270, note B), et finissant le 30 septembre 1475, le qualifie « lieutenant-général de M. le duc, gouverneur et maréchal du comté de Bourgogne, etc. » Fait prisonnier à la bataille de Guipy, près Château-Chinon, le 20 juin 1475, il fut enfermé dans la grosse tour de Bourges, d'où on l'amena au Plessis-du-Parc. Louis XI lui reprocha rudement ses torts et ses perfidies, et ne consentit à lui laisser la vie sauve qu'à la condition par lui de payer, dans deux mois, une rançon de quarante mille écus d'or. (LENGLET, II, 117, 123, 201.) Cette condition fut probablement remplie, car Antoine de Luxembourg, alors comte de Brienne, figurait, le 12 juin 1493, au nombre des seigneurs que le roi de France chargea de reconduire Marguerite d'Autriche, et de la remettre entre les mains de l'empereur Maximilien. (ANSELME, loc. cit.; LE GLAY, Correspondance de l'empereur Maximilien, II, 425.) Scohier, cité par Anselme, place la mort du comte de Roussy en 1515. Nous croyons ce renseignement exact. Deux sentences rendues aux requêtes du palais, à Paris, prouvent, du moins, qu'Antoine de Luxembourg vivait encore le 30 mai 1512, et qu'il n'existait plus le 31 mars 1516. Il n'y a donc aucun compte à tenir de ce que rapporte La Barre (loc. cit.), d'après le même Jean de Varry, de la *mort* d'Antoine de Luxembourg avant le 30 septembre 1476. Au mot que nous imprimons en caractère italique, il faut sans doute substituer celui de *prise*.

tant qu'il n'y laissa jusques à ung seul passet[1] ne scabelle, et tout emmena par charroy, à Amiens, où bon luy sambla. Et, au partir, non obstant le serment fait, tout le bestiail qu'ilz trouverent hors de la ville ilz l'emmenerent, et meismes, dedens la ville, prindrent pluseurs biens, disant que c'estoit à gens qui n'avoient point faict le serment, ou qui estoient du parti contraire. Et y furent lesditz Francois depuis le lundi de Penthecouste, qu'ilz y entrerent environ douze heures, jusques à la nuict du Sacrement, aprez vespres, qu'ilz partirent hastivement : ainsy y furent dix jours entiers. Et l'endemain, jour du Sacrement, le seigneur vydame d'Amiens renvoya sa trompette audit Sainct Riquier signifier aux bonnes gens qu'il estoit desplaisant de ce que on leur avoit osté, et qu'il leur feroit tout rendre et renvoyer, et qu'ilz fussent tousjours bons et loyaulx au roy.

Cy est à noter ce que j'avoie obmis : ce pendant que les Francois estoient en la ville de Dourlens, et aincois que les murs fussent demolis, ilz allerent courre devant Arras, et estoit leur cappitaine le bastard de Bourbon[2], admiral de France. Quant ceulx de la garnison d'Arras en furent advertis, dont estoit chef le conte de Romont[3], frere de la royne de France, messire Jacques de Luxembourg[4], frere du connestable, issirent dehors, là où il y eust grant rencontre et occision de gens; mais, finablement, le conte de Romont s'en retourna en la ville, et messire Jacques de Luxembourg,

---

1. Petit tabouret. « Ne luy bailler carreaux, ou tronchet, ou passet à mettre soubs les piedz. » (*Les Arrets d'amours*, p. 69.)

2. Louis, bâtard de Bourbon, fils naturel de Charles Ier, duc de Bourbon, et de Jeanne de Bournan, légitimé au mois de septembre 1463; marié à Jeanne, fille naturelle de Louis XI. Mort le 19 janvier 1486. (ANSELME, I, 308.)

3. Jacques de Savoie, comte de Romont, mort le 30 janvier 1486. (GUICHENON, II, 101-102.)

4. Voy. ci-dessus, tome II, p. 377, note 1.

les seigneurs de Contay et de Marcourt[1], le cappitaine de Belle Motte, lez Arras, et pluseurs aultres y furent prisonniers; et les amenerent lesditz Francois à Dourlens, et de là vers le roy. Le vendredi, doncques, l'endemain du Sacrement, ladicte trompette se partit dudit Sainct Ricquier, un gentilhomme nommé Jehan de Courteville, et en sa compaignie Jacques de Courteheuse[2], le bort de Norguermes, Guillame Cawart, et aultres gentilzhommes, jusques au nombre de xx à xxv lances, lesquelz vindrent sommer ceulx de Sainct Ricquier qu'ilz se rendissent au duc de Bourgongne. Aprez pluseurs parlemens fais entre lesditz gens de guerre et ceulx de la ville, ilz mirent ledit de Courteville et sa compaignie dedens, firent sonner les cloches du beffroy et de l'eglise, allumerent feuz et firent grant chiere, firent nouveau serment au duc de Bourgongne, non obstant qu'ilz eussent fait paravant serment au roy, qui en fut tres mal content, et aussy furent les cappitaines qui estoient à Amiens, comme ilz le monstrerent environ quinze jours aprez.

Quant les Bourguignons eurent esté environ trois sepmaines, peu plus, peu moins, oudit Sainct Ricquier, ilz furent acertenez que les Francois venoient à grant puissance, par le pais de Vymeu, passer au pont de Remy, pour venir audit Sainct Ricquier : lesditz Bourguignons se partirent hastivement, et tirerent à Abbeville, ceulx du chastel de Drugi et ceulx du chastel de la Frette pareillement, et demourerent ceulx de Sainct Ricquier sans ayde. Et lors lesditz Francois, dont estoit chef l'admiral de France, vindrent devant la ville,

---

1. Ne serait-ce pas plutôt le seigneur de *Miremont* qu'il faudrait lire? Ce seigneur est désigné, ainsi que ceux de Contay, de Romont, et Jacques de Luxembourg, dans une lettre de Louis XI au comte de Dampmartin, en date du 30 juin 1475, dans laquelle sont donnés les détails de cette affaire. (COMMYNES, I, 327, note 2.)

2. Le bâtard de Nolcalines, dont le nom est sans doute estropié, fut accusé d'avoir vendu Saint-Omer aux Français, en 1487, conjointement avec d'autres. (MOLINET, III, 147.)

laquelle ne fist point de resistence, par quoy les François y entrerent de legier, et fut par ung dimence au matin. Et ledit jour, au soir, firent crier à son de trompe que ceulx de la ville fussent l'endemain, à six heures du matin, sur le hart, hommes, femmes et enfans, hors de la ville, à la porte Nostre Dame, pour aller là où lesditz François les vouldront mener : ce qu'ilz firent en grand doubte et cremeur, car ilz cuidoient tous morir. Et le lendemain, quant ilz furent tous assamblez, lesditz Francois les firent tous mener jusques en [la] ville d'Amiens : et quant ilz furent eslongiez environ une lieue, et que les Francois eurent pillié la ville, et à leur aise et plaisir, ilz boutterent le feu dedens, qui estoit jour de lundi, et ardirent tout au net ladicte ville, tellement qu'il n'y demoura que l'Hostel Dieu, une maison auprez, appartenant à David Leschoppier, censier de Noeufville, l'hostel de Tipetot, appartenant à Hugues de Hesdin ; brullerent le comble du beffroy, et touttes les cloches, qui y estoient bonnes et riches, furent fondues. En oultre, en ung moment, brullerent l'eglise dudit lieu de Sainct Ricquier, le clochier et VIII cloches, qui furent touttes fondues, et les edifices de ladicte abbaye, tant que vieux que nouveaux. En oultre, brullerent le chastel de Drugi et une partie de la ville, le chastel de la Frette, la cense et village de Bugny, Auvillers, Habergues, Willencourt et le mollin abbé y seant, avec la cense dudit Wyllencourt, tous appartenans à ladicte eglise de Sainct Ricquier, et le chastel de la Frette appartenoit au seigneur de Chastillon. Brullerent, oultre, tout le païs à l'environ jusques à la Vacquerie le Bourg, qui brullerent en ce voyage, et pluseurs aultres choses qui seroient trop longues à escripre.

En ce temps, print le duc de Bourgongne appoinctement avec l'empereur Federic, aprez pluseurs rencontres qu'ilz avoient eu d'un costé et d'aultre, là où il y avoit mort grant nombre de gens : et fut ledit appoinctement trouvé par le moyen et à la requeste de nostre Sainct Pere le Pape Sixte, quart de ce nom, qui avoit illec envoyé ung legat, lequel mist grant peine et grant dilligence de trouver le traictier.

Ce pendant, le roy d'Engleterre, acompaignié du duc de Clocestre et du duc de Clarence, ses deux freres, avec pluseurs aultres grans princes et seigneurs, et toutte sa puissance, descendit à Calaiz : et lors ledit duc de Bourgongne laissa son armee et s'en vint, à trèz petitte compaignie, vers le roy d'Engleterre, oudit lieu de Calaix[1], où ilz parlerent ensamble; et, ce fait, le roy d'Engleterre se partit de Callaix et vint tendre son parc prez de Sainct Omer, à ung arbre que l'on nomme l'arbre Daveron, là où il fut aulcuns jours, et illec le alla veoir le duc. De là, se partit le roy et son armee, et tira à Blangi, en Ternois, puis à Encre et à Peronne, et le convoya le duc jusques au lieu de Peronne. Et lors print congé le duc au roy d'Engleterre, et s'en retourna à son armee qu'il avoit laissee à Luxembourg, et passa par Valenciennes: et illec vint devers luy le connestable de France, et parlerent pluseurs fois ensamble; mais quelle chose ilz besongnerent, l'en n'en scet riens; et s'en retourna de là le connestable à Sainct Quentin, en Vermendois, où il se tenoit pour lors, et le duc retourna à son armee. Il fist pluseurs exploix de guerre, par quoy il conquesta et mist en son obeissance toutte la conté de Waudemont. Le roy d'Engleterre et son armee se retira et vint auprez d'Amiens, et d'illec à Picquigny, là où ilz se trouverent ensamble, le roy de France et luy. Et, de faict, prindrent trefve ensamble, et aultres appoinctemens, et entrerent les Anglois dedens Amiens, et non pas les plus fors : et fut pour aller en pelerinage au chief Sainct Jehan, et pour eux rabiller et faire grant chiere, lesquelz y furent fort festoiés; et meismes leur envoya le roy

---

1. Le 14 juillet 1475. (LENGLET, II, 217.)

de France en leur ost, largement, vins et vivres qui leur donna. Et, de là, s'en retournerent à Calaix le plus hastivement qu'ilz peurent, sans faire grant dommage au pais, sinon de vivres, de bled et d'avaines, qu'ilz trouvoient moeurs par les champs.

En ce meismes an, et tost aprez, furent trefves trouvees entre le roy de France et le duc de Bourgogne, à Vervins en Terrache, pour noeuf ans continuelz : et debvoit chascun, tant d'un parti que d'aultre, ravoir ses terres et seignouries, tant seigneurs d'eglises que temporelz, et aultres quelconques gens : qui fut ung grant resjouissement pour le pais, et dont l'en fist grant feste, qui tantost aprez fut convertie en grant doeul, comme il apperra cy aprez. Les trefves prinses et criees par tous les pais du duc de Bourgongne, il se partit, et toutte son armee, et s'en alla en Savoie, devant Grantson, où il mist le siege; et luy fut rendue la ville et le chasteau à sa volonté, et il les fist tous morir sans pitié.

Ce temps pendant, messire Loys de Luxembourg, conte de Sainct Pol et connestable de France, se partit de Sainct Quentin et s'en alla à Mons, en Haynau, cuydant tirer devers le duc, comme l'en disoit; mais il luy fut dit de par le duc qu'il ne partit d'icelle ville. Incontinent qu'il fut parti, le petit Mouy[1] vint en la ville, de par le roy de France, à tout grand armee, et fut mis dedens par ceulx de la ville, et tous les gens du connestable mis et bouttez dehors; car ilz n'estoient point les plus fors : et se tint seur, ledit Moy, de la ville. Ce fait, fist tant le roy de France, que le connestable fut livré

1. C'est sans doute Jacques de Moy que le chroniqueur désigne ainsi. Il était fils de Colard de Moy : tous deux sont portés sur un état des pensionnaires du roi en 1475, le père comme bailli du Cotentin, et le fils comme bailli de Tournai. (*Bibl. imp.*, Mss., fonds Gaignières, n° 772², p. 638.) Il était qualifié seigneur et baron de Moy, conseiller et chambellan du roi, maître des eaux et forêts de Normandie et de Picardie, capitaine de Saint-Quentin et de Ribemont, l'an 1500. Marié à Jacqueline d'Estouteville. (*Ibid.*, Cabinet des titres.)

par le chancellier de Bourgongne[1] et aultres, du conseil du duc, aux gens du roy; lesquels incontinent se tinrent seurs, et le menerent à Paris, en la compaignie de cincq cens lances qui le estoient venus querir. Luy venu à Paris, le mirent en la bastide Sainct Anthoine, et ne luy laisserent avec luy que ung seul page. Quant ledit connestable eust esté en ladicte bastide, est assavoir tant que son procez fut fait par le chancellier de France et tout le Parlement, finablement il fut condempné à mort et d'avoir la teste trenchee. De fait, fut amené en la place que on nomme Sainct Jehan en Grefve, devant l'hostel de la ville, là où il fut decollé[2] publicquement, sur ung eschaffault que l'on y avoit fait tout propice. Ce fait, le corps fut prins et porté aux Cordeliers d'icelle ville de Paris pour enterrer : ce qui luy fut ordonné et octroyé par lesditz seigneurs, comme l'en disoit, à cause qu'il avoit espousé la soeur de la royne de France, dont il avoit eu pluseurs enfans.

Quand le duc de Bourgongne eut fait sa volenté de la ville de Grantson, en Savoie, il se partit et tira pour entrer ou pais des Suysses : et, en entrant oudit pais, fut rencontré de certain nombre desditz Suisses, desquelz il fut mis en desroy, luy et ses gens, et là perdit il tres grant quantité de gens et de chevance, qui furent tuez par lesditz Suisses. De là, se retira legierement à Lozane, et là rassambla plus grant nombre de gens que devant. Et là vint la ducesse de Savoye[3], à tout son armée, pour aider à saulver ses pais, comme elle disoit. Là furent le duc de Bourgogne et la ducesse de Savoie longue espace ensamble, et illec passa le duc et son armee l'yver.

1. Guillaume Hugonet, seigneur de Saillans, créé chancelier de Bourgogne le 22 mai 1471. (La Barre, II, 257.) Décapité le 3 avril 1476, v. s. (Anselme, IV, 861.)
2. Le 19 décembre 1475. (Lenglet, III, 452-456.)
3. Yolande de France, soeur de Loüis XI, mariée à Amédée IX, duc de Savoie. Morte le 29 août 1478. (Anselme, I, 118.)

Pendant ce temps que le duc estoit oudit pais de Savoie, il y eust si grant famine que ce fut pitié, car les povres gens moroient de fain : et, incontinent qu'ilz avoient quelque petit de pain ou aultres vivres, les aultres gens de guerre leur ostoient, qui par force de famine moroient comme les aultres; car le pais est povre, et si avoient à porter charge de l'armee du duc et celle à la ducesse de Savoie, qui leur estoit pesant fais, entre les aultres. A leur retour, aulcuns gentilzhommes de l'hostel du duc veoient journellement venir les povres gens devant l'hostel du duc requerir l'aumosne, et morir illec de fain; meismes les femmes tenans leurs petis enfans en leurs bras moroient illec, et leurs enfans, en la presence du duc, auquel n'est merveilles s'il en faisoit mal, mais il ne povoit amender : neantmoins il leur faisoit du bien selon sa possibillité.

CHAPITRE XLVIII.

Comment le duc Charles fut desconfiz devant Morat par les Suisses et le duc de Lorraine. Et dist comment le duc d'Allencon morut, ès prisons de Paris, de mort naturelle.

Quand le duc de Bourgongne et son armee eurent passé leur yver, ils se tirerent du pais de Savoie devant Morat, ou pais de Suisse, ou mois de juin, là où le duc tint siege par l'espace de trois sepmaines ou environ. Lesditz Suisses vindrent à grosse puissance, et le duc de Lorraine en leur compaignie, qui s'estoit tiré avec eulx pour avoir leur ayde à reconquester son pais. Et fut, de rechief, le duc de Bourgongne et son armee mis en desroy; et lieverent le duc de Lorraine et les Suisses ce siege. Et illec perdit le duc de Bourgongne moult de nobles gens; car là morut le conte de Marle[1], filz aisné du connestable de France, et pluseurs

1. Voy. ci-dessus, p. 57, note 1.

aultres grans seigneurs, et si y perdit le duc infinie artillerie et richesses, tant de joyaulx comme d'aultres biens moeubles. De là, ledit duc de Bourgongne s'en retourna, plus tost que le pas, en son païs de Bourgongne, à une ville nommee Rivieres, où il assambla son armee; de rechief manda gens de guerre en Picardie, en Flandres et ailleurs, pour aller vers luy; ce qu'ilz firent, car ilz y allerent hastivement. Pendant ce que le duc de Bourgongne estoit esditz païs de Bourgongne, Lorraine et ailleurs, le roy de France avoit toujours de VIII cens à mille lances costoiant ladicte armee, qui estoit toujours ès mettes du royalme, sans marcher en aultres païs. Et disoit on que le roy le faisoit affin que l'armee du duc ne fist aulcun encombrier ou dommàge en sondit royalme, ne qu'ilz n'y entrassent point.

En ce temps, et ung petit devant l'Advent, morut en la Conciergerie à Paris, de mort naturelle, Loys[1], duc d'Alencon, lequel avoit esté longtemps prisonnier, et dez le temps du feu roy Charles VIIe, lequel avoit tenu sur fons le roy Loys, à present regnant, qui l'avoit fait delivrer à son couronnement; mais depuis l'avoit il fait remettre en prison. Et fut enterré aux Freres prescheurs, à Paris.

En cest an, le duc de Lorraine retourna, avec une grosse puissance, mettre le siege devant Nansy le Duc, dedens laquelle ville estoit le seigneur de Bievres[2] et aultres pluseurs gens de guerre; mais en la fin ilz furent constrainctz de rendre la ville, par faulte de secours: et lors le duc de Lorraine la fist ravitailler, et y mist gens de guerre dedens. Le duc de Bourgongne, non sachant que la ville fut rendue, vint pour lever le siege; mais quand il vint auprez, et qu'il en sceut la verité, il se logea au Pont au Mousson, qui luy fut

---

1. Le texte porte *Loys*, mais une rectification marginale, d'une écriture ancienne, substitue à ce nom celui de *Jean*. Voy. ci-dessus, t. I, p. 257, note 1.

2. Voy. ci-dessus, t. II, p. 389, note 2.

rendu, et là estoit auprez le duc de Lorraine et son armee : ausquelz lieux se firent pluseurs grandes escarmuches et pertes de gens; mais enfin le duc de Lorraine s'en partit en desroy. Incontinent aprez ledit partement, le duc de Bourgongne, à toutte son armee, vint mettre le siege audit Nansy, là où il fut une grande espace et jusques au Noel ensievant : auquel siege se firent pluseurs saillies et escarmuches, d'un costé et d'aultre.

CHAPITRE XLIX.

De la battaille de Nansy, où le duc Charles fut de rechief desconfiz, qui fut la derniere de ses battailles.

Quand le duc de Bourgongne eust esté tenant le siege devant Nansy, le duc de Lorraine, qui estoit allé au secours, vint audit siege le Ve jour de janvier, veille de l'Epiphanie, acompaigné des Suisses et Lorrains, avec aultres gens en grant nombre; et meismes le conte de Campobasse[1], Lombart, à toutte sa compaignie, qui long temps avoit servi le duc de Bourgogne à gaiges, retourna contre luy à ceste heure, et fut de rechief le duc de Bourgongne mis en desroy, et toutte son armee. Ceste fut la derniere battaille du duc; car luy et les siens y furent tous mors ou prins. Entre les prisonniers qui furent, c'est asscavoir messire Anthoine, bastard de Bourgongne, le seigneur de Croy et de Renty, le seigneur de Quievrain, le seigneur de Chimay, le seigneur du Fresnoy[2], et pluseurs grans seigneurs. Et tantost

---

1. Nicolas de Montfort, comte de Campobasso, *conducteur des gens de guerre italiens*. (LENGLET, III, 395.) Il est compris (1472) au nombre des chambellans du duc de Bourgogne, dans l'*Estat de la maison de Charles, dernier duc de Bourgogne*. (*Bibl. imp.*, Mss., n° 8430², fol. 6.)

2. Le seigneur de Fresnoy fut fait prisonnier par les Français, en 1487, au siége de Saint-Omer. (MOLINET, III, 146.) Il était porté, en 1496, sur

que le roy de France fut acertené de ladicte journée, il envoya le seigneur de Torssy, lequel residoit pour lors à Amiens, en garnison, à tout une grande compaignie de gens de guerre, et vint à Abbeville sommer ceulx d'Abbeville de eux rendre au roy. Et, aprez pluseurs parlemens fais avec les gens de guerre estans en ladicte ville, et aussy ceulx de la ville, se rendirent finablement audit seigneur de Torssy, ou nom du roy, pareillement le chasteau du Crottoy, qui estoit place comme imprenable. Mais, incontinent que le seigneur de Torssy y envoya pour les sommer, ung nommé Jehan de May[1], natif d'Abbeville, qui long temps en avoit esté cappitaine, commis par monseigneur Desquerdes qui en estoit principal cappitaine, le rendit sans aulcun contredit, dont ledit seigneur Desquerdes monstra semblant d'en estre desplaisant. Et pareillement se rendit la ville de Rue, dont ledit seigneur Desquerdes estoit cappitaine. Et, ce fait, le seigneur de Torssy se tira à Monstroeul, qui pareillement luy fut rendue pour le roy. Et lors manda, luy estant oudit Monstroeul, les principaulx de la ville de Therouanne et aultres des plus notables de la regalle, et, finablement, aprez pluseurs parlemens, ladicte ville fut mise en la main dudit seigneur de Torssy pour le roy : lequel de Torssy y vint et print tous les biens moeubles qu'il y trouva appartenant au coadjuteur[2] de l'evesque de Therouanne, pour ce qu'il tenoit le parti contraire.

Pendant, doncques, que le seigneur de Torssy faisoit ces dilligences, le roy en personne, avec une grosse puissance,

l'État de l'hôtel de Philippe le Bel, duc de Bourgogne, comme pensionnaire. (*Compte rendu des séances de la Commission royale d'histoire de Belgique*, t. IX, p. 680.)

1. Peut-être est-ce Jean de May, escuier, seigneur de Gratien d'Estrée, conseiller du duc de Bourgogne, qui était lieutenant du bailli d'Amiens au mois de novembre 1468. (Mss. de *Dom Grenier*, I, p. 454.)

2. Guillaume de Clugny, évêque de Therouanne, nommé à l'évêché de Poitiers en 1479 ; mort vers 1480. (*Gallia christiana*, II, 1201.)

s'en vint à Peronne, laquelle luy fut baillee par sire Guillame Biche, seigneur de Cleri[1] et grant maistre d'hostel du duc Charles. Et, incontinent, l'admiral de France, bastard de Bourbon, tira sur le costé d'Arras avec ung grant nombre de gens d'armes, et fut logé au mont Saint Eloy et à l'environ une grande espace. Et, en ce pendant, alla devers le roy, à Peronne, une ambassade de par mademoiselle Marie de Bourgongne, fille et seulle heritiere du duc Charles, laquelle s'en retourna sans riens faire. Et puis y revindrent aultres; mais, finablement, ilz ne furent point d'accord envers le roy, et se trouva le seigneur Desquerdes, cappitaine general de Picardie, et pour lors resident à Arras, avec ladicte ambassade, lesquelz s'en retournerent tous comme les aultres, sans besongner.

Et, en ce temps, les Francois allerent à Avesnes, en Haynau, là où ils firent pluseurs escarmuches et fais de guerre : mais, en fin, elle fut prinse d'assault, pillee, brullee, et tous ceulx de dedens mis à mort piteusement. Et pareillement brullerent tous les villages à l'environ, et la plus part du plat pais de Haynau. Ceulx de Douay firent demolir tous leurs fauzbourgs, eglises et aultres logis, jusques à une lieue à l'environ, et fortiffierent ladicte ville à toute dilligence, et tellement, que gens de guerre maintenoient qu'elle estoit comme imprenable, mais qu'il y eut vivres et gens dedens. Cependant le roy et son armee vindrent en la cité d'Arras; laquelle fist ouverture au roy; et puis aprez ceulx de la ville d'Arras, aprez pluseurs parlemens fais avec les gens du roy, ilz les mirent dedens par ung appoinctement de beau lan-

1. Guillaume Bische, « natif de Molins Engilbert, en Nivernois » (COMMYNES, livre V, chap. 15), était, en 1472, seigneur de Cléry et premier maître d'hôtel de Charles, duc de Bourgogne. (LA BARRE, II, 273.) Un acte du 5 août 1478 lui donne, outre le premier de ces titres, ceux de chevalier, conseiller et chambellan de Louis XI, gouverneur de Péronne, Montdidier et Roye. (*Bibl. imp.*, Cabinet des titres.)

gage, ou quel estoit dit que le roy ne debvoit point entrer à puissance en ladicte ville que ceulx de la ville ne fussent les plus fors.

CHAPITRE L.

Des armees, mutacions, assamblees et conquestes qui furent lors faictes, tant en Flandres, Artois, comme ailleurs.

En ce temps, les Flamens se mirent sus en armes, tant d'Yppre, de Cassel, comme d'aultres pais, en nombre de XVI à XVII mille : et estoit leur cappitaine le seigneur de Doulieu[1], et ung aultre nommé Waultier Doye, bailly de Bergues Sainct Wygnoc; et s'en vindrent tenir auprez de Saint Omer, entre Arques et Renescure, ung lieu que l'en appelle le Noeuf Fossé, pour deffendre que les Francois n'entrassent en Flandres. Et illec furent une tres grant espace de temps, au despens du pais, et brullerent autour d'eulx aulcunes places et censes, affin que les François ne leur fissent grief; car ceulx de la garnison de Therouanne le visitoient et escarmuchoient souvent.

En ce temps meismes, ceulx de Gand se mirent en armes, ceulx de Bruges, d'Yppre, Louvain, Malines et aultres du pais de Brabant, pour avoir, comme l'en disoit, leurs previleges, qui disoient leurs estre ostez par les ducs Philippes et Charles de Bourgongne. Et prindrent ceulx de Gand ung nombre des principaulx gouverneurs de ladicte ville : prindrent aussy le chancellier de Bourgongne, le seigneur de Humbercourt, et le coadjuteur de Therouanne. Ilz cuyderent aussy prendre maistre Jehan le Gros[2], audiencier, et

---

1. Ce seigneur assistait, en 1465, à la bataille de Montlehery, dans la compagnie du seigneur de Fiennes, et, en 1465, à celle contre les Liégois, dans la compagnie de Jean de Luxembourg. (HAYNIN, 12, 100.)

2. « Le quatrieme jour du mois de fevrier (1471, v. s.)... fu le jour des noches de mestre Jehan Gros, par ung mardy, en la ville de Bruges,

aultres de l'hostel du duc Charles ; mais ilz eschapperent, par subtil moyen. Tantost aprez furent amenez sur le grand marché de Gand lesditz chancellier et le seigneur de Humbercourt, et illec, publicquement, sur ung hourt, furent decapitez, et avec eulx ung chevalier nommé sire Jehan Wauselle[1] : mirent en oultre à mort tous ceulx que bon leur sambla de leur dicte ville. Ledit coadjuteur de Therouanne fut longuement prisonnier, puis eschappa par caution, et trouva moyen d'entrer en mer : et de là se tira en France devers le roy, qui le fist evesque de Poictiers.

Quant le roy de France eut mis en son obeissance ceulx d'Arras, il se tira, à tout son armee, vers Hesdin ; et luy fut rendue la ville, sans grand contredit, par les gens de guerre et ceulx de la ville ; mais ceulx du chasteau n'y vauldrent obeir. Pour quoy le roy les fist assaillir à grant dilligence, auquel assault et siege il y eut moult de francz archiers du roy mors et aultres, d'un costé et d'aultre ; mais, finablement, ceulx du chastel se rendirent, sauf leurs corps et leurs biens, et les receupt le roy et les retint à gaiges, ceulx qui luy vauldrent faire serment, et les aultres laissa aller où bon leur sambla. Ung nommé messire Jehan de Lannoy, et messire Raoul de Lannoy[2], son frere, estoient les princi-

lequel estoit prumier secretaire audiencier du seel et contreroleur des domaines et finances de Mgr le duc de Bourgogne, et de demoiselle Guie de Messey, niese de Mr de Saillant, chevalier et chanselier de mon dit Sgr le duc ; auquelle noches on requist tres effectueusement de par mon dit Sgr de Bourgogne, et prian de par le dit canselier et audiensier tous prelas, abesses, chononnes, doïens, chartrons, ordre mandians, barons, chevaliers, bonnes villes et notables bourgois de tou les païs et segnourie de mon dit Sgr le duc, a estre ou a faire toute l'onneur, faveur et asistence que bonnement on poroit ferre, de quoi pluseurs et grant nonbre y alerte ou envoierte, et estimoit on le reut à chent mille escus qui monteroite à deus cens et chuynquante mille livres monnoie de Haynau. » (HAYNIN, 196.)

1. Jean Van Melle, ancien tresorier de la ville. (BARANTE, édit. de M. Gachard, II, 717, Appendice.)

2. Voy., sur l'un et l'autre, une note placée à leur nom dans la *Table des matières*.

paulx cappitaines du chastel, lesquelz firent serment au roy : et incontinent que le roy estoit asseuré des villes où ses gens entroient, et il sentoit qu'il y en avoit aulcuns qu'ilz n'estoient fermes et à sa poste, il les envoioit ou pais de France demourer, et leur faisoit assigner la ville et pais là où il volloit qu'ilz allassent. Ce pendant, et le roy estant à Hesdin, il y eut xx hommes du commun d'Arras qui partirent de la ville, esperans de eulx tirer à Gand vers la demoiselle Marie de Bourgongne; mais ilz furent espiez et prins des Francois qui estoient sur les frontieres, et furent menez à Hesdin vers le roy, lequel en fist trencher les testes à xvII, et les aultres envoia morir en aultre lieu, comme pour donner exemple aux aultres. Commune renommee estoit lors que aux dessusditz le roy avoit donné saufconduict pour aller vers ladicte demoiselle Marie : ce non obstant, quoy qu'il en fut, ilz eurent cela pour leur salaire. Aprez que le roy eut esté à Hesdin tant qu'il luy pleut, il tira vers Boullongne sur la mer, laquelle fist ung petit de resistence; mais quant ils veirent les puissances du roy et qu'ilz n'y povoient bonnement resister ne obvier, ne qu'ilz n'esperoient aulcun secours, ilz se rendirent, et il les receupt, sauf leurs corps et leurs biens.

En cest an LXXVII, ainchois que le roi venist à Hesdin ny à Boullongne, demoiselle Marie de Bourgongne envoya à Boullongne querir le conte de Montbeliart, que le duc son pere avoit fait tenir long temps en prison ou chastel de ladicte ville, et l'avoit en garde le seigneur Desquerdes, lequel le fist mener à Gand vers ladicte demoiselle : et envoya aussy icelle demoiselle querir le duc de Gueldres, que son dit pere avoit fait tenir longuement au chastel de Courtray, et quant il y eut esté une espace de temps, il fut ordonné pour conduire et mener les gens de guerre de ladite ville de Gand.

Quand le roy eut esté une espace de temps tant à Hesdin comme à Boullongne, et qu'il eut mis tout le pais en son obeissance, il s'en retourna au pais de Haynau, et envoya son armee devant Douay, laquelle y fut xv jours ou trois sepmaines, là où il y eut pluseurs fais de guerre; mais enfin le roy n'y gaigna riens et fist retirer ses gens sans aultre chose faire. En ce meismes temps, les villes de Bethune, Lillers et autres se tournerent, que envis que volontiers, du parti du roy : mist le roy une grosse compaignie de gens de guerre en la ville de Tournay, du gré de ceulx de la ville, combien qu'ilz eussent promis de non prendre garnison d'un parti ne d'aultre : et puis trouva le roy moyen, par beau parler, d'entrer en la ville de Cambray, où il mist gens de guerre à son bon plaisir, et brief toutte la conté d'Artois luy fut rendue, reservé Sainct Omer et Aire.

En cest an, ceulx de Gand issirent de leur ville en tres grant nombre et s'en allerent autour de Tournay; mais ung jour advint que lesditz Gantois allerent coeullier le bestiail qui estoit enclos en une pasture, lez ladicte ville, et ceulx de dedens, voyans emmener leur bestiail, saillirent hors, à grant effort vindrent escarmucher sur lesditz Gantois, et le duc de Gueldres retourna sur eux cuydant estre sievy desditz Gantois, desquelz il estoit cappitaine, et avoir secours et ayde de eux; mais il demeura luy v^e ou luy vi^e seullement, et [fut] porté son corps en ladicte ville par iceulx Francois, et les Flamens s'en allerent à tout leur butin. Pendant ce temps que le roy estoit devant Douay, les Francois trouverent moyen d'entrer dedens la ville d'Ardre, par ceulx de la ville qui les mirent dedens de leur gré; et, incontinent, ung chevallier du parti de Bourgongne, nommé messire Lancelot de Berlemont[1], s'en alla loger, à tout quarante ou cincquante

1. Lancelot de Berlemont assistait au siége de Neuss, en 1475. (MOLINET, I, 80-81.) Il est porté sur l'état de la maison de Maximilien, duc d'Autriche et de Bourgogne, en qualité de chambellan, en septembre 1477. (*Compte rendu des séances de la Commission d'histoire de Belgique*, t. IX,

compaignons, ou chastel de le Montoire, prez de ladicte ville d'Ardre, et livroient escarmuches ausditz Francois. Mais, ung jour que ledit de Berlemont estoit allé à Aire, lesditz Francois vindrent assieger ledit chastel, affusterent engins à l'encontre et livrerent si dur assault que, finablement, ilz firent ung trou du costé où aultrefois il y avoit eu une faulse porte, et n'estoit là le mur gaires espès; mais les Bourguignons ne se donnerent de garde. Quand les Francois entrerent par là, les prindrent et les mirent à mort inhumainement, puis boutterent le feu en ladicte place, et la demolirent de tous poinctz et tous les fors de là entour, comme Creseque et aultres. Trouverent lesditz Francois maniere d'entrer ou chastel de Fiennes, qui estoit belle et forte place, et que oncques les Engloix n'avoient sceu trouver maniere de l'avoir, et y mirent pour cappitaine messire George de Courteheuse, seigneur de Creseque, lequel s'estoit rendu Francois. Mais il n'y eut gaires esté que le seigneur de Fiennes y renvoya gens de guerre qui le reprindrent par subtil moyen, par ce que ceulx de dedens ne s'en doubtoient : et y fut prins prisonnier ledit seigneur de Creseque, et mené à Sainct Omer, et depuis au chasteau de Lille; et le bastard de Foucquessolles demeura cappitaine de la place. Ne demeura gaires que lesditz Francois ne reprindrent ledit chastel de Fiennes, lequel ilz brullerent et raserent jusques aux fondemens. En ce temps meismes prindrent la ville de Falquembergue, et se tira le conte du lieu à Sainct Omer, avec pluseurs de ses subgetz de ladicte ville. Prindrent aussy

p. 118.) Assistait au siége et à la reddition d'Utrecht, en 1483. « Messire Lancelot de Bellamont, fier comme un Rolland, prompt aux armes et expérimenté, avoit la charge de mille piétons.» (MOLINET, II, 383.) Il fut assassiné, cette même année, à la suite d'un démêlé avec Philippe, fils du duc d'Autriche. « Voilà, dit Molinet (II, 400), le povre guerdon qu'il receut, après qu'il avoit faict plusieurs vaillances de son corps; car il estoit homme sans peur, fort et expérimenté au noble style de la guerre. »

les Francois le chastel de Renty, le chastel de Sellés, en Boullenois, appartenant au seigneur de Norguermes[1], et pluseurs aultres places oudit pais, tant qu'il fut du tout en l'obeissence du roy. Les Flamens qui estoient au Noeuf Fossé, comme dit est, en grant nombre, se partirent ung jour avec aulcuns de Sainct Omer, et s'en allerent à Ardre, à tout artillerie et aultres habillemens de guerre; mais les Francois de dedens s'en partirent, et lesditz Flamens pillerent la ville tout au nect, et si demolirent une partie des murs et puis s'en retournerent avec leur proye, et fut en la fin de juillet.

En ce temps, les Francois de Boullongne, de Therouanne et d'ailleurs vindrent au pais de Bredenarde, et le pillerent et mirent en proye, là où ils prindrent tant de gens et de bestiail comme sans nombre, et, comme de jour à aultre, estoient devant Sainct Omer, là où ilz faisoient tous les maulx du monde. Et pareillement ceulx de Sainct Omer issoient souvent, et rencontroient l'un l'aultre, et dommagoient le plus quilz povoient. Ce pais de Bredenarde est ung bon pais et fertile merveilleusement, et où il y avoit moult de biens. Le roy, estant au pays de Haynau, se conclud de tirer vers Sainct Omer: et quant ceulx de Sainct Omer furent de ce advertis, ilz firent demolir tous leurs fausbourgz, tant à la porte de Boullenois, Saincte Croix et du Brulle, lesquelz estoient beaulx et riches à merveilles, et les plus beaulx gardinages et myeulx clos que l'en eut sceu deviser; firent demolir l'eglise et convent des cordeliers de l'Observance, le convent de Saincte Claire, l'eglise et convent des freres prescheurs, qui estoient les trois plus riches cloistres et myeulx edifiez hors bonnes villes qui fussent deçà les montz; mais ilz eussent pu porter grant dommage à la ville, pour tant qu'ilz estoient trop prez. Et pour ce que l'armee du roy se

---

1. Ce seigneur fut fait chevalier en 1453, avant la bataille contre les Gantois. (Du Clercq, XIII, 105.) Il est nommé *Noirquermes*, et était Flamand. Ce nom est peut-être estropié par les deux chroniqueurs.

hasta plus qu'ilz ne cuydoient, ilz furent constrainctz de boutter le feu esditz Freres prescheurs et Saincte Claire, et en touttes les aultres places qui n'estoient point touttes demolies. Firent pareillement demolir l'eglise paroissiale de Sainct Martin, prez lesdits Freres prescheurs, laquelle estoit moult ancienne et la premiere qui avoit esté fondee en ladicte ville.

Quand les Flamens furent acertenés de la venue desditz Francois et de l'armee du roy, qui fut en la fin de jullet, ou dit an LXXVII, ilz se partirent en desroy dudit Noeuf Fossé hastivement : et si avoient esté illec gisans de VII à VIII mois, en nombre XIIII ou XV mille hommes, aux despens du pais de Flandres. Et estoient leurs cappitaines le seigneur de Doulieu et le bailly de Bergues Sainct Wynoc, nommé Waultier Doye; et n'attendirent point, ne dommagerent les Francois en riens, dont pluseurs furent esmerveillez, veu qu'ilz y avoient esté si longuement, et qu'il sembloit, à les veoir, qu'ilz deussent tuer Karesme et faire merveilles. Environ, doncques, le premier jour d'aoust, oudit an LXXVII, l'armee du roy vint devant Sainct Omer, entre la ville et la ville d'Arques, et partie de ladicte armee à Blendecque, au plus prez. Et se fermerent lesditz Francois en ung parc, au dehors de ladicte ville d'Arques, et tantost commencerent à escarmucher devant ladicte ville par l'Ille, par où il y a grans maretz et fossez, car ilz estoient bien advertis que c'estoit le plus feible de la ville; mais ceulx du hault pont et dudit lieu de l'Ille se deffendirent moult bien, le premier jour, car ilz y avoient fait ung bolvert entre Arques et Sainct Omer, en ladicte Ille, lequel ilz tindrent, à l'ayde d'aulcuns compaignons de guerre qui les secouroient, jusques au vespre, contre la puissance des Francois, que moult durement les escarmuchoient et oppressoient, et le prindrent en la fin. Le vespre venu, les Francois gaignerent ledit bolvert et y tuerent ung nommé Pierre Wedemarc, rice brasseur, qui tousjours avoit esté comme cappitaine desditz Islaires : duquel bolvert ainsy gaigné par lesditz Francois ilz en eurent si grant joye, qu'il sembloit, à les ouyr, que la ville fust gaignee; mais il s'en falloit beaucoup, car, ceste nuict, lesditz Islaires refirent ung aultre bolvert plus prez de la ville de Sainct Omer, plus fort et plus asseuré cent fois que le premier, qui estoit plus prez d'Arques que dudit Sainct Omer; lequel second bolvert fut par lesditz Islaires et les survenans, de quatre à cincq jours tres vaillamment [deffendu]. Et, au chief desditz jours, ilz leverent compaignons de guerre, qui gaignerent bons gaiges, pour garder leur dit bolvert, là où ilz y faisoient leurs logis : dont les Francois povoient prendre petite esperance d'avoir ladicte ville par là, quand ilz veirent qu'ilz ne povoient conquester la tente estant entre la ville et eux, sans les escarmuces qui se faisoient journellement en ladicte Ille, se faisoient aussy à la porte du Brulle et Boullisienne, ausquelles les Francois se trouverent tres rudement receupz; et encores eussent ilz eu plus affaire, se les cappitaines eussent laissé issir les compaignons à leur volonté, que non de la partie des Bourguignons. Tant d'engins comme esditz escarmuches, on n'y eut seu oncques compter plus hault de quinze hommes mors ou environ; mais, du costé des Francois, je n'en scay le nombre.

Les Francois estant devant Sainct Omer, comme dit est, le roy y alloit et venoit souvent en personne; mais il n'y sejournoit gaires, ains y commettoit le seigneur Desquerdes et le gouverneur du Daulphiné, comme principaulx cappitaines de sa dicte armee. Et, pour ladicte demoiselle de Bourgongne, estoit dedens Sainct Omer le seigneur de Chanteraine[1], chevalier croisié de Roddes, et le seigneur de Me-

---

1. Le commandeur de Chanteraine est porté sur l'État de la maison de Charles, duc de Bourgogne (1472), en qualité de chambellan. (*Bibl. imp.*, Mss., n° 8430², fol. 11, verso.) Il l'était aussi de Maximilien d'Autriche, en septembre 1477. (*Compte rendu des séances de la Commission royale d'histoire de Belgique*, t. IX, p. 117.) « Le seigneur de Chan-

ruel, Flameng, cappitaine de ceulx de Bruges qui estoient venus au secours de ladicte ville de Sainct Omer : et le seigneur de Bevres, filz de Anthoine, le bastard de Bourgongne, estoit cappitaine general dudict Sainct Omer et d'Aire ; mais, pour lors, il estoit dedens Aire. Les Francois estant devant Sainct Omer, comme dit est, pendant que l'une partie escarmuchoit ceulx de la ville, l'aultre brulloit et pilloit le pais à l'environ, qui estoit ung grant pitié à regarder. Brullerent une grande partie des Chartreux et n'y laisserent entier que les cloistres et l'eglise ; puis allerent bruller à Clermaretz touttes les maisons de la basse court de l'hostel, là où ilz tenoient leur bestiail, c'est asscavoir leur charroy, bestes à corne et moutons, et n'y laisserent que le corps de l'eglise entier, reffectoir et cloistres, et la maison où l'abbé se tient, pour tant que bonnement ne le povoient bruller sans bruller l'eglise : emporterent tous les vaisseaulx de l'hostel, tant d'arain comme d'estain, et tous les biens moeubles, et meismes emporterent le plomb qui peurent oster de ladicte [maison], que l'en estimoit à plus de cent mille livres de pesant ; osterent et emmenerent trois mille bestes à corne, et tout l'aultre bestiail, et en ce firent si grant dommage que l'en ne scauroit estimer. Ce pendant, allerent lesditz Francois à Cassel, brullerent et mirent en pouldre toutte la ville, les eglises, tant collegialles comme les paroisses, et brullerent toutte la vallee de Cassel. D'illec s'en allerent à Watenes, laquelle ilz brullerent et mirent en pouldre, reservé l'eglise, et ne brullerent que une estable

---

tereine, chevalier de grande emprinse, moult subtil et bien docte au mestier de la guerre, » défendait Lille, en 1477, contre les armées de Louis XI. (MOLINET, II, 34.) Assistait au siége de Nancy en cette même année. « Le seigneur de Chantereyne, tres preux et vaillant chevalier de Rhodes, receilla les gentils hommes de l'hostel du duc de Bourgogne après sa mort, si les nourrit, soustint, entretint, habilla et monta. » *Id.*, I, 237.) Il vivait encore en 1488. (*Id.*, III, 490.)

et le molin; brullerent en oultre et pillerent tous les villages qui peurent trouver ou pais de Flandres, si avant qu'ilz peurent aller.

Quant les Francois eurent esté devant Sainct Omer l'espace de xx jours, ilz se partirent le xxie jour d'aoust: et, au partir, brullerent la ville et chasteau d'Arques, appartenant à l'abbé et convent de Sainct Bertin. Brullerent pareillement Blendecque, là où ilz estoient logez, et tous leurs fors, reservé qu'ilz laisserent entiere l'abbaye dudit lieu et le molin; mais ilz brullerent les chasteaulx et fors de ladicte ville; brullerent audit abbé de Sainct Bertin la plus part de leurs villages, comme Longuenesse, Sahornich, le Vieil Monstier et pluseurs aultres, là où il y avoit pluseurs beaulx et notables edifices et maisons de plaisance, là où lesditz religieux alloient, trois ou quatre fois l'an, prendre leur recreation, en belle et honnorable ordonnance.

Ce pendant, et ung peu devant le mois de jullet, le roy estant encores en Picardie, le duc de Nemours, qui longuement avoit esté prisonnier à Paris, fut condempné par parlement, au commandement du roy, à mort et à avoir la teste trenchee, et estre escartellé : et fut mené aux Halles, là où il fina sa vie par mort [1] en la maniere que dit est. Quant le roy fut parti de Sainct Omer, comme dit est, luy et son armee se tirerent à Bethune et illec entour, et, de là, autour de Lille, à Armentieres, à Halbourdin et autres gros villages, et tousjours en destruisant le pais à leur povoir.

1. Le 10 juillet 1477.

CHAPITRE LI.

Comment le noble duc Maximillian, filz de l'Empereur, espousa, à Gand, dame Marie de Bourgongne, à grant noblesse et resjouyssement; puis vient la fin de ce traicté.

En ce temps, environ la fin d'aoust an LXXVII, vint le filz de l'Empereur, nommé Maximillian, duc d'Austrice, en la ville de Gand, à noble compaignie de pluseurs grans seigneurs de son païs, et illec espousa demoiselle Marie de Bourgongne, seulle fille et heritiere du duc Charles. A l'entree du duc, furent cincq ou six cens lances d'Allemans, armez au cler, portans penons de noir, et houchiez tous de noir en doeul, qui estoit noble chose à veoir. Et devant ceste noble compaignie estoient trompettes, clarons, tambourins et aultres instrumens, en si grant nombre que l'en n'y eust ouy Dieu tonner. Les bourgois, marchans et doyens de Gand furent à son entree, moult richement enhabillés[1]. Et fut en ce point mené jusques à la court, là où il fut receu honnorablement des dames et demoiselles, et en grans pompes passerent la nuict. Les rues furent pleines de hours, et tendues de tapisseries et aultres aornemens, comme increables. Le duc de Jullers, à six cens chevaulx, vint jusques à Malines avec ledit Maximilien; mais il ne vault venir à Gand, ne scay pourquoy. Et, le lendemain, ledit duc espousa[2] ladicte demoiselle de Bourgongne, et fist l'office l'evesque de Tournay[3]. De parler des metz et entremetz, des diners et des joustes, tournois et esbatemens que l'en y fist ce jour, et des bancquets, tant en la ville comme en ladicte court, trop longue chose seroit à raconter; mais tant en poeult on

---

1. Le manuscrit porte *enhabituez*.
2. Le 18 août 1477. (BARANTE, *Histoire des ducs de Bourgogne*, édit. de Gachard, II, 577, note 3.)
3. Ferry de Clugny.

dire que, puis cent ans, ne furent veues si sollemnelles ne si magnificques nopces de roy ne de prince, comme elles furent. Tost aprez, le roy de France et le duc d'Austrice accorderent unes trefves pour dix jours, et se assamblerent les parties à Lens, en Artois, là où ilz conclurent unes trefves qui pou durerent; car, durant icelles, les Francois vindrent courre devant Saint Omer, sans riens signiffier à la ville ne aultre part, ainsy que ladicte trefve le contenoit, et qui debvoit durer quatre jours aprez. Et pour ce que les bonnes gens des villages estoient aux champs et leurs bestes, eulx confians esdictes trefves, ilz furent tous prins prisonniers et leur bestiail ravy, et eulx mis à rencon, sans avoir aulcun regard ausdittes trefves : et si en y eut beaucoup de mors, de gens de guerre et aultres. Et maintenoient les Francois que ceulx de Douay avoient premier enfrainct les trefves, et qu'ilz avoient tué largement de leurs gens. Le roy estant à Arras ce pendant, asseist ses garnisons par touttes les places en son obeissance : et, ce fait, s'en retourna à tout son estat à Amboise, pour illec faire son yver. Et ceulx de Boullongne, Therouanne, et d'ailleurs, couroient et pilloient journellement tout le pais de Flandres, et environ Sainct Omer et Aire, qui estoit une piteuse chose pour le poeuple; car ilz n'avoient riens despouillé, l'an passé, ne riens semé pour l'an advenir, autour dudit Sainct Omer ne ailleurs, ès frontières où lesditz Francois estoient. Dieu, par sa grace, y voeulle remedier !

Environ le commencement du mois d'octobre, oudit an LXXVII, ung chevalier de Haynau estoit en garnison en la ville de Sainct Omer, nommé Lancelot de Berlemont, lequel avoit esté cappitaine de le Montoire, dont cy dessus est faicte mencion, et lequel alloit souvent courir et escarmucher les Francois, et leur faisoit beaucoup de peine et de perte. Mais ung jour advint qu'il se partit dudit Sainct Omer et s'en alla courre devant Therouanne, environ xxx chevaulx, où ilz prindrent du butin; mais, au retourner, ilz furent attains desditz Francois et le butin rescous, et si y fut prins prisonnier ledit Lancelot, luy v^e ou luy vi^e, et mené à Therouanne; et, quant il y eut esté une espace, le roy le fist amener devers luy. Par ung samedi, le xvie jour de novembre, audit an LXXVII, les Francois estoient allez courre devant Renescure, prez de Sainct Omer; et quand la garnison dudit Sainct Omer en furent advertis, ilz issirent une quantité de gens de guerre : et quant ilz vindrent au dehors d'Arques, leurs avantcoureurs perceurent que les Francois estoient trop fors et en tres grant nombre, par quoy ilz se mirent au retour, en desroy, pour eulx saulver. Et le seigneur de Piennes, Flameng, qui estoit pour lors leur cappitaine, ne se destourna point : pour quoy il fut prins et son enseigne, avec la trompette, et aulcuns aultres en petit nombre, et furent menez à Therouanne, et les aultres s'en retournerent en ladicte ville de Sainct Omer.

En ce temps, et depuis le commencement de la guerre, que le roy commenca à marchier esditz pais de Picardie, il envoya aussy une grosse armee en Bourgongne, qui pareillement menoient guerre audit pais, pour luy, au plus qu'ilz povoient, les nobles du pais avec leurs alliez. Et, entre les aultres, mirent le siege lesditz Francois devant Dolle; mais, en la fin, il fut levé par ceulx du pais et leursditz alliez, et y eut ung tres grant nombre de francz archiers du roy et d'aultres gens de guerre mis à mort : et toujours grefvoient l'un l'aultre, devant et aprez, ce qu'ilz povoient. Le vendredi, v^e jour de decembre, les Francois d'Arras allerent courre devant Douay : ceulx de Douay issirent, et trouverent les ungz les aultres environ à deux lieues dudit Douay. Aprez pluseurs escarmuches d'un costé et d'aultre, les Francois tournerent en fuitte, et iceulx de Douay les poursievirent jusques à une lieue d'Arras, et en prindrent ung grant nombre de hommes d'armes; et s'en retournerent, à tout leur butin, à Douay. L'endemain, jour de Sainct Nicolas, oudit mois, ceulx de la garnison de Therouanne vindrent [mettre] au plus prez d'Aire deux embuches, et puis envoyerent leurs coureurs devant ladicte ville. Les Bourguignons issirent en grant nombre, et sievirent lesditz coureurs jusques à la premiere et seconde embuche, et quant il fut heure, les Francois encloirent lesditz Bourguignons et en prindrent, de gens d'eslite, hommes d'armes et archiers, IIII^{xx} et XVI, et si gaignerent bien six vingtz chevaulx bien bons, dont ilz firent grant feste : et puis retournerent à grant joye à Therouanne, et ceulx qui peurent eschapper retournerent à Aire.

Le XIIe jour dudit mois, par ung vendredi, que les Francois conduisoient ung trez grant nombre de chariotz et de charrettes qui menoient à Tournay, la garnison de Lille en fut advertie, et issirent de ladicte ville en grant nombre : et estoit leur chief le seigneur des Pierres[1], et trouverent lesditz Francois entre Lille et Tournay, là où il y eut une grande et merveilleuse rencontre, et de gens mors d'un costé et d'aultre; mais, en la fin, ceulx de Lille n'eurent pas le plus beau, et convint qu'ilz retournassent, aprez qu'il y eut bien de leur costé plus de cent cincquante mors que prins, et passerent les Francois leurs vivres là où ilz les vauldrent mener. Les XXI et XXII jours de janvier, oudit an, les Francois de Therouanne allerent courre devant Sainct Omer, et, à chacune fois, ceulx dudit lieu vindrent sur eulx et poursuivoient les Francois bien loingz. Les Francois, doncques, voyans que lesditz Bourguignons les voloient ainsy sievir, penserent qui les tromperoient par celle maniere : manderent ceulx de Boullongne, de Hesdin et d'ailleurs, tant qu'ilz se treuverent en tres grant nombre, et le lende-

---

[1]. Le seigneur des Pierres assistait à la bataille de Guinegate, en 1479. (MOLINET, II, 210.)

main, jour de vendredi, xxiii⁰ jour dudit mois, se partirent de Therouanne, eulx ainsy assemblez comme dit est, et mirent leurs pietons en embuche à ung petit chastel nommé Edequines, et une aultre embuche de cheval mirent ilz assez prez de Sainct Omer, au bois de Wisque; et puis l'aultre partie se monstra et firent leurs courses les ungz jusques bien prez des bailles d'icelle ville, là où ung seul compaignon de guerre se trouva au millieu de cincq ou six Francois, lequel oncques ne desmarcha, ains tira des fleches aprez eulx de si grant corage qu'il en abbatit ung jus de son cheval; mais, pour ce qu'il n'avoit point pour poursievir son coup, ledit Francois se remonta et s'en alla à tout le coup qu'il avoit en la teste. Ceulx, doncques, de Sainct Omer voyans iceulx Francois, saillirent sur eulx, environ quarante chevaulx : et, tantost, lesditz Francois coureurs firent maniere de eux retraire, comme les aultres jours precedens. Et lesditz Bourguignons les sievirent si avant qu'il en y eut xv ou seize, de plus entreprenans, qui se trouverent bien prez de Edequines, où les pietons Francois estoient embuchez. Les aultres Bourguignons, qui se doubterent, retournerent hastivement à Sainct Omer, et aussy cuyderent retourner lesditz avancoureurs, mais ilz furent enclos des Francois de cheval : neantmoins, quant ilz se veirent en dangier d'estre mors ou prins, ilz prindrent corage et hardement, et mirent les lances es arretz, et se boutterent dedens lesditz Francois par telle force, qu'ilz passerent oultre et se saulverent, voulsissent les Francois ou non, excepté ung seullement, qui fut prins prisonnier; et des Francois en y eut dix ou douze que mors que navrés, selon commune renommee.

FIN DE L'APPENDICE.

LISTE

DES OUVRAGES CITÉS DANS LES ANNOTATIONS

SUR LES

ANCHIENNES CRONICQUES D'ENGLETERRE.

A

ANSELME (le P.). Histoire généalogique et chronologique de la Maison royale de France. Troisième édition. Paris, libraires associés, 1726-1733. In-fol., 9 vol.

ANSTIS. The Register of the most noble Order of the Garter. London, John Barber, 1724. In-fol., 2 vol.

Archæologia : or Miscellaneous tracts relating to antiquity. Published by the Society of Antiquaries of London. (London), 1770-1860. In-4, 38 vol.

Arrêts (les) *d'amour,* avec l'Amant rendu cordelier à l'Observance d'amour, par Martial d'Auvergne, dit de Paris, procureur au Parlement. Accompagnés des Commentaires juridiques et joyeux de Benoît de Court, jurisconsulte. Dernière édition, revue, corrigée et augmentée (par Lenglet Du Fresnoy) de plusieurs arrêts, de notes, et d'un Glossaire des anciens termes.

Amsterdam, François Changuion, 1731. In-8.

Art (l') *de vérifier les dates.* Troisième édition. Paris, A. Jombert, 1783-1787. In-fol., 3 vol.

AUBERY. Histoire générale des cardinaux. Paris, J. Jost et M. Joly, 1642-1649. In-4, 5 vol.

B

BARANTE (de). Histoire des ducs de Bourgogne de la maison de Valois. Nouvelle édition, enrichie d'un grand nombre de notes, par M. Gachard. Bruxelles A. Wahlem, 1838. In-8, 2 vol.

BARNES (Joshua). The History of that most victorious monarch Edward III. Cambridge, 1688. In-fol.

BERRY (Jacques Le Bouvier, dit). Chronique.—Aux pages 411-444 de l'*Histoire de Charles VI,* par Denys Godefroy. Paris, 1653. In-fol.

Biographia britannica. London, 1747-1763. In-fol., 6 vol.

BRASSART. Histoire et généalogie des comtes de Lalaing. Deuxième édition. Douai, Adam d'Aubers, 1854. In-8.

BROSSETTE. Histoire abrégée ou Éloge historique de la ville de Lyon. Lyon, J.-B. Girin, 1711. In-4, 2 parties.

BRUCE (John). Voy. *Historie of the arrivall of Edward IV.*

BUCHANAN. Opera omnia, collecta et aucta curante Th. Ruddimanno. Lugd.-Batav., Langerak, 1725. In-4, 2 vol.

BUCHON. Voy. FROISSART.

BUCHON. Notices littéraires. — Aux pages IX-XLVII du volume intitulé : *Choix de chroniques et mémoires sur l'histoire de France,* et contenant : *Chroniques de Du Guesclin, Romances espagnoles,* etc. (Paris, Mairet et Fournier, 1841). In-4.

Bulletin de la Société de l'Histoire de France. Deuxième partie. Documents historiques originaux. Paris, J. Renouard, 1835-1836. In-8, 2 vol.

C

CARTE (Thomas). A General history of England. London, 1747-1752. In-fol., 3 vol.

CHALCONDILE. L'Histoire de la décadence de l'empire grec, et establissement de celuy des Turcs. De la traduction de B. de Vigenere. Paris, veuve Abel L'Angelier, 1612. In-fol.

CHARTIER (Jean). Histoire de Charles VII. — Aux pages 1-321 de *l'Histoire de Charles VII,* mise en lumière par Denys Godefroy. Paris, 1661. In-fol.

CHASSIN (Charles-Louis). La Hongrie, son génie et sa mission. Étude historique, suivie de Jean de Hunyad, récit du quinzième siècle. Paris, Garnier frères, 1856. In-8.

CHASTELLAIN (Georges). Chronique du bon chevalier messire Jacques de Lalain. — Aux pages 601-726 du *Choix de chroniques et mémoires sur l'histoire de France,* contenant : *Philippe de Commines, Guillaume de Villeneuve,* etc. (Paris, A. Desrez, 1836). In-4.

CHASTELLAIN (Georges). OEuvres historiques inédites. Paris, A. Desrez, 1837. In-4.

Chronique de Flandres, anciennement composée par auteur incertain, avec la continuation et les Mémoires d'Olivier de la Marche, mis en lumière par Denis Sauvage. Lyon, G. Rouille, 1561-62. In-fol.

Chronique de J. de Lalain. Voy. CHASTELLAIN.

Chronique de la Pucelle. Citée par erreur (I, 280, note 1) : c'est *Mathieu d'Escouchy* qu'il faut lire.

Chronique de Richard II. — Au tome XV des Chroniques de Froissart faisant partie des *Chroniques nationales* publiées par Buchon. (Paris, Verdière, 1826). In-8.

Chronique (la) des comtes et ducs d'Alençon. Ms. — BIBLIOTHÈQUE IMPÉRIALE, Mss., *fonds Du Chesne,* n° 48, fol. 114-136.

Chronique scandaleuse (la). — Aux pages 1-221 du tome II des *Mémoires de Comines,* édition de Lenglet.

Chroniques de Normandie. Rouen, 1487. In-fol.

COMINES. Voy. LENGLET DU FRESNOY.

COMMYNES (Philippe de). Mémoires. Nouvelle édition, publiée par Mlle Dupont. Paris, Renouard, 1840-1847. In-8, 3 vol.

Complete (a) *History of England.* London, Brab, 1706. In-fol., 3 vol.

Compte rendu des séances de la commission royale d'histoire, ou Recueil de ses bulletins. Bruxelles, Hayez, 1834-1859. In-8, 28 vol. — Première série (1834-50), 16 vol.; deuxième série (1850-59), 12 vol.

CURITA (Geronymo). Anales de la corona de Aragon. Çaragoça, 1610. In-fol., 6 vol.

D

DACIER. Notice sur Monstrelet.

DAIRE (Louis-François). Histoire de la ville d'Amiens. Paris, 1757. In-4, 2 vol.

DANIEL. The reigns of king Richard II, king Henry IV, V, and VI. — Aux pages 237-428 du premier volume de *A complete History of England*. (London, 1706. In-fol.)

DELPIT (Jules). Collection générale des documents français qui se trouvent en Angleterre. Paris, impr. de Dondey-Dupré, 1847. In-4, t. I, seul publié.

DERODE (V.). Histoire de Lille. Paris, J. Hébrard; Lille, Beghin, 1848. In-8, 3 vol.

DINAUX. Archives historiques et littéraires du nord de la France et du midi de la Belgique. Valenciennes, 1829-54. In-8, 14 vol.

DOUGLAS (Robert). The Peerage of Scotland. Edinburgh, R. Fleming, 1764. In-fol.

DREUX DU RADIER. Bibliothèque historique et critique du Poitou. Paris, Ganeau, 1754. In-12, 5 vol.

DU CANGE (Charles Dufresne, sieur). Glossarium mediæ et infimæ latinitatis.... auctum a monachis ordinis sancti Benedicti, et cum supplementis integris D. P. Carpentarii et additamentis Adelungii et aliorum digessit G. A. L. Henschel. Parisiis, F. Didot, 1840-1850. In-4, 7 vol.

DU CLERCQ (Jacques). Mémoires. — Aux tomes XII-XV des Chroniques d'Enguerrand de Monstrelet. (Paris, Verdière, 1826-1827. In-8).

DUCLOS (Charles Pineau). Histoire de Louis XI. La Haye, Jean Neaulme, 1746. In-12, 3 vol.

DUCLOS (Charles Pineau). Histoire de Louis XI. Paris, Janet et Cotelle, 1820. In-8. 3 vol. — C'est un tirage à part des vol. III, IV et V de l'édition des *OEuvres complètes*, publiée par les mêmes libraires.

DUGDALE (William). The Baronage of England. London, A. Roper, 1675-1676. In-fol., 2 vol.

DU TILLET (Jean). Recueil des rois de France, leur couronne et maison. Paris, 1602. In-4, 2 vol.

E

ESCOUCHY (Mathieu d'). Chroniques. — Forment les tomes X et XI des *Chroniques d'Enguerrand de Monstrelet*, données par Buchon, ou XXXV et XXXVI de la *Collection des Chroniques nationales françaises*, du même éditeur.

Excerpta historica, or Illustrations of English history. London, Samuel Bentley, 1831. In-8.

F

Faict du procez et instance de proposition d'erreur au grand Conseil du Roy, entre messire Marc de Vienne,... contre messire Anthoine de Baufremont. (S. l. n. d.). In-4.

FENN (John). Originals Letters, written during the reigns of

Henri VI, Edward IV, and Richard III. London, Robinson, 1787-1789. In-4, 4 vol.

FROISSART. Chroniques, avec notes et éclaircissements, par J. A. Buchon. Paris, Verdière, 1824-1826. In-8, 15 vol.

FROISSART. Chroniques.... nouvellement revues, par J. A. C. Buchon. Paris, A. Desrez, 1835. In-4, 3 vol.

G

GACHARD (L. P.). Collection de documents inédits concernant l'histoire de la Belgique. Bruxelles, Louis Hauman, 1833-1835. In-8, 3 vol.

GALLIA CHRISTIANA, in provincias ecclesiasticas distributa. Lutetiæ Parisiorum, J. B. Coignard, 1715-1785. In-fol., 13 vol.

Gentleman's (The) Magazine. Vol. XII, new series. London, 1839. In-8.

GODWIN (Fr.). De præsulibus Angliæ commentarius. Recognovit et continuavit G. Richardson. Cantabrigiæ, 1743. In-fol.

GRILLET (Jean-Louis). Dictionnaire historique, littéraire et statistique du Mont-Blanc et du Léman. Chambéry, Puthod, 1807. In-8, 3 vol.

GUICHENON. Histoire de Bresse et de Bugey. Lyon, Huguetan, 1650. In-fol.

GUICHENON. Histoire généalogique de la royale maison de Savoie. Lyon, G. Barbier, 1660. In-fol., 2 vol. — Le second volume contient les *Preuves* ; le premier est presque toujours divisé en deux tomes.

H

HABINGTON (John). The Reign of king Edward IV. — Aux pages 429-479 du premier volume de *A complete History of England* (London, 1706. In-fol.)

HAMMER (J. de). Histoire de l'empire ottoman. Traduit de l'allemand par J. J. Hellert. Paris, Bellizard, 1835-1842. In-8, 18 vol.

HAUDICQUER de BLANCOURT. Nobiliaire de Picardie. Paris, 1693. In-4.

HAYNIN (Jean, seigneur de). Mémoires. Mons, Em. Hoyois, 1842. In-8, 2 vol.

HEARNE (Thomas). Voy. *Liber niger.*

HÉCART. Dictionnaire rouchi-français. Valenciennes, Lemaître, 1834. In-8.

HERRGOTT (Marquard). Monumenta augustæ domus Austriacæ. Viennæ Austriæ, L. J. Kaliwoda, 1750-72. In-fol., 4 vol.

HIRET (Jean). Des Antiquitez d'Anjou. Angers, Anthoine Hernault, 1618. In-12.

Histoire de Charles VII,... enrichie de plusieurs mémoires, titres, etc., par D. Godefroy. Paris, Impr. roy., 1684. In-fol.

Historie of the arrival of Edward IV in England, and the final recouerye of his kingdomes from Henry VI. A. D. M. CCC. LXXI. Edited by J. Bruce. London, 1838. In-4.

HOLINSHED (Raphaël). Chronicles of England. London, 1587. In-fol., 2 vol.

J

Journal de Paris, sous les règnes de Charles VI et de Charles VII. — Aux pages 1-208 du tome I des *Mémoires pour servir à l'Histoire de France et de Bourgogne.* Voy. LA BARRE. — Nous l'avons constamment cité sous le titre de : *Journal d'un Bourgeois de Paris.*

Jouvencel (le). Paris, Verard, 1493. In-fol.

JUVÉNAL DES URSINS. Histoire de Charles VI. Paris, Impr. roy., 1653. In-fol.

L

LA BARRE (Lefèvre de). Mémoires pour servir à l'histoire de France et de Bourgogne. Paris, J. M. Gandouin et P. F. Giffart, 1729. In-4, 2 vol.

Lalain (Jacques de). Voy. CHASTELLAIN.

LA MARCHE (Olivier de). Mémoires sur la maison de Bourgogne. Paris, A. Desrez, 1838. In-4.

LA MORLIÈRE (Adrien de). Recueil de plusieurs nobles et illustres maisons vivantes et esteintes en l'estendue du diocèse d'Amiens, etc. Amiens, 1630. In-4.

LA ROQUE (Gilles-André de). Histoire généalogique de la maison de Harcourt. Paris, Séb. Cramoisy, 1662. In-fol., 4 vol.

LA THAUMASSIÈRE (Thaumas de). Histoire de Berry. Bourges, Fr. Toubeau, 1691. In-fol.

LENGLET DU FRESNOY. Mémoires de messire Philippe de Comines. nouvelle édition. Londres et Paris, Rollin, 1747. In-4, 4 vol.

Liber niger Scaccarii,...edidit Tho. Hearnius. Oxonii, e theatro sheldoniano, 1728. In-8, 2 parties.

LINGARD (John). Histoire d'Angleterre, traduite par M. Léon de Wailly. Paris, Charpentier, 1843-44. In-12, 6 vol.

LOUVET. Anciennes remarques de la noblesse beauvoisine et de plusieurs familles de la France. Beauvais, veuve G. Valet, 1640. In-8, 2 vol.

LOYENS (J. G.). Recueil héraldique des bourguemestres de la noble cité de Liége. Liége, J. P. Gramme, 1720. In-fol.

M

MADDEN (Frederic). Illuminated ornaments selected from manuscripts and early printed books from the sixt to the seventeenth centuries, drawn and engraved by Henry Shaw, with Descriptions. London, W. Pickering, 1833. In-4.

MAIR. — Cité par *Pinkerton*. Voy. ce nom.

MAITLAND (William). The History and antiquities of Scotland. London, A. Millar, 1757. In-fol., 2 vol.

Mémoires de Jean de Haynin. Voy. HAYNIN.

Mémoires de la Société d'émulation de Cambrai. Cambrai, 1860-1862. In-8, 27 vol.

Mémoires de la Société des antiquaires de l'Ouest. Poitiers, 1837-1861. In-8, 27 vol.

Mémoires de la Société des antiquaires de la Morinie. Saint-Omer, 183-1858. In-8, 10 vol.

Mémoires de la Société des antiquaires de la Normandie. Caen, 1824-1856. In-8 et in-4, 22 vol.

MOLINET (Jean). Chroniques publiées par J. A. Buchon. Paris, Verdière, 1827-1828. In-8, 5 vol.

MONSTRELET (Enguerrand de). Volume troisiesme des Chroniques d'Enguerrand de Monstrelet. Paris, Pierre l'Huillier, 1572. In-fol.

MONSTRELET (Enguerrand de). Chroniques. Nouvelle édition, avec notes et éclaircissements, par J. A. Buchon. Paris, Verdière, 1826-1827. In-8, 15 vol.

MORÉRI. Le grand Dictionnaire historique. Nouvelle édit., revue par Drouet. Paris, 1759. In-fol., 10 vol.

MORICE (Pierre-Hyacinthe). Mémoires pour servir de preuves à l'histoire ecclésiastique et civile de Bretagne. Paris, 1742-1746. In-fol., 3 vol.

Mornay (Philippe de). Mémoires. La Forest, 1625. In-4, 2 vol.

Moule (Thomas). The English Counties delineated; or a topographical Description of England. London, John Virtue, 1837. In-4, 2 vol.

N

Nichols (J. G.). Voy. Warkworth.

Nicolas (Harris). The Chronology of history. Second edition. London, Longman, 1838. In-12.

O

Original Letters, written during the reigns of Henry VI, Edward IV, and Richard III. Digested.... by John Fenn. London, Robinson, 1787-89. In-4, 4 vol.

P

Paris (Paulin). Les Manuscrits françois de la Bibliothèque du roi, leur histoire et celle des textes allemands, anglois, hollandois, italiens, espagnols, de la même collection. Paris, Techener, 1836-48. In-8, 7 vol.

Pinkerton (John). The History of Scotland from the accession of the House of Stuart to that of Mary. London, C. Dilly, 1797. In-4, 2 vol.

Q

Quicherat (Jules). Procès de condamnation et de réhabilitation de Jeanne d'Arc, dite la Pucelle. Paris, J. Renouard, 1841-49. In-8, 5 vol.

R

Rapin de Thoyras. Histoire d'Angleterre. Nouvelle édition. La Haye, 1749. In-4, 16 vol.

Reiffenberg (de). Enfants naturels du duc Philippe le Bon. (Bruxelles, s. d.). In-8.

Reiffenberg (de). Histoire de l'ordre de la Toison d'or. Bruxelles, 1830. In-4.

Roquefort (J. B. B.). Glossaire de la langue romane. Paris, B. Warée, 1808. In-8, 2 vol.
— Supplément. Paris, Chassériau et Hecart, 1820. In-8.

Rouyer (Jules). Aperçu historique sur deux cloches du beffroi d'Aire.—Aux pages 233-255 du tome VII des *Mémoires de la Société des antiquaires de la Morinie*.

Rymer (Thomas). Fœdera, conventiones, literæ.... inter reges Angliæ et alios quosvis imperatores, reges.... ab anno 1101.... habita aut tractata. Editio tertia. Hagæ Comitis, J. Neaulme, 1739-1745. In-fol., 10 vol.

S

Saint-Remy (Jean le Febvre de). Mémoires. — Aux tomes VII (p. 251) et VIII des *Chroniques d'Enguerrand de Monstrelet*; nouvelle édition entièrement refondue par J. A. Buchon (Paris, Verdière, 1826. In-8, 15 vol.).

Salazar (Alexis). Histoire générale et particulière de Bourgogne. Dijon, L. N. Frantin, 1738-1771. In-fol., 4 vol.

Salmon (André). Notice sur Simon de Quingey et sa captivité dans une cage de fer. Paris, typog. de Firmin Didot frères, 1853. In-8.

Sauval. Histoire et recherches des antiquités de la ville de Paris. Paris, 1734. In-fol., 3 vol.

Smith (Thomas). The Commonwealth of England, and Manner of government thereof. London, 1601. In-4.

V

Vaissète. Histoire générale de Languedoc. Paris, J. Vincent, 1730-1745. In-fol., 5 vol.

Vallet de Viriville. Chronique de la Pucelle. Paris, Adolphe Delahays, 1859. In-12.

Van Praet (Joseph). Recherches sur Louis de Bruges, seigneur de la Gruthuyse. Paris, de Bure frères, 1831. In-8.

Vie de Guillaume de Gamaches, second du nom, comte de Gamaches, premier grand veneur de France, gouverneur de Compiègne. Paris, Prault, 1787. In-4.

Villeneuve-Bargemont (de). Monuments des grands maîtres de l'ordre de Saint-Jean de Jérusalem. Paris, Blaise, 1829. In-8, 2 vol.

W

Warkworth (John). A chronicle of the first thirteen years of the reign of king Edward the fourth. Edited... by James Orchard Halliwell. London, 1839. In-4.

Wyrcester (Wilh.). Annales rerum anglicarum. — Aux pages 424-521 de *Liber niger Scaccarii*. Voy. ce titre.

FIN DE LA LISTE DES OUVRAGES CITÉS DANS LES ANNOTATIONS.

TABLE ANALYTIQUE

DES MATIÈRES.

A

Abbeville, ville. Assiégée, III, 59; plus portée pour le roi que pour le duc, refuse l'entrée au seigneur de Crèvecœur, *ibid.*; livrée par supercherie aux Bourguignons, 60; misère de ses habitants, 300; se rend au roi, 318. — Citée, I, 216, 330, 335; III, 58, 63, 81, 85, 185, 294, 297, 301, 304, 305, 310.

ABBEVILLE (Le Prieur d'). — Cité, III, 301,

Abingdon, ville [*Bindon*].— Citée, III, 132.

Ægos-Potamos, rivière [*Lalegro*]. — Citée, II, 68.

AILLY (Jean d'), seigneur de Picquigny, vidame d'Amiens. Ses pays brûlés par le duc de Bourgogne, III, 299; marié à la sœur dudit duc, *ibid.*; s'empare de Saint-Riquier par composition, au nom du roi, 308; ne tient pas le traité de reddition, *ibid.*; envoie s'excuser auprès des habitants, promettant de leur faire rendre ce qu'on a pillé, 309.

Aire, rivière [*Iller*]. — Citée, II, 275.

Aire, ville. Vendue à Louis XI, III, 204-209; reste fidèle à la duchesse de Bourgogne, 323; ses environs dévastés par les Français, 341. — Citée, II, 402; III, 55, 206, 207, 209, 328, 343.

AISCOTH (William), évêque de Salisbury. Est du parti de Henri VI contre le duc d'York, I, 319.

AIX (Humbert de Seyssel, seigneur d') [*Days*]. Chef de l'armée des Savoisiens, I, 206.

Aix-la-Chapelle, ville. — Citée, III, 302.

ALBANA, roi d'Écosse. Par qui lui fut donné ce royaume, I, 61.

Albanie. Voy. *Écosse*.

ALBERT, duc d'Autriche. — Cité, II, 21.

Albion. Voy. *Angleterre*.

ALBRET (Charles d'), seigneur de Saint-Bazeille, dit le *Cadet Charles*. Donné en otage aux Anglais, à la reddition de Tartas, I, 322.

ALBRET (Charles II, seigneur d') [*Labrech*]. Informe Charles VII du traité de Tartas, I, 322. — Cité, I, 321.

Alcacer do Sal, ville. — Citée, III, 94.

ALENÇON (Jean, duc d'). Conduit l'armée française à Ivry, I, 257; désolé de la mort de son frère, 270; est fait prisonnier, 273; assiste à la prise de Jargeau, 282; se dispose à combattre les Anglais à Baugenci, 286; conduit le corps d'armée à la journée de Patay, 289; mort à la Conciergerie de Paris, III, 316; avait tenu Louis XI sur les fonts de baptême, *ibid.;* en quel lieu est enterré, *ibid.*

ALENÇON (Pierre, bâtard d'). Blessé à la bataille de Verneuil, I, 270; sa mort, *ibid.*

Alnwick, place forte [*Amunchic, Annuy, Henewik*]. — Citée, II, 318; III, 159, 162.

ALPHONSE V, dit *le Sage*, roi d'Aragon. — Cité, III, 260.

ALPHONSE V, dit *l'Africain*, roi de Portugal. Son éloge, III, 86; entreprend le voyage d'Afrique pour venger son oncle, mort en prison, 87; son courage sur mer, *ibid.;* met le siége devant Arzile, 88; son discours à ses troupes avant de livrer l'assaut, *ibid.*, 89; fait assaillir la ville et s'en rend maître, 90; accorde un appointement aux Sarrasins, 91; trahi par eux, ordonne l'assaut du château, *ibid.;* ne peut y entrer et consent encore à parlementer, 92; s'empare du château, *ibid.;* permet à Muley-Xeque de venir vers lui, 93; récompense qu'il accorde à celui qui lui fait trouver deux trésors cachés sous terre, 94; qui il envoie pour s'emparer de Tanger, abandonné par ses habitants, *ibid.*, 95; recueille les restes de son oncle, 96.

ALWANG (Rebert). — Cité, III, 162.

Amboise, ville. — Citée, III, 58, 341.

AMÉDÉE IX, duc de Savoie. — Cité, II, 386.

Amiens, ville. Refuse de se rendre au roi de France, III, 53; pourquoi les partisans du duc de Bourgogne en sont renvoyés, 62; se rend au roi, *ibid.* — Citée, I, 330, 335; II, 364; III, 52, 58, 65, 66, 69-73, 75, 77, 78, 81, 83-85, 285, 295, 299, 304, 309 — 312, 318.

AMPOSTE (le Commandeur d'). Abandonne le poste qui lui était confié lors du siége de Rhodes par les Turcs, II, 58. — Cité, III, 154.

AMURAT I, empereur de Turquie. — Cité, II, 110.

AMURAT II, empereur de Turquie [*Moradbay*]. Veut soumettre à sa domination le vayvode de la Valachie, II, 12; l'attire cauteleusement à sa cour, 13; l'y retient prisonnier, 14, 139; fait la guerre contre les Valaques, 15; se revêt de noir en apprenant la défaite de son armée, 18; nomme un nouveau beglerberq pour conduire son armée, *ibid.;* sa colère contre ce seigneur, 19; le fait décapiter, 20; ses projets d'envahissement, 24; son armée plus nombreuse que celle du roi de Hongrie, 26; vaincu, prend la fuite, 27, 38; assemble son conseil pour savoir ce qu'il doit faire, 39; remet en liberté le vayvode de la Valachie, à quelles conditions, 40; veut prendre sa revanche contre le roi de Hongrie, 41; situation de son armée, 43; accepte la bataille que lui offre le roi de Hongrie, 44; vaincu, s'enfuit vers les montagnes, 45; ferme le chemin aux Hongrois qui le poursuivent, 46; envoie une ambassade au roi de Hongrie pour faire la paix, 63; la conclut, à quelles conditions, 64; lève une nombreuse armée, 70; protège le passage de ses troupes venant de Grèce, 73-75; ses paroles en apprenant la rupture du traité

DES MATIÈRES.

de paix, 76 ; son séjour à Andrinople, pourquoi, 77 ; sa bonne position à Varna, 78 ; comment dispose son armée pour la bataille, 79, 80 ; est vaincu à Varna, 81 ; se retranche sur une montagne, *ibid.*, 82 ; attaqué par les Hongrois, gagne la bataille, 83 ; y perd beaucoup de monde, 99. — Cité, II, 42, 65, 66, 68, 69, 72, 87, 88, 100.

Andrinople, ville. — Citée, II, 12, 13, 38, 77, 85.

Angers, ville. — Citée, III, 198.

Angers (Évêques d'). Voy. Balue (Jean), Beauvau (Jean).

Anglais (les). Ont sujet de maudire l'heure où le Parlement fut assemblé à Northampton, I, 61 ; en quoi sont coupables, 67 ; sont de moins noble extraction que les Gallois, 179 ; assiégent Noyelles, 216 ; le Crotoy, 219, 237 ; vont au secours de Cravant, 241, 246, 247 ; leur ordonnance avant la bataille, 245 ; remportent la victoire à Cravant, 248, 249 ; lèvent le siège d'Yvry, à quelles conditions, 254 ; leur effroi, 256 ; à quel sujet, 257 ; leur coutume avant de livrer bataille, 262 ; sont dévots, surtout avant boire, *ibid.*; leurs archers redoutables aux ennemis, 263 ; sont cause de la victoire à Verneuil, 267 ; gagnent la bataille, 268 ; demandent à combattre trois chevaliers anglais contre les Français, 286 ; abattent le pont de Meun-sur-Loire, 287 ; leur découragement à Baugency, 288 ; traitent avec les Français, *ibid.*; perdent la bataille de Patay, 293 ; dévastent tout sur leur passage, 307 ; leur désappointement devant Pontoise, 314 ; informent le roi d'Angleterre du traité de Tartas, 322 ; rendent Gaillardon aux Français, 324 ; sont battus près de Granville, 325, 328 ; assiégent Dieppe, 326, 327 ; refusent de se rendre aux Français, 331 ; sont vaincus, 332 ; voient avec peine Berwick livré aux Écossais, II, 305 ; gain qu'ils font sur mer, III, 32, 33 ; bien fêtés à Amiens par les ordres de Louis XI, 312, 313 ; font quelques dégâts en quittant la France, *ibid.*

Angleterre. Nommée *Albion* et *Grande-Bretagne*, I, 2 ; par qui est conquise, 61 ; son mauvais gouvernement, 62 ; d'où lui vient le nom d'Angleterre, 180 ; ses dissensions, 318, 319 ; la couronne est aussi bien aux femmes qu'aux hommes, II, 241, 283 ; ses coutumes lors d'un couronnement, 243 ; et au commencement d'une bataille, 252 ; ses troubles, à quel sujet, 261, 305 ; les états convoqués au couronnement d'Édouard IV, 291, 292 ; désordre qui règne dans l'administration, 299. — Citée, I, 45, 46, 48, 65, 159, 179, 281, 309 ; II, 173, 181, 183, 186, 187, 190, 193, 201, 202, 207, 209, 213, 215, 216-218, 229, 234, 236, 240, 250, 266, 267, 273, 281, 294, 296, 298, 307, 315, 317, 321, 323, 353, 368, 394 ; III, 198.

Angleterre (Rois et Reines d'). Voy. Édouard Ier, Édouard II, Édouard III, Édouard IV, Édouard V, Henri III, Henri IV, Henri V, Henri VI, Richard II ; Anne de Luxembourg, Isabelle de France, fille de Philippe IV, Isabelle de France, fille de Charles VI, Marguerite d'Anjou, Philippe de Hainaut.

Anjou (Charles Ier, duc d'). Assiste à l'assaut de la tour du Friche, à Pontoise, I, 315.

Anjou (Charles Ier d'), voy. Maine ; — (Jean d'), voy. Calabre ; — (Marguerite d'), voy. Marguerite ; — (René d'), voy. René.

Annay (Jean d'). Fait chevalier

avant la bataille de Cravant, I, 244.

ANNE de Luxembourg, reine d'Angleterre, femme de Richard II. Enterrée à Westminster, I, 198.

ANNE (sainte). Miracle qu'elle opère en faveur d'Édouard IV, III, 117-119.

Anvers, ville. Il s'y tient une foire où tous les marchands de France vont s'approvisionner, III, 33. — Citée, II, 353.

APRES [1] (Guillaume). Envoyé en ambassade près d'Édouard IV, III, 193.

Aragon (Roi d'). Voy. JEAN Ier.

Araines, ville. — Citée, III, 298.

ARAINES (Raoul d'Ailly, seigneur d'). Prisonnier des Anglais, est conduit vers Édouard IV, II, 320; remis en liberté sans payer de rançon, 321.

ARC (Jeanne d'). Assiste à la prise de Jargeau, I, 282; sa grande renommée, 283; se dispose à combattre les Anglais, 286; sa réponse aux Anglais qui demandent le combat, 287; craintes qu'elle inspire aux ennemis, 288; conseille d'attaquer les Anglais, 289, 290; entre au conseil privé du roi, 295.

ARCHEVÊQUES : de *Cantorbéry*, voy. STAFFORD (Jean); — de *Cologne*, voy. BAVIÈRE (Robert de); MEURS (Thierry II de); — de *Lincoln*, voy. BURWASH (Henri); — de *Lisbonne*, voy. LISBONNE; — de *Lyon*, voy. BOURBON (Charles II, duc de); — de *Mayence*, voy. DUNE (Conrad de); — de *Trèves*, voy. ZINGENHEIM (Othon de); — d'*York*, voy. BOOTHE (William); KEMP (John); NEVILL (George).

Archipel [*Arche Pelage*]. Cité II, 88.

Ardennes (la forêt d'). Citée II, 389.

---

1. Le même peut-être que William Parr, que Wavrin nomme (II, 408) *Apparre*.

Ardres, ville. Ouvre ses portes au roi Louis XI, III, 323. — Citée, I, 308; III, 184, 324, 325.

ARGUEIL (Jean de Châlon, seigneur d'), depuis prince d'Orange. Mécontent du duc de Bourgogne, juge d'un procès entre lui et son frère, se retire en Bretagne, III, 36, 37, note 1; son mariage, 266.

ARGUEIL (Jeanne de Bourbon, femme de Jean de Châlon, seigneur d'). Assiste aux noces de Charles, duc de Bourgogne, II, 372; son mariage, III, 266. — Citée, III, 37, *note*.

Arméniens (les) [*Hermins*]. Cités, II, 95.

Armentières, ville. Citée, III, 329.

Arques, ville. Brûlée par les Français, III, 329; à qui appartenait son château, *ibid.* — Citée, I, 308; III, 320, 326, 327.

Arras, ville. Envahie par une épidémie, en 1469, II, 392; assiégée par Louis XI, capitule, à quelles conditions, III, 319, 320; plusieurs de ses habitants décapités, pourquoi, 322; sortie que font ses habitants contre ceux de Douay; ils sont forcés de fuir, 342. — Citée, I, 127, 337; II, 296, 364, 393; III, 58, 62, 63, 67, 75, 194, 307, 309, 321, 341, 343.

Arrouaise (Saint-Nicolas d'), abbaye. Pillée par les Français, III, 68. — Citée, I, 127.

ARSON (Jean d'). Abandonne la cour de Bourgogne pour entrer au service de Louis XI, III, 50, note ; se retire de Saint-Quentin après la prise de Picquigny par le duc de Bourgogne, 66.

ARTHUR, roi de la Grande-Bretagne [*Artus*]. Ses conquêtes, I, 70.

Artois (l'). Cité, II, 392; III, 67.

ARTOIS (Charles d'). Voy. EU.

ARTOIS (Jeanne, dite de Constantinople, comtesse d'). Fonde

un hospice à Lille, III, 267, note 1.

ARTOIS (Philippe d'). Voy. EU.

ARUNDEL (John d'), fils de William, comte d'Arundel. Sert la reine Marguerite d'Anjou contre Edouard IV, III, 130.

ARUNDEL (John Fitz-Alan, comte d'). Accompagne Henri V en France, I, 202.

ARUNDEL (Thomas, comte d'). Assiste à la bataille de Shrewsbury, I, 182.

ARUNDEL (Thomas Fitz-Alan, comte d'). Son mariage avec une des sœurs de la reine d'Angleterre, II, 331.

ARUNDEL (William, comte d'). Assiste à la bataille de Northampton, dans l'armée du duc d'York, II, 256.

Arzille, ville [*Azille*]. Dépendante du roi de Fez, III, 86; ancienne, riche et puissante, 87; sa prise; se fait chrétienne après avoir été longtemps païenne, 93; les villages d'alentour sont d'environ quinze maisons, *ibid.*; à qui la capitainerie de cette ville est donnée, 94.

ASTURIES (Prince des). Voy. HENRI III.

Aucourt (Abbaye d'). Pillée par les Français, III, 68.

AUDELEY (James Tuchet, lord). Tué à la bataille de Blore-Heath, II, 185.

AUDLEY (John Tuchet, lord). Détenu prisonnier à Calais par le parti d'York, II, 206; rentre en grâce auprès d'Édouard IV, 298. — Cité, II, 232; III, 162.

AUGERET DE SENT PER (Gracian). Commis à la garde de Tartas, I, 321.

AUMARLE (Jean de Harcourt, comte d'). Conduit l'armée française contre les Anglais à Ivry, I, 257.

AUMONT (Jacques, seigneur d'). Ses biens confisqués par le duc de Bedford, I, 272; fléau des habitants d'Amiens; pourquoi, *ibid.*, note.

AUQUETONVILLE (Raoulet d'). Assassine le duc d'Orléans; pourquoi, I, 190, 191.

Authie, rivière.—Citée, III, 296.

AUTRICHE (Ducs d'). Voy. ALBERT, MAXIMILIEN Ier et SIGISMOND.

Auvillers, village. Brûlé par Français, III, 311.

Auxerre, ville [*Ausoirre*].—Citée, I, 225, 238, 241, 244, 245.

Auxi, ville. Brûlée par les Français, III, 295.

AUXI (Antoine, bâtard d'). Use de supercherie pour faire entrer Philippe de Crèvecœur dans Abbeville, III, 59, 60.

AUXI (Jean, seigneur d'). Sa mort, son éloge et quels furent ses emplois, III, 305, 306.—Cité III, 185.

Avallon, ville [*Antillon*]. — Citée, I, 230.

Avesnes, ville. Prise d'assaut par les Français, pillée et brûlée, III, 319.

Avignon, ville.— Citée, II, 322.

AYMERIES (Antoine Rolin, seigneur d'). Envoyé par le duc de Bourgogne, pour parlementer avec le connétable de France, III, 77, 78.

Azincourt. — Cité, I, 3, 262.

Azov (mer d') [*la Thane*]. — Citée, II, 91, 94; III, 157.

B

BACQUIER (William).— Cité, III, 178.

BAERT (George) [*Bar*]. Envoyé en ambassade, par Philippe le Bon, vers le roi Édouard IV; à quelle fin, II, 342.

Bailleul, ville. Saccagée par les Anglais, I, 307.—Citée, I, 306.

BAILLIS:— d'*Amiens*, voy. ESQUERDES (d'); — de *Bergues-Saint-Vinox*, voy. DOYE (Waultier);

— de *Caux*, voy. MAISTRESSON (Thomas); — de *Charollais*, voy. HUGONET (Guillaume); — de *Hainaut*, voy. AYMERIES (Antoine Rolin, seigneur d'); — de *Lyon*, voy. ROYER (François); — de *Saint-Omer*, voy. RABODENGHES (Allard, seigneur de); — de *Saint-Quentin*, voy. LA VIES-VILLE (Jehan de); — de *Winchester*, voy. WINCHESTER.

BALDOCK (Robert de). Craintes qu'il inspire à Isabelle, reine d'Angleterre, I, 45.

BALTAUGLY, ou BARTOGLIUS. Conduit l'arrière-garde de l'armée du Grand Turc à Varna, II, 80; s'enfuit de la bataille, 81.

BALUE (Jean), évêque d'Angers, puis cardinal. S'entremet pour accorder entre eux Louis XI et le duc de Bourgogne, II, 380; accompagne le roi à Péronne, 381; son emprisonnement, 393. —Cité, II, 384.

Bambourough (Château de) [*Brambourg*]. Rendu au duc de Somerset par Édouard IV, II, 286; III, 180. — Cité, II, 318, 320; III, 160, 183.

Banbury, ville [*Bauby*, *Brambri*]. — Citée, III, 114, 210.

Bannière de France. D'azur à trois fleurs de lis d'or; déployée à la bataille d'Ivry, I, 257.

Bannière Saint-Édouard. Déployée à la bataille de Shrewsbury, I, 185; et à celle d'Ivry, 257.

Bannière Saint-George. Déployée à la bataille de Shrewsbury, I, 185; et à celle d'Ivry, 257.

Bapaume, ville. Appartient par héritage au duc de Bourgogne, III, 67. — Citée, III, 58, 62, 69.

BAR (Guy de). Sa confiance en la loyauté du bâtard de la Baume, I, 223; se dispose à reprendre Cravant, 230.— Cité, I, 223, 237.

BAR (Jeanne de). Voy. SAINT-PAUL.

Barcah (Monts) [*Barque*]. — Cités, III, 158.

BARDOLF (William, vicomte de Beaumont, lord). S'enfuit devant l'armée d'Édouard IV, III, 110.

BARÉ DE SURLET. Tué à la bataille de Liége, II, 359.

Barnet, ville [*Bernay*]. — Citée, II, 244, 263, 272; III, 124, 127, 131, 212.

BARTOGLIUS. Voy. BALTAUGLY.

Bath, ville [*Bache*]. — Citée, III, 131, 133.

BATH (Évêque de). Voy. STILLINGTON.

BAULME (Guillaume de). Fait chevalier au siège de Rhodes, III, 155.

BAUSSIGNIES (de) [*Bausenie*]. Voy. HORNES.

BAVIÈRE (Élisabeth de Luxembourg, duchesse de). Demande secours au duc de Bourgogne, à quelle occasion, II, 49.

BAVIÈRE (Jean de), évêque de Liége. Sa guerre contre les Liégeois, I, 193.

BAVIÈRE (Louis de), duc d'Heidelberg. Se croise avec les seigneurs d'Allemagne pour combattre les Praguois, I, 206, 207.

BAVIÈRE (Marguerite de). Voy. BOURGOGNE.

BAVIÈRE (Robert de), comte palatin, archevêque de Cologne. Envoie un secours aux Liégeois, révoltés contre le duc de Bourgogne, II, 388.

BAYART (Jean). Envoyé par le seigneur de Wavrin vers l'empereur de Constantinople, quelles étaient ses instructions, II, 72, 73. — Cité, II, 90.

BAYEUX (Évêque de). Voy. HARCOURT.

Bayonne, ville. — Citée, I, 159, 321.

Beauce (la). Ample et large, I, 286. — Citée, I, 281, 289.

BEAUCHAMP (John), lord Powyke. — Cité, III, 134.

BEAUCHAMP (Richard), fils du précédent. Envoyé par Édouard IV pour garder la ville de Glocester, III, 134, 135 ; refuse l'entrée de la ville à la reine Marguerite, *ibid.*

BEAUFORT (Edmond). Voy. SOMERSET.

BEAUFORT (Henry). Voy. SOMERSET.

BEAUFORT (Henry), cardinal de Winchester. Se croise avec les seigneurs d'Allemagne contre les Praguois, I, 208 ; aurait battu les ennemis s'il avait eu des archers d'Angleterre, *ibid.*

BEAUFORT (John). Voy. DORCET et SOMERSET.

BEAUFORT (Thomas). Voy. EXETER.

BEAUFREMONT (Pierre de), plus tard comte de Charny. Se joint aux Anglais pour secourir Cravant, I, 242 ; commis à la garde de la ville de Hesdin, 310 ; envoyé par le duc de Bourgogne vers Marguerite d'York à son arrivée à l'Écluse, II, 368 ; assiste aux fiançailles de ce prince, ce qu'il lui dit à ce sujet, 369, *note* 2.

Beaugency, ville. Assiégée par les Français, I, 279, 282, 283, 287 ; prise, 289, 290. — Citée, I, 281, 284, 286.

Béaulieu (Couvent de). Lieu de refuge de la duchesse de Warwick à son arrivée en Angleterre, III, 130.

BEAUMONT (Henry de). Ligué contre la reine Isabelle, femme d'Édouard II, I, 68 ; exilé, 69.

BEAUMONT (John, vicomte de). Partisan du duc de Somerset, II, 188 ; lève une armée pour combattre le duc d'York, 251 ; se bat vaillamment, 253 ; fait prisonnier, 254 ; fuit devant l'armée d'Édouard, III, 288 ; tué à la bataille de Northampton, II, 227, 257. — Cité, II, 224 ; III, 289.

Beaumont (la Porte), à Hesdin. Brûlée par les Français, III, 295.

Beauquesne, ville. — Citée, III, 81, 83.

Beaurevoir, ville. Assiégée par le duc de Bourgogne, III, 299, 300.

Beauvais, ville. Assiégée par Charles, duc de Bourgogne, III, 293. — Citée, I, 328 ; III, 79-82.

BEAUVAU (Bertrand de), seigneur de Pressigny. Accompagne le Dauphin au siége de Dieppe, I, 329 ; son épitaphe, *ibid.*, note 3.

BEAUVAU (Jean de), évêque d'Angers. Assiste, du côté du duc de Berry, à l'entrevue de ce prince avec Louis XI, II, 396 ; pourquoi son évêché lui fut retiré, 396, 397, *note*.

BEAUVOIR (Ferry de Clissance, seigneur de). Nommé capitaine d'Abbeville, III, 304.

BEDFORD (Anne de Bourgogne, duchesse de). Bon accueil qu'elle fait au duc d'Alençon prisonnier, I, 273. — Citée, I, 272.

BEDFORD (Jean, duc de), régent de France. Ordonne d'assiéger le Crotoy, I, 218 ; accorde une trêve à Charles VII, 223, 224 ; se dispose à secourir la ville de Cravant, 240 ; son éloge, 254 ; empêche la reddition du château d'Ivry aux Français, *ibid.*, 255 ; quel était son costume, *ibid.* ; reçoit les clefs de la forteresse, 256 ; fait déployer quatre bannières lors de la bataille d'Ivry, 257 ; donne la chasse aux Français, 258 ; s'empare de la ville et du château d'Ivry par supercherie, 259 ; se dispose à combattre les Français à Verneuil, 260, 261 ; se range en bataille, 262 ; ordonnances qu'il fait avant l'engagement, 263 ; se conduit vaillamment, 267 ; remporte la victoire, 269 ; prend possession de la ville de Verneuil, 270 ; confisque les biens de plusieurs seigneurs, 271 ; son entrée à Rouen, 272 ; présente à sa femme le duc d'Alençon, prisonnier, 273; se dispose à secourir la ville de Beaugency, 280 ; retient le bâtard de Wavrin au service de Henri VI, 281 ; ordonne audit bâtard d'obéir à Jean Fastoff, 294. — Cité, I, 217, 284.

Beglerberg [Bellarbay]. Quelle est cette dignité, II, 14, note 2.

BELLE-MOTTE (Capitaine de). Fait prisonnier par les Français devant Arras, III, 310.

Belleville, village. Brûlé par les Français, III, 296.

BEREFORT (Edmond de) [Bethfort]. Prend parti pour Isabelle, reine d'Angleterre, contre Édouard II, I, 79; fait prisonnier et conduit à la Tour de Londres, 83.

BERGHES (Jean de). Voy. COHEN.

Berkeley, ville [Bercler, Berlray]. — Citée, I, 55, 73; III, 134.

BERKELEY (Thomas de). Commis à la garde d'Édouard II; pourquoi elle lui est ôtée, I, 56.

BERLEMONT(Lancelot). Tient le château du Montoire et le défend contre les Français, III, 323, 324; ce qui advient en son absence, ibid.; fait une sortie pour prendre du butin, 341; y est fait prisonnier par les Français, 342; est conduit vers le roi, ibid.

BERRY (Charles de France, duc de), de Normandie et de Guyenne. Ne veut pas céder le duché de Normandie, II, 366; son entrevue avec son frère Louis XI, 395-398 ; devient duc de Guyenne, ibid.; sa crainte d'être assiégé dans Caen par le roi, III, 268 ; date probable de sa mort. ibid., note 1. — Cité, II, 361, 367, 379; III, 33, 43, note 1 ; 190, 192, 194.

BERRY, héraut d'armes de Louis XI. Voy. NEUF-PONT.

BERTHELEMY (Frère). Sa lettre au prieur de Saint-Jean de Jérusalem, concernant les cruautés que les Turcs exercent contre les chrétiens, II, 2-11.

Berwick, ville. Possédée tour à tour par les Écossais et les Anglais, II, 302.— Citée, I, 62; II, 302, 304, 305, 318.

Béthencourt-sur-Somme (Château de). Pris par les Français, III, 68.

Bethfort, ville. — Citée, I, 68.

Béthune, ville. Se rend au roi, III, 323.— Citée, III, 302, 329.

BETHUNE (Jacotin de) [Bectin]. Fait chevalier au siége de Dieppe, I, 333.

BEUIL (Jean, seigneur de). Assiste à l'entrevue du roi Louis XI et du duc de Berry, II, 396.

Beverley, ville. — Citée, III, 102.

BEVRES (Philippe de Bourgogne, seigneur de). A quelles conditions il traite de la vente d'Aire à Louis XI, III, 206-208; capitaine général de Saint-Omer et d'Aire, 328. — Cité, III, 50, note.

Beyrouth, ville [Barut]. — Citée, III, 158.

BIÈVRE (Seigneur de). Voy. RUBEMPRÉ (Jean de).

BISCHE (Guillaume). Rend la ville de Péronne au roi, III, 319.

BIZEMONT (le Besgue de). — Cité, III, 184.

Blangy, en Normandie, ville. — Citée, III, 298.

Blangy, en Ternois, ville.— Citée, III, 312.

Blendecques, ville. Brûlée par les Français, III, 329; son abbaye exceptée, ibid. — Citée, I, 308; III, 326.

Blore-Heath [Blouher]. — Cité, II, 252, 254.

BLOUNT (Water). Voy. MONTJOYE.

Bohain[1] (Château de). Assiégé par

1. Sous ce titre : Le Château de Bohain et ses seigneurs, M. Ch. Gomaet vient de publier une excellente et curieuse monographie que rendent plus

le duc de Bourgogne, III, 300. —Cité, II, 377.
Bohême (la).—Citée, I, 207; II, 42, 66.
Bohun (Humphrey de). Ligué contre Mortimer, favori d'Isabelle, femme d'Édouard II, I, 79.
Bone, ville [*One*]. — Citée, III, 152.
Bonper de Lastic (Jean), grand maître des templiers de Rhodes. Demande secours au pape contre les Turcs, II, 53; sa joie à l'arrivée des Bourguignons, 54; assemble les capitaines étrangers pour les recevoir, 55; III, 152; fait les dispositions pour la défense de la ville de Rhodes, II, 56; ordonne une sortie contre les Turcs, 57.
Boothe (John), évêque d'Exeter. Se rend médiateur entre Édouard IV et son frère, le duc de Clarence, III, 113.
Boothe (William), archevêque d'York. Son discours à l'ouverture du Parlement (1460), II, 243; prouve que la couronne d'Angleterre appartient de droit au comte de la Marche, 269, 270, 293; propose à Édouard IV, au nom des états, des réformes dans le gouvernement, 297.
Bordeaux, ville.—Citée, I, 159; II, 398.
Bordeaux (l'Archidiacre de). Fait partie de l'ambassade envoyée par Édouard IV vers le duc de Bourgogne, II, 310; discours qu'il adresse à ce prince, 311.
Bordeaux (Sénéchal de). Voy. Rampston.
Bossut (Pierre d'Alsace de Hennin, seigneur de). Assiégé dans la ville d'Huy par les Liégeois, II, 354; envoyé par le duc de Bourgogne pour parlementer avec le connétable de Saint-Paul, III, 77, 78.
Bouchage (Imbert de Batarnay, seigneur du). — Cité III, 208.
Boucicaut (Jean le Meingre, dit). Garde le passage de la Blanche-Tache, en 1415, I, 199.
Boufflers, village. Brûlé par les Français, III, 296.
Boufflers (seigneur de). Tué dans une escarmouche contre les Français, III, 298.
Boulenesienne (la Porte), à Saint-Omer. — Citée, III, 325, 327.
Boulogne, ville. Se rend à Louis XI, III, 322; maux que cause sa garnison, 341. — Citée, III, 184, 303, 323, 325.
Bourbon (Charles Ier, duc de). Ne vient pas faire lever le siége du château de la Roche, pourquoi, I, 251; conduit des vivres aux assiégés d'Orléans, 280; accompagne le duc de Bourgogne à Châlon, II, 31.
Bourbon (Charles II, duc de), archevêque et comte de Lyon. Accompagne le roi à Péronne, II, 381; parrain de Charles VIII, III, 34, *note* 4.
Bourbon (Jacques de). Reçoit de la main du duc de Bourgogne le collier de l'ordre de la Toison d'or, II, 375; sa mort, *ibid.*
Bourbon (Jean II, duc de). N'assiste pas aux états de Tours en 1468, II, 367; accompagne Louis XI à Péronne, 381; assiste à l'entrevue du roi et de son frère, le duc de Berry, 396. — Cité, III, 35, *note*.
Bourbon (Jeanne de). Voy. Arguell.
Bourbon (Jeanne de France, duchesse de). Tient Charles VIII sur les fonts de baptême, III, 35, *note*.
Bourbon (Louis de), évêque de Liége. Assiégé dans la ville d'Huy par les Liégeois, II, 354; va loger au palais pontifical, 363; fait prisonnier par les Liégeois,

précieuse encore les planches imprimées dans le texte. Voy. *Mémoires de la Société d'émulation de Cambrai*, XXVII, 2e partie, 545-582.

380. — Cité, II, 357, 359, 384.

BOURBON (Louis, bâtard de), amiral de France. Envoyé en ambassade vers Édouard IV, II, 344; sa réponse au comte de Warwick au sujet des favoris d'Édouard, 347; bon accueil qu'il fait audit comte, III, 31; disculpé d'avoir voulu livrer le comte de Warwick et le duc de Clarence au duc de Bourgogne, 44, *note*; combat les Bourguignons devant Arras, 309; entre sans résistance dans Saint-Riquier, avec ses troupes, lesquelles dévastent et brûlent tout, 311; où est logé à Arras, 319. — Cité, III, 195.

BOURBON (Mile de). Nommé maréchal de camp devant Amiens, par le duc de Bourgogne, III, 73.

BOURBON (Philippe de). Commis à la garde de Corbie par le duc de Bourgogne, III, 72.

BOURCHIER (Henri), comte d'Essex. Créé comte d'Essex et grand trésorier d'Angleterre au couronnement d'Édouard IV, II, 297, 298; met en fuite le bâtard de Fauconberg, III, 143. — Cité III, 160.

BOURCHIER (Thomas), évêque d'Ély, puis de Cantorbéry, et plus tard cardinal. Assiste au Parlement (1460), II, 243; député par le comte de Warwick vers le duc d'York pour lui faire des remontrances, à quel sujet, 244; refuse d'y aller, 245; avertit Édouard IV que le peuple des côtes d'Angleterre, où ce prince veut débarquer, n'est pas disposé en sa faveur, III, 98, 99; se rend médiateur entre Édouard et le duc de Clarence, 113. — Cité, II, 180, 217, 218, 222, 229.

Bourges, ville. — Citée, I, 220, 224, 236.

BOURGOGNE (Anne de). Voy. BEDFORD.

BOURGOGNE (Antoine, bâtard de). Son arrivée en Barbarie pour combattre les infidèles, II, 321, 322; pourquoi ne peut poursuivre son entreprise, *ibid.*; revient à Lille, *ibid.*; se rend à Londres pour faire des armes avec le frère de la reine, 342; joute contre le seigneur de Ravenstein, au mariage du duc de Bourgogne, 372; fait prisonnier à la bataille de Nancy, III, 317. — Cité, III, 50, 51, *note*; 184, 208, 328.

BOURGOGNE (Baudouin, bâtard de). Abandonne la cour du duc de Bourgogne et se rend auprès de Louis XI, III, 50, *note*; quel en est le motif, *ibid.*; pourquoi quitte la ville de Saint-Quentin, 66; accompagne le connétable de Saint-Paul à Bapaume, 67; très-touché des reproches qui lui sont adressés par le seigneur de Longueval, 68.

BOURGOGNE (Charles de). Voy. NEVERS.

BOURGOGNE (Charles le Téméraire, duc de). Apaise la révolte des Gantois, II, 352; envoie secourir la ville de Huy assiégée par les Liégeois, 355; sa réponse aux demandes du connétable de Saint-Paul, envoyé par Louis XI, 357, 358; entre en campagne contre les Liégeois, 359; victoire qu'il remporte sur eux, quelles conditions il leur impose, 360; met le siège devant leur ville, 361; leur fait acheter durement leur pardon, 362; son entrée dans Liége, 363; en fait emporter le perron, 364; où le fait mettre, 365; n'assiste pas aux états de Tours, 367; ses motifs pour épouser la sœur d'Édouard IV, 368; son mariage avec cette princesse, 369-372; renouvelle la fête de l'ordre de la Toison d'or, 373; somme le comte de Nevers d'y comparaître, 374; porte lui-même le collier de l'Ordre à Jacques de Bourbon, 375; se fortifie dans Péronne, 379; se tient en garde contre la rébellion des Liégeois, 380; va au-devant de Louis XI à l'entrée de ce prince dans Péronne, 381; fait la paix avec lui, *ibid.*; reproches qu'il lui adresse, 382, *note*; part pour Liége avec le roi, 386; danger qu'il y court, 387, 388; ordonne l'assaut de cette ville, *ibid.*; tue plusieurs Liégeois, 389; épargne les églises, 390; fait mettre le feu à la ville, 391; son entrée dans Arras, *ibid.*; y assemble les trois Etats du pays, 392; achète le comté de Ferrette, 393; sa rigueur envers ses sujets, *ibid.*; sa convention avec Louis XI au sujet des rémissions, *ibid.*; envoie l'Ordre de la Toison-d'Or à Edouard IV, 394; fait un appel à tous ceux qui ont coutume de porter les armes, 398; son ordonnance à ce sujet, 399; reçoit l'Ordre de la Jarretière, *ibid.*, 400; aurait mieux fait d'acquérir celui de Saint-Michel, 401, *note;* accorde un sauf-conduit au comte de Warwick, 401; ne s'attendait pas à ce que méditait ce seigneur contre Edouard, 402; ambassade qu'il envoie en Angleterre, 403; informé de la prise d'Edouard, écrit au maire de Londres à ce sujet, III, 5; promet de secourir les Calaisiens contre le comte de Warwick, 30; fait armer ses vaisseaux pour le combattre, 31; quels sont les seigneurs qu'il désigne pour conduire sa flotte, *ibid.;* se réjouit de la défaite que Warwick a essuyée sur mer, 32; mécontent de la protection que Louis XI accorde à ce seigneur, s'empare des biens qui appartiennent aux marchands français, 33; ses vaisseaux se mettent à la poursuite de Warwick, 35; apprend la prise de Négrepont par les Turcs, 36; pourquoi bannit le seigneur d'Argueil, *ibid.*, *note* 1; envoie le seigneur de La Gruthuyse au-devant d'Edouard IV, chassé de l'Angleterre, 48; lui fait donner de l'argent, 49, *note* 2; remercie les autorités de la ville d'Amiens de la réponse qu'ils ont faite au roi, 53; son entrevue avec Edouard, 55; lui promet secours d'argent et de navires pour retourner en Angleterre, 56; mande au connétable de Saint-Paul de venir le servir ainsi qu'il le lui avait promis, *ibid.;* pourquoi fait saisir tous les biens dudit connétable qui se trouvaient dans ses pays, 57; met quelques restrictions à cette mesure, à cause des enfants du comte qui étaient à son service, *ibid.;* lève une grande armée pour aller contre le roi, 58; ordonnance qu'il fait à ce sujet, *ibid.;* joyeux de la prise d'Abbeville, 60; qui il nomme capitaine de Doullens, 62; comment et de combien d'hommes se compose son armée, 63; ses bienfaits envers le seigneur de Renty, 64; campe près d'Amiens, 65; s'empare de la ville de Picquigny, 66, 284, 285; envoie un secours à la ville de Bapaume, assiégée par les Français, 68; dresse son camp près d'Amiens, 69; se dispose à attaquer cette ville, 72; où place son avant-garde, 73; de quoi se composait son armée, 74; ordonne d'escorter les marchands qui approvisionnent son camp, 75; ne veut pas qu'on empêche le connétable d'entrer dans Amiens, 76; s'apprête à assiéger cette ville, 79; pourquoi ne pouvait se décider à lui livrer l'assaut, 80; envoie un messager au roi, 81; fait un traité avec ce prince, 82; conclut une trêve, 83; sa lettre aux maire et échevins de Dijon, concernant cette trêve, *ibid.*, note 2; quelles en furent les conditions, 84, 85; lève le siége de devant Amiens, *ibid.*; contribue au rétablissement d'Edouard sur le trône d'Angleterre, 145, 210-215; obligé par le traité d'Arras de ne contracter aucun mariage contraire aux intérêts de Louis XI et du royaume, 194; fait décapiter le bâtard de Condet, 273, 274; son ordonnance concernant l'armée, 281; pourquoi il la fit, *ibid.*; secours d'argent qu'il donne à Edouard, réfugié à Bruges, 287; s'empare des villes de Nelle et de Roye, et met le siége devant Beauvais, 293; forcé de lever ce siége, il détruit tout sur son passage, *ibid.*; quels sont les villes et châteaux dont il s'empare, 294, 295; prend la ville d'Eu, *ibid.*; conduit son armée devant Rouen, 296; famine et grande mortalité parmi ses troupes, *ibid.*; fait brûler plus de trois cents villages dans le pays de Caux, *ibid.*; quels sont les pays qu'il dévaste en quittant Rouen, 298, 299; fait incendier le pays du vidame d'Amiens, *ibid.*; ce que lui était ce seigneur, *ibid.*; assiége Beaurevoir, *ibid.*; met le siége devant Bohain, 300; conclut une trêve avec Louis XI, *ibid.*; soumet en son obéissance la ville de Frisse, 301; s'en retourne à Abbeville, où il se loge, *ibid.*; part pour la Flandre, *ibid.*; tient la fête de l'Ordre de la Toison-d'Or, 302; fait la conquête du pays de Gueldres, *ibid.*; s'empare des enfants du duc, *ibid.*; part pour l'Allemagne, *ibid.*; son entrevue avec l'empereur d'Allemagne, 303; puis avec le duc de Lorraine, *ibid.*; prend possession du comté de Ferrette, *ibid.*; fait prisonnier le comte de Montbéliart, *ibid.*; prend possession de la Bourgogne, où il allait pour la première fois depuis la mort de son père, *ibid.*; quelles sont les villes où il met des garnisons, 304; pose le siége devant Nusse, *ibid.*; quel fut son gouverneur, 305; comment il reçoit la déclaration de guerre que lui fait le duc de Lorraine, 306; fait un appointement avec l'empereur d'Allemagne, 311; soumet à son pouvoir le comté de Vaudemont, 312; fait un traité de paix, pour neuf ans, avec Louis XI, 313; quelles en sont les conditions, *ibid.*; met le siége devant Grandson, *ibid.*; se rend, maître de la ville, *ibid.*; défend au connétable de venir vers lui, *ibid.*; consent à l'arrestation de ce seigneur, 314; battu par les Suisses, il se retire à Lausanne, *ibid.*; son entrevue avec la duchesse de Savoie, *ibid.*; son séjour à Lausanne est une des causes de la famine qui désola cette ville, 315; met le siége devant Morat, *ibid.*; forcé de le lever, y perd beaucoup de monde et de grandes richesses, *ibid.*, 316; revient en Bourgogne lever une nouvelle armée, *ibid.*; arrive pour faire lever le siége de Nancy, *ibid.*; s'empare de Pont-à-Mousson, *ibid.*; bat le duc de Lorraine et va remettre le siége devant Nancy, 317; y est tué, *ibid.* — Cité, II, 215, 303, 314, *note*; 343, *var.*; 353, 356, 384, 385; III, 39, 42, 43, 44, *note*; 51, *note*; 52, 67, 78, 86, *note*; 112, 171, *note*; 179-183, 190-193, 199-202, 220, 221, 269, 292, 319, 320.

BOURGOGNE (DAVID, bâtard de), évêque d'Utrecht. Choisi par le duc de Bourgogne, son frère, pour recevoir Marguerite d'York à son arrivée à l'Ecluse, II, 368.

BOURGOGNE (Iolande, bâtarde de). Mariée au vidame d'Amiens, III, 299.

BOURGOGNE (Isabelle de Portugal, duchesse de). Va à l'Ecluse recevoir sa belle-fille, Marguerite d'York, II, 369; accueil qu'elle fait à cette princesse à son arrivée à Bruges, 372; fait écrire une relation de la prise de la ville d'Arzille, III, 86, *note*. — Citée, II, 303; III, 210, 227.

BOURGOGNE (Jean de). Voy. ETAMPES.

BOURGOGNE (Jean Sans-peur, duc de). Son éloge, I, 203; assiste au siége de Nicopoli, II, 99, 148, 149, 156. — Cité, II, 357; III, 224, 227, 243.

BOURGOGNE (Marguerite de). Voy. RICHMOND.

BOURGOGNE (Marguerite de Bavière, duchesse de). Envoie des secours aux assiégés de Cravant, en l'absence de son fils, I, 241.

BOURGOGNE (Marguerite, comtesse de Flandre, duchesse de). De qui elle doit hériter, I, 154.

BOURGOGNE (Marguerite d'York, duchesse de). Son mariage avec Charles, duc de Bourgogne, II, 368-372; ne s'attendait pas à ce que méditait le comte de Warwick contre le roi Edouard, 204; intervient puissamment entre ses deux frères, Edouard et le duc de Clarence, pour les réconcilier, III, 114; sa lettre à Isabelle de Portugal concernant la victoire remportée par le roi Edouard, son frère, sur Warwick, 209-215. — Citée, II, 357, 361, 392, 402; III, 5, 192.

BOURGOGNE (Marie de). Assiste aux cérémonies du mariage de son père avec Marguerite d'York, II, 372; envoie une ambassade à Louis XI, III, 319; ouvre la prison du comte de Montbéliart, 322; envoie chercher le duc de Gueldres, *ibid.*; son mariage, 340. — Citée, III, 327.

BOURGOGNE (Philippe de). Voy. BÈVRES.

BOURGOGNE (Philippe le Bon, duc de). Envoie une expédition à Constantinople contre les Turcs, I, 2; assiste au siége de Melun, 209; accorde une trêve à Charles VII, 224; averti du traité du château de La Roche, 250; marche à sa défense, 251; marie sa sœur, *ibid.*; met le siége devant Calais, 305; l'abandonne, 306; son chagrin de ne pouvoir combattre le duc de Glocester, 308; envoie une ambassade vers le dauphin, 336; consulte le pape sur le secours qu'il doit envoyer contre les Turcs, II, 30, 48; reçoit une ambassade de l'empereur de Constantinople, 31; III, 151; quel est le secours qu'il peut envoyer à l'empereur, II, 34; sa réponse à ladite ambassade, 36; présent qu'il lui fait, 37; envoie une armée pour garder le détroit de Constantinople, 41; s'empare du duché de Luxembourg, 49; à qui le rend, 50; sa demande à la Seigneurie de Venise, *ibid.*; s'arme contre les Turcs, *ibid.*; désigne un chef pour conduire ses galères, 51; III, 151; secourt le comte de Warwick, II, 202; s'oppose à ce que le château de Guines soit livré au comte de Charolais, pourquoi, 215; nomme le seigneur de la Gruthuyse ambassadeur en Ecosse, quelle est sa mission, 302; préfère Edouard à Henri VI, 304, 314, *note.*; reçoit avec de grands honneurs les deux frères d'Edouard, 305; les renvoie comblés de présents, 306; par qui les fait reconduire, *ibid.*; reçoit à Valenciennes une ambassade du roi Edouard, 310; promet une prompte réponse à ses demandes, 312; écrit à Louis XI pour lui proposer une

trêve avec Edouard, 313; ambassade qu'il envoie au roi Edouard, 333, 341; son épitaphe, 338; sa mort, 343; institue l'Ordre de la Toison-d'or, 373; son éloge, III, 225, 226.
— Cité, I, 223, 225, 226, 237, 241, 303, 307, 335; II, 33, 52, 53, 65, 67, 68, 95, 98, 102, 144, 161, 214, 301, 303, 311, 314, *note*, 322, 340, 349, 352-354, 356; III, 50, 51, *note*, 219, 224, 243, 244, 269, 303, 305, 320.

BORGOGNE (Philippe le Hardy, duc de). Son éloge, III, 224-226.
— Cité, III, 227.

BOURGOGNE (Philippe Ier, dit *de Rouvre*, duc de). Marié à Marguerite de Flandres, I, 154; ses raisons pour prendre le parti de la duchesse de Brabant, 155.

BOURGUIGNONS (les). Reprennent la ville de Cravant sur les Français, I, 234, 235; vont au secours de cette ville, 241, 246, 247; gagnent la bataille de Cravant, 248, 249; sont opposés au parti d'York, II, 214; reprennent et pillent la ville de Tongres, 386; pourquoi ne peuvent plus amener des vins en Picardie, III, 34; empêchent le comte de Warwick de passer en Angleterre, 35; poursuivent les Français devant Amiens jusque sur le pont de cette ville, 78; victoire qu'ils remportent sur les Turcs, 158; abandonnent Saint-Riquier aux Français, 310; battus par les Français à Guinegate, 344. — Cités, I, 192.

BOURLENS de Luxembourg. Voy. LUXEMBOURG.

BOURNONVILLE (Antoine, seigneur de). Fait chevalier au siége de Dieppe, I, 333.

BOUSSAC (Jean de La Brosse, seigneur de). Placé à l'avant-garde à la bataille de Patay, I, 289.

BOUTEILLER (Raoul). Propositions qu'il soumet au duc de Bedford, I, 217; chargé du siége du Crotoy, 218, 219; son désir de prendre cette ville, 221.

Boves (Château de). Cité, III, 64.

BRABANÇONS (les). Leur défaite honteuse, I, 154.

Brabant (le). — Cité I, 154; II, 380.

BRABANT (Jeanne, comtesse de). Met le siége devant la ville de Grave, I, 154; demande secours au duc de Bourgogne, *ibid.*

BRABANT (Marguerite de). Voy. FLANDRE.

BRAGANCE (duc de). Voy. JEAN.

Brau (Pont de). Lieu où s'entrevirent Louis XI et son frère, le duc de Berry, II, 395, 397.

Bray, ville. — Citée, III, 63, 79, 85.

Bredenarde (Pays de). Dévasté par les Français, III, 325; bon et fertile, *ibid.*

BRESSAY (Jean de). Tué dans une escarmouche contre les Anglais, I, 326, 328.

BRESSE (Philippe de Savoie, seigneur de). Assiste au siége de Liège, II, 386.

Brest (Ville et château de). Rendus au duc de Bretagne, I, 165; avaient été cédés à Edouard III, 166.

Bretagne (la Grande). Voy. *Angleterre.*

BRETAGNE (Arthur de). Voy. RICHMOND.

BRETAGNE (François II, duc de). N'assiste pas aux Etats de Tours en 1468, II, 367; traite de la paix avec Louis XI, 380; fait équiper ses vaisseaux pour combattre le comte de Warwick, III, 32; offre qu'il fait à Edouard IV de plusieurs places en Normandie, 194; frère d'armes du duc de Bourgogne, 281.
— Cité, II, 361; III, 33, 37, 178-181, 269.

BRETAGNE (Jean IV, duc de). Fait prisonnier le connétable de Clisson, I, 155; rentre en posses-

sion de Brest, 165 ; à qui avait cédé cette ville, 166.
Breteuil, ville. — Citée, I, 260.
Bretons (les). Occupèrent jadis toute la Grande-Bretagne, I, 179.
Brézé (Pierre de). Commis à la garde des frontières du pays chartrain contre les Anglais, I, 323 ; livre un assaut à la ville de Gaillardon, 324 ; donne des nouvelles de ce qui se passe en Angleterre après la bataille de Northampton, II, 228, note 1 ; nommé capitaine des troupes données par Louis XI à la reine d'Angleterre, 316 ; sa faveur auprès de Charles VII, 317 ; prend plusieurs places en Angleterre, *ibid.* ; forcé d'abandonner celle de Bamborough, 320 ; sa grande faveur auprès de Louis XI, 327, note ; se rend en Ecosse muni des lettres patentes de ce prince pour le roi d'Écosse, III, 168. — Cité, III, 160, 162.
Brimeu (Guy de). Voy. Humbercourt.
Bristol, ville, [*Bristo, Bristow*]. — Citée, II, 196, 239 ; III, 46, 133, 134.
Brotherton (Thomas de). Se ligue contre Isabelle, reine d'Angleterre, femme d'Édouard II, I, 64.
Bron (Jean). — Cité, III, 178.
Bruay (Antoine d'Oignies, seigneur de). Son château pris par les Français, III, 73.
Bruce (Robert). Usurpe le trône d'Écosse, I, 60 ; ennemi des Anglais, 67. — Cité, I, 66.
Bructus. Conquit l'Écosse, I, 61 ; à qui il la donne, *ibid*.
Brugeois (les). Abandonnent le siége de Calais, à l'exemple des Gantois, I, 305 ; mettent le feu partout, *ibid.* ; prennent les armes, pourquoi, III, 320.
Bruges, ville. — Citée, II, 305, 306, 313, 365, 369, 372, 373, 375 ; III, 56, 97, 165, 273, 287.

Bruges (Louis de). Voy. La Gruthuyse.
Brulle (Porte de), à Saint-Omer. — Citée, III, 325, 327.
Brunstein, village, [*Brustant*]. Assiégé et pris par le duc de Bourgogne, II, 359.
Bruton-sur-Trent. — Cité, III, 17, 18.
Bruxelles, ville. — Citée, II, 310, 353 ; III, 266.
Bucham, fils du duc d'Albanie, [*Boucquant*]. Un des chefs de l'armée française à la bataille d'Ivry, I, 258.
Buckingham (Henry Stafford, de), [*Boucquinghuem*]. Fait partie de l'armée de la reine Marguerite à Towton, II, 273 ; tué à cette bataille (1461), 280.
Buckingham (Humphrey Stafford, duc de). Transmet un ordre de Henri VI aux communes révoltées, II, 174 ; accompagne le roi pour combattre le duc d'York, 179 ; aime pourtant ce duc, *ibid.* ; partisan du duc de Somerset, 188 ; refuse les propositions faites de la part du comte de Warwick, 224, 225 ; reçoit l'ordre d'un nouveau message du comte, 226 ; sa réponse, *ibid.* ; tué à la bataille de Northampton (1460), 227, 257. — Cité, II, 223, 254, 256, 273, 280.
Bude, ville. — Citée, II, 21, 23, 25, 28, 29, 47, 98.
Bugny, village. La Cense et le village brûlés par les Français, III, 311.
Bulgarie (la). — Citée, II, 19, 99, 104, 107, 138-141, 143.
Buntinford, [*Wintuisord*]. — Cité, III, 9.
Burgh ou Borough (Thomas), [*Abouret*]. Trompe Édouard IV, en lui donnant un faux avis, II, 406, 407. — Cité, III, 160.
Burghe (Richard). Encourage Édouard à pénétrer dans la ville d'York, III, 103.

BURWASH (Henry), archevêque de Lincoln. Prend le parti de la reine Isabelle contre Édouard II, I, 79.

BUSSY (seigneur de). Voy. VIENNE.

Buyres, village. Brûlé par les Français, III, 296.

C

CADE (Jean). Soulève le comté de Kent, II, 173; vient près de Londres, 174; excès qu'il y commet, 175; met le feu au pont de cette ville, 176; tué, par qui et comment, 177; sa tête mise sur le pont de Londres, *ibid.*

Caen, ville. — Citée, III, 267.

CAERNAVAN, [*Carnarenan*]. Voy. ÉDOUARD II.

Caffa, ville. — Citée, II, 94-96; III, 157.

CALABRE (Jean d'Anjou, duc de), fils de René, roi de Sicile. Chargé par Louis XI de retenir prisonnier le bâtard de Bourgogne, II, 322; pourquoi ne le fait pas, *ibid;* n'assiste pas aux États de Tours (en 1468), 367; cherche à réconcilier Louis XI avec son frère le duc de Berry, 378, 379; dénonce Jean de Beauvau, évêque d'Angers, 397, note; sa mort, III, 56. — Cité, III, 85.

Calais, ville. — Assiégée par les Gantois, I, 304, 305; reste aux Anglais, II, 181; ce que c'est que *l'Étape* de cette ville, 197; ses habitants prêtent serment de fidélité au comte de Warwick, 208; requête qu'ils lui présentent, 214; la ville bien pourvue, 216; peur que le duc de Somerset inspire aux habitants, 234; lieu où se fit le mariage du duc de Clarence, 402, 403; ses habitants se rendent à Édouard IV, III, 28; demandent secours au duc de Bourgogne contre Warwick, 30; plusieurs d'entre eux partisans de ce seigneur, *ibid*, note. — Citée, I, 172, 193, 200, 306, 309; II, 185-191, 195, 196, 206, 209-211, 213, 215, 233, 235, 236, 255-257, 262, 306, 307, 311, 350; III, 117, 184, 197, 198, 201, 312.

Calera, ville, [*Calez*]. Le marquis de Calera offre de servir le roi de tout son pouvoir, III, 95.

Cambray, ville. Ouvre ses portes à Louis XI, III, 323. — Citée, II, 367, 375.

Cambridge, ville, [*Canthebruge*]. — Citée, II, 334, 405.

CAMPOBASSO (Nicolas de Montfort, comte de). Après avoir servi longtemps le duc de Bourgogne, se tourne contre lui, III, 317.

CAMUS (seigneur de). Fait prisonnier à la bataille de Tewkesbury, est mené vers le roi, III, 290, 291.

Canche, rivière. — Citée, III, 296.

Cantorbery, ville, [*Cantorbie*]. — Citée, II, 404.

CANTORBERY (l'archevêque de). Voy. STAFFORD.

CANTORBERY (l'évêque de). Voy. BOURCHIER.

Capitaine des galères du roi de Hongrie. Né à Raguse, II, 67; conseil qu'il donne au seigneur de Wavrin, 68; cherche le moyen d'empêcher les Turcs de passer le détroit de Constantinople, 71. — Cité, II, 70.

CAQUETAN, surnommé *le Borgne*, chevalier lombard, [*Kaquestan*]. Un des chefs de l'armée Française à la bataille de Verneuil, I, 264; mis en fuite par les Anglais, 267.

CARDINAL. — De *Saint-Ange*, voy. CESARINI (Julien); — de *Therouanne*, voy. LE JEUNE (Jean); — de *Venise*, voy. CONDELMARE (François); — de *Winchester*, voy. BEAUFORT (Henri). — Voy. aussi Jean BALUE et Thomas BOURCHIER.

CARISTOS (Théodore de), archer. Envoyé en ambassade par l'empereur de Constantinople vers Philippe, duc de Bourgogne, II, 31-33; quelle était sa mission 34; prend congé de ce prince, 37. — Cité, II, 35.

Cassel, ville. Ravagée et brûlée par les Français, III, 328. — Citée, III, 320.

Castille (la). — Citée, II, 52.

Castille (roi d'Aragon et de). Voy. JEAN I.

CATHERINE de France, reine d'Angleterre. — Citée, I, 203; II, 254.

CATRY (Jacques de), dit le Velu. Se prépare à livrer la ville de Cravant au seigneur de Chastellux, I, 231, 232; délivre des prisonniers, 233; donne entrée aux Bourguignons dans ladite ville, 234.

Caux (pays de). — Cité, I, 215, 271; III, 201.

CAWART (Guillaume). L'un des gentilshommes qui vont sommer les habitants de Saint-Riquier de se rendre au duc de Bourgogne, III, 310.

Cercamp (église de). — Citée, III, 280.

Cerne (abbaye de), [Selle]. Lieu où se retire Marguerite en arrivant en Angleterre, III, 130.

CESAR (Jules). — Cité, III, 109.

CESARINI (Julien), cardinal de Saint-Ange, légat du pape. Se rend près du roi de Hongrie, pourquoi, II, 25; donne sa bénédiction à l'armée, 26; rend grâces à Dieu de la victoire remportée sur les Turcs, 28; annonce au Pape ce succès, 29; lui demande de relever le vaivode de la Valachie du serment fait au Grand-Turc, 42; accompagne Wladislas à l'armée, 43; donne l'absolution avant de livrer la bataille, 44; fait porter la croix devant lui, ibid.; remercie Dieu de la victoire, 45; se trouve dans une facheuse position, 46; propose le retour de l'armée à Bude, 47; va trouver le pape, ibid., 48, 63; sa colère en apprenant la paix faite avec le Turc; ce qu'il dit à ce sujet, 64, 65; fait rompre cette paix, ibid.; peine qu'il se donne pour faire recommencer la guerre, 66; dément les bruits de la paix avec les Turcs, 69; remplit les devoirs de son ministère avant la bataille de Varna, 78; marche au centre de l'armée, 79; propose d'attaquer le sultan dans son retranchement, 81; excommunie tous ceux qui refusent de combattre, 83; se noie dans le Danube, 84. — Cité, II, 41, 63, 67, 85; III, 156, 157.

CHABANNES (Antoine de). Voy. DAMPMARTIN.

CHALANT (Aimé de), seigneur de Varey. Fait partie de la croisade contre les Praguois, I, 207.

CHALON (de). Voy. ARGUEIL, CHATEAU-GUYON et TONNERRE.

Châlons-sur-Saône, ville. — Citée, II, 31.

CHANCELIER. — D'Angleterre, voy. BALDOCK (Robert de); NEVILL (George); — de Bourgogne, voy. GOUX (Pierre de); HUGONET (Guillaume); — de Bretagne, voy. ROUVILLE (Jean); — de France, voy. ROCHEFORT (Guillaume de).

CHANTEREINE (le Commandeur de), chevalier de Rhodes. Commis par Marie, duchesse de Bourgogne, à la garde de la ville de Saint-Omer, III, 327; son éloge, 328, note.

CHARLEMAGNE. Relique qu'il possédait, II, 382.

CHARLES IV, empereur et roi de Bohême. — Cité, I, 198.

CHARLES IV, roi de France. Demande au roi d'Angleterre, Édouard II, de venir lui rendre hommage du duché de Guienne, I, 44; donne ce duché à Édouard, prince de Galles, *ibid.*, 45. — Cité, I, 47.

CHARLES V, roi de France. Son éloge, III, 258. — Cité, III, 224.

CHARLES VI, roi de France. Reçoit l'hommage du comte de Flandre. I, 127; déclare la guerre au duc de Gueldre, 155; obtient une trêve de l'Angleterre, 192; assiste au siége de Melun, 209. — Cité, I, 160; III, 258.

CHARLES VII, roi de France. Sa réponse aux envoyés du sire de Harcourt, I, 220; pourquoi ne peut secourir le Crotoy, 221; demande une trêve aux Anglais, 224; attire à son parti le bâtard de la Baume, *ibid.*; mécontent de la prise de Cravant, 237; décide qu'on assiégera cette ville, 238; remercie ses capitaines de leurs bons services à Patay, 295; fait ses dispositions pour assaillir la ville de Pontoise, 313; livre l'assaut à la tour du Friche et à l'église Notre-Dame, 314, 315; annoblit celui qui monta sur la tour du Friche, 316, note I; prend la ville de Pontoise, 320; promet d'aller en personne à la reddition de Tartas, 322; entre dans cette ville, 323; envoie le dauphin au secours de Dieppe, 328, 329; ne veut pas enfreindre la paix d'Arras, 336, 337; fait revenir le dauphin près de lui, 337; reprend la Normandie et la Guienne sur les Anglais, II, 181; sa lettre adressée au chapitre d'Angers, relative à Jean de Beauvau, 396, note; exhorte l'évêque de Saint-André à prêter secours au roi d'Angleterre, Henri VI, III, 165, 166; son éloge, 258, 259. — Cité, I, 217, 219, 223, 225, 226, 256, 259, 262, 288, 317; II, 314, note, 317; III, 175, 316.

CHARLES VIII, roi de France. Sa naissance, et qui furent ses parrain et marraine, III, 34, note 4.

CHARLES III, dit *le Noble*, roi de Navarre. Rentre en possession de Cherbourg, I, 165; à qui avait cédé cette ville, 166.

CHARLES de France. Voy. BERRY.

CHARLES-LE-TÉMÉRAIRE. Voy. BOURGOGNE.

CHARLETON, capitaine anglais. Tué à la bataille de Verneuil, I, 269.

Charni, ville. — Assiégée et prise par le duc de Bourgogne, III, 299; brûlée et pillée, *ibid.*

CHARNY (le comte de). Voy. BEAUFREMONT.

CHAROLLAIS (bailli de). Voy. HUGONET.

CHAROLLAIS (Charles, comte de). Voy. BOURGOGNE.

Charon (château de). — Cité, II, 395.

Chartres, ville. — Citée, I, 325.

CHASSA (Jean de). Quitte le service du duc de Bourgogne pour celui de Louis XI, pourquoi, III, 50, 51, note.

Chasteler, près de Compiègne. — Cité, I, 335; III, 58.

CHASTELMORANT (Jean, seigneur de). Porteur des trêves faites entre la France et l'Angleterre, I, 169.

CHASTELUS (Claude de Beauvoir, seigneur de). Sa confiance en la loyauté du bâtard de la Baume, I, 223; demande les détails de la trahison dudit bâtard, 229; se prépare à reprendre Cravant, 230, 232; fait une sortie contre les Français, 247. — Cité, I, 228, 237, 248.

CHASTILLON (seigneur de). Son château de la Frette, brûlé par les Français, III, 311.

CHATEAU-GUYON (Louis de Chalon, seigneur de), [*La Roche-Guyon*]. Son procès avec le seigneur d'Argueil, III, 37, note.

Château-neuf, près du détroit de Constantinople. — Cité, II, 70, 71, 73, 74, 76.

Château-Rouge (le), près de Rhodes.

DES MATIÈRES.   361

Pris par les Turcs, II, 54. — Cité, II, 56.

CHAULNES (ville et château de). A qui appartient le château, III, 73; pris par les Français, *ibid.* — Cités, I, 330.

Cheapside, [*Cep, Sept*]. Grande rue de Londres, II, 175, 290.

Cheltenham, ville, [*Cithenham*]. — Citée, III, 137.

Cherbourg, ville. Rendue au roi de Navarre, I, 165; avait été cédée à Edouard III, 166.

Chesterfield, [*Certefee, Cesterfeld*]. Cité, III, 19, 25.

CHIMAY (Jean, comte de). Voy. CROY.

Chrétiens (les). Combien ont souffert sous la domination des Turcs, II, 3-11; se battent pour avoir les dépouilles des Turcs, 119, 120; veulent se soustraire à leur domination, 143; se mettent entre les mains du seigneur de la Valachie, *ibid.;* forcés d'abandonner le siège de la tour devant Nicopoli; pourquoi, 151; se moquent des Turcs que la peur fait fuir, 156.

Churchhouse (?), [*Cherchaoz*]. — Cité, III, 195.

Chypre. — Cité, III, 158.

Circencester, [*Cycestre*]. — Cité, III, 132.

CLAIRMARAIS, village. Toutes ses maisons brûlées, III, 328; il n'y reste que l'église, le réfectoire, les cloîtres et la maison de l'abbé, *ibid.*

CLARENCE (Isabelle de Warwick, duchesse de). Son mariage, II, 402, 403; III, 279. — Citée, II, 334, 348, 349; III, 12, 29, *note.*

CLARENCE (George d'York, duc de), frère d'Edouard IV. Créé duc au couronnement de son frère, II, 296; fut confié par Edouard à Philippe le Bon; à quelle occasion, 305; retourne en Angleterre, 306; créé chevalier, 307; son ingratitude envers son frère; se laisse gagner par Warwick, 333; réponse hardie qu'il fait au roi son frère; à quel sujet, 334; est le seul qui va à la rencontre de Warwick à son retour de France, 344; conspire avec lui contre Edouard, 348; consent à prendre en mariage la fille du comte, 350; son mariage, 402, 403; III, 279; prend les armes contre son frère, II, 404; fait mettre à mort le seigneur Herbert et son frère, III, 1; se dispose à aller trouver le roi; pourquoi s'arrête en chemin, 2; soulève le peuple contre Edouard, 8; proclamations faites en son nom, 9; cherche encore à tromper son frère, 10, 13; essaye de le détourner de marcher contre les rebelles, 12; quelle était son intention, *ibid.;* son nom proféré par les communes avant la bataille de Stamfort, 15; ses lettres trouvées sur un sien serviteur, où se trouvent dévoilées toutes ses machinations et trahisons contre le roi, *ibid.*, 17; continue à tromper le roi, 18, 19; demande au roi qu'il lui fasse serment de lui pardonner, 22; refuse les conditions du roi, 24, 25; persiste dans sa révolte, *ibid.;* quitte l'Angleterre, 29; se rend auprès de Louis XI, 37; son arrivée en Angleterre, 46; quelles sont les raisons qui le déterminent à faire sa paix avec Edouard, 112; quels en sont les médiateurs, 113; obtient son pardon d'Edouard, 114, 288; comment se fit sa réconciliation, 115, 210; pourquoi veut s'entremettre à réconcilier Edouard avec le comte de Warwick, 116; accompagne son frère à la bataille de Barnet, s'y conduit chevalereusement, 126; accompagne son frère en France, 312. — Cité, II, 311, 406, 409; III, 3, 21, 26, 44, *note,* 210.

Clarence (Lyonnel, duc de). — Cité, II, 241, 283.
Cley (John). Fait partie d'une ambassade envoyée par Edouard IV au duc de Bourgogne, II, 310; III, 160.
Clicque (le comte de). Commis à la garde du château de Luxembourg, est forcé de l'abandonner, II, 49.
Clifford (John, lord). Fait partie de l'armée de la reine Marguerite, à Towton, II, 273; tué à cette bataille (1461), 280.
Clifford (Roger). Encourage Edouard à pénétrer dans la ville d'York, III, 103.
Clifford (Thomas, lord). Accompagne Henri VI à Saint-Albans, II, 182; tué à cette bataille (1455), 183.
Clisson (Olivier, seigneur de), connétable de France. Prisonnier du duc de Bretagne, I, 155.
Clisson (Yvonet de). Fait chevalier avant la bataille de Rouvray, I, 278.
Cliston (le sire Gervais de) Décapité après la bataille de Tewkeshury, III, 140.
Clugny (Ferry de), évêque de Tournay. Officie au mariage de Maximilien d'Autriche avec Marie, duchesse de Bourgogne, III, 340.
Clugny (Guillaume de), évêque de Thérouanne. Perd ses biens et meubles; comment, III, 318; fait prisonnier par les Gantois, 320; donne une caution et passe en France, 321; fait évêque de Poitiers, *ibid.*
Cobham (Edward Brooke de), [*Copham*]. Accompagne le duc d'York contre Henri VI, II, 179.
Cocq (Cristofle), Voy. Cristofle.
Cohen (Jean de Berghes, seigneur de), [*Chohen*]. Envoyé par le duc de Bourgogne pour arrêter les Français dans leur dévastation de châteaux et abbayes, III, 68.

Collechon de Thir. Député, vers le seigneur de Chastelus; pourquoi, I, 228; indique les moyens de reprendre la ville de Cravant, 229; fait ses dispositions à cet effet, 231; se défend contre le Bâtard de la Beaume, 232. — Cité, I, 230.
Collin (Andreu), maître des requêtes du duc de Bourgogne, président de Flandres. Envoyé vers Edouard IV pour une trêve, II, 342.
Cologne (archevêque de). Voy. Bavière et Meurs (Thierry).
Comète. Son apparition du côté de Liége en 1468, II, 385.
Commercy (seigneur de). Voy. Sarrebruche.
Comminge (comte de). — Cité, III, 201.
Compeys (Jean de), seigneur de Grufy, savoisien. Fait partie de la croisade contre les Praguois, I, 207.
Compiègne, ville. — Citée, I, 329, 330, 335, 336; II, 377, 378; III, 201, 304.
Compignys (Jacques de). Envoyé par le seigneur de Bèvres vers Denis de Geresme pour connaître les intentions de Louis XI au sujet de la vente de la ville d'Aire, III, 206-209.
Conac (seigneur de). Commis à la garde de Tartas, I, 321.
Conches (Jean de Montagu, seigneur de), [*Coches*]. Se joint aux Anglais pour secourir la ville de Cravant, I, 242.
Concressault. Voy. Menypenny.
Condelmare (François), dit le Cardinal de Venise. Conducteur de l'armée du pape contre les Turcs, II, 59, 67; ordonne de faire bonne garde, 69; veut envoyer explorer le château de Mesembre; pourquoi, 86; conclut d'envoyer à la recherche du roi de Hongrie, 88; projette de se joindre à l'armée des Hongrois, 89; se rend à Dri-

DES MATIÈRES.   363

mago, 102 ; se joint aux galères du seigneur de Wavrin, 103 ; va assiéger Silistri, 104 ; demande à rester en arrière de la flotte ; pourquoi, 105 ; revient joindre l'armée, 106 ; ses motifs pour ne pas être venu plus tôt, 107 ; consent à ce qu'on parlemente avec les assiégés de Silistri, 108 ; n'accompagne pas le seigneur de Wavrin au lever de ce siège, 113 ; comment il en fut empêché, 114 ; mécontent qu'on ait pris le château de Tourtoukan sans lui, 122 ; qui il accuse de trahison, 123 ; ses menaces, *ibid.*; dit qu'il est prêtre et ne peut se battre, 124 ; fait sa paix avec le seigneur de Wavrin, 125 ; demande son avis sur l'entreprise du siège de Giurgevo, 126, 128 ; accepte la capitulation de cette place, 138 ; à qui il la rend, *ibid.*; donne le sauf-conduit promis aux Turcs, 139, 140 ; va mettre le siège devant le château de Roustchoux, 142 ; service qu'il rend aux chrétiens de la Bulgarie, 144 ; part pour Nicopoli, *ibid.*; permet d'assiéger la tour devant cette ville, 147 ; reçoit la visite de Hunyade, 150 ; envoie des barques pour surprendre les Turcs, 154 ; se rend à regret à l'avis de Hunyade qui lui conseille le retour, 158 ; son arrivée à Constantinople, 159. — Cité, II, 68, 69, 72, 90, 101, 111, 127, 141, 143, 157.

CONDET (le bâtard de). Décapité par ordre de Charles le Téméraire ; pourquoi, III, 273, 274.

CONFIDE (Regnault de), chevalier de Rhodes. Se rend à Nice ; pourquoi, 51 ; va à la défense de Rhodes, 54 ; offre son assistance au grand-maître, 55 ; combat sans succès le soudan, 56 ; commis à la garde d'un passage hors de la ville, 57 ; son arrivée à Constantinople, 86 ; envoyé à Trébisonde ; pour quel motif, 97 ; se joint aux galères du seigneur de Wavrin, 103 ; met sur sa galère la bannière du duc de Bourgogne ; pourquoi, 105 ; conseil qu'il donne avant de parlementer avec les Turcs, 109 ; se met en état de défense contre leur perfidie, 110 ; mandé par le cardinal de Venise, 123 ; fâché de n'avoir pas assisté à la prise du château de Tourtoukan, 124 ; raconte ce qui arriva aux galères du cardinal partant de Silistri, 125 ; ses craintes relativement à une bombarde, 132 ; nommé lieutenant du seigneur de Wavrin ; à quelle occasion, 134, 142 ; remplace ce seigneur au siège de Giurgevo, 135 ; ne veut pas capituler sans l'avis du cardinal et du seigneur de Wavrin, 137 ; chargé par ce seigneur d'aviser au siège d'une tour devant Nicopoli, 147 ; indique le moyen de surprendre les Turcs, 153, 154. — Cité, II, 50, 53.

Conflans (traité de). — Cité, II, 361.

CONIERS (John), [*Commers*]. Implore le pardon d'Edouard IV après avoir soulevé le peuple contre ce prince, III, 26.

CONIERS (Thomas), recordeur de la ville d'York, [*Commers*]. Vient au devant d'Edouard IV, à l'arrivée de ce prince près la ville d'York, III, 102 ; lui dit qu'il ne peut entrer dans cette ville sans craindre pour sa vie, 103. — Cité, III, 106, 107.

CONIERS (William), [*Commers*]. Après avoir soulevé le peuple contre Edouard IV, implore le pardon de ce prince, III, 26.

CONNÉTABLE : — d'*Angleterre*, voy. NORTHUMBERLAND (Henri Percy, comte de); — d'*Ecosse*, voy. STUART (John); — de *France*, voy. CLISSON (Olivier); EU (Philippe d'Artois, comte d'); SAINT-

PAUL (Louis de Luxembourg, comte de); — de *Guines*, voy. GUINES.
CONSTANTIN Ier, empereur de Constantinople. Donne le patrimoine de l'Eglise, II, 172.
CONSTANTIN XIII, empereur de Constantinople. — Cité, II, 171, 172.
Constantinople, ville. Sa prise par les Turcs, et comment elle fut prédite, II, 171, 172.— Citée, I, 2; II, 30, 32, 34, 35, 37, 48, 53, 60, 61, 63, 65-73, 76, 85-88, 92, 98, 100, 101, 159, 160.
CONSTANTINOPLE (empereurs de). Voy. CONSTANTIN Ier, CONSTANTIN XIII.
CONSTANTINOPLE (gardien des Frères mineurs de). Homme noble, docteur en théologie, blâme la conduite du cardinal de Venise; à quelle occasion, II, 125 ; envoyé par le cardinal vers le seigneur de Wavrin; dans quel but, 126; ce qu'il lui dit, 127.
CONSTANTINOPLE (Patriarche de). Voy. GRÉGOIRE.
Contay, ville. — Citée, III, 65.
CONTAY (Antoinette de). Sa lettre au seigneur du Bouchage au sujet de la prise d'Aire, III, 209.
CONTAY (Guillaume le Jeune, seigneur de). Se rend à Rome par l'ordre du duc de Bourgogne; pourquoi, II, 30, 31, 48; sa mort, III, 266.
CONTAY (Louis, seigneur de). Commis à la garde de Corbie par le duc de Bourgogne, III, 71; chargé par le duc d'escorter les marchands portant des vivres pour l'armée, 75; un des chefs de la garnison de Saint-Riquier; excès qu'il y commet, 296; rend la ville de Corbie à Louis XI; à quelle condition, 307; fait prisonnier par les Français, 310.
Corbeil, ville. — Citée, I, 295.
Corbie, ville. Assiégée par Louis XI, III, 307; prise, pillée et brûlée, *ibid*. — Citée, III, 58, 63, 71, 73, 75, 79, 85, 301.
Cordeliers de l'Observance, à Saint-Omer. Leur couvent démoli, III, 325.
Corfe (château de), [*Corses*]. — Cité, I, 57, 71, 72, 73.
Corfou, [*Corso*]. — Cité, II, 54.
Cornouaille (pays de), [*Cornwalls*]. — Cité, II, 259 ; III, 130, 131, 289.
CORNWALLS (John de). Accompagne Henri V en France, I, 202.
Cotswold. — Cité, III, 136.
Couches, ville. Assiégée par les Anglais, I, 323; sa reddition, 324. — Citée, I, 328.
COUCY (le seigneur de). Assiste à la bataille de Nicopoli, II, 149.
Coucy-le-Château, ville, [*Coussy*]. Rendue au comte de Suffolk, I, 250.
Coulanges-la-Vineuse, ville. — Citée, I, 246.
COURTEHEUSE (Jacques de), seigneur de Cresèque. Est au nombre des gentilshommes qui vont sommer les habitants de Saint-Riquier de se rendre au duc de Bourgogne, III, 310; entre au service du roi, 324; fait prisonnier par les Bourguignons, *ibid*.; où il est envoyé, *ibid*.
COURTENAY (Hugues de). Est du parti de la reine Marguerite d'Anjou, III, 131.
COURTENAY (Thomas de). Voy. DEVONSHIRE.
COURTEVILLE (Jehannet de), gentilhomme de Flandre. Serviteur du seigneur d'Esquerdes, fait prisonnier par les Français, III, 298; ce qui lui arriva à la bataille d'Enguinegate, *ibid*., *note* 4; est au nombre des gentilshommes qui vont sommer les habitants de Saint-Riquier de se rendre au duc de Bourgogne, 310; entre dans la ville avec sa compagnie, *ibid*.
Courtray (château de). — Cité, III, 302, 322.

Coussinot (Guillaume), seigneur de Montreuil. Chargé de remplir plusieurs missions concernant le roi et la reine d'Angleterre, III, 178-181; quelles sont ses instructions, *ibid.*

Coussinot (Pierre). Sujet du roi Louis XI, tient le parti de Henri VI, III, 183.

Coventry, ville. — Citée, II, 406; III, 2, 3, 14, 16, 17, 111, 112, 117, 124, 141, 143, 190, 211, 288, 290, 291.

Craon (Georges de La Trémoille, seigneur de), [*Cran*]. Se retire de Saint-Riquier avec d'autres chevaliers; pourquoi, III, 66; ses lettres concernant l'Angleterre adressées au seigneur de Croy, 159-164.

Cravant, ville. Ouvre ses portes au bâtard de la Baume, I, 227; assiégée par l'armée de Charles VII, 239, 240; reprise par les Anglais et les Bourguignons, 249; la bataille donnée dans ce lieu « fut une tres belle besogne, » 262. — Citée, I, 225, 226, 228-232, 236-238, 241, 243, 244, 246, 247, 250.

Créquy (Jean, seigneur de). Quitte la ville de Gravelines où il était en garnison, I, 306; laisse ses gens à la garde de Drinckam, 307; chargé par le duc de Bourgogne de porter l'Ordre de la Toison-d'Or à Edouard IV, II, 394; envoyé en qualité d'ambassadeur auprès du roi d'Angleterre, 403; danger qu'il court, 404; député par le duc de Bourgogne pour remercier les autorités d'Amiens de ne s'être pas rendu au roi, III, 53; honneurs que lui fait rendre Edouard, 278.

Crésèque, village. Brûlé et ravagé par les Français, III, 324.

Crésèque (Jean de). Fait chevalier au siége de Dieppe, I, 333.

Crèvecœur (Philippe de). Voy. Esquerdes.

Cristofle Cocq, parent du doge. Demande à descendre à terre pour combattre les Turcs, II, 61; fait chevalier, 62.

Croix-Noire (la). Conquise sur les Ecossais par Edouard Ier, I, 60; leur est rendue, *ibid.*

Cromer, shériff de Kent, beau-fils du seigneur Say. Décapité; par qui, II, 175.

Cromer, ville. — Citée, III, 98.

Cromwell (Humphrey Bourchier, lord), [*Cornuaille*]. Informé du soulèvement du peuple contre Edouard, III, 10.

Crotoy (le), ville. Défendue contre les Anglais par les Français, I, 216, 217; son siége, 218, 219, 222; ne peut être secourue; pourquoi, 221; est une ville forte, 237; son château regardé comme une place imprenable, est sommé de se rendre à Louis XI, III, 318. — Citée, I, 220, 273.

Croy (Antoine, seigneur de), comte de Porcean. Danger qu'il court avec les Flamands, I, 304; envoyé en ambassade par le duc de Bourgogne vers Edouard IV, II, 312; traite d'une trêve avec l'Angleterre, 313; renvoie son collier de l'Ordre de la Toison-d'Or; pourquoi, 374; assigné pour comparaître devant les seigneurs dudit Ordre, ne peut s'accorder avec le duc de Bourgogne, 378. — Cité, III, 64, 161, 164.

Croy (Jean de), comte de Chimay. Tint le siége devant Guines, I, 304; son désir de surprendre les Anglais, 308; rend son collier de l'Ordre de la Toison-d'Or; pourquoi, II, 374; assigné à comparaître devant les seigneurs dudit Ordre, 375; obtient son pardon du duc de Bourgogne, 378; fait prisonnier à la bataille de Nancy, III, 317.

Croy (Jean de), seigneur de Roeux. Son mécontentement en voyant son frère, le seigneur de Renty, abandonner le parti du duc de Bourgogne, III, 64.

CROY (Philippe de), baron de Quievrain, fils du seigneur de Chimay. Obtient son pardon du duc de Bourgogne, II, 378; repousse les Français devant Amiens, III, 77; fait prisonnier à la bataille de Nancy, 317.

CROY (Philippe de), seigneur de Renty. Abandonne le parti du duc de Bourgogne, III, 64; comment il s'y prit, 65; est au nombre des seigneurs Français qui quittèrent Saint-Quentin après la prise de Picquigny par le duc de Bourgogne, 66; fait prisonnier à la bataille de Nancy, III, 317.

Croisilles, bourg. — Cité, III, 67.

CRUMBWELLE (John de), [*Cruelle*]. S'enfuit en France pour rejoindre Isabelle, reine d'Angleterre, femme d'Edouard II, I, 46.

CRUP (seigneur de). Assiste à la bataille d'Exham, II, 324.

CRUSSOL (Louis, seigneur de), sénéchal de Poitou. Assiste à l'entrevue du roi Louis XI et du duc de Berry, II, 396.

CURTON (Gilbert de Chabannes, seigneur de), [*Curso, Courton*]. Assiste, du côté du duc de Berry, à l'entrevue de ce prince avec Louis XI, II, 396; pourquoi quitte Saint Quentin avec d'autres chevaliers, III, 66; accompagne le connétable à Bapaumes, 67.

D

DACRE (Ranulphe, lord), [*d'Acres*]. Fait partie de l'armée de la reine Marguerite à Towton, II, 274.

Damme ou *Dam*, ville, [*Dan*]. — Citée, II, 369.

DAMPMARTIN (Antoine de Chabannes, comte de), grand-maître d'hôtel du roi. S'empare, au nom du roi, de la ville de Roye, III, 60; entre dans Amiens, 62; veut assiéger le château de Dours, est repoussé par les Français, 65; un de ses serviteurs tué devant Amiens, 72. — Cité, III, 76, 201.

Damville, ville. — Citée, I, 260.

Dannemark. — Cité, II, 332.

Danube, fleuve, [*Dunoue, Dunoe*]. Est une merveilleuse rivière, II, 94. — Cité, II, 15-20, 24, 26, 29, 64, 65, 76, 84, 88-90, 98, 99, 101, 102, 110, 115, 137, 138, 140, 144, 151, 153, 156, 157, 159.

Dardanelles (les). Jadis le port principal de la grande cité troyenne, II, 60. — Citées, II, 62.

Darmouth, port de mer, [*Dertemue*]. — Cité, II, 212.

Dartford, village, [*Dorceffort*], dans le comté de Kent, à douze milles N.-O. de Rochester. — Cité, II, 217.

DAUPHIN (le). Voy. LOUIS XI.

DAUPHIN (Guichard), seigneur de Jaligny. L'un des gardiens du passage de la Blanche-Tache, en 1415, I, 199.

DAUPHIN (comte). — Cité, III, 201.

DAUPHINÉ (gouverneur du). Voy. DU LUDE (Jean Daillon).

DAVERILL (John). Connétable du château de Corfe, I, 72; laisse croire au comte de Kent qu'Edouard II est vivant, 73; trahit la confiance du comte, 75.

Daventry, bourg. — Cité, III, 117, 119.

Daveron (l'arbre), près de Saint-Omer. Le roi d'Angleterre y campa lors de son voyage en France, III, 312.

DAVID, l'Eschoppier, censier de Neufville. Sa maison épargnée dans le saccagement de Saint-Riquier, fait par les Français, III, 311.

DAVID II, roi d'Ecosse. A quelles

conditions il fut roi, I, 60; n'avait nul droit au royaume d'Ecosse, 66; sa mort, 210. — Cité, I, 62, 67, 209.

Debenham (Gilbert), [*de Beuhain*]. Envoyé par Edouard IV, lors de son arrivée sur les côtes d'Angleterre, pour voir si le pays était disposé en sa faveur, III, 98.

Derby (comté de). — Cité, II, 252; III, 18.

Desmares (Charles), capitaine de Dieppe. Défend cette ville contre les Anglais, I, 327.

Despenser (les), favoris d'Edouard II. Inspirent des craintes à la reine, I, 46, 62.

Despenser (Hugh), [*Hue Despensier*]. — Cité, I, 84.

Desquerdes (seigneur). Voy. Esquerdes.

Deville (Etienne), dit *Sauve le Demourant*. Subterfuge qu'il emploie pour livrer Cravant au seigneur de Chastelus, I, 231, 232; assailli par le bâtard de la Beaume, 233.

Devonshire, [*Dommeschiere*]. — Cité, III, 151.

Devonshire (Thomas de Courtenay, comte de), [*Vinchier*]. Accompagne le duc d'York pour combattre Henri VI à Saint-Albans, II, 179.

Devonshire (Thomas de Courtenay, comte de), fils du précédent Se joint à l'armée des seigneurs ennemis du duc d'York, II, 251; prisonnier à la bataille de Towton (1461), fut décapité, 281.

Devonshire (Thomas de Courtenay, comte de), [*Domestiere*], fils du précédent. Accompagne le duc de Somerset au-devant de la reine à son débarquement, III, 119, 289; s'entend avec cette princesse sur les moyens de combattre Edouard, 130; tué à la bataille de Tewkesbury, 139.

Dieppe, ville. Assiégée par les Anglais, I, 326-329; assaillie par les Français, 331. — Citée, I, 330, 335; III, 300.

Dijon, ville. — Citée, I, 238, 250; II, 48.

Dinabus (le géant). Enlève Hélène, nièce d'Hoel, I, 70.

Dinteville (Jean de), seigneur de Chenets, [*Tinteville*]. Se joint aux Anglais pour secourir Cravant, I, 242.

Dinteville (maître Loys), [*Dintenoue*]. Envoyé en ambassade par le duc de Bourgogne vers Edouard au sujet d'une trêve, II, 342.

Doge (le). Voy. Foscari.

Dôle, ville. Assiégée pas les Français, III, 342.

Don (John), écuyer de corps d'Edouard IV. Porte des lettres du roi au duc de Clarence et au comte de Warwick, III, 16; observations qu'il fait à ces seigneurs, 17, 18.

Doncaster, [*Dancastres*]. — Cité, III, 46, 109.

Donlieu. Un des capitaines des Flamands, III, 320, 326.

Dorcet (John de Beaufort, comte), frère du duc de Somerset, [*Durset*]. Suit la reine Marguerite en Ecosse, II, 284; accompagne son frère allant au-devant de cette princesse, III, 119, 289; tué à la bataille de Tewkesbury, 139, 290.

Dorcestre. Voy. *Worcester*.

Dorsetshire. — Cité, III, 130.

Douay, ville. Ses habitants se mettent en état de défense contre Louis XI, III, 319; font fuir les Français dans une sortie contre eux, 342. — Citée, III, 323, 341.

Douglas (Archambaut, comte de). Entre à main armée en Angleterre, I, 176; prisonnier, 177; mis en liberté, reprend les armes contre Henri IV, 180; conduit l'avant-garde de l'armée des seigneurs de Persy, 185; disperse l'avant-garde du roi, 186; démonte trois fois ce prince, 187; de nouveau fait prisonnier, 188; est un des chefs de l'armée française à Ivry, 258; fit pencher la victoire du côté des Français à la bataille de Verneuil, 267.

Douglas (James, comte de). Sa révolte contre le gouvernement de la reine d'Ecosse, III, 163; soudoyé par Edouard IV, ravage l'Ecosse, 172; est vaincu, 173.

Doullens, ville, [*Dourlens*]. Prise, saccagée et brûlée par Louis XI, III, 307. — Citée, II, 364; III, 58, 62, 70, 75, 79, 81, 83, 85, 301, 309, 310.

Dourdan, ville. — Citée, I, 325.

Dours, château. — Cité, III, 65.

Douvres, ville. — Citée, I, 106, 172; II, 188, 343.

Doxe (Waultier), bailly de Bergues-Saint-Vinox. Un des capitaines des Flamands, III, 320, 326.

Drimago, [*Brilago*]. — Citée, II, 89, 94, 98, 100-104.

Drinckam, ville. — Citée, I, 306.

Drugi, château. Brûlé par les Français ainsi qu'une partie de la ville, III, 311. — Cité, III, 310.

Duc : — d'*Autriche*, voy. Albert et Sigismond; — de *Bretagne*, voy. Jean IV et François II; — d'*Heidelberg*, voy. Heidelberg; — de *Savoie*, voy. Savoie.

Dudley, capitaine anglais, [*Dodelay*]. Mort à la bataille de Verneuil, I, 269.

Dudley (John Sutton, baron), [*Duclay*]. Prisonnier à la bataille de Blore-Heath, II, 185; sa mission auprès du duc d'York, 247; amène un renfort de troupes au comte de La Marche, 272; son hôtel est offert par le roi Edouard, comme demeure, à la reine Marguerite, III, 144.

Du Fay (Charles). Fait chevalier au siége de Dieppe, I, 334.

Du Fay (Rouge). Fait chevalier au siége de Dieppe, I, 334.

Du Lude (Jean Daillou, seigneur), gouverneur du Dauphiné. Un des principaux capitaines de l'armée de Louis XI, III, 327.

Dune (Conrad III de), archevêque de Mayence. Se croise avec les seigneurs allemands pour combattre les Praguois, I, 206.

Dunois (Jean, bâtard d'Orléans, comte de). Combat les Anglais à Beaugency, I, 286; conduit le corps d'armée à la bataille de Patay, 289; commis à la garde des frontières contre les Anglais, 323; livre un assaut à la ville de Gaillardon, 324; accompagne le dauphin au siége de Dieppe, 329; assiste aux Etats de Tours, II, 366.

Dunstable, ville, [*Devestalle*]. — Citée, II, 222; III, 120.

Duras (Galhard de Durfort, seigneur de). Nommé capitaine et amiral de la flotte du comte de Warwick, II, 207; inspecte les navires, 208; questions qu'il adresse à un pêcheur, 211; refuse à contre-cœur l'entrée de Calais au comte de Warwick, III, 29, *note*; accompagne Edouard dans sa fuite en Hollande, 48; retourne en Angleterre avec le roi, 97.

Durham, ville, [*Durem*]. — Citée, II, 318.

Dyakmak ou Melik-Alhaher, soudan de Syrie. Envoie son armée pour détruire Rhodes, II, 52; III, 152; prend le Château-Rouge, II, 54. — Cité, II, 53, 56.

Dymock (Thomas), [*Diminelz*]. Forcé de se rendre près d'Edouard IV, III, 9; confesse la part qu'il a prise dans la révolte contre lui, 11.

Dynan ou Dynham (John), [*Denain*]. Procure un vaisseau au

comte de Warwick, II, 196; envoyé à Sandwich, pourquoi, 202; nommé capitaine de vaisseau dudit comte, 204.

E

Écluse (l'), port de mer. — Cité, II, 303, 305, 368, 369; III, 31, 267.

Écosse. Par qui conquise et à qui fut donnée, I, 61. — Citée, I, 59, 60, 66, 180; II, 284, 289, 297, 301, 303, 304, 317-320, 323, 332; III, 163.

Écosse (Marie d'), fille de Jacques II. Son mariage projeté avec le prince de Galles, fils de Henri VI, II, 301; ses fiançailles, III, 166.

Écosse (rois et reines d'). Voy. Albana, Bruce, David II, Robert III, Jacques Ier, Jacques II, Jacques III, Jeanne d'Angleterre et Marie de Gueldres.

Écossais (les), [*Escochois*]. Quel fut leur accord avec l'Angleterre, I, 59, 84; conditions de leur traité avec Edouard III, 60; surnom qu'ils donnent à leur reine, 62; par qui leur armée fut sauvée à Stanhope-Park, 65, *note* 1, 84; comment leur est rendu le royaume d'Ecosse, 66; s'arment contre Henri IV, 181; sont en très-grand nombre à la bataille de Shrewsbury, 184; acceptent l'offre que leur fait la reine d'Angleterre de leur céder Berwick, II, 304, 305; gardent le passage de Holy-Island contre le comte de Warwick, 320.

Écu. Sa valeur (en 1473), III, 304.

Éden (Alexandre), shériff de Kent. Surprend Jean Cade et le tue, II, 177.

Édimbourg, ville. — Citée, III, 169.

Édouard Ier, roi d'Angleterre. Ordonne une enquête contre la tyrannie des grands, I, 58, *note* 2; acte passé entre lui et les Ecossais, 59; emporte en Angleterre la *croix noire*, 60; réunit le pays de Galles à l'Angleterre, 179.

Édouard II, surnommé de Caernavan, roi d'Angleterre. Refuse de rendre hommage au roi de France, I, 44; ordonne à sa femme et à son fils de revenir en Angleterre, 45; menace de les traiter en ennemis s'ils refusent, 46; ses préparatifs de guerre contre eux, 48; veut qu'on épargne leur vie, 49; conduit prisonnier au château de Kenilworth, 51; rend son scel, *ibid.*; refuse de se rendre au Parlement, 52, retourne en prison, 53; détrôné, 55; renfermé au château de Berkeley, *ibid.*; demande pourquoi sa femme et son fils ne viennent point le voir, 56; assassiné; comment, 57, 66, 73, 78; veut attaquer les Ecossais à Stanhope-Park; par qui empêché, 65; ses trésors dilapidés, 66; doutes élevés sur sa mort, 71, 72. — Cité, I, 74, 75, 76, 79, 84.

Édouard III, roi d'Angleterre. Créé duc de Guienne, I, 44; n'ose retourner en Angleterre, pourquoi, 45; banni du royaume, 46; s'arme contre son père, 48; demande la canonisation du comte de Lancastre, 49, *note*; sollicite son père d'assembler le Parlement, 51; monte sur le trône, 52; change les gardes de son père, 56; n'est pas coupable de la mort de ce prince, 57; son mariage, 59; concession funeste qu'il fait aux Ecossais, 60-62; sa mauvaise administration a pour excuse sa jeunesse, 64; projet de réforme, 65; par qui fut trahi à Sthanope-Park, *ibid.*; qui lui conseilla de traiter avec les Écossais, 66, 67; lève une armée contre le comte de Lancastre, 68 ; titre qu'il confère à Mortimer, 69 ; cherche à pacifier le royaume, 74 ; sa crédulité envers sa mère, 75 ; sa douleur en apprenant la mort du comte de Kent, 77 ; se détache de Mortimer, 78, 79 ; le fait arrêter, 80 ; son contentement à ce sujet, 83 ; demande conseil relativement à ce personnage, 84 ; porte le deuil du roi Jean, 106 ; sa parenté avec le duc de Gueldres, 153 ; reçoit Brest et Cherbourg en garantie de sommes prêtées, 166. — Cité, I, 47, 49, 67, 71, 73, 153 ; II, 241, 283.

ÉDOUARD IV, roi d'Angleterre. Assiste au combat de Blore-Heath, II, 185 ; accompagne son père au pays de Galles, 192 ; assiste à la bataille de Ludlow, s'enfuit après ladite bataille, 195, 255 ; s'informe où se trouve le fils du seigneur de Rivers, 203 ; pourquoi s'oppose à l'entrée de ces deux seigneurs dans Calais, 205 ; ses récriminations contre eux, 206, note ; reste à Calais, 208 ; commis à la garde de cette ville, 209 ; joyeux du retour du comte de Warwick, 213 ; accompagne ce seigneur à Sandwich, 216 ; demande aux autorités de la ville de Londres le passage pour lui et ses troupes, 218 ; se dirige vers Northampton pour combattre le roi Henri VI, 220, 256, 257 ; quitte Londres, 221 ; va camper avec son armée à Saint-Albans, 222 ; envoie un message au roi, 223, 224 ; comment dispose son armée à Northampton, 225, 226 ; se met à sa tête, 227 ; doit la victoire à une trahison, ibid. ; emmène à Northampton le roi fait prisonnier, ibid., 228 ; se sépare de son père et va au pays de Galles, 258 ; sa douleur en apprenant la mort de son père, 261 ; jure de le venger, 262 ; remporte la victoire à Mortimer's-Crosse, 263 ; apprend la mise en liberté de Henri VI à Saint-Albans, 266 ; ne veut accepter la couronne qu'après avoir chassé du royaume le roi et la reine, 267 ; somme les seigneurs de son parti de venir en armes, 268 ; assemble la communauté de Londres à Westminster, 269 ; est déclaré roi par acclamation, 270 ; se dispose à quitter Londres, 271 ; son avant-garde se dirige sur Saint-Albans, 272, 273 ; arrive à Northampton, 274 ; se prépare à combattre l'armée de la reine, 275 ; enlève le passage du pont Ferry-Bridge, 276 ; paroles qu'il adresse à sa cavalerie avant le combat, 277 ; éprouve un échec, admoneste les seigneurs qui le suivent, 278 ; descend de cheval, tue sa monture, à quelle intention, 279 ; gagne la bataille de Towton, ibid. ; ses droits à la couronne, 283, 284, 293 ; découvre le lieu où se tient caché Henri VI, le fait saisir, 285 ; fait la paix avec le duc de Somerset, 286, 323 ; s'informe, après la bataille de Towton, des seigneurs morts ou blessés, 287 ; jure de ne poser les armes que lorsqu'il aura pris ou chassé le roi et la reine, 288 ; se propose d'assiéger la ville d'York, ibid., 301 ; son entrée dans cette ville, y fait faire les obsèques de son père et de son frère, 289 ; est reçu dans Londres avec acclamations, 290, 291 ; ses paroles aux comtes de Warwick et de Fauconberg, ibid. ; se revêt des habits royaux, sans la couronne, 292 ; proclamé roi, 293, 294 ; cérémonie de son couronnement, 295, 296 ; dignités qu'il crée pour ses frères et les seigneurs de sa cour, 297 ; accorde le pardon à quelques seigneurs, 298 ; de qui devient amoureux, 299 ; rétablit le calme et l'ordre dans le royaume, *ibid.;* demande au duc de Bourgogne de faire rompre le traité d'alliance entre les reines d'Angleterre et d'Écosse, 302; envoie ses deux frères audit duc, pourquoi, 305; les redemande après son couronnement, 306; charge un seigneur de les recevoir à Calais, *ibid.;* donne l'ordre de la chevalerie à ses deux frères, 307; envoie une ambassade au duc de Bourgogne pour faire une trêve, 310-312; assemble les grands seigneurs du royaume, pourquoi, 318; fait reprendre les places dont s'étaient emparés les Français, 319; son retour à Londres, 320; accorde la liberté à plusieurs prisonniers français, 321; veut se marier, 325, 326; avec qui, 327; n'écoute aucune représentation sur le choix qu'il a fait, 329; ses fiançailles, *ibid.;* ses noces, 330; comble d'honneurs la famille de sa femme, *ibid.*, 331; III, 278; fait beaucoup de mécontents à ce sujet, II, 332; craintes qu'il inspire, *ibid.;* apprend les projets d'alliance entre le comte de Warwick et ses frères, 334; remontrances qu'il leur adresse à ce sujet, *ibid.;* mécontent de leur réponse, les fait garder à vue, *ibid.;* ses actes arbitraires suscitent des murmures, 339; tombe dans le piége que lui tend le comte de Warwick, 340; lui confie une mission en France, 341; accueille froidement l'ambassade de Louis XI, 344; reçoit en audience le comte de Warwick, revenu de sa mission, 345; comment reçoit les ambassadeurs français, 346, 347; ne veut plus communiquer avec eux, 348; son étonnement en apprenant le départ du duc de Clarence de la cour et l'insurrection du Nord, 350, 351; se met à la tête d'une armée, *ibid.;* III, 278; se méfie des propositions de Louis XI, préfère rester l'allié du duc de Bourgogne, II, 353, 354; reçoit l'ordre de la Toison-d'Or, 394, 395; envoie celui de la Jarretière à Charles-le-Téméraire, 399, 400; ne s'attendait pas à la révolte de son frère et du comte de Warwick, 404, 405; forcé de renvoyer de sa cour les seigneurs Rivers, 406; trompé par de grands seigneurs qui lui donnent de faux avis, 407; mécontent de la mort des deux seigneurs exécutés par les ordres du duc de Clarence et du comte de Warwick, III, 1; veut en tirer vengeance, 2; pourquoi ne peut trouver un logement à Coventry, *ibid.;* va dans un village près du lieu où se trouve le comte de Warwick, 3; de quelle manière y est fait prisonnier, *ibid.;* conduit au château de Warwick, 4; comment y est traité, *ibid.;* son accord avec le duc de Bourgogne, 5; accepte la proposition du comte de Warwick qui lui offre de retourner à Londres, 6; accorde le pardon à ce seigneur, 7; s'aperçoit de sa mauvaise foi, *ibid.;* reprend les armes, 8; apprend la rébellion de Robert Welles, et mande le seigneur de Willoughby, son père, près de lui, 9; sa crédulité envers son frère et le comte de Warwick, 10; leur permet de lever des troupes et de venir se joindre à lui contre les rebelles, 11; enjoint à Robert Welles d'abandonner les révoltés, *ibid.;* péril qu'il court, 12, 13; se laisse encore prendre aux promesses mensongères de son frère et du comte de Warwick, 14; fait exécuter le seigneur de Willoughby, 15, 17; garde des lettres trouvées sur un serviteur du duc de Clarence, où se trouvent dévoilées les machinations et conspirations faites contre lui, 15; doute toujours de la trahison de son frère et du comte, 16; message qu'il leur envoie, *ibid.*, 17; ordre qu'il donne contre les révoltés, 18; ordonne à son frère et au comte de venir lui rendre compte de leur conduite, 19, 20, 21; leur promet leur pardon, 22; et de les traiter comme roi et non comme ennemi, 23; offre de soutenir, comme chevalier, ce qu'il avance contre ceux qui ne le croiront pas de bonne foi, 24; ses dispositions guerrières font fuir le duc de Clarence et le comte de Warwick, 25; réponse qu'il fait audit comte qui lui demande un sauf-conduit pour se rendre près de lui, 27; ordonne aux Calaisiens de refuser l'entrée de leur ville au comte de Warwick, 28; se met en état de défense sur mer contre ce seigneur, 31; fait décapiter le beau-frère du comte de Warwick, 36; est dans la ville de Doncaster à l'arrivée du comte de Warwick en Angleterre, 46; sa confiance dans le seigneur de Montagu, 47, *note* 7; forcé de quitter l'Angleterre, s'embarque à Ipswich, 48; arrive en Hollande, 49, *note* 2; bon accueil que lui fait son beau-frère le duc de Bourgogne, *ibid.*, 287; titre qu'il confère au seigneur de la Gruthuyse, 49; son entrevue avec le duc de Bourgogne, 55; avise avec ce prince aux moyens de retourner en Angleterre, 56; mande au connétable de Saint-Paul de le venir servir, *ibid.*; s'embarque pour reconquérir son royaume, 97, 287; arrivé sur les côtes d'Angleterre, envoie reconnaître si le pays est disposé en sa faveur, 98; battu par la tempête, dans quel lieu prend terre, 99, 287; accueilli par le peuple comme duc d'York et non comme roi, 100; laisse cette croyance partout sur son passage, 101; son arrivée devant la ville d'York sans empêchement, pourquoi, 102; ne peut y entrer, 103; ne se laisse pas décourager, demande à parler au maire, *ibid.*; à quelles conditions entre dans la ville, 104; mal accueilli, conserve son sang-froid, demande à haranguer le commun, *ibid.*; son discours, 105; bon effet qu'il produit, *ibid.*; conditions qu'on lui impose, *ibid.*; ses paroles au sujet du serment de renoncer au trône qu'on exige de lui, 106; comment sort de la ville d'York sans coup férir, 107; est aimé d'une grande partie du peuple, 108; tout concourt à la réussite de son entreprise, 109; poursuit les seigneurs qui fuient devant lui, 110, 287; marche à la rencontre du comte de Warwick, 287; provoque ce seigneur à venir terminer leur querelle en plein champ, 112, 117, 288; pardonne à son frère le duc de Clarence, 114, 288; comment se fait leur réconciliation, 115; cède aux sollicitations du duc et consent à pardonner au comte de Warwick, à quelles conditions, 116; se dirige, à la tête de son armée, vers Londres, 117, 288; sa dévotion envers sainte Anne, 118; informe la reine, sa femme, de son approche vers Londres, 120; accueilli avec empressement par les habitants de cette ville, 121; quelles considérations les portaient vers lui, 122; pardonne à l'évêque d'York, 123, 211; s'empare du roi Henri VI, 123, 288; son entrée dans Londres, 123; averti que le comte de Warwick vient vers cette ville, marche à sa rencontre, 124, 288; emmène avec lui le roi Henri prisonnier, *ibid.*, 212; campe son armée près de celle de Warwick, 125 ; gagne la bataille de Barnet, 126 ; sa vaillance et son courage, *ibid.;* remporte la victoire, 127 ; ordonne que les corps du comte de Warwick et de son frère soient apportés à Londres et montrés au peuple ; pourquoi, 128 ; ses préparatifs pour combattre la reine Marguerite, 131, 289 ; cherche à l'arrêter en chemin, 132 ; se dirige vers l'endroit où la reine semble l'attendre, 133 ; la poursuit et cherche à lui intercepter le passage, 134 ; envoie un capitaine garder la ville de Glocester, 135 ; met son armée en ordre de bataille, 136 ; commence le combat, 137 ; ses précautions pour ne pas se laisser surprendre par l'ennemi, 138 ; remporte la victoire, 139, 290 ; ordonne de faire les obsèques du prince de Galles et autres seigneurs, 140 ; apprend que le peuple du Nord veut se soulever, 141 ; fait ses dispositions à cet effet, *ibid.;* envoie une partie de son armée pour secourir les Londoniens contre les attaques du bâtard de Fauconberg, 143, 291 ; prend en pitié la triste situation de la reine Marguerite et lui accorde ses demandes, 144 ; remonte sur le trône, 145, 292 ; fait grâce au bâtard de Fauconberg, 145 ; sa lettre aux habitants de Bruges, 146 ; soudoie le comte de Douglas pour faire la guerre au roi d'Écosse, 172 ; ne réussit pas dans cette tentative, 173 ; frappe de son épée le prince de Galles, 290 ; passe en France, 312 ; son entrevue avec le duc de Bourgogne à Calais, *ibid.;* reconduit le duc jusqu'à Péronne, *ibid.;* s'entretient avec le connétable, *ibid.;* son entrevue avec Louis XI, à Picquigny, *ibid.* — Cité, I, 4, 317 ; II, 200, 217, 229, 230, 232, 234, 248, 280, 283, 304, 311, 333, 343, 349, 357, 361, 368, 402, 403 ; III, 35, 38, 43, 52, 129, 159, 162, 167-169, 180, 191, 193, 195, 203, 210-213.

ÉDOUARD V, roi d'Angleterre. Sa naissance, III, 123 ; habite avec sa mère la tour de Londres, en l'absence de son père, 142.

ÉDOUARD, prince de Galles, fils de Henri VI. Fait décapiter Thomas Kyriel, II, 265 ; s'enfuit en Écosse avec son père et sa mère, 284 ; son mariage projeté, avec qui, 301 ; est le parrain de Charles VIII, III, 34, *note* 4 ; quelles sont les conditions de son mariage avec Anne de Warwick, 41-45 ; se dispose à passer en Angleterre avec sa mère, 119 ; son arrivée dans ce royaume, 128, 129 ; se loge dans une abbaye en arrivant en Angleterre, 130 ; combat courageusement à la bataille de Tewkesbury, 139 ; y est tué, *ibid.;* 289 ; ses fiançailles avec la fille du roi d'Écosse, 166. — Cité, II, 258, 259, 287 ; III, 38, 39, 45, *note*, 113, 116, 169, 190, 277, 289, 292.

ÉDOUARD, fils du prince de Galles, dit le *Prince noir*. Sa mort, ses qualités, I, 115. — Cité, II, 241.

Eger, Egra, ville de la Bohême, [*Aigre*]. — Citée, I, 207.

EGMOND (Guillaume IV, seigneur d'), [*Aigremond*]. — Cité, III, 76.

EGMOND (Jean III, seigneur d'), [*Aigremond*], neveu du duc de Gueldres. Vient offrir ses services au duc de Bourgogne, III, 76.

ELAND (William), connétable du château de Nottingham, [*Hollande*]. Pourquoi ne peut livrer les clefs du château, I, 81 ; propose un expédient pour s'emparer de Roger de Mortimer, *ibid.;* 82. — Cité, I, 80.

ÉLISABETH Widwill, reine d'Angleterre, femme d'Édouard IV. Demande la grâce de son père et de son frère à Édouard IV, II, 298 ; nièce du comte de Saint-Paul, 328 ; III, 278 ; ses fiançailles, II, 329 ; réfugiée à Westminster, III, 120 ; y donne naissance à son fils Édouard, 123 ; habite la tour de Londres en l'absence du roi, 142. — Citée, II, 327, 347, 368, 405 ; III, 6, 193.

Eltham (John de), frère d'Édouard III. Ceint de l'épée de Cornouailles, I, 67.

Ély (évêque d'). Voy. Bourchier, Gray et Hothun.

Empereur : — d'Allemagne, Voy. Frédéric III et Sigismond ; — de Constantinople, Voy. Constantin I, Constantin XIII et Paléogue ; — de France, Voy. Charlemagne ; — de Grèce, Voy. Lucillus ; — de Rome, Voy. César ; — de Trébizonde, Voy. Trébizonde ; — de Turquie, Voy. Amurat Ier, Amurat II et Mahomet II.

Encre, ville. — Citée, III, 312.

English. Donne son nom à l'Angleterre, I, 61 ; de quelles nations il la repeupla, 180.

Enguien, ville. Appartenait au connétable de Saint-Paul, II, 358 ; saisie par le duc de Bourgogne, III, 57.

Esgreville (Philippe), [Aigreville]. Commandé par le régent pour empêcher l'entrée des vivres dans Orléans, I, 280 ; capitaine de Nemours, 281.

Esquerdes (Philippe de Crévecœur, seigneur des Cordes, ou d'), sénéchal du Boullenois. Reçoit le collier de l'ordre de la Toison-d'Or, II, 377 ; bailli et capitaine d'Amiens, III, 52 ; sa réponse aux envoyés de Louis XI qui le sommait de mettre la ville en son obéissance, 53 ; précaution qu'il prend dans la crainte que les Français ne s'emparent d'Abbeville, 59 ; repousse les Français devant Amiens, 77 ; arrive trop tard pour secourir les villes d'Eu, de Saint-Valery et de Rambures, 300 ; maux qu'il fait aux Français d'Amiens, 307 ; feint d'être mécontent de la reddition du château du Crotoy, 318 ; capitaine général de la Picardie, 319 ; commis à la garde du duc de Gueldres, le conduit vers la princesse Marie, 322 ; un des principaux capitaines de l'armée du roi, 327. — Cité, III, 298, 305.

Esquines, [Edequines]. — Cité, III, 344.

Essex (comte d'). Voy. Bourchier.

Estinbergue (Martin d'), homme d'église, [Sestinberghe]. Fait partie de l'ambassade envoyée par le duc de Bourgogne vers le roi Édouard IV, II, 403 ; danger qu'il court, 404.

Estissac (Amaury, seigneur d'), [Scisacq]. Accompagne le dauphin au siége de Dieppe, I, 329.

Estouteville (Hector d'). Fait chevalier au siége de Dieppe, I, 334.

Estouteville (Jean d'), seigneur de Torcy. Comment il trompe les Anglais devant la ville de Verneuil, I, 259, note ; ses biens confisqués, pourquoi, 271 ; somme plusieurs villes de se rendre au roi, III, 318 ; s'empare des biens du coadjuteur de l'évêque de Thérouanne, ibid.

Estouteville (Robert d'), seigneur de Beine, prévôt de Paris. Fait assaillir la ville d'Eu et s'en empare par capitulation, III, 299, 300.

Étampes, ville. — Citée, I, 281, 294, 295.

Étampes (Jean de Bourgogne, comte de Nevers et d'). Dommages qu'il cause à la ville de Montagu, I, 336 ; assiste aux États de Tours en 1468, II, 366 ; renvoie son collier de l'ordre de la Toison-d'Or, 373 ; pour quel motif, 374 ; exclus dudit ordre, *ibid*.

ÉTIENNE (maître). Prisonnier à Guines, III, 183.

Eu, ville. Se rend au duc de Bourgogne, III, 295, 296 ; reprise par les Français, 299, 300.

EU (Charles d'Artois, comte d'). assiste aux Etats de Tours en 1468, II, 366. — Cité, III, 160.

EU (Philippe d'Artois, comte d'), connétable de France. Assiste à la bataille de Nicopolis, II, 149.

EUGÈNE IV, pape. Envoie un légat au roi de Hongrie, II, 25 ; content de la victoire remportée contre les Turcs, 29 ; demande au duc de Bourgogne de concourir à la défense de la chrétienté, 30, 48 ; se dispose à lever une grande armée navale, 41, 48 ; prie le seigneur de Wavrin de venir au secours de Rhodes, 53, 54 ; accueil qu'il fait aux seigneurs bourguignons, 160 ; adresse ses remerciments au duc de Bourgogne pour le secours qu'il lui a envoyé, 161 ; don qu'il fait au seigneur de Wavrin, *ibid*. — Cité, II, 24, 26, 33, 50-52, 59, 63-69, 96, 123, 124, 128, 144 ; III, 151.

EVÊQUE : d'*Angers*, voy. BALUE (Jean) et BEAUVAU (Jean) ; — de *Bath*, voy. STILLINGTON ; — de *Bayeux*, voy. HARCOURT (Louis de) ; — de *Cantorbery*, voy. BOURCHIER (Thomas) ; — d'*Ély*, voy. BOURCHIER (Thomas), GRAY (Thomas), HOTHUN (Jean de) ; — d'*Exeter*, voy. BOOTHE (Jean), NEVILL (George), STAMBURY (John) ; — d'*Hereford*, voy. STAMBURY (John) ; — de *Liége*, voy. BAVIÈRE (Jean de), BOURBON (Louis de), HEINSBERG (Jean de) ; — de *Londres*, voy. KEMP (Thomas) ; — de *Rochester*, voy. LOWE (John), SCOTT (Thomas) ; — de *Saint-André*, voy. KENNEDY (James) ; — de *Salisbury*, voy. AISCOTH (William) ; — de *Thérouanne*, voy. CLUGNY (Guillaume de) ; — de *Tournay*, voy. CLUGNY (Ferry de) ; — d'*Utrecht*, voy. BOURGOGNE (David, bâtard de) ; — de *Verdun*, voy. FILLASTRE (Guillaume), HARAUCOURT (Guillaume de) ; — de *Winchester*, voy. BEAUFORT (Henri) ; — d'*York*, voy. NEVILL (George), WAYNFLETE (William).

Évreux, ville. — Citée, I, 254, 255, 260, 261, 325, 328.

Exeter, ville, [*Excestre*]. — Citée, II, 192, 193, 250 ; III, 130, 131, 135, 288, 289.

EXETER (Anne d'York, duchesse d'). Intervient dans la réconciliation entre ses deux frères, le duc de Clarence et Édouard IV, III, 113.

EXETER (évêque d'). Voy. BOOTHE, NEVILL et STAMBURY.

EXETER (Henri Holland, duc d'). Accompagne le roi Henri VI allant combattre le duc d'York, II, 179 ; amiral de la flotte de Henri VI, 210 ; embûche qu'il tend au comte de Warwick, *ibid.*; refuse le combat offert par ce seigneur, 212 ; son mécontentement de l'accord fait entre le roi et le duc d'York, 251 ; espère vaincre le comte de Warwick, 252 ; combat vaillamment, 253 ; se réunit à l'armée du roi, 254 ; assiste à la bataille de Northampton, 256 ; conduit l'avant-garde de l'armée du roi à Towton, 276 ; s'enfuit à York, 280 ; accompagne la reine Marguerite en Ecosse, 284 ; est en faveur auprès d'Édouard IV, 299 ; exilé par ce prince, se tourne du parti de Warwick, 339 ; cherche les moyens de nuire au roi, 340 ; III, 288 ; fuit devant l'armée d'Edouard, 110, 288 ; blessé à la bataille de Barnet, 127 ; met en fuite le bâtard de Fauconberg, 291. — Cité, III, 178, 211, 289.

EXETER (Thomas Beaufort, duc d'). Assiste à la bataille près de Shrewsbury, I, 182.

FARSMERES (Etienne de). Fait prisonnier à la bataille de Cravant, I, 248.

FASTOFF (John), [*Fastre*]. Grand maître d'hôtel du duc de Bedford, I, 281 ; va porter secours aux assiégés de Beaugency, *ibid.*, 282 ; ses représentations sur les dangers de combattre les Français, 284, 285 ; marche contre lesdits Français, 286 ; est un des chefs de l'armée anglaise à la journée de Pathay, 291 ; refuse d'abandonner le champ de bataille, 293 ; se retire à regret, *ibid.*; veut retourner combattre, par qui en est empêché, 294.

Fauconberg, ville, [*Falquembergue*]. Prise par les Français, III, 324.

FAUCONBERG (Thomas Nevill, bâtard de), [*Faucquembergue*]. Partisan du comte de Warwick, prend plusieurs navires marchands du pays de Flandres, III, 32, 141, 142 ; demande qu'on lui livre le roi Henri VI, 142, 291 ; désastre qu'il commet à Londres, 143, 291 ; est mis en fuite, *ibid.*, 291 ; va à Sandwich avec un grand nombre de navires dont il était le commandant, 144 ; demande pardon au roi, 145 ; est remis entre les mains du duc de Glocester, *ibid.*; veut de nouveau nuire au roi, est décapité, *ibid.*; son château pris par les Français, 324.

FAUCONBERG (William Nevill, lord), comte de Kent. Oncle du comte de Warwick, lui conseille d'aller rejoindre le duc d'York, II, 190, 191 ; fête l'arrivée du comte à Calais, 197 ; commis à la garde de cette ville, 209 ; joyeux du second retour du comte à Calais, 213 ; accompagne les princes à Northampton pour combattre Henri VI, 220, 256 ; campe avec l'armée à Dunstable, 222 ; conduit l'avant-garde à Northampton, 227 ; assiste au Parlement en 1460, 243 ; fait partie de l'armée d'Édouard, comte de la Marche, à Towton, 275 ; jure fidélité à ce prince, 290 ; sa faveur auprès de lui, 299. — Cité, II, 207, 224, 229, 238, 268, 269, 272.

FAUCOURT (Jacques de). — Cité, II, 94.

FERDINAND (don), frère du comte de Viana, [*Ferrant*]. Nommé capitaine de la ville d'Alcacer, III, 94.

FERDINAND (l'infant), [*Ferrant*]. Resté en otage en Afrique, y meurt, III, 87 ; ses os rendus à son neveu Alfonse V, 96. — Cité, III, 89.

Ferrette (comté de). Situé entre les pays de Bourgogne et du Luxembourg, II, 393 ; acheté par le duc de Bourgogne, III, 303. — Cité, III, 306.

Ferry-Bridge (le pont de), [*Feribrugue*]. Son passage gardé par les troupes du roi Henri VI, II, 275 ; tombe au pouvoir du comte de la Marche, 276.

Fez (royaume de). — Cité, III, 94.

FEZ (le roi de). Lève une armée pour défendre Arzille contre le roi de Portugal, III, 95, 96 ; demande un sauf-conduit pour parler au roi Alphonse, *ibid.*; dans quel but, *ibid.*

FIDELAN (le seigneur). Se joint à l'armée des ennemis du duc d'York, II, 251.

FIDERNE (Thomas). Fait prisonnier au combat de Blore-Heath, II, 185 ; tué[1] à la bataille de Northampton, 227 ; assiste à la bataille d'Exham, 324 ; décapité après ladite bataille, 325.

Fiennes (château de). Belle et forte

---

1. Renseignement inexact rectifié, *ibid.*, note 3.

place, prise par les Français, III, 324; reprise par son propriétaire, *ibid.;* prise de nouveau par les Français, brûlée et rasée entièrement, *ibid.*

FIENNES (seigneur de). Voy. LUXEMBOURG (Jacques de).

FILLASTRE (Guillaume), évêque de Verdun. Député par le duc de Bourgogne vers le dauphin; à quelle occasion, I, 336.

FITZWALTER (John Ratcliff, lord), [*Filwatre*]. Tué à la bataille de Towton, II, 280.

FITZ WARIN (Fulke), [*Foucques le filz Warin*]. Ligué avec le comte de Lancastre contre la reine Isabelle, I, 68; exilé, 69.

Flamands (les). Veulent tuer trois seigneurs qui avaient conseillé au duc de Bourgogne le siége de Calais, I, 304; sont vaillants marins, III, 31; battus par les Français, 71; prennent les armes pour empêcher les Français d'entrer en Flandres, 320; quels sont leurs chefs, *ibid.;* pillent et démolissent la ville d'Ardres, 325; fuient devant l'armée du roi, 326; quels sont leurs capitaines, *ibid.*

FLANDRE (Louis III, comte de). Voy. LOUIS III, dit *le Male.*

FLANDRE (Marguerite, comtesse de). Voy. BOURGOGNE.

FLANDRE (Marguerite de Brabant, comtesse de), femme de Louis III, dit *le Male.* — Citée, I, 157.

FLANDRE (président de). Voy. COLLIN.

FLANDRE (souverain de). Voy. HALEWIN.

FLAVY (Charles de). Fait chevalier au siége de Dieppe, I, 334.

FLAVY (Raoul de). Fait chevalier au siége de Dieppe, I, 334.

Flessingues (port de), [*Flechine*]. — Cité, III, 97.

FLOCQUET (Robert de Flocques, dit). Sa rencontre avec les Anglais, I, 326; ses qualités, *ibid.*, *note* 2.

Florence, ville. — Citée, II, 30.

Folie (forteresse de la). — Citée, I, 252.

FORESCU (Jehan), chancelier de Henri VI. Député par Henri VI vers le roi Louis XI, III, 170, *note.*

FORESTEL (seigneur du). Voy. WAVRIN (Jean, bâtard de).

FOSCARI (François), doge. Prête des galères au duc de Bourgogne pour aller contre les Turcs, II, 50; fait construire une galère pour ce prince, 52; refuse de prêter ses galères pour combattre le soudan de Syrie; pourquoi, 53; reçoit avec de grands honneurs les seigneurs bourguignons, 160. — Cité, II, 34, 35, 61.

Fotheringay, [*Flandringay*]. — Cité, III, 11.

Fouquesole (le bâtard de). Nommé capitaine du château de Fiennes, III, 324.

Français (les). Défaits à la bataille de Cravant, I, 248; leur désir de combattre le régent à Ivry, 257; surprennent les Anglais à Verneuil, 259; engagent courageusement la bataille, 265; embûches qu'ils tendent aux Anglais, 266; combattent vaillamment à Verneuil, 267; à quoi a tenu qu'ils ne fussent vainqueurs, *ibid.;* perdent la bataille, 268; mettent le siége devant Beaugency, 279, 287; prennent Jargeau, 282, 283; entrent dans Beaugency, 289; victorieux à Patay, 292, 293, 295; assiégent Gaillardon, 324; s'en rendent maîtres, *ibid.;* battent les Anglais près Granville, 325, 328; emportent d'assaut la bastille de Dieppe, 332; battent les Bourguignons, III, 64; prise qu'ils font sur ces derniers, 70, 75; sont encore victorieux devant Corbie, 71, 75; font une sortie sur les Bourguignons et sont repoussés, 77;

prennent leur revanche, 78; maux qu'ils causent dans leurs excursions, 79; sont battus par les Bourguignons dans une sortie, 83; prennent plusieurs places en Bourgogne, 85; dévastent le pays de Haynaut, 319; quels sont les châteaux dont ils s'emparent, 324; maux qu'ils font, *ibid.*, 325; attaquent Saint-Omer, 326; gagnent un boulevard, *ibid.*; croient avoir ville gagnée, 327; villes et châteaux qu'ils dévastent et brûlent, 329; enfreignent des trêves faites entre le roi et Maximilien d'Autriche, 341; prétendent n'avoir pas été les premiers à les enfreindre, *ibid.*; sortent victorieux d'une rencontre avec les Bourguignons, 342; font un prisonnier, *ibid.*; mettent le siége devant Dôle, *ibid.*; forcés de fuir devant la garnison de Douay, *ibid.*; tendent des embûches aux Bourguignons et s'emparent d'un bon nombre de personnes, 343; sortent vainqueurs d'une rencontre avec les Bourguignons entre Lille et Tournay, 343; embûche qu'ils tendent à ceux de Saint-Omer, *ibid.*; ce qu'ils firent à cet effet, *ibid.*, 344; gagnent la bataille de Guinegate, *ibid.*

FRANCE (Jeanne de). Voy. BOURBON.

Franchimont (pays de). — Cité, II, 389, 391.

FRÉDÉRIC III, empereur d'Allemagne. Ordonne qu'on cesse la guerre contre les Praguois, pourquoi, I, 208; tient prisonnier Ladislas V, II, 21, 76; pourquoi fait la guerre aux Hongrois, *ibid.*; son entrevue avec le duc de Bourgogne, III, 303; va faire lever le siége de Nusse, 305; fait un appointement avec le duc de Bourgogne, 311. — Cité, II, 22, 92; III, 340.

FRÉDÉRIC *le Belliqueux*, marquis de Misnie. Se croise avec les seigneurs allemands pour combattre les Praguois, I, 206.

Frères prêcheurs, à Saint-Omer. Leur couvent et leur église démolis, III, 325; puis brûlés, 326.

Frères prêcheurs. Font courir le bruit qu'Édouard II n'est pas mort, I, 70, 72.

FRESNE (Jacques de). Fait chevalier au siége de Dieppe, I, 334.

Fresnes, ville. — Citée, III, 184.

FRESNOY (le seigneur de). Fait prisonnier à la bataille de Nancy, III, 317.

Frette (château de la). Brûlé par les Français, III, 311; à qui il appartenait, *ibid.* — Cité, III, 310.

Friche (la tour du), à Pontoise. Assiégée par les Français, I, 315; comment elle fut livrée, *ibid.*

Frohens, village. Brûlé par les Français, III, 296.

FROISSART (Jean). — Cité, I, 88, note 1, 155.

FROLES (le Romain). — Cité, I, 70.

FULFORD (Thomas). Porte des lettres du duc de Clarence et du comte de Warwick au roi, III, 19, 22; chargé de la réponse du roi, demande à ce prince de le faire accompagner d'un de ses officiers d'armes, 24.

FURRON (le comte). S'offre au roi pour aller parlementer avec les Sarrasins, III, 90.

G

Gaillardon, ville. Se rend aux Français; à quelles conditions, I, 324, 325.

GALET (Louis). — Cité, III, 161.

GALICE (prince de). Voy. ASTURIES (Henri, prince des).

Galles (pays de). Sa réunion à l'Angleterre, I, 179. — Cité, I, 48, 66, 70, 179, 188; II, 192, 196, 240, 242, 244, 250, 255, 258, 262, 267, 302, 304, 310, 403-405.
GALLES (Anne de Warwick, princesse de). Quitte l'Angleterre avec sa famille, III, 30; quelles sont les conditions de son mariage avec le prince de Galles, 41-45. — Citée, III, 29, *note*.
GALLES (prince de), surnommé le *Prince noir*. Son discours avant la bataille de Navares, I, 109; où fut enterré, 195. — Cité, I, 15, *note*; II, 241, 283.
GALLES (prince de). Voy. ÉDOUARD, fils de Henri VI ; HENRI V.
Gallipoli (château de). Où est situé, II, 14. — Cité, II, 40, 62, 63, 67-70, 73, 76, 85, 139.
Gallois (les). N'aiment pas les Anglais, I, 179; sont de plus noble extraction qu'eux, *ibid.;* leur haine contre le roi d'Angleterre, *ibid.;* se liguent et s'arment contre lui, 180, 181; leur grand nombre à la bataille de Shrewsbury, 184; vaincus à la bataille de Banbury, II, 409; III, 1.
Galloway (montagnes de), [*Gabois*]. — Citées, III, 163.
Gamaches, ville. Son château pris d'assaut, III, 294; à qui appartenait la ville, *ibid.*
GAMACHES (Guillaume, seigneur de). Perd un œil à la bataille de Cravant, I, 248.
Gand, ville. — Citée, II, 352; III, 321, 322.
Gantois (les). Abandonnent le siége de Calais, I, 304, 305; leur révolte contre Charles le Téméraire, II, 352; secours qu'ils envoient à ce prince, III, 71; s'emparent de plusieurs seigneurs, 320; sont cause de la mort du duc de Gueldres, 323.
GAPANE (Jean de), capitaine de Dourdan. Livré par trahison aux Anglais, I, 325.

GAPENNES (Antoine de Wisoc, seigneur de). Commis à la garde de Corbie par le duc de Bourgogne, III, 72; rend cette ville à Louis XI ; à quelle condition 307. — Cité, III, 209.
GASBERGUE (Philippe de Hornes, seigneur de), [*Gazebecque*]. Mène un grand état à la guerre, III, 301.
GASTRACQ. Assiste à la bataille d'Exham, II, 324.
GATE (Geffrey), [*Guat*]. Ranime le courage des gens du Nord à la bataille de Banbury, et fait tourner la victoire du côté de Warwick, II, 408.
GAUCOURT (Raoul, seigneur de). Accompagne le dauphin au siége de Dieppe, I, 329.
Gênes, ville. — Citée, II, 30.
Genlis, village. Pris par le duc de Bourgogne, pillé et brûlé par lui, III, 299.
Génois (les). Espions des Turcs, II, 63; leurs ruses pour tromper l'armée bourguignonne, 70; secours qu'ils prêtent aux Turcs, 73 ; achètent les prisonniers chrétiens, 84; font cause commune avec les Sarrasins au siége d'Arzille, III, 91; un des leurs tue un parlementaire, 92; tous ceux qui étaient dans le château d'Arzille sont massacrés, 93. — Cités, II, 65, 95.
Géorgie (la). — Citée, II, 96, 97.
GERESME (Denis de). Commis pour traiter de la vente d'Aire avec Jacques de Compignys, III, 206, 208.
GHETIN (Richard), [*Guettin*]. Tient garnison dans Beaugency lors du siége de cette ville, I, 279.
GIBELINS (les). — Cités, I, 16, *note*.
Giurgewo (château de), [*Georgye*]. Place fort dommageable aux chrétiens, II, 128, 137; comment est fortifié, 128, 129; assiégé par les chrétiens, *ibid.*, 130, 132-135; à qui appartient,

131; sa reddition, 136, 137; ce qu'il a coûté à faire bâtir, 138; pris par les chrétiens, 141; quelle distance le sépare du château de Tourtoukan, 142. — Cité, II, 104, 126, 127, 134, 139-141.

GLACIDAS, capitaine anglais, [*Classedas*]. S'empare par traité du château de La Roche, I, 250; demande secours au duc de Bourgogne, 251.

Glastonbury, ville. — Citée, III, 131, 132.

Glocester, ville. — Citée, III, 132, 134-136.

GLOCESTER (Humphrey, duc de). Assiste à la bataille de Shrewsbury, I, 182; accueille favorablement le fils du roi d'Ecosse, 209; donne avis au roi son frère de la mort du roi d'Ecosse, 210; offre au duc de Bourgogne de le combattre, 205; son arrivée à Calais après le départ de ce prince, 306; dévaste tout sur son passage, 307-309; raconte au roi ce qu'il a fait dans son voyage à Calais, *ibid.*; ne se laisse pas surprendre par les Français, 308; gouverne Henri VI et le royaume, 319; sa disgrâce, 320.

GLOCESTER (Richard d'York, duc de), depuis roi. Créé duc au couronnement de son frère, II, 296; se laisse gagner par le comte de Warwick, jaloux d'Édouard, 333; comparaît devant le roi, 334; confié par Édouard à Philippe le Bon, 305; son retour en Angleterre, 306; créé chevalier, 307; accompagne Édouard lors de sa fuite en Hollande, III, 48; maintient le nord de l'Angleterre au parti d'Édouard, 56; accompagne son frère à son retour en Angleterre, 97; battu par la tempête, son navire séparé des autres, arrive enfin près de son frère, 99; commande l'armée d'Édouard pendant que ce prince se détermine à entrer presque seul dans la ville d'York, 103; entre dans ladite ville, 105; propose de tuer Thomas Coniers et Martin de la Mer, 106, 107; assiste à la réconciliation de ses deux frères, Édouard et le duc de Clarence, 115; accompagne son frère à la bataille de Barnet, s'y conduit chevaleresquement, 126; fait décapiter plusieurs seigneurs pris à la bataille de Tewkesbury, 140; commis à la garde du bâtard de Fauconberg, le fait décapiter, pourquoi, 145, accompagne Édouard en France, 312. — Cité, II, 311, 333; III, 112.

GLOCESTER (Thomas de Wodstoke, comte de Buckingham, puis duc de. Mande le duc de Lancastre en Angleterre, I, 159; mécontent de la restitution de Brest et de Cherbourg, 166. — Cité, I, 160.

GOBERT (Gilles), surnommé *Fusil*, roi d'armes de la Toison-d'Or. Fait partie de l'ambassade envoyée par le duc de Bourgogne vers Édouard IV, II, 404; danger qu'il court, *ibid.*; envoyé par le duc de Bourgogne au connétable de Saint-Paul, pourquoi, III, 56; fêté par ce seigneur, 57.

GOUGH (Mathieu), dit *Matagon*. Tient garnison dans Beaugency, assiégée par les Français, I, 279; sa mort, II, 176.

GOURNAY (Thomas), [*Gorne*]. Commis à la garde d'Édouard II, I, 56, 72; sa haine contre ce prince, 57; le conduit au château de Berkeley, 73.

GOUX (Pierre de), seigneur de Goux et de Wedergraete, chancelier de Bourgogne. Sa mort, III, 83.

Grâce-Dieu (la), navire. — Cité, II, 210, 211.

GRACIAN (le seigneur de). Tué à la bataille de Towton, II, 280.

Grandson, ville. Assiégée et prise par le duc de Bourgogne, III, 313, 314.
Grantham, ville, [*Grawnten*]. — Citée, III, 11, 13, 17.
Granville, ville. — Citée, I, 325, 328.
GRASSET (Perrenet), capitaine bourguignon [1]. Poursuit les ennemis après la bataille de Cravant, I, 249 ; son éloge, *ibid.*, note.
GRAVILLE (Louis Malet, seigneur de). Fait prisonnier et conduit devant Édouard IV, II, 320, 321 ; rendu à la liberté, *ibid.*
GRAY (seigneur de). Fait partie de l'armée de la reine d'Angleterre à Towton, II, 274 ; tué à cette bataille, 280.
GRAY (William), évêque d'Ély. Envoyé par le comte de Warwick pour demander le passage de son armée par la ville de Londres, II, 218 ; son message bien accueilli, à quelles conditions, 219 ; chargé de faire des remontrances au duc d'York, à quel sujet, 247. — Cité, II, 220.

1. Il reçut du roi d'Angleterre, en récompense de ses bons services, le don qui suit :
« A Perrenet Gressart, escuier, capitaine de la Charité sur Loire, et damoiselle Huguete de Cournau, sa femme, ausquelx le roy nostre seigneur, par l'advis et la deliberation de mon dit seigneur le regent le royaume de France, duc de Bedfort, et aussy mon dit seigneur le regent, par leurs lettres de don donnees à Corbueil le derrenier jour de juillet mil cccc vint sept, ayans consideration aux grans et notables services que le dit escuier leur a fais longuement et fait encore ou fait de leur guerre en France alencontre de leurs ennemis et adversaires, ont donné, cedé, transporté et delaissié le Chastel des Loges, assis ou duchié de Normendie, ou pays de Caulx, pour en joir leur vie durant et du survivant d'eulx deux ensemble, de cinq cens livres tournois de rente par an, etc. » (*Compte de Pierre Surreau, receveur général de Normandie*; BIBL. IMP., Mss., *Supp. fr.*, n° 9436[5], fol. 613, recto.

Grave, ville. Assiégée par les Brabançons, I, 154.
Gravelines, ville. — Citée, I, 303-308 ; III, 184.
Gravesend, ville. — Citée, I, 195.
Grèce (la). — Citée, II, 24, 28-30, 32, 36, 46, 65, 66, 69-74, 76, 77, 82, 88-92, 94, 104, 138.
Grecs (les). Où ils prirent terre en allant assiéger Troie, II, 60 ; assistent à la bataille de Varna, 86. — Cités, II, 96, 161.
Greenwich, ville. Située sur la Tamise, II, 236.
GRÉGOIRE, patriarche de Constantinople sous Constantin Ier. — Cité, II, 172.
GRÉGOIRE, patriarche de Constantinople sous Constantin XI. Sa mort, II, 171.
GREY (George), [*Grec*]. Fait prisonnier par les Français, III, 298.
GREY (Ralph), écuyer, [*Rassegray*]. Fait partie de l'armée d'Édouard à Towton ; tué à cette bataille, II, 281.
GREY DE RUTHYN (Edmond, lord), [*Rasse-Segeray*]. Trahit le roi Henri VI à Northampton, II, 220, 227.
GREY DE WARK (Ralph), [*Segeray* ou *Segray*]. Trahit Édouard IV en faveur de Henri VI, III, 159 ; fait prisonnier à la prise du château de Bamboroug (1464), puis décapité, II, 220, note 2. — Cité, II, 224 ; III, 162.
GRIFFITH, [*Greriffin*]. Commis par Henri VI à la garde de la ville de Northampton, II, 256 ; fait prisonnier et décapité, 257.
Grofton, château dans le pays de Galles, [*Cepston*]. — Cité, II, 406.
GROLÉE (Antoine, seigneur de), savoisien. Fait partie de la croisade contre les Praguois, I, 206.
GRUY (maître), bourgeois de Londres. Chargé par le conseil du roi Henri VI de faire des remon-

trances au duc d'York, à quel sujet, II, 247.
Gueldres (duché de). — Cité, III, 302.
GUELDRES (Adolphe, duc de). Détenu prisonnier par le duc de Bourgogne au château de Courtray, III, 302 ; désigné par la princesse Marie pour conduire les gens de guerre de la ville de Gand, 322 ; sa mort, 323.
GUELDRES (Arnoult d'Egmont, duc de), père du précédent. Envoie un secours aux Liégeois contre le duc de Bourgogne, II, 388. — Cité, II, 301 ; III, 76.
GUELDRES (Guillaume Ier, duc de), [Gherles]. Parent du roi d'Angleterre Édouard III, I, 153 ; gagne une bataille contre les Brabançons, 154 ; envoie défier le roi de France, 155.
GUELDRES (le maréchal de). Fait loger sa troupe dans l'église de Saint-Riquier, III, 297 ; son neveu meurt de la peste, ibid.; dévaste tout le pays et devient la terreur des habitants, ibid.
GUELDRES (Marie de). Voy. MARIE, reine d'Ecosse.
GUELFES (les). — Cités, I, 16, note.
GUERNESEY (île de), [Garneuse]. — Citée, II, 196, 197.
Guienne (duché de). Donné au fils d'Édouard II, I, 44, 321 ; rendu aux Français, II, 173, 181, 398. — Cité, I, 45, 193.
GUIENNE (duc de). Voy. BERRY (duc de) ; ÉDOUARD III.
GUILLAUME le Conquérant. — Cité, I, 187.
GUILLAUME III, duc de Saxe, [Zuave]. Refuse de rendre le duché de Luxembourg à la duchesse de Bavière, II, 49.
Guines, ville. Assiégée par les Bourguignons, I, 304 ; restée aux Anglais, II, 181 ; désappointement de ses habitants ; à quelle occasion, 213. — Citée, II, 199-202, 206, 213-215, 234-236 ; III, 182-185.

GUINES (le connétable de). Envoyé en ambassade par le duc de Somerset vers le comte de Warwick, II, 235 ; quelle était sa mission, ibid.

H

Habergues. Brûlé par les Français, III, 311.
HAGENBACH (Pierre Archambault d'), gouverneur du comté de Ferrette. Pourquoi fut assassiné, III, 306.
Hainaut (le). — Cité, II, 380 ; III, 58, 273, 323, 325.
HAINAUT (grand bailli de). Voy. AYMERIES.
HAINAUT (Philippe de). Voy. PHILIPPE, reine d'Angleterre.
HALES (Adam Hepburn de), [Heyller, Heyllé, Heylli]. Désigné comme devant épouser la reine d'Écosse ; ses actes de pouvoir, III, 163.
HALEWIN (Josse de), souverain de Flandres. Envoyé en ambassade vers Édouard IV pour une trêve, II, 342 ; nommé un des commandants de la flotte envoyée par le duc de Bourgogne contre Warwick, III, 32.
HALSALF (Guillebert de), banneret. Nommé maréchal de l'armée des Anglais, I, 244.
HALWIN (Jean de), secrétaire du duc de Bourgogne. Fait partie de l'ambassade envoyée vers le roi d'Angleterre, II, 404 ; danger qu'il court, ibid.
Ham, ville. — Restée aux Anglais, II, 181. — Citée, III, 55, 276, 299.
HAMILTON (Andrieu), [Hambon], Tué à la bataille de Cravant, I, 248.
HAMILTON (William). Tué à la bataille de Cravant, I, 248.
HANGEST (Jean de), seigneur de Genlis, [Hangiers]. Accompagne le dauphin au siége de Dieppe, I, 330 ; y est fait chevalier, 333.

HAPLINCOURT (château d'). Pris par les Français, III, 68.

HARAUCOURT (Guillaume de), évêque de Verdun. Son emprisonnement, II, 394.

HARCELANCE(Jean de),[*Herselaines*]. Blessé au siége de Dieppe, I, 332.

HARCOURT (Jacques de). Rassemble ses gens d'armes au Crotoy, I, 216; met la ville en état de défense, 218; comment et pourquoi envoie des émissaires à Charles VII, 219, 220. — Cité, I, 217, 237.

HARCOURT (Jean de). Voy. AUMALE (comte d').

HARCOURT (Louis de), évêque de Bayeux. Envoyé en ambassade vers Édouard IV, II, 344.

Hardingen, village, [*Hardenthan*]. — Cité, III, 184.

Harfleur, ville. — Citée, I, 200.

Harlech-Castle, [*Hardela*]. — Cité, II, 250.

HARRINGTON (Jacques). Un de ceux qui s'emparèrent de Henri VI dans sa retraite, II, 286, *note* 1; se joint à Édouard dans son entreprise de reprendre la couronne, III, 109.

HARRINGTON(Thomas),[*Charinten*]. Tué au combat de Blore-Heath, II, 185.

HASTINGS (William), chambellan d'Édouard IV. Va au devant des ambassadeurs de Louis XI, II, 346; trompe Édouard IV en lui donnant un faux conseil, 406, 407; marié à une sœur du comte de Warwick, III, 47, *note* 7; accompagne Édouard dans sa fuite en Hollande, 48; retourne avec lui en Angleterre, 97; se rend médiateur entre Édouard et son frère, le duc de Clarence, III, 114; assiste à leur entrevue, 115; accompagne Édouard à la bataille de Barnet, s'y conduit vaillamment, 126. — Cité, III, 46, 160.

Haubourdin, ville. — Citée, III, 329.

Haulz (Notre-Dame de). Louis XI y fait un pèlerinage, II, 386.

Hébuterne, ville, [*Helbusterne*]. — Citée, III, 63, 284.

HEDERVARA (Laurent de), comte palatin. Honneurs qu'il rend à Wladislas, II, 23; fait partie des seigneurs assemblés à Bude, 98; ce qu'il y décide, 99.

HEIDELBERG (Louis de Bavière, duc de). Voy. BAVIÈRE.

HEINSBERG (Jean de), évêque de Liége. Se croise avec les seigneurs d'Allemagne pour combattre les Praguois, I, 206.

HÉLÈNE, mère de Constantin Ier. — Citée, II, 172.

HÉLÈNE, mère de Constantin XI. Sa mort, II, 172.

HÉLÈNE, nièce de Hoel, roi de la Petite-Bretagne. — Citée, I, 70.

HÉLYE (frère). Comment eut le bras cassé, II, 133.

HENNIN. Voy. BOSSUT.

HENRI III, prince des Asturies, depuis roi de Castille. Marié à Catherine de Lancaster, I, 159, 160.

HENRI III, roi d'Angleterre. — Cité, I, 59.

HENRI IV, roi d'Angleterre. Demande que le comte de Huntington vienne le trouver, I, 171; ce qu'il lui dit, 172; fait reconduire en France la veuve de Richard II, 176; exige qu'on lui remette le comte de Douglas, fait prisonnier, 177; donne un soufflet à Henri de Percy, 178; lève une armée contre les Percy, 181; s'apprête au combat, 182-184; livre la bataille de Shrewsbury, 185; secourt son avant-garde, 186; démonté trois fois, par qui, 187; obtient la victoire, *ibid.*; revient à Londres, 188; ses qualités, 189; son embarras en apprenant la mort du duc d'Orléans, 192; défense qu'il fait à ce sujet, *ibid.*, 193; secours qu'il accorde aux Liégeois, *ibid.*, 194; ses funérailles,

195; où est placé son cercueil, *ibid.* — Cité, I, 196-198; II, 241, 282, 283.

HENRI V, roi d'Angleterre. Son éloge, I, 197; obsèques qu'il fait faire à Richard II, 198; propose de rendre la ville de Harfleur, 200; à quelles conditions, *ibid.*; ses paroles en apprenant l'assassinat du duc de Bourgogne, 203; accorde un sauf-conduit au fils du roi d'Ecosse, 209; sa manière d'annuler le sauf-conduit, 210. — Cité, I, 189, 285; II, 283.

HENRI VI, roi d'Angleterre. Accorde le gouvernement de la Normandie au duc d'York, I, 316; son peu de capacité, 318; III, 277; ordonne aux personnes soulevées par Jean Cade de rentrer dans le devoir, II, 174; fait justice des révoltés, 177; nomme de son grand conseil le duc de Somerset, *ibid.*, 178; visite le duc dans sa prison, 179; se détermine à combattre le duc d'York, *ibid.*; se réconcilie avec ce prince, 180; ce qui lui reste des conquêtes faites en France, 181; reprend les armes et livre bataille au duc d'York, 182; vaincu à Saint-Albans; y est blessé, 183; refuse d'écouter les plaintes des seigneurs révoltés, 184; confisque leurs biens, 186; veut imposer les habitants d'une ville appartenant au duc d'York, *ibid.*; son désir de mettre d'accord les ducs d'York et de Somerset, 187; sa dissimulation envers le comte de Warwick, 189; s'arme contre le duc d'York et se rend à Northampton, 191-193; ignore les démarches du parti ennemi, 194; assiste à la bataille de Ludlow, 194, 255; nomme le duc de Somerset capitaine de Calais, 196-199; ignore les mandements qu'on fait en son nom, 201; nomme amiral le duc d'Exeter, 210; assiste à la bataille de Northampton, 220, 256; son armée campée près de cette ville, 222, 226, 257; fait prisonnier à cette bataille, 227, 257; n'a pas le sentiment de sa situation, 228; conduit à Londres, 229; tombe sous la domination des comtes de Warwick et de la Marche, 234; accorde le pardon aux seigneurs Rivers, 237; recommande au comte de Warwick de se trouver au parlement, 238; comment tient ledit parlement, 243; gardé à vue, 244; nomme le duc d'York régent du royaume et héritier du trône après sa mort, 249, 258; porte la couronne le jour de la Toussaint, 250; lève une armée contre le duc d'York, 254; reste dans la ville de Ludlow durant la bataille de ce nom, 255; à qui est donné en garde par le comte de Warwick, 263; accompagne ce seigneur à la bataille de Saint-Albans, 264; est mis en liberté, 271; tient un État royal, 266; accusé d'avoir mal gouverné le royaume, 270, 293; vient avec une armée à Northingham, 274; fait garder le pont de Ferry-Bridge, 275; se dispose à combattre le comte de la Marche, 276, 277; perd la bataille de Towton, 279; s'enfuit à York, 280; n'était pas capable de gouverner le royaume d'Angleterre, 282; mis en lieu de sûreté par un de ses serviteurs, 284, 285; est découvert, *ibid.*; échappe à ceux qui veulent s'emparer de lui, 286; est repris et conduit à Londres, *ibid.*; sa réinstallation au trône, III, 43, 50, 51; combien de temps dura son nouveau règne, *ibid.*; est le principal adversaire d'Édouard, 117; se promène à cheval parmi la ville de Londres pour exciter les habitants à le soutenir contre Édouard, 121;

tombe au pouvoir de ce prince, 123, 288 ; l'accompagne contre Warwick, *ibid.*, 212 ; sa mort, 144, 292 ; ne se trouve pas en sûreté à Edimbourg ; demande asile à l'évêque de Saint-André, 169 ; sa lettre de remercîments à Louis XI, *ibid.*, note 1. — Cité, I, 217, 221, 223, 250, 251, 255, 260-263, 269, 271, 280, 281, 286, 305, 317, 319-322, 337, *note;* II, 173, 185, 188, 190, 195, 200, 207, 209, 215, 217, 218, 230, 235, 240, 242, 246, 247, 251, 259, 265, 267, 268, 272, 278, 283, 284, 288, *note*, 290, 293, 299, 301, 304, 309, 323 ; III, 52, 97, 108, 112, 120, 141, 142, 159, 160, 166-168, 171, *note*, 178-181, 198, 199, 201, 211, 212, 289-291..

Hérauts d'armes. Voy. Neuf-Pont dit *Berry*, Pembrock et Warwick.

Herbert (Richard). Fait prisonnier à la bataille de Banbury, II, 407, 409 ; lapidé par le peuple, III, 1.

Herbert (Thomas). Tué à la bataille de Banbury, II, 407.

Herbert (William), comte de Pembrock, [*Habart*]. Marié à l'une des sœurs de la reine Elisabeth, II, 331 ; conduit les Gallois à la bataille de Banbury, 407, 408 ; y est fait prisonnier, 407, 409 ; lapidé par les ordres du comte de Warwick, III, 1. — Cité, II, 351 ; III, 193.

Hercule. — Cité, II, 93.

Hereford (Evêque d'). Voy. Stambury.

Herevé (Colin), clerc du lieutenant de Guines. Quelles nouvelles il donne au seigneur de Craon, relatives à l'Angleterre, III, 162. — Cité, III, 163, 164.

Hermitte Rogier (l'), homme d'armes. Tué dans une rencontre contre les Français, III, 71.

Hesdin, ville. Ses faubourgs brûlés, par qui, III, 295, 296 ; se rend au roi, 321. — Citée, I, 127 ; II, 392, 393 ; III, 53, 55, 58, 322, 323.

Hillyard de Holderness. Après avoir pris parti contre Edouard IV, vient se mettre à sa merci, III, 26.

Hillyard (Robert), surnommé *Robin de Riddesdale*, capitaine de la ville d'York. Prend part à la bataille de Banbury contre le roi Edouard, II, 407. — Cité, II, 350 ; III, 193.

Hoel, roi de la Petite-Bretagne. — Cité, I, 70.

Holland (Henry), voy. Exeter (duc d'); — (John), voy. Huntington (comte de); — (John), voy. Huntington (comte de), depuis duc d'Exeter.

Holland (Robert, lord). Sa trahison envers le comte de Lancaster, I, 62 ; sort de prison, 63 ; sa mort, *ibid.* — Cité, I, 64.

Hollande (la). — Citée, III, 200.

Holy Island, [*Holibend*]. — Cité, II, 320.

Honfleur, ville, [*Homfleu*]. — Citée, III, 31, 34, 129, 190.

Hongrie (la). Dévastée par les Turcs, II, 21. — Citée, II, 15, 18, 19, 21-24, 28, 41, 42, 63-66, 69, 84, 88-90, 94, 95, 101, 103, 146.

Hongrie (rois de). Voy. Ladislas V et Wenceslas.

Hongrois, [*Hongres*]. Ne croient pas à la mort de leur roi, II, 92, 93 ; ajournent leur départ, 104 ; sont gens de grands languages, 120 ; entrent dans Nicopolis, 142 ; en sont renvoyés, 145 ; veulent fêter le seigneur de Wavrin, 146 ; chagrins de la maladie de ce seigneur, 147 ; concluent avec les Valaques de miner la tour de Nicopolis, 151 ; quittent cette ville ; leur ordonnance dans leur marche, 152 ; leur coutume en faisant paître les chevaux, *ibid.*, 153 ; poursuivent les Turcs, 156, 157. — Cités, II, 155, 161.

Honio (château d'), [*Ouyo*]. Brûlé par les Bourguignons, III, 156.

Hôpital de la comtesse d'Artois, à Lille. Brûlé en 1467, III, 267.

Hornby (John Neville, de). Ligué contre Mortimer, I, 79.

Hornes (Jean de), seigneur de Baussignies. — Cité, III, 301.

Hothun (John de), évêque d'Ely, [*Bothonne*]. Commis à la garde d'Édouard II, I, 51 ; annonce à ce prince sa déchéance, 52 ; paroles qu'il lui adresse à ce sujet, 53 ; concourt à faire faire la paix avec les Écossais, 61.

Houardin. Décapité, II, 175.

Houlcourt (Regnault de). Fait chevalier au siége de Dieppe, I, 333.

Hoves (seigneur de), chevalier de Hainaut. Porte la bannière de Bourgogne au siége du château de Tourtoukan, II, 115.

Howel (Robert), officier de justice de la maison du roi, [*Hamill*]. Interrogatoire qu'il fait subir au comte de Kent, I, 75 ; le condamne à mort, 76.

Hugues de Hesdin. Son hôtel de *Tipetot* épargné dans le saccagement de Saint-Riquier, III, 311.

Hugonet (Guillaume), seigneur de Saillans, bailli de Charollais. Envoyé par le duc de Bourgogne pour parlementer avec le connétable, III, 77, 78 ; nommé chancelier de Bourgogne, 83 ; livre au roi le connétable de Saint-Paul, 314 ; arrêté par les Gantois, 320 ; décapité, 321.

Hull, ville forte. — Citée, III, 102.

Hulyn (William), maire de la ville de Londres. Consent à livrer passage à l'armée du comte de Warwick, à quelles conditions, II, 219, 221 ; va au devant du roi Henri VI prisonnier du comte, 229 ; remercie ce seigneur du bien qu'il a fait au royaume, 237 ; renseignements qu'il lui donne sur l'endroit vers lequel le roi et la reine se dirigent, 268 ; se fait fort de fournir des troupes au comte de la Marche, 269 ; présente l'épée de justice à Édouard IV, le jour du couronnement de ce prince, 296. — Cité, II, 218, 231, 246, 267, 271, 272, 290, 297, 321, 404.

Humber, port, [*Humberhede*]. — Cité, III, 99, 100.

Humbercourt (Guy de Brimeu, seigneur d'). Fait prisonnier par les Liégeois, II, 380 ; remis en liberté sur sa foy, *ibid;* envoyé par le duc de Bourgogne parlementer avec le connétable, III, 77, 78 ; nommé gouverneur du duché de Gueldres, 302 ; arrêté par les Gantois, 320 ; décapité, 321.

Humière (Drieu de). Assiste au siége de Braine-le-Comte, I, 274.

Hungerford (Robert, comte de), [*Homfort*]. Assiste à la bataille d'Exham, II, 324 ; décapité après cette bataille, 325.

Huntingdon, ville. — Citée, III, 11, 110.

Huntington (Élisabeth de Lancastre, comtesse de), femme du suivant. — Citée, I, 171.

Huntington (John Holland, comte de), [*Hostidonne*]. Se rend auprès du duc de Lancastre, I, 171 ; conserve le gouvernement de Calais, 172.

Huntington (John Holland, comte de), duc d'Exeter, [*Hontiton*]. Assiste au siége de Tartas, I, 321.

Hunyade (Jean Corvin), vaivode de Transylvanie, surnommé *le Blanc chevalier*, [*Johannes de Hongacq*]. Chef de l'armée des Valaques, II, 15 ; bat les Turcs, 16 ; remercie Dieu de sa victoire, 20 ; pourquoi assiste aux États de Bude, 21 ; nommé vaivode de Hongrie, 22 ; honneur qu'il rend à Wladislas, 23; avertit le roi de l'approche de l'armée turque, 77; annonce au cardinal de Venise quand aura lieu la bataille, 78; conduit l'avant-garde, 79; blesse un Turc, 80; remporte la victoire à Varna, 81; s'oppose à ce qu'on retourne au combat, *ibid*; ce qu'il dit à ce sujet, 82; rallie le reste de l'armée et s'en retourne en Hongrie, 84; fait partie des seigneurs assemblés à Bude, 98; ce qu'il y décide, 99; visite le seigneur de Wavrin dans sa maladie, 149; le fait manger malgré lui, 150; son avis sur le gingembre et le malvoisie, *ibid*; ne veut pas poursuivre les Turcs, pourquoi, 157, 158; conseille aux seigneurs bourguignons de s'en retourner à Constantinople, *ibid*. — Cité, II, 94.

Huy, ville. Assiégée par les Liégeois, II, 354; leur ouvre ses portes, 355; se rend au duc de Bourgogne, 360. — Citée, II, 386.

Hippolyte. — Cité, II, 93.

I

Ile-de-France. — Citée, I, 288.

Ille (château de l'). — Cité, III, 324.

Inchy (Philippe d'), ou d'*Auxi*. Fait chevalier au siége de Dieppe, I, 333.

Ipswich, ville, [*Hepshuyc*]. Lieu où s'embarque Édouard IV, pour passer en Hollande, III, 48.

Irlande. — Citée, I, 320; II, 185, 187, 195, 207-211, 213, 215, 238, 239, 255, 256.

Isabelle de Bavière, reine de France. Son entrée dans Paris, I, 160.

Isabelle de France, fille de Philippe IV, reine d'Angleterre. Passe en France, I, 44; n'ose retourner en Angleterre, 45; bannie par son mari, 46; ses préparatifs de guerre contre lui, 48; demande au roi d'assembler le Parlement, 51; marie son fils, 59; quel mariage fait faire à sa fille, 60; conseille la paix avec les Écossais, 61; s'empare des revenus du royaume, 62; met en liberté Robert Holand, 63; exile Thomas Witers, 64; son pouvoir attaqué, 65, 66; nommée tutrice de son fils, 67; suit le roi à l'armée, 68; exile les confédérés, 69; ennemie du comte de Kent, 74; moyens qu'elle emploie pour s'en défaire, 75; le fait condamner à mort, 77, s'empare des clefs du château de Nottingham, 79, 81; ses supplications pour sauver Mortimer, 83. — Citée, I, 47, 49, 50, 56, 73, 76, 78, 84.

Isabelle de France, reine d'Angleterre. Veuve de Richard II, reconduite en France, I, 176. — Citée, I, 160.

Ivry (ville et château d'). Reddition du château aux Anglais, I, 256. — Cité, I, 254, 255, 258, 259.

J

Jacquelaires. Sa mort, III, 93; le meilleur capitaine, le plus renommé chevalier de l'Afrique et l'un des grands princes du pays, *ibid*., ses trésors livrés au roi de Portugal, 94.

Jacques Ier, roi d'Écosse. Prisonnier du roi d'Angleterre, comment, I, 209; conduit en France vers ce roi, au siége de Melun, 210. — Cité, I, 248.

Jacques II, roi d'Écosse. — Cité, I, 301.

Jacques III, roi d'Écosse. — Cité, III, 167, 172-175, 195.

Janissaires. Ce qu'ils étaient, II, 80; un d'eux tranche la tête au roi de Pologne, 83. — Cités, II, 81.

Janville, ville. « Assez bonne petite ville où, par dedens, a une grosse tour à maniere de donjon, » I, 281 ; prise de cette tour par les Anglais, *ibid.* — Citée, I, 282-285.

Jargeau, ville, [*Ghergeauz*]. Prise par les Français, I, 282, 283. — Citée, I, 284.

JARRETIÈRE (roi d'armes de l'Ordre de la). Voy. SMERT.

JEAN (don), fils du duc de Bragance. Chargé par le roi de s'emparer de la ville de Tanger, abandonnée par ses habitants, III, 95.

JEAN Ier, roi d'Aragon. Envoie des galères à Rhodes, II, 54.

JEAN Ier, roi d'Aragon et de Castille. — Cité, I, 159.

JEAN Ier, surnommé *le Bon*, roi de France. Son corps transporté à Paris, I, 106. — Cité, III, 224.

JEAN Ier, roi de Portugal. Marié à à Philippe de Lancastre, I, 160. — Cité, III, 260, 262.

JEAN XXII, pape. Refuse d'autoriser la translation du corps de Thomas de Lancastre, I, 71 ; conseils qu'il donne au comte de Kent, relatifs à Édouard II, 72.

JEANNE d'Angleterre, surnommée *de la Tour*, reine d'Écosse. Son mariage, I, 60, 67 ; ses qualités, 61 ; surnom que lui donnent les Anglais, 62.

Jérusalem. — Citée, I, 209.

JOIGNY (comte de). Voy. LA TRÉMOILLE.

JULIERS (duc de). Assiste aux noces de Maximilien d'Autriche avec Marie de Bourgogne, III, 340.

K

KARAGABE. Quelle est cette dignité, II, 20.

KARAM-BEY, [*Caraiabay*]. Conduit l'avant-garde du grand-turc à la bataille de Varna, II, 80 ; y est blessé, *ibid.*

KEMP (John), archevêque d'York. Traite avec les communes révoltées contre Henri VI, II, 177.

KEMP (Thomas), évêque de Londres. — Cité, II, 218 ; III, 123.

Kenilworth (château de), [*Kenniword, Kelingouars, Kellingort*]. — Cité, I, 51, 66 ; II, 175, 406.

KENNEDY (James), évêque de Saint-André. Instructions qu'il donne au seigneur de Menypenny pour se rendre auprès de Louis XI, III, 165-175 ; traite des fiançailles de la fille du roi d'Écosse avec le prince de Galles, 166 ; donne l'hospitalité à Henri VI, 169, 170 ; procure à ce prince les moyens de passer en Angleterre, 171 : accusé d'être la cause de la division qui règne en Ecosse, 172 ; se dispose à accompagner le jeune roi à la guerre, *ibid.* ; fait une trêve avec le comte de Warwick, 173 ; quelles en sont les conditions, 174 ; offre ses services à Louis XI, *ibid.* ; descend des rois d'Écosse, 175. — Cité, III, 163.

KENNEDY (John), prévôt de Saint-André. Envoyé par le roi de France vers l'évêque de Saint-André, III, 165 ; quelle était sa mission, 166.

KENT (capitaine de). Voy. LOVELACE.

KENT (comte de). Voy. FAUCONBERG.

Kent (comté de). Les habitants de ce comté tiennent le parti d'York, II, 215, 216. — Cité, II, 173, 177, 192, 209, 217, 262, 404, 409 ; III, 142, 193, 291.

KENT (Edmond de Woodstock, comte de). Se ligue contre la reine Isabelle, I, 64 ; réconcilie le roi Édouard III avec le comte de Lancastre, 68 ; son voyage à Rome, 71 ; demande au pape la canonisation de Thomas de Lancastre, *ibid.* ; ses démarches pour rendre la liberté à Edouard II, 72 ; écrit à ce prince, 73 ; trahi, par qui, 74 ; de quoi accusé, 75 ; condamné à mort, 76 ; décapité, 77 ; où enterré, *ibid*. — Cité, I, 49, 78, 84.

KENT (Sheriffs de). Voy. CROMER et EDEN.

KHALIL-PASCHA, [*Chailly de Basacq*]. Gouverneur de la Grèce, II, 71 ; *gardien* de Mahomet II, *ibid.*; vient en force pour se joindre aux Turcs, 72 ; prend et occupe le côté droit du rivage du détroit de Constantinople, 73. — Cité, II, 70.

KINDRETON. Tué dans le combat de Blore-Heath, II, 185.

Kingston (pont de), près de Londres. — Cité, III, 143.

Kirkudbright, [*Quicombri*]. — Cité, III, 179.

Kopani, ville, [*Copa*]. — Citée, III, 157.

KYRIEL (Thomas). Commis par Warwick à la garde de Henri VI, II, 263 ; s'aperçoit que Warwick est trahi, 264 ; sa réponse à la reine qui l'accuse de trahison, 265 ; décapité par l'ordre du jeune prince de Galles, *ibid*. — Cité, II, 266.

L

LA BAUME (Guillaume, bâtard de). Tient le parti du duc de Bourgogne, I, 222 ; renseignements sur ce personnage, *ibid.*, note ; ses qualités, 223 ; fait serment de servir Charles VII, 224 ; ses projets pour surprendre la ville de Cravant, 225 ; craintes qu'il inspire, 226 ; se dirige vers la ville de Cravant, *ibid.;* comment il y entre, 227—229 ; défend la ville contre les Bourguignons, 233 ; s'enfuit de Cravant, 234, 235 ; se rend auprès de Charles VII, 236 ; conseil qu'il donne à ce prince, 237, 238.

LA BOUTELLERIE (Pierre de Miraumont, seigneur de). Envoyé en ambassade vers Edouard IV, II, 333, 342 ; se rend en Normandie pour secourir le duc de Berry, III, 267.

LA BOVERIE (Jean de). Voy. VIANE.

LA CROIX (Georges de). Fait chevalier au siége de Dieppe, I, 333.

LADISLAS V, roi de Hongrie, [*Lancelot*]. Retenu prisonnier par l'empereur Frédéric III, II, 21, 76.

LA FAYETTE (Gilbert Motier, seigneur de). Un des chefs de l'armée française à la bataille d'Ivry, I, 258 ; conduit des vivres aux assiégés d'Orléans, 280 ; se dispose à combattre les Anglais à Beaugency, 286.

La Ferté-Hubert, ville. Tenue par les Anglais, I, 283 ; abandonnée par eux, *ibid*.

LA FONTAINE (Méridon de). Tué dans une rencontre avec les Anglais, I, 326, 328.

LA FRETE (Philippe de Poitiers, seigneur de). Bourguignon, nommé capitaine d'Abbeville, III, 304.

La Frise, ville, [*Ferisse*]. Mise en l'obéissance du duc de Bourgogne, III, 301.

LA GRUTHUYSE (Louis de Bruges, seigneur de), prince de Steenhuyse. Envoyé en ambassade vers la reine d'Écosse, II, 302 ; explique à cette princesse l'objet de sa mission, 303 ; rompt l'alliance projetée entre elle et la reine d'Angleterre, *ibid.*; rend compte de sa mission au duc de Bourgogne, 304 ; nommé l'un des commandants de la flotte dirigée contre Warwick, III, 31 ; gouverneur de Hollande, *ibid.*; envoyé pour recevoir le roi Edouard à son arrivée à la Haye, 48 ; créé comte de Winchester par Edouard IV, 49 ; envoyé par le duc de Bourgogne pour arrêter les Français dans leur dévastation de plusieurs châteaux et abbayes, 68. — Cité, III, 97.

LA HAMAIDE (Hernoul de), seigneur de Condet. — Cité, III, 273, note.

LA HAMAIDE (Jacques, seigneur de). Fait chevalier au siége de Rhodes, II, 57; III, 155.

La Haye, ville. — Citée, III, 48.

LA HIRE (Etienne de Vignole, seigneur de Montmorillon, dit). Un des chefs de l'armée française à la bataille de Verneuil, I, 264; se dispose à combattre les Anglais à Beaugency, 286; fait partie de l'avant-garde à la bataille de Patay, 289.

LALAIN (Simon de), seigneur de Montigny. Reste en garnison à Gravelines, I, 303; est l'un des chefs des Brugeois au siége de Calais, 305; accompagne le bâtard de Bourgogne en Barbarie, II, 322.

LA LAUNE (Thomas de), chevalier. Pris à la bataille de Stamford, III, 15.

LA MARCHE. Officier d'armes d'Édouard IV, chargé de reconduire vers le duc de Clarence et le comte de Warwick les deux messagers qu'ils avaient envoyés au roi, III, 24.

LA MARCHE (comte de). Voy. MORTIMER.

LA MARCHE (Édouard, comte de). Voy. ÉDOUARD IV.

LA MARCHE (Olivier de). Prend et fait brûler le château et la ville de Gamaches, III, 294. — Cité, III, 190.

Lampsaque, port de mer, [*Lapso.*] — Cité, II, 62.

LANCASTRE (Catherine de). — Citée, I, 159, 160.

Lancastre (comté de). — Cité, II, 222, 260, 272, 285; III, 21, 22, 25, 26, 135.

LANCASTRE (Constance, duchesse de), fille du roi de Castille. Quitte son père et s'en retourne à Bayonne, I, 159.

LANCASTRE (Élisabeth de). Voy. HUNTINGTON.

LANCASTRE (Henri de). Voy. HENRI IV, roi d'Angleterre.

LANCASTRE (Henri, comte de). Commis à la garde d'Édouard II, I, 56 *note 2*, 66; se met à la tête d'un parti contre le gouvernement de la reine Isabelle, 64; changements qu'il propose, *ibid.*, 65; refuse de se rendre au parlement, 67; s'arme contre la reine et Mortimer, 68.

LANCASTRE (Jean de). Voy. BEDFORT, régent de France.

LANCASTRE (Jean de Gand, duc de). Mariage de ses deux filles, I, 159, 160; mécontent de la restitution de Brest et de Cherbourg, 166. — Cité, II, 241, 283.

LANCASTRE (Philippe de), reine de Portugal. Son mariage, I, 160. — Citée, II, 241.

LANCASTRE (Thomas, comte de). Trahi par un de ses serviteurs, I, 62, 63, note 1ro; miracles opérés sur son tombeau, 71; sa canonisation refusée par le pape, 72. — Cité, I, 46, 52.

LANGSTROTHER (John), prieur de Saint-Jean. Conspire contre Édouard IV, III, 13; accompagne la reine d'Angleterre lors de son retour en Angleterre, 119; son arrivée à Weymouth, 129; décapité après la bataille de Tewkesbury, 140, 290.

LANNOY (Baudoin de), seigneur de Molembais. Prend possession de Saint-Valery au nom du duc de Bourgogne, III, 294, 295.

LANNOY (Gilbert ou Guillebert de), seigneur de Villerval. Assiste à la bataille d'Azincourt, I, 201.

LANNOY (Hugues de), seigneur de Sante. Assiste à la bataille d'Azincourt, y est fait prisonnier, I, 201.

LANNOY (Jacques de), seigneur de

Villerval. Tué au siége de Liége, II, 387.

LANNOY (Jean de), abbé de Saint-Bertin. Ses châteaux et maisons de plaisance brûlés par les Français, III, 329.

LANNOY (Jean, seigneur de). Chargé par le duc de Bourgogne de s'entendre avec les ambassadeurs anglais au sujet d'une trève, II, 312 ; envoyé une seconde fois comme un des chefs de la légation, 333 ; rentre en grâce auprès du duc de Bourgogne et lui jure fidélité, 378. Cité, III, 182, 183.

LANNOY[1] (Jean de). Un des principaux capitaines du château d'Hesdin, prête serment au roi après la prise de cette ville, III, 321, 322.

LANNOY[2], frère du précédent (Raoul de). Un des principaux capitaines du château d'Hesdin, jure fidélité à Louis XI après la prise de cette ville, III, 321, 322.

LA PALIÈRE (Girault de), [*Gerard de Paillieres*]. Présente les clefs de la forteresse d'Ivry au duc de Bedford, I, 256 ; fait serment de servir Henri VI, 260.

LA PERSONNE (Regnault de). Fait chevalier au siége de Dieppe, I, 333.

LA POLE (Alexandre de), [*Poulle*]. Tué au siége de Jargeau, I, 283.

LA POLE (Guillaume de). Voy. SUFFOLK.

LA POLE (Jean de). Voy. SUFFOLK.

LA POLE (Jean, seigneur de). Fait prisonnier à Jargeau, I, 283.

La Roche (château de). Assiégé par les Anglais, I, 250 ; sa capitulation, *ibid.*; sa reddition, 251.

LA TRÉMOILLE (seigneur de). Voy. CRAON.

LA TRÉMOILLE (Guy de), comte de Joigny. Se joint aux Anglais pour secourir Cravant, I, 242.

Lauzanne, ville, [*Lozanne*]. — Citée, III, 314.

LA VARENNE (seigneur de). Voy. BREZÉ.

LA VIESVILLE (Gauvain de), [*Copin*]. Fait chevalier avant la bataille de Cravant, I, 244.

LA VIESVILLE (Jehan de), bailli de Saint-Quentin. Ne peut empêcher la ville de se rendre au roi, III, 55 ; obtient quelques jours pour emporter ses biens, *ibid.*

LA WEER (Volfart de Borselen, seigneur de), [*La Vere*]. Un des commandants de la flotte envoyée par le duc de Bourgogne pour combattre Warwick, III, 31 ; nommé amiral *de la mer*, *ibid.*

LE FEBVRE (Jean), seigneur de Saint-Remy, roi d'armes de la

---

1. Fils de Thomas Flammeng de Lannoy et de Marguerite de Neufville-Martinghen. Il était chevalier, seigneur de Lannoy et d'Ameraucourt. Vivait encore le 22 septembre 1484. (BIBL. IMP., Mss., *Cabinet généalogique.*)

2. Chevalier, seigneur de Morvilliers et de Paillart, avait épousé Jeanne de Poix-Tyrel, dame de Folleville. Nous le trouvons successivement qualifié : 1° Capitaine de cent lances de l'ordonnance du Roi (BIBL. IMP., Mss., *Cab. généal.*); 2° Concierge du château de Saint-Germain-en-Laye (SAUVAL, III, 497); 3° Bailli d'Amiens (voir ci-dessus, III, 54, note 3); 4° Bailli et Concierge du Palais, étant « pour lors hors de ce royaume pour les affaires du Roi » (SAUVAL, III, 532); 5° Conseiller et Chambellan ordinaire du Roi (BIBL. IMP., Mss., *Cab. généal.*); 6° Gouverneur de Gênes, vers 1507 (DAIRE, I, 129); 7° Gouverneur de Hesdin (ANSELME, VI, 786); 8° Bailli et Gouverneur d'Amiens dans un acte passé par sa veuve le 24 mai 1517 (Id., VII, 823). Mort le 1er avril 1513 (LA MORLIÈRE, *Antiq. d'Amiens*, 332), ou, seulement, le 4 du même mois (SAUVAL, III, 559). La terre et seigneurie de Morvilliers passèrent dans la maison de Gouffier par suite du mariage (26 janvier 1578) de l'une des descendantes de Raoul de Lannoy avec Timoléon Gouffier, seigneur de Thois (ANSELME, V, 620).

Toison-d'Or. Service qu'il rend au seigneur de Croy, I, 304.

Le Gros (Jean), audiencier. Échappe aux Gantois qui veulent s'emparer de lui, III, 320, 321.

Leicester, [Lincestre]. — Cité, III, 12-14, 16, 111.

Le Jeune (Guillaume). Voy. Contay.

Le Jeune (Jean), cardinal de Thérouanne. Écrit au seigneur de Wawrin au nom du pape, pourquoi, II, 53; sa maladie, 62; arrive à Constantinople, 63; bon accueil qu'il fait aux seigneurs bourguignons, 160. — Cité, II, 30.

Le Jeune (Robert), [Josne]. — Cité, II, 160.

Lens, ville. — Citée, II, 160; III, 341.

Leon, philosophe grec. Prédit la prise de Constantinople, II, 171.

Le Prevost (Philippe), chevalier. Un des chefs de la garnison de Saint-Riquier; maux qu'il cause aux habitants, III, 296.

Leuridan (Pierre). Conducteur de l'armée vénitienne allant contre les Turcs, II, 59; envoie quelques personnes reconnaître la tête du roi de Hongrie, 85.

Lichfield, ville. — Citée, II, 239, 240.

Licostomo (château de), [Licocosme]. A qui appartient, II, 89. — Cité, II, 90, 94.

Liége, ville. Conquise par le duc de Bourgogne, II, 363; ce qu'était son Perron, 367; vers qu'on fit sur sa prise, 365; assiégée par le duc de Bourgogne, 387, 388; prise par ce prince, 390; détruite de fond en comble, 391. — Citée, I, 194; II, 358-361, 363, 379, 384, 385.

Liége (évêques de). Voy. Bavière, Bourbon et Heinsberg.

Liégeois. Demandent un secours d'hommes au roi d'Angleterre, I, 193; en obtiennent deux cents archers, 194; assiégent la ville de Huy, II, 354; leur défaite, 359, 360; perdent l'espoir d'être secourus par le roi de France, 361; présentent les clefs de leur ville au duc de Bourgogne, 362; la fortifient contre ce prince, 379; entrent dans Tongres, la pillent, 380; excuses qu'ils font au duc de Bourgogne pour ce fait, 386; tuent le seigneur de Villerval, 387; portent la croix de Saint-André, ibid.; mettent en fuite les archers du duc de Bourgogne, 388; sont vaincus, 389; leurs femmes montrent plus de courage qu'eux, ibid. — Cités, II, 357, 358, 363, 384.

Lieres (château de), [Jerres]. Pris par les Français, III, 68.

Liesse (Notre-Dame de). Lieu de pèlerinage, II, 390.

Lignes (Jacques de Reicourt, seigneur de). Repousse les Français devant Amiens, III, 77.

Lihons-en-Santerre, ville, [Lippus]. — Citée, III, 73.

Lille, ville. Sa châtellenie, appartenant au comte de Saint-Paul, saisie par le duc de Bourgogne, III, 57; incendiée en 1467, 267. — Citée, I, 307, 308; II, 161, 310, 313, 322; III, 31, 56, 69, 85, 324, 329, 343.

Lillers, ville. Relique que renferme son église, II, 161; se rend au roi, III, 323.

Lillers (seigneurs de). Voy. Wavrin (Robert et Waleran de).

Lincoln, ville. — Citée, III, 8, 9, 11, 19, 23, 100, 110.

Lincoln (archevêque de). Voy. Burwash.

Lintre (Raes de la Rivière, seigneur de). Principal capitaine des Liégeois, avait toujours conseillé la guerre contre le duc, II, 362.

Lisbonne (archevêque de). Célèbre une messe dans la mosquée, pour la victoire remportée sur les Sarrasins, III, 93.

DES MATIÈRES. 393

L'Isle-Adam (seigneur de). Voy. Villiers.

Lobain (Robert). Secrétaire du seigneur de Wavrin, II, 89 ; va en Hongrie, 94.

Loheac (André de Laval, seigneur de), maréchal de France. Conduit le corps de l'armée française à la journée de Patay, I. 289 ; assiste à l'assaut de la Tour-du-Friche, à Pontoise, 315 ; s'empare de la ville d'Auxy et l'incendie, III, 295.

Loire (la), rivière. — Citée, I, 236, 239.

Lombards. Réfugiés dans la tour de Londres, II, 231 ; y restent prisonniers, 232. — Cités, I, 16, note.

Londoniens (les). Pourquoi refusent d'ouvrir leurs portes à Henri VI, II, 266, 267 ; reconnaissent les droits du comte de la Marche au trône d'Angleterre, ibid. ; ce qu'ils recommandent à ce comte lors de son départ de Londres, 272 ; ne croient pas que le comte de Warwick ait voulu nuire à Édouard IV, III, 7 ; refusent de mettre le roi Henri VI entre les mains du bâtard de Fauconberg, 142.

Londres. Reddition de sa tour, II, 232 ; a une église nommée Saint-Paul, 250, 290, 321. — Citée, I, 50, 52, 53, 63, 83, 160, 177, 178, 181, 188, 189, 193, 194, 198, 309 ; II, 174-180, 183, 186, 188, 189, 203, 218, 219-222, 229, 230, 236-238, 240, 242-244, 246-249, 255, 258, 261, 263, 266-273, 285, 286, 291, 292, 296, 298-300, 307, 320, 341, 342, 344, 347, 348, 350, 394, 404, 409 ; III, 7, 100, 111, 117, 119-124, 128, 131, 142-144, 188, 288, 291.

Londres (évêque de). Voy. Kemp.

Longuenesse, village. Brûlé par les Français, III, 329.

Longueval (Charles de). Ses biens confisqués ; pourquoi, I, 271.

Longueval (Jean de), capitaine de Bapaume. Refuse de rendre la ville au roi, III, 67 ; reproche au bâtard de Bourgogne d'avoir abandonné le parti du duc de Bourgogne, 68.

Los, ville. — Citée, II, 359.

Louis III, dit le Mâle (comte de Flandres). Rend hommage à Charles VI, I, 127. — Cité, I, 154.

Louis XI, roi de France. Assiste à l'assaut de la tour du Friche et à la prise de Pontoise, I, 315 ; va au secours de Dieppe, assiégée par les Anglais, 328 ; mande à plusieurs grands seigneurs de le venir joindre à Compiègne, 329 ; arrive devant Dieppe, 330 ; somme la ville de se rendre, 331 ; en ordonne l'assaut, ibid. ; s'en rend maître, 332 ; se rend à l'église nuds pieds pour remercier Dieu de sa victoire, 334 ; son mauvais vouloir envers le duc de Bourgogne, 335 ; ne tient pas ses promesses à ce prince, 336 ; mandé par son père à Tours, 337 ; s'empare de la personne du comte d'Armagnac, ibid., note 1 ; consent à envoyer des ambassadeurs pour traiter d'une trêve avec Édouard IV et le duc de Bourgogne, II, 313 ; rend la liberté au duc de Somerset, 314, note ; accorde un secours d'hommes de guerre à la reine Marguerite, 316 ; pourquoi lui donne Pierre de Brézé comme capitaine, 317 ; ordonne au duc de Calabre de retenir prisonnier le bâtard de Bourgogne, 322 ; belle réception qu'il fait au comte de Warwick, 345, 353 ; ses offres au roi Édouard IV pour l'attirer à son parti contre ledit comte, ibid; faveurs qu'il accorde aux Parisiens, 354 ; demande trois choses au duc de Bourgogne, concernant les villes de la Somme, la cité de Liége et le mariage de ce prince avec la sœur d'Édouard, 356, 357 ; fait dire au duc de Bourgogne qu'il voit avec plaisir le mariage de ce prince, 361 ; craint que ledit duc ne prête secours au duc de Berry, *ibid.* ; assemble les États à Tours, 366 ; veut ôter le duché de Normandie à son frère, 367 ; fait alliance avec les Anglais pour détruire le duc de Bourgogne, 368 ; pourquoi se tient avec ses gens d'armes à Compiègne, 377, 378 ; traite avec le duc de Bretagne, 380 ; son entrevue à Péronne avec Charles-le-Téméraire, 381 ; jure la paix avec ce prince, *ibid.*, 382 ; sa crainte lorsqu'il se voit au pouvoir du duc de Bourgogne, *ibid.*, *note;* fait proclamer la paix, 383-385 ; accompagne le duc de Bourgogne à Liége, 386 ; entreprend, avant, un pèlerinage, *ibid;* se conduit vaillamment au siége de cette ville, 388 ; y porte la croix de Saint-André, 389 ; quitte le duc de Bourgogne et va en pèlerinage à Notre-Dame de Liesse, 390 ; jure de nouveau d'entretenir la paix ; défenses qu'il fait à ce sujet, *ibid.;* sa convention avec le duc de Bourgogne relative à des remissions, 393 ; ordonne l'arrestation du cardinal Balue et de l'évêque de Verdun, *ibid.;* sa lettre au seigneur de Bourré, concernant le premier, *ibid.*, *note;* fait saisir les biens de ces deux évêques, 394 ; son entrevue avec son frère le duc de Berry, 395-398 ; sa lettre aux gens du parlement, concernant Jean de Beauvau, 396, *note* 7 ; protége et favorise le comte de Warwick, III, 33 ; défend l'entrée des marchandises françaises en Bourgogne, 34 ; ses lettres relativement au séjour du comte de Warwick en France, 37, *note* 2 ; traite du mariage du prince de Galles avec la fille du comte de Warwick, 39 ; quel était son degré de parenté avec Henri VI, 40, 41 ; sa lettre au comte de Dammartin relative au départ de la reine d'Angleterre, et aux dépenses qu'il a faites pour elle, 45, *note* 1 ; sa fureur était à redouter, 51, *note;* fait sommer la ville d'Amiens de se mettre en son obéissance, 52 ; compte sur Warwick pour détruire le duc de Bourgogne, 58 ; s'avance vers Amiens, 69, 73 ; attendait que le duc livrât l'assaut à la ville d'Amiens ; dans quel but, 80 ; envoie un héraut d'armes au duc de Bourgogne, pourquoi, 81 ; fait un traité avec ce prince, 82 ; conclut une trève avec le duc de Bourgogne, 83 ; à quelle condition il fit la trève, 85 ; ses lettres patentes en faveur de Henri VI, 167, 168 ; ne tient pas ses promesses, 169 ; écrit à l'évêque de Saint-André en faveur de Henri VI, 171 ; fait une trève avec Édourd IV, 173 ; écrit au vicomte de Ponteaudemer, qui s'est déclaré pour le roi d'Angleterre contre Édouard, 181 ; donne des instructions à ses ambassadeurs pour traiter avec le comte de Warwick, 196-204 ; ses propositions concernant la vente de la ville d'Aire, 206 ; fait décapiter le seigneur de Nantouillet, 274 ; fait une trève avec le duc de Bourgogne, 300 ; quelles sont les villes où il met garnison, 304 ; quelles sont celles dont il s'empare, qu'il pille et brûle, 307 ; son entrevue avec le roi d'Angleterre, 312 ; bonne réception qu'il fait aux Anglais dans Amiens, 313 ; traite de la paix de neuf ans avec le duc de Bourgogne, 313 ; quelles en sont les conditions, *ibid.;* parvient à se faire livrer le connétable, *ibid.;* précaution qu'il prend pendant la guerre du duc de Bourgogne avec les Suisses, 316 ; s'empare des villes que tenait le duc de Bourgogne, en apprenant la mort de ce prince, 318 ; se fait rendre la ville de Péronne ; y reçoit une ambassade de Marie, duchesse de Bourgogne, 319 ; s'empare de la ville de Hesdin, 321 ; comment il agissait envers les habitants des pays conquis par lui, 322 ; assiége et prend Boulogne, *ibid.* ; échoue devant Douai, 323 ; entre dans Cambrai, *ibid.*; conquiert tout le comté d'Artois, excepté Saint-Omer et Aire, *ibid.*; veut prendre Saint-Omer, 325 ; en quel lieu campe son armée, 326 ; visite souvent son armée, mais n'y reste pas, 327 ; qui sont ses principaux capitaines, *ibid.* ; ordonne la mort du duc de Nemours, 329 ; conclut une trève avec Maximilien, 341 ; met des garnisons dans tous les pays conquis et s'en retourne à Amboise, *ibid.* — Cité, I, 327 ; II, 310, 314, *note;* 318, 340, 341, 344, 346, 347, 362, 379, 385 ; III, 59, 60, 62, 76, 116, 165, 166, 174, 182, 190, 191, 201, 202, 208, 209, 281, 293, 342.

Louvain, ville. Pourquoi ses habitants prennent les armes, III, 320. — Citée, II, 355, 359.

LOVELACE, capitaine de Kent, maître d'hôtel du comte de Warwick, [*Louvelet*]. Sa trahison envers son maître, II, 262 ; commis par le comte à la garde de Henri VI, prisonnier, 263 ; conduit l'avantgarde dudit comte à Saint-Albans, 264 ; informe la reine de la position de l'armée, *ibid.;* remet le roi en liberté, 265 ; est cause de la perte de la bataille pour le parti d'York, *ibid.*, 271 ; conduit prisonnier devant Édouard, 270 ; avoue sa trahison ; est décapité, 271.

LOWE (John), évêque de Rochester. Chargé par le comte de Warwick d'un message auprès de Henri VI, II, 222, 223 ; fait part aux conseillers du roi de l'objet de sa mission, 224 ; content d'avoir échappé aux dangers qu'offrait son message, 225 ; chargé par le comte de Warwick de faire des remontrances au duc d'York ; à quel sujet, 247. — Cité, II, 218.

LUCILIUS (l'empereur), [*Lucille*]. Sa mort, I, 70.

Ludlow, ville, [*Ludello*]. — Citée, II, 194, 196, 209, 240, 242-244, 255, 256.

Luxembourg (le). A qui appartenait de droit, II, 49. — Cité, II, 50 ; III, 302, 303, 312.

LUXEMBOURG (Antoine de). Voy. ROUSSY.

LUXEMBOURG (Élisabeth de). Voy. BAVIÈRE.

LUXEMBOURG (Jacqueline de). Voy. RIVERS.

LUXEMBOURG (Jacques de), seigneur de Fiennes. Reprend son château dont les Français s'étaient emparés, III, 324.

LUXEMBOURG (Jacques de), seigneur de Richebourg. Reçoit le collier de l'ordre de la Toisond'Or, II, 379 ; combat les Français devant Arras, III, 309 ; y est fait prisonnier, 310.

LUXEMBOURG (Jean de), comte de Marle. Est au service du duc de Bourgogne, III, 57 ; envoyé par le duc parlementer avec son père, le connétable, 77, 78 ; tué à la bataille de Morat, 315.

LUXEMBOURG (Jean, dit *Bourlens* de). Un des chefs de la garnison de Saint-Riquier ; maux qu'il cause aux habitants de cette ville, III, 296.

LUXEMBOURG (Louis de). Voy. SAINT-PAUL.

Lyon (archevêque de). Voy. BOURBON.

M

Macon, ville. — Citée, I, 251.
Maestricht, ville, [*Tret*]. — Citée, II, 391.
MAHOMET II, empereur de Turquie. Prend la ville de Constantinople, II, 172.
MAIGNÉ (Antoine, seigneur de). Chargé par Louis XI de traiter avec le seigneur de Bevres pour la vente de la ville d'Aire, III, 207. — Cité, III, 209.
MAILLY (Hue de). Fait chevalier au siége de Dieppe, I, 334.
Mailly-le-Château, ville. — Citée, I, 224, 226.
Maine (le). — Cité, I, 324.
MAINE (Charles d'Anjou, comte du). N'assiste pas aux Etats de Tours en 1468, II, 367.— Cité, III, 190.
MAIRES de Londres. Voy. HULYN et YOUNG.
MAISTRESSON[1] (Thomas). Assiste au siége de Noyelle, I, 216 ; ses propositions au régent, 217.
MAKEPAIX (comtesse de). Surnom dérisoire donné par les Anglais à la reine d'Écosse, I, 62.
MALANNOY (seigneurs de). Voy. WAVRIN (Robert et Waleran de).
MALICORNE (Jean Aubin, seigneur de). Assiste, du côté du duc de Berry, à l'entrevue de ce prince avec Louis XI, II, 396.
Malines, ville. Révolte de ses habitants contre leur *Escoutete*, II, 353 ; pourquoi reprennent les armes, III, 320.
MALLEY (lord), [*Muelles*]. Tué à la bataille de Towton, II, 280.
MALPAS (Philippe), marchand de la ville de Londres. Sa maison pillée, II, 175.

---

1. Écuyer, bailli de Caux en 1424, 1425 et 1429. (*Mémoires de la Société des antiquaires de Normandie*. 3e série, 4e volume. XXIVe de la collection, p. 206, 207.)

MALTRAVERS (John). Commis à la garde d'Édouard II, I, 55, 56 ; sa haine contre ce prince, 57.
MARÉCHAL, — d'*Angleterre*. Voy. BROTHERTON ; — de *Bourgogne*. Voy. TOULONGEON ; — de *France*, Voy. BOUSSAC, LOHÉAC et ROUAULT.
MARCOURT (seigneur de). Voy. MIRAUMONT.
MARGUERITE d'ANJOU, reine d'Angleterre. Protége le duc de Somerset, I, 317 ; fait donner à ce prince le gouvernement de la Normandie, 318 ; conseille au roi de rendre cette province aux Français, 319 ; réconcilie le roi avec le duc de Somerset, II, 177 ; visite ce duc dans sa prison, 178 ; fait ôter le gouvernement du royaume au duc d'York et le fait bannir, 184 ; veut se venger de la honte d'avoir été vaincue à Blore-Heath, 185 ; se retire à Harlech-Castle, 250 ; envoie défier le duc d'York, 258 ; se dispose à le combattre, 259 ; gagne la bataille de Wakefield, 261 ; attend l'ennemi à Saint-Albans, *ibid.*, 263 ; était *subtile et malicieuse*, 262 ; corrompt un serviteur du comte de Warwick pour se faire livrer le roi prisonnier, 263, 271 ; remet ce prince entre les mains du duc de Somerset, 264 ; sa joie en le voyant mis en liberté, 265, 266 ; sa cruauté envers celui qui avait la garde de Henri VI, *ibid.* ; ordonne aux habitants de Londres d'ouvrir les portes de la ville au roi, 266 ; se retire vers le nord, 268 ; accusée d'avoir mal gouverné le royaume, 270, 293 ; sacrifice qu'elle fait pour lever une formidable armée contre le comte de la Marche, 273 ; perd la bataille de Towton, 279 ; s'enfuit à York, 280, 288, 300 ; puis en Écosse, 284, 289 ; se rend en France, 287, 316 ; à quelles conditions traite avec la reine d'É-

DES MATIÈRES. 397

cosse, 301, 302, 304 ; contraire au duc Philippe de Bourgogne, 304 ; n'obtient pas ce qu'elle voulait de la reine d'Écosse, 315 ; secours qu'elle demande à Louis XI, 316 ; perd plusieurs places ; obligée de se retirer en Écosse, 320 ; est à la cour de Louis XI lors de l'arrivée du comte de Warwick, III, 37 ; se concerte avec ce seigneur sur les moyens de nuire à Édouard et au duc de Bourgogne, 38, 39 ; fait ses préparatifs pour passer en Angleterre, 119 ; éprouve une tempête en mer, 120 ; son arrivée dans un port de l'Angleterre, 128, 129, 289 ; se loge dans une abbaye, 130 ; lève une armée pour combattre Édouard, *ibid.*; évite la rencontre du roi, 132 ; choisit un champ pour lui livrer bataille, 133 ; fuit encore à l'approche de l'armée du roi, 134 ; demande l'entrée de la ville de Glocester, qui lui est refusée, 135 ; pourquoi est forcée de livrer bataille au roi à Tewkesbury, 136, 290 ; avait une position difficile à attaquer, 137 ; faite prisonnière après la bataille de Tewkesbury, 141 ; est amenée en présence du roi, 144, 291 ; ce qu'elle lui demande, *ibid.*; donne Calais en gage à Louis XI, 176. — Citée, II, 180, 186, 267, 271, 272, 282, 290, 300, 303, 313, *note* 2, 317-319, 322, 323 ; III, 39, 43, 113, 116, 160, 178-180, 277.

MARIALNE (comte de). Poursuit les Sarrasins à outrance, III, 91 ; tué en combattant *comme un Roland*, *ibid.*

MARIE de Gueldres, reine d'Écosse, femme de Jacques II. A quelles conditions traite avec la reine d'Angleterre, II, 301, 302 ; grand accueil qu'elle fait à l'ambassadeur du duc de Bourgogne, 303 ; à qui disait-on qu'elle s'était remariée, III, 163 ; est en désaccord avec l'évêque de Saint-André ; pour quel sujet, 166, 167 ; abandonne le parti de Henri VI ; pourquoi, 168, 169.

Marle (comté de). — Cité, III, 57.

MARLE (comte de). Voy. LUXEMBOURG.

Marseille, ville. — Citée, II, 322 ; III, 158.

MARTIN V, pape. Prêche une croisade contre les Praguois, I, 205.

MARTIN ALFONCE, serviteur de la duchesse de Bourgogne, II, 51 ; conduit les vaisseaux du duc à Venise, *ibid.*

MARTIN DE LA MER. Croit qu'Édouard ne revient à York que comme duc, et se dispose à lui prêter secours, III, 101 ; vient au-devant du roi à son arrivée près de la ville d'York, 102 ; lui dit qu'il ne peut entrer dans la ville sans craindre pour sa vie, 103 ; presse Édouard de sortir de ladite ville et lui reproche de manquer à ses promesses, 106 ; exige de ce prince le serment de renoncer à ses prétentions à la couronne, *ibid.*, 107.

MARUS (Guy, duc). Supplie le roi de ne pas accepter la proposition de paix des Sarrasins, III, 90.

MATAGON. Voy. GOUGH.

Maubuisson, ville. — Citée, I, 315.

MAULEVRIER (comte de). Voy. BREZÉ.

MAXIMILIEN Ier, archi-duc d'Autriche. Son arrivée à Gand et son mariage, III, 340 ; conclut une trêve avec Louis XI, 341.

MAY (Jean de), bourgeois d'Amiens. Se retire de Saint-Quentin après la prise de Picquigny, III, 66.

MAY (Jean de), capitaine du Château du Crotoy. Commis à la garde de ce château, le rend au roi sur une simple sommation, III, 318.

MAYENCE (archevêque de). Voy. DUNE (Conrad).

Medina del Campo, ville. — Citée, I, 159.
Melun, ville. — Citée, I, 209, 210.
Ménalippe. — Citée, II, 93.
Menthon (Pierre de), seigneur de Montrotier. Savoisien, fait partie de la croisade contre les Praguois, I, 206.
Menypeny (Guillaume, seigneur de). Instructions qu'il reçoit de l'évêque de Saint-André pour se rendre auprès de Louis XI, III, 165-175.
Menypeny (William de), seigneur de Concressault. Sa lettre à Louis XI, étant en ambassade auprès d'Édouard IV, III, 186-196 ; prisonnier en Angleterre, 187, *note*.
Mer Noire (la), [*Majour*]. Sa description, II, 71, 72. — Citée, II, 67, 69, 74, 77, 86, 88-92, 94, 95, 98, 159.
Merlin. Indices sur son commentateur, I, 15, *note* 1 ; ses prédictions sur la France, *ibid.*, 16.
Merlin (John). Informe le lord Cromwell de la sédition élevée contre Édouard IV, III, 9, 10.
Meruel (seigneur de), Flamand. Capitaine des Brugeois, III, 328.
Mesembria (château de), [*Messemble*]. Le capitaine de ce château fait porter des vivres au seigneur de Wavrin, II, 92. — Cité, II, 86.
Meun-sur-Loire, ville. Ouvre ses portes aux Français, I, 283 ; son pont seul tient pour eux, 287. — Citée, I, 279, 286, 290.
Meur (comté de). Conquis par le duc de Bourgogne, III, 302.
Meurs (Thierry de), archevêque de Cologne. Se croise avec les seigneurs d'Allemagne pour combattre les Praguois, I, 205.
Mézerolles, village. Brûlé par les Français, III, 296.
Mingrelie (la). — Citée, III, 157.
Miraumont (Pierre de) Voy. La Bouteillerie.

Miraumont (Robert, seigneur de). Envoyé par le duc de Bourgogne pour arrêter les Français dans leur dévastation de châteaux et abbayes, III, 69 ; chargé par le duc d'escorter les marchands portant des vivres pour l'armée, 75 ; fait prisonnier par les Français ; en quelle occasion, 310.
Misnie (marquis de). Voy. Frédéric le Belliqueux.
Modon, ville. — Citée, II, 54.
Molands, ville, [*Merlan*]. — Citée, III, 145.
Molins (seigneur de). Épouse une des sœurs de la reine d'Angleterre, II, 331.
Moncastro, port. La ville et le château appartiennent aux Génois, II, 95.
Montagu (Jean de). Voy. Conches.
Montagu (Jean de Neufchâtel, seigneur de). Mandé par le duc de Bedford ; pourquoi, I, 254 ; retourne au siége de Nelle, 261.
Montagu (John Nevill, marquis de), comte de Northumberland. Nommé chambellan du roi Henri VI, II, 250 ; assiste à la bataille de Northampton, 256 ; créé comte de Northumberland au couronnement d'Édouard IV, 297 ; gagne la bataille d'Exham, 324 ; fait le duc de Somerset prisonnier, *ibid.* ; prend querelle avec les gens d'Édouard, III, 46 ; se tourne contre ce prince, 47 ; ses paroles pour engager les troupes du roi à abandonner ce prince, *ibid.*, *note* 7, 49, *note* 2 ; fait courir le bruit de la mort d'Édouard, 48, *note*; ne peut l'arrêter dans sa tentative pour reprendre la couronne, 107 ; quelles en étaient les raisons, 108, 109 ; accompagne son frère, le comte de Warwick, à la bataille de Barnet, 127 ; y est tué, *ibid.*, 213, 289 ; son corps apporté à Londres est montré au peuple, 128 ; commis par War-

wick à la garde du château de Newcastle, 159. — Cité, III, 194, 195, 212.

Montagu (Thibaut de), bâtard de Neufchâtel. Mandé par le duc de Bedford ; pourquoi, I, 254 ; assiste à la bataille de Verneuil, 261.

Montagu (William). Ligué contre Mortimer, I, 79 ; prévient le roi des desseins de ce seigneur, 80 ; ruse qu'il emploie pour s'emparer de lui, 81, 82 ; le fait prisonnier, 83.

Montagu, château fort. Ravagé par le comte d'Étampes, I, 335, 336.

Montaiguillon, château fort. Assiégé par les Anglais, I, 249.

Montbéliart (comte de). Voy. Wirtemberg.

Montdidier, ville. Incendiée, à l'exception de l'église et de quelques maisons, III, 33 ; se rend au roi Louis XI, 61, 85.—Citée, III, 79.

Montfort (Henri), archer. Fait Henri VI prisonnier à Northampton, II, 227.

Montgomery (Thomas de). Trompe le roi Édouard par un faux avis, II, 406, 407.

Montjoy (Water Blount, lord). Conseil qu'il donne à Édouard IV au sujet de la révolte de Warwick, II, 405 ; trompe le roi par un faux avis, 406, 407. — Cité, III, 160, 162.

Montmorency (Philippe de). Fait chevalier avant la bataille de Brauvershaven, I, 275.

Montoire, château situé près de la ville d'Ardres. Assiégé et pris par les Français, III, 324 ; puis brûlé, *ibid.* — Cité, III, 341.

Montoire (le), ville. — Citée, III, 184.

Montreuil, ville, [*Monstroeul*]. Sommée de se rendre à Louis XI, III, 318.

Morat, ville. Assiégée par le duc de Bourgogne, III, 315 ; est secourue par le duc de Lorraine, *ibid*.

Morelet de Renty, capitaine des archers de corps du duc de Bourgogne. Accompagne les deux frères d'Édouard IV à Calais, II, 306.

Moreuil, ville, [*Moroeul*]. — Citée, III, 299.

Moreuil (Valeran de Soissons, seigneur de). Commis par le duc de Bourgogne à la garde de ses pays, II, 355, 356 ; reste toujours fidèle au parti bourguignon, III, 60 ; sa colère contre son fils, qui s'est tourné au parti du roi, 61.

Moroges (Pierre). Blessé au siége de Rhodes, II, 58 ; III, 155 ; meurt de ses blessures, II, 58 ; III, 157.

Mortimer (Geoffroy), comte de Jubien. Surnom qu'on lui donne, I, 70.

Mortimer (Roger de), oncle du suivant. Sa mort, I, 50.

Mortimer (Roger de), seigneur de Wigmore, comte de la Marche, père du comte de Jubien. S'enfuit en France, I, 46 ; sa tête mise à prix, 49 ; s'échappe de la tour de Londres, 50 ; change les gardes d'Édouard II, 56 ; ordonne la mort de ce prince, 57, 66, 71 ; favorise les Écossais ; à quelle occasion, 59 ; fait le mariage de la sœur d'Édouard III, 60 ; conclut la paix avec les Écossais, 61 ; sa mauvaise administration, 62 ; protége Robert Holand, 63 ; soumis à une enquête, 65 ; trahit le roi à Stanhope, *ibid.*, *note ;* sa nouvelle dignité, 67, 69 ; sa perfidie envers le comte de Lancastre, 68 ; sa puissance et son orgueil, *ibid.*, 70 ; conspire contre le comte de Kent, 74 ; interrogatoire qu'il fait subir à ce prince, 75, 76 ; le fait décapiter, 77 ; devient plus puissant, 78 ; sa colère contre le conseil du roi, 79 ; précautious qu'il prend pour sa sûreté, 80, 82; prisonnier, 83; son interrogatoire, 84; condamné à mort, *ibid*. — Cité. I, 73, 81.

Moselle, rivière. — Citée, III, 85.

Moussures [1] (seigneur de), chevalier, chambellan du duc de Bourgogne et capitaine d'Amiens. Renonce au service du duc de Bourgogne et lui écrit pour le remercier des biens qu'il lui a faits, III, 50, *note*.

Moy (Antoine de). Blessé au siége de Dieppe, I, 332.

Moy (Jacques de). Prend possession de la ville de Saint-Quentin au nom du roi, III, 313.

Moyencourt, ville. — Citée, I, 330.

Muley Xeque, grand prince du royaume de Fez, [*Morleghet*]. Était un très-grand capitaine; son fils et deux de ses femmes sont faits prisonniers, III, 93; supplie le roi de les garder jusqu'à ce qu'il lui ait parlé, *ibid*.; ses trésors cachés sous terre, 94; découverts, *ibid*.; ce qu'il fait rendre au roi Alphonse en échange de ses femmes et de son fils, 96

Musanto (Alvarès de Castro, comte de), [*Moutsaint*]. Est tué d'un coup de lance en parlementant avec les Sarrasins, III, 92; son éloge, *ibid*.

Musson (Jacques de). Blessé par les Français en traitant de la reddition de la ville d'Amiens, III, 53.

N

Namur, ville. — Citée, II, 363.

Nancy, ville. Assiégée et prise par le duc de Lorraine, III, 316; reprise par le duc de Bourgogne, 317. — Citée, III, 303.

Nantouillet (Charles de Melun, seigneur de). Décapité par ordre de Louis XI, III, 274, 275; avait été en grande faveur auprès de ce prince, *ibid*.

Narbonne (Guillaume, vicomte de). Un des chefs de l'armée française à la bataille d'Ivry, I, 258.

Nassau (Jean, comte de). Bat les Français dans une rencontre près d'Amiens, III, 81.

Natolie (la). — Citée, II, 24, 30, 39.

Navarre (roi de). Voy. Charles III.

Negrepont, ville. — Prise par les Turcs, III, 36.

Nelle, ville. Assiégée par les Anglais, I, 254, 261; assiégée, prise et détruite entièrement par Charles, duc de Bourgogne, III, 293.

Nemours, ville. — Citée, I, 281.

Nemours (Jacques d'Armagnac, duc de). N'assiste pas aux États de Tours en 1468, II, 367; sa mort, III, 329.

Neufchatel (Jean de). Voy. Montagu.

Neuf Pont (Pierre de), dit *Berry*, héraut d'armes de Louis XI. Envoyé par le roi vers le duc de Bourgogne, III, 81; quel était l'objet de sa mission, *ibid*.

Neuss, ville. Assiégée par le duc de Bourgogne, III, 304-306.

Nevers (Charles de Bourgogne, comte de). Accompagne le duc de Bourgogne à Châlon, II, 31.

Nevill (Georges), évêque d'Exeter et d'York, frère du comte de Warwick [1]. Se tourne contre le roi Édouard, II, 341; démis de

---

1. Colas Gourle, chevalier, seigneur de *Mousures*, conseiller et chambellan du roi, était, en 1483, capitaine du Maine. (Bibl. imp., Mss., fonds Gaignières, n° 772², page 733.) — Est-ce le même personnage?

1. Créé évêque d'Exeter le 25 novembre 1455, grand chancelier d'Angleterre en 1460, archevêque d'York en 1464. Mort le 8 juin 1476 (Godwin, 693).

son office de chancelier d'Angleterre, 344; cherche à s'emparer de la personne du roi, III, 2, comment fait ce prince prisonnier, 3; ses gens prennent querelle avec ceux du roi, 46; les attaquent, 47; excite les Londoniens à soutenir Henri VI, 121; voyant la fortune favoriser Édouard, envoie vers ce prince pour rentrer dans ses bonnes grâces, 122, 123. — Cité, II, 347, 350; III, 160, 162, 183, 288.

NEVILL (John), frère du comte de Warwick. Prisonnier à la bataille de Ludlow, II, 195.

NEVILL (John), frère du duc de Westmorland, [*Nyvelle*]. Fait partie de l'armée de la reine Marguerite à Towton, II, 263; tué à cette bataille, 280.

NEVILL (John). Voy. MONTAGU.

NEVILL (Richard). Voy. SALISBURY.

NEVILL (Robert). — Cité, III, 186, 194.

NEVILL (Thomas). Voy. FAUCONBERG.

NEVILL (Thomas), frère du comte de Warwich, [*Neufville*]. Prisonnier à la bataille de Ludlow, II, 195; accompagne son frère chez le duc d'York, 245; chargé par les princes de représenter au duc d'York le péril qu'il court en se faisant roi, 248; assiste à la bataille de Northampton, 256; accompagne le duc d'York à Wakefield, 258; tué à cette bataille, 261.

NEVILL (William). Voy. FAUCONBERG.

Newark-sur-Trent, ville, [*Nyeuwerch*]. — Citée, III, 19, 110, 174.

Newbury, ville. Ses habitants refusent de payer l'impôt au roi Henri VI, II, 186; disent qu'ils le gardent pour le duc d'York, *ibid*.

Newcastle, ville, [*Neufchastel*]. — Citée, II, 323, 325; III, 159, 160, 163.

Nice, ville. — Citée, II, 34, 35, 50, 51.

Nicopolis, ville. Assiégée en 1396, II, 99, 148, 159, 156; sa description, 145; siége de sa tour, 147, 148, 151; en quoi est nuisible au seigneur de la Valachie, 147. — Citée, II, 85, 100, 104, 112, 127, 139, 141, 142, 144.

Nœuf-Fossé. Lieu près de Saint-Omer, III, 320. — Cité, III, 325, 326.

Noeux, village. Brûlé par les Français, III, 296.

Norfolk, comté. — Cité, III, 98.

NORFOLK (John, duc de). Fait décapiter plusieurs seigneurs pris à la bataille de Tewkesbury, III, 140.

NORFOLK (John de Monbray, duc de), [*Noffok*]. Fait partie de l'armée du roi Henri VI contre le duc d'York, II, 179; aime cependant ce duc, *ibid.*; accompagne le roi et le comte de Warwick à Saint-Albans, 268. — Cité, II, 268, 271, 272, 274.

NORGUERMES (bâtard de). Est au nombre des gentilshommes qui allèrent au nom du duc de Bourgogne sommer les habitants de Saint-Riquier de se rendre, III, 310.

NORGUERMES (seigneur de). Son château pris par les Français, III, 325.

Normandie (la). Rendue aux Français, II, 173, 178, 181. — Citée, I, 218, 237, 270, 281, 288, 318-320, 323; II, 345, 348, 349, 367; III, 32, 33, 194, 197.

NORMANDIE (duc de). Voy. BERRY (Charles de France, duc de).

Northampton, ville. Henri VI établit son camp dans une vallée au-dessous de cette ville, II, 225; Warwick et ses adhérents l'y joignent, l'attaquent, mettent son armée en déroute et le font prisonnier, 227; cette rencontre est dite *bataille de Northampton*, 256; la ville, une des fortes

places d'Angleterre, est emportée d'assaut et mise au pillage, 257.
— Citée, I, 59, 61; II, 192, 193, 220, 222-224, 228, 230, 233, 234, 409; III, 1, 119.

Northumberland, comté. — Cité, I, 180; II, 257, 323; III, 26.

NORTHUMBERLAND (comte de). Voy. MONTAGU.

NORTHUMBERLAND (Henry Percy, comte de), connétable d'Angleterre. Livre bataille aux Écossais, I, 177; fait le comte de Douglas prisonnier, *ibid* ; service qu'il rend au roi Henri IV, 178; se ligue contre ce prince, 180.

NORTHUMBERLAND (Henry Percy, lord Poynings, comte de). Mandé par le roi Henri VI pour conclure la paix avec le parti ennemi, II, 187; son désir de s'emparer du comte de Warwick, mort ou vif, 239; assiste à la bataille de Northampton, 256; fait partie de l'armée de la reine à Towton, 273; y « mène la bataille,» 276; fautes qu'il commet, 278; y perd la vie, 279.

NORTHUMBERLAND (Henry Percy, comte de). Accompagne Henri V en France, I, 202; suit Henri VI à Saint-Albans, II, 182; tué à cette bataille (1455), 183.

NORTHUMBERLAND (Henri Percy, comte de). Seigneur de Tadcaster, III, 107; dévoué au roi Édouard, 108.— Cité, III, 106.

Notre-Dame (église) de Bruges. — Citée, II, 374.

Notre-Dame (église) de Pontoise. Ravagée par les Français, I, 314.

Notre-Dame (église) de Rouen. — Citée, I, 273.

Nottingham, ville. — Citée, II, 274, 275, 351; III, 109-111.

Nottingham (château de). — Cité, I, 78, 80-82.

Novion (forteresse de). — Citée, I, 252.

Noyelle, ville. Son château assiégé, I, 216; à qui appartenait, *ibid.*; pris par les Anglais, *ibid.* — Citée, I, 217.

NOYELLES (le bâtard de). Blessé au siége de Dieppe, I, 332.

Noyon, ville. — Citée, II, 381; III, 201, 304.

Nuremberg, ville. — Citée, I, 207.

O

OIGNIES (Antoine d'). Voy. BRUAY.

Oise, rivière.—Citée, II, 377, 379, 380.

Oisemont, ville. Brûlée par le duc de Bourgogne, III, 294.

Orléans, ville. Son siége levé, I, 278. — Citée, I, 192, 280, 284, 295.

ORLÉANS (Jean, bâtard d'). Voy. DUNOIS.

ORLÉANS (Louis de France, duc d'). Pourquoi a été assassiné, I, 191, 192.

ORMONT (comte de). Voy. WILSHIRE.

OSTEVRE (Despert d'). Fait chevalier au siége de Dieppe, I, 334.

OUALTRE OISELE (?), chambellan de Warwick. Envoyé en ambassade vers Édouard IV, III, 193.

OURDEHAL (Richard), prêtre, [*Ouvdculle*]. Porteur de lettres du duc de Clarence et du comte de Warwick au roi Édouard, III, 14, 21. — Cité, III, 22.

Oxcester, ville. — Citée, I, 172; II, 184.

OXFORD (John Vere, comte d'), [*Oxemfort*]. Chef d'une conspiration contre Édouard IV, II, 299; pris et mis à mort, 300; détails sur son cruel supplice, *ibid.*

OXFORD (John Vere, comte d'), autre que le précédent. S'enfuit de l'armée d'Édouard, III, 110; mauvais conseil qu'il donne au comte de Warwick, 116; amène un secours audit comte, 117;

s'enfuit de la bataille de Barnet. 127 ; va en Écosse, *ibid*.—Cité, III, 211, 289.

P

PALATIN (Comte). Voy. BAVIÈRE (Robert de) et HEDERVARA.

PALEOLOGUE (Jean), empereur de Constantinople. Content de la victoire remportée sur les Turcs, II, 29; ce qu'il demande au pape, 30; secours qu'il envoie; pourquoi, 41 ; joyeux de l'arrivée des seigneurs bourguignons, 63 ; sa réponse aux envoyés du seigneur de Wavrin, 72; fournit deux galères, 75; craint de voir partir l'armée des chrétiens; pourquoi, 86; demande qu'on défende sa ville contre les Turcs, 87; traite secrètement avec le grand Turc, *ibid.*; accueil qu'il fait aux seigneurs bourguignons, 159; ce qu'il donna au seigneur de Wavrin à son départ, *ibid*. — Cité, II, 32-37, 50, 53, 68, 73, 98, 101, 160.

PAPES. Voy. JEAN XXII, EUGÈNE IV, MARTIN V, PAUL II, PIE II et SIXTE IV.

Paris, ville. Ses bannières et ses franchises lui sont rendues par Louis XI, II, 354. — Citée, I, 160, 217, 218, 240, 281, 288, 289, 329; III, 58.

PARR (William), [*Apparre*]. Ranime le courage des gens du Nord à la bataille de Banbury, et fait tourner la victoire du côté de Warwick, II, 408 ; envoyé par le duc de Clarence et le comte de Warwick vers Édouard IV, III, 22 ; chargé de la réponse de ce prince; demande à être accompagné d'un de ses officiers d'armes, 24 ; se joint à Édouard dans son entreprise pour reprendre la couronne, 109.

Pasgala, port, [*Panguala*]. Sa description, II, 93.

Patay, ville. — Citée, I, 291, 292, 295.

Paul ou *Paghill*, sur les bords de l'Humber. — Citée, III, 100.

PAUL II, pape. — Cité, II, 357-359; III, 192.

PEMBROCK, héraut d'armes, [*Pennebrocq*]. Envoyé vers le duc de Bourgogne ; par qui et pourquoi, I, 305.

PEMBROKE (comte de), [*Pennebrocq*]. Voy. HERBERT.

PEMBROKE (Gaspard de Hatfield, comte de), [*Pennebrocq*]. Se réunit à l'armée du roi contre le duc d'York, II, 254; député par le roi vers Louis XI, 170, *note*. — Cité, III, 135, 176, 181.

PENTHESILÉE, reine des Amazones. Quel port elle fit faire, II, 93.

Pera, ville. — Citée, II, 73, 88, 92, 101.

Perche (le). — Cité, I, 260.

PERCY. Voy. NORTHUMBERLAND et WORCESTER.

PERCY (seigneur de). Tué à la bataille de Towton, II, 280.

PERCY (les seigneurs de). Livrent bataille au roi Henri IV, I, 185 ; leur joie de leur première victoire, 186 ; auraient pu gagner la bataille, 187.

PERCY (Henry de). Commis à la garde d'Édouard II, I, 51 ; annonce à ce prince sa déchéance, 52 ; discours qu'il fait à ce sujet, 53.

PERCY (Henry de), surnommé *Hotspur*. Fait le comte de Douglas prisonnier, I, 177 ; refuse de le remettre entre les mains du roi, *ibid.*; reçoit un soufflet de ce dernier, 178; ses projets de vengeance, 179 ; s'arme contre le roi, 180, 181 ; se prépare au combat, 183, 184; décapité après la bataille de Shrewsbury, 188.

PERCY (Ralph). Promet aide et

secours à son frère contre le roi, I, 178.

Périgord (le comte de). — Cité, III, 201.

Péronne, ville. — Citée, II, 378, 379, 381-384, 386; III, 63, 64, 79, 85, 204, 301, 312, 319.

Perron de Liége. Voy. Liége.

Perweis (Henry, seigneur de). Chargé par le duc de Bourgogne d'aller contre les Français, III, 68.

Philippe de Hainaut, reine d'Angleterre. Porte le deuil de Jean, roi de France, I, 106. — Citée, I, 59, 78; II, 283.

Philippe-le-Bon. Voy. Bourgogne.

Philippopolis, ville, [Phlipopoli]. — Citée, II, 28, 42, 43.

Picardie (la).—Citée, III, 201, 329.

Picquenaires (les). Usage qu'ils savaient faire de leur pique et combien ils étaient à redouter, III, 74.

Picquigny, ville. Prise par le duc de Bourgogne et incendiée, III, 66, 284, 285. — Citée, III, 69, 70, 298, 312.

Pie II, pape. Sa mort, II, 322.

Piennes (Louis de Halwin, seigneur de). Capitaine de Saint-Omer, abandonné par ses troupes, reste prisonnier des Français, III, 342.

Pierres (seigneur des). Chef de la garnison de Lille ; battu par les Français entre Lille et Tournay, III, 343.

Pierson (John), poursuivant d'armes d'Édouard IV. Quelles sont les nouvelles qu'il apporte d'Angleterre au seigneur de Craon, III, 159-164.

Pillet (Jean), capitaine écossais. Tué à la bataille de Cravant, I, 248.

Piseux, ville, [Baiseux]. — Citée, I, 260.

Poictou. Envoyé de Louis XI vers le comte de Warwick, III, 199.

Poitiers, ville. — Citée, I, 15, note.

Poitou (sénéchal de). Voy. Crussol.

Poix, ville. Brûlée, ainsi que son château, par le duc de Bourgogne, III, 294.

Porx (Jean de Soissons, seigneur de), chambellan du duc de Bourgogne. Rend la ville de Roye aux Français, III, 60; se met au service de Louis XI, 61; quitte Saint-Quentin avec les chevaliers; pourquoi, 66.

Pologne (la). — Citée, II, 22-24, 42, 66, 84.

Pologne (roi de). Voy. Wladislas.

Pont (marquis du). Voy. René II, duc de Lorraine.

Pont-à-Mousson, ville. — Citée, III, 316.

Pont-Audemer, ville. — Citée, III, 299.

Pont-de-L'Arche, ville. — Citée, I, 270, 272.

Pontefract (ville et château de), [Pontfret]. — Cités, I, 62, 198; II, 241, 282; III, 26, 107.

Ponthieu (comté de). Lettre du receveur de ce comté au roi Louis XI concernant les nouvelles de l'Angleterre, III, 182-186.

Pontoise, ville. Prise par les Français, I, 316, 320.

Poperingues, ville, [Poupringue]. Saccagée par les Anglais, I, 307.

Popincourt (Jehan de), [Poupencourt]. Envoyé en ambassade vers Édouard IV, II, 344; explique l'objet de sa mission, 347.

Porcean (Antoine de Croy, comte de). Voy. Croy.

Porto (Guillaume). Commis à la défense d'une forteresse devant Dieppe, I, 326; fait prisonnier; se rend au dauphin, 332.

Portsmouth, ville. — Citée, III, 129.

Portugal (rois et reine de). Voy. Alphonse V, Jean Ier et Philippe de Lancastre.

DES MATIÈRES. 405

Portugal (Isabelle de). Voy. Bourgogne.
Pot (Regnier), seigneur de la Roche. Se joint aux Anglais pour secourir Cravant, I, 242.
Poton. Voy. Xaintrailles.
Praguois (les). Croisade contre eux, I, 205.
Précigny (seigneur de). Voy. Beauvau.
Preston. — Cité, III, 179.
Prêtre (un), pendu pour ses crimes, III, 276, 277.
Prévôt de Paris. Voy. Estouteville (Robert d').
Prouvost (Thomas), homme d'armes de Lille en Flandres. Tué par les Français dans une escarmouche devant Amiens, III, 72.
Provence (la). — Citée, II, 35.
Puterie (faubourg de la), à Hesdin. Brûlé par les Français, III, 296.

Q

Quent (Thomas). — Cité, III, 190.
Quesnoy (Robinet du), capitaine de Saint-Valery. Abandonne cette ville à l'approche du duc de Bourgogne, III, 294.
Quesnoy-le-Comte, ville. — Citée, II, 378.
Quieret (Gauwain), seigneur de Drueul. Capitaine de la ville de Chaulnes, I, 330; fait chevalier au siége de Dieppe, 333; se rend à Venise; pourquoi, II, 52; porte le pennon du duc de Bourgogne dans une attaque contre les Turcs, 61; envoyé vers l'empereur de Constantinople; pourquoi, 72, 73; tombe malade à Péra, 101; retourne auprès du duc de Bourgogne, 102. — Cité, II, 60.
Quieret (Guy de). Fait chevalier au siége de Dieppe, I, 333.
Quievrain (baron de). Voy. Croy.

Quingey[1] (Simon de), écuyer, seigneur de Montbaillon. Chargé par le duc de Bourgogne de plusieurs messages pour le roi, III, 82.

R

Rabodanges (Allard, seigneur de), bailli de Saint-Omer. Envoyé en ambassade vers Édouard IV, II, 333, 342; se rend en Normandie pour secourir le duc de Berry; reste prisonnier des Français d'après la capitulation de la ville d'Eu, 300; où il est conduit, *ibid.*
Ragged-Stoff, [*Ravestoc*]. Enseigne du comte de Warwick, II, 227, 260.
Ragman - Roll. Acte passé entre Édouard Ier et les Écossais, I, 59; par qui livré aux Écossais, *ibid.*, 66, 84; quelles étaient les conditions de cette charte, *ibid.*
Raguse, ville. — Citée, II, 67.
Rais (de), maréchal de France. Voy. Lohéac.
Rambures, ville. Assiégée par le duc de Bourgogne, se rend à ce prince, III, 295; reprise par les Français, 300. — Citée, III, 298.
Rambures (André, seigneur de). Est dans la forteresse de Verneuil lors de la prise de cette place par les Anglais, I, 270.
Rambures (Jacques, seigneur de). Rend son château de Rambures assiégé par le duc de Bourgo-

1. Messire Simon de Quingey, seigneur de Montbaillon, page du duc Charles, puis son ambassadeur en France et échanson, reçu en 1487, mort en 1523. Quartiers : 1° Quingey; 2° Aucelle; 3° Montrichard, 4° Merceret. » (*Aperçu succinct sur l'ordre des chevaliers de Saint-George du comté de Bourgogne*, p. 88.)

gne et se met en son obéissance, III, 295.

RAMPSTON (Thomas), sénéchal de Bordeaux, [*Rameston*]. Secourt les assiégés de Beaugency, I, 281, 282 ; un des chefs de l'armée anglaise à la bataille de Patay, 291 ; assiste au siége de Tartas, 321. — Cité, I, 284.

RATCLIFF (John). Voy. FITZWALTER (lord).

RAVENSTEIN (Adolphe de Clèves, seigneur de). Envoyé par le duc de Bourgogne pour porter secours aux assiégés de la ville de Huy, II, 355 ; joute contre Antoine, bâtard de Bourgogne, au mariage de Charles le Téméraire, 372 ; commence l'assaut donné à la ville de Liége, 389 ; tient garnison à Péronne, III, 64 ; bat les Français dans une rencontre près d'Amiens, 81.

RELY (Martin, seigneur de), surnommé *Bon de Rely*. Capitaine de Montdidier ; demande secours au duc de Bourgogne pour défendre la ville contre les Français, III, 61.

RENÉ d'Anjou, roi de Naples et de Sicile. Assiste aux États de Tours en 1468, II, 366. — Cité, II, 322 ; III, 180, 190.

RENÉ II, duc de Lorraine. Fils du duc de Calabre, III, 56 ; tient le siége devant Mâcon, 85 ; son entrevue avec le duc de Bourgogne, 303 ; déclare la guerre à ce prince, 306 ; lui fait lever le siége de Morat, 315 ; assiége la ville de Nancy et s'en rend maître, 316 ; battu par le duc de Bourgogne, 317 ; revient avec de nouvelles forces devant Nancy et gagne la bataille de ce nom, *ibid*.

Renescure, village. — Cité, III, 320, 342.

RENTY (château de). Pris par les Français, III, 325.

RENTY (seigneur de). Voy. CROY.

Resteville. Voy. *Bristol*.

Retford, [*Reddefort*]. — Cité, III, 19.

Rhin (le), fleuve. — Cité, I, 194.

Rhodes (île de). Bombardée et assiégée par les Turcs, II, 56, 57, 59 ; III, 153. — Citée, II, 35, 51-54, 58, 86 ; III, 327.

RHODES (grand maître des Templiers de). Voy. BONPER DE LASTIC.

RHODES (chevalier de). Voy. SAINT-VINCENT.

Ribemont, village. Pillé et brûlé par le duc de Bourgogne, III, 299.

RICHARD II, roi d'Angleterre. Rappelle près de lui le duc de Lancastre, I, 159 ; satisfait des mariages des filles de ce prince, 160 ; traite avec le roi de France ; à quelles conditions, 165 ; ses obsèques, 198. — Cité, I, 172, 176, 178, 179, 184, 196 ; II, 241, 282, 283.

Richmond (comté de). — Cité, III, 18.

RICHMOND (Artus de Bretagne, comte de). Son mariage avec la sœur de Philippe, duc de Bourgogne, I, 252 ; assiste à la prise de Jargeau, 282 ; conduit l'avant-garde à la journée de Patay, 289.

RICHMOND (Edmond de Hadham, comte de). Se joint à l'armée du roi contre le duc d'York, II, 254.

RICHMOND (Marguerite de Bourgogne, comtesse de). Son mariage, I, 251, 252.

RIDDESDALE (Robin de), [*Rissedal*]. Voy. *Hillyard*.

Ry, village, [*Ris*]. Tenait à la forêt de Lyons, I, 310.

RIVERS (Jacqueline de Luxembourg, veuve du duc de Bedford, remariée au lord). Sollicite auprès d'Édouard IV la grâce de trois seigneurs, II, 298. — Citée, II, 328.

RIVERS (Richard Widwill, lord), [*Rivière*]. Accompagne le duc de Somerset à Calais, II, 197 : accusé de négligence par ce prince ; à quel sujet, 199 ; fait prisonnier, 205 ; de quoi est accusé, *ibid.* ; emprisonné au château de Calais, 206, 236 ; conduit à Londres par le comte de Warwick, 236 ; rentre en grâce auprès de Henri VI, 237 ; commis à la garde du pont de Ferry-Bridge, 275 ; conduit l'avant-garde de Henri VI à Towton, 276 ; met en fuite la cavalerie ennemie, *ibid.*, 278 ; fait prisonnier, 280 ; obtient son pardon d'Édouard IV, 298 ; créé connétable d'Angleterre, 331 ; mauvais conseil qu'il donne au roi, 339 ; fait apporter le vin et les épices aux ambassadeurs de Louis XI, 347 ; conseil qu'il donne au roi pour résister à ses ennemis, 351 ; inspire de la jalousie au comte de Warwick, 405 ; forcé de quitter la cour, *ibid.* ; se retire dans un château du pays de Galles, 405 ; décapité, *ibid.* ; le royaume de France était son héritage, III, 7 ; a bien mérité la mort, *ibid.* — Cité, II, 203, 204, 299, 328, 330, 332, 342, 346 ; III, 193, 278.

Rivières, ville de Bourgogne. — Citée, III, 316.

Robert (sir). Chargé par Édouard IV, lors de son arrivée sur les côtes d'Angleterre, de voir si le pays était bien disposé pour ce prince, III, 98.

Robert III, roi d'Écosse. Demande à Henri V un sauf-conduit pour son fils, I, 209 ; sa mort, 210.

Robert Bruce. Voy. Bruce.

Rochefort (Guillaume de), chancelier de France. Se joint aux Anglais pour secourir Cravant, I. 242.

Rochester, ville, [*Rocestre*]. — Citée, II, 217.

Rochester (évêques de). Voy. Lowe et Scott.

Rodrigue (don), fils naturel du comte de Musanto. Entre l'un des premiers dans le château d'Arzile, III, 92.

Roeux (seigneur de). Voy. Croy.

Roi de la folie. Voy. Mortimer (Geoffroy de).

Rois et reine de France. Voy. Charles IV, Charles V, Charles VI, Charles VII, Charles VIII, Jean I, Louis XI et Isabelle de Bavière.

Romanie (la). — Citée, II, 14, 41, 87.

Rome, ville. — Citée, II, 24, 30, 31, 41, 48, 63, 64, 160, 161, 332, 358.

Romont (Jacques de Savoie, comte de). Combat les Français devant Arras, III, 309.

Roncesay? village Brûlé par les Français, III, 296.

Ross de Hamlake (Thomas, lord). Accompagne le duc de Somerset à Calais, II, 235 ; tué[1] à la bataille de Towton, 280 ; assiste à la bataille d'Exham, 324 ; décapité le 17 mai 1463[2], 325.

Roscelyn (Thomas), [*Rethelin*]. S'enfuit en France auprès de la reine d'Angleterre, I, 46 ; se ligue contre cette princesse, 68 ; exilé, 69.

Rothelin (Philippe, marquis de Hochberg, seigneur de). Assiégé dans la ville de Huy par les Liégeois, II, 355.

Rotherham, ville. — Citée, III, 25.

Rouault (Joachim), seigneur de Boismenart, maréchal de France. Quitte Saint-Quentin après la prise de Picquigny, III, 66 ; sa ville de Gamaches brûlée ; par

---

1. C'est par erreur que Wavrin le cite au nombre de ceux qui « demourerent mors ou prins » à cette journée.

2. Dugdale s'est trompé, et nous avons fait erreur en disant, d'après lui (II, 235, note ; 280, note 4), que le seigneur de Ross mourut « dans la première année (1461-1462) du règne d'Édouard IV. »

qui, 294; fait assaillir la ville d'Eu et s'en empare par capitulation, 299, 300.
Rouen, ville. Possédée par les Anglais, I, 325; assiégée par le duc de Bourgogne, III, 296. — Citée, I, 215-217, 224, 254, 270, 272, 273; II, 353.
Rougemontier, village. — Cité, III, 184.
Roussy (Antoine de Luxembourg, comte de). Est au service du duc de Bourgogne, III, 57; nommé par ce prince capitaine de Doullens, 62; fait prisonnier par les Français, 308.
Roustchouk (château de), [*Rossico*]. Semblable à celui de Tourtoukan, II, 141; incendié par les Turcs, 142. — Cité, II, 104, 143, 144.
Rouville (Jean), vice-chancelier de Bretagne. Assiste du côté du duc de Berry à l'entrevue de ce prince avec le roi, II, 396.
Rouvroy, faubourg d'Abbeville. — Cité, III, 59.
Roye, ville. Prise par les Français, III, 26; assiégée et prise par le duc de Bourgogne, III, 293; détruite de fond en comble par Louis XI, 307. — Citée, III, 79, 85.
Royer (François), bailli de Lyon. Conseille aux Liégeois de faire la guerre au duc de Bourgogne, II, 362.
Royston, ville. — Citée, III, 9, 10, 13.
Rubempré (Jean de), seigneur de Bièvre. Commande l'assaut donné à la ville de Liége, II, 389; forcé de rendre la ville de Nancy assiégée par le duc de Lorraine, III, 316.
Rubempré (seigneur de), frère du précédent. Défend la ville de Roye assiégée par Charles le Téméraire, III, 293.
Rue, ville. Saccagée par les Anglais, I, 216; remise par eux en état de défense, *ibid.*, 217. — Citée, III, 304, 305.

Rutland (Edmond, comte de), fils du duc d'York, [*Rotelant*]. S'enfuit avec son père après la bataille de Ludlow, II, 195; l'accompagne dans cette ville, 240; ce qu'il dit au comte de Warwick relativement aux droits de son père à la couronne, 245; accompagne son père à Wakefield, 258; tué à cette bataille, 261. — Cité, II, 262.
Rutland (Édouard, comte de). Assiste à la bataille de Shrewsbury, I, 182; éprouve un échec, 186.

S

Saatz, [*Souch*]. Assiégée, I, 207.
Sailly (château de). Pris par les Français, III, 68.
Sains (Jean de). Fait chevalier au siége de Dieppe, I, 334.
Sains (Regnaud de). Fait chevalier au siége de Dieppe, I, 334.
Sains (seigneur de). Somme la ville de Saint-Quentin de se rendre à Louis XI, III, 53; entre dans la ville, 54.
Saint-Albans. — Cité, I, 64; II, 181, 182, 222, 261, 263, 264, 266, 271-274.
Saint-André (la croix de). Enseigne de guerre du duc de Bourgogne, II, 363, 389.
Saint-André (évêque de). Voy. Kennedy.
Saint-André (place), en Écosse. — Citée, III, 169.
Saint-Ange (cardinal de). Voy. Cesarini.
Saint-Antoine (abbaye de), près Bailleul. Pourquoi est sauvée du pillage et du feu, I, 307.
Saint-Bertin (abbaye de), à Saint-Omer. — Citée, II, 402.
Saint-Bertin (abbé de). Voy. La Plagne.

Saint-Donat (l'église de), à Bruges. — Citée, II, 352.
Saint--Éloy (le mont), près d'Arras. — Cité, III, 319.
Saint-François (couvent de l'ordre de), près d'Arras. Par qui fondé, II, 364.
Saint-George (faubourg de), à Hesdin. Brûlé par les Français, III, 296.
Saint-George (bras de), détroit de Romanie. Sa longueur, II, 87. — Cité, II, 14, 39, 41, 53.
Saint-Georges (Guillaume de Vienne, seigneur de). — Cité, I, 243.
Saint-Jacques (église de), à Dieppe. — Citée, I, 334.
Saint-Jean (le prieur de). Voy. Langstrother.
Saint-Lambert. Enseigne des Liégeois, II, 363.
Liévin (Saint). Révéré à Gand, II, 352.
Saint-Martin (église paroissiale de), à Saint-Omer. Démolie, III, 326.
Saint-Nicolas (le môle), à Rhodes. — Cité, III, 154.
Saint-Omer, ville. Reste en la possession de Marie, duchesse de Bourgogne, III, 323 ; se met en état de défense contre les attaques du roi, 325, 326 ; quel est son plus faible endroit, *ibid.* ; ses environs dévastés par les Français, 328, 341. — Citée, I, 303, 307-309 ; II, 312, 401 ; III, 201, 206, 207, 267, 312, 320, 324, 327, 328, 344.
Saint-Paul (château de). — Cité, III, 56.
Saint-Paul (Jeanne de Bar, comtesse de). — Citée, III, 58.
Saint-Paul (Louis de Luxembourg, comte de), connétable de France. Mandé par le dauphin pour l'accompagner à Paris, I, 329 ; ne revendique point un prisonnier qu'il a fait au siège de Dieppe ; pourquoi, 332 ; fait chevalier audit siège, 333 ; honneur qu'il rend au dauphin, 335 ; envoyé par Louis XI vers le duc Charles pour lui remontrer trois choses ; quelles sont-elles, II, 356, 357 ; fait savoir au roi Louis XI la réponse du duc de Bourgogne, 358 ; sa conférence secrète avec le duc Charles, *ibid.* ; n'assiste pas aux États de Tours en 1468, 367 ; va en ambassade à Bruges vers le duc de Bourgogne, 375 ; son entrée dans cette ville, *ibid.*, note 2 ; se tient dans son château de Bohain, 377 ; s'entremet pour accorder ensemble le roi et le duc de Bourgogne, 378 ; accompagne le roi à Péronne, 381 ; conseille aux habitants de Saint-Quentin de se rendre au roi, III, 55, 56 ; sa réponse hautaine au mandement que lui faisait le duc de Bourgogne de venir le servir, 57 ; fait sommer le capitaine de Bapaume de rendre la ville au roi, 67 ; lui accorde quelques jours de sursis, 68 ; assemble un grand nombre de gens d'armes, 72 ; s'empare du château de Chaulnes, 73 ; entre dans Amiens, 76 ; son entrevue avec le roi Édouard IV, 312 ; pourquoi est empêché d'aller vers le duc de Bourgogne, 313 ; son arrestation, *ibid.*, 314 : sa mort, *ibid.* — Cité, II, 328, 385 ; III, 58, 64, 66, 274, 278, 308, 309, 315.
Saint-Paul (Marguerite de Baux, comtesse de), mère du connétable. Sa mort ; où fut enterrée, III, 280.
Saint-Paul (Marie de Savoie, comtesse de). — Citée, III, 314.
Saint-Pierre (église de), à Abbeville. — Citée, III, 301.
Saint-Pierre (Notre-Dame de), près Calais. — Citée, II, 197, 235, 262.
Saint-Quentin, ville. Sommée par le roi de se rendre en son obéissance, III, 53 ; ses habitants font serment de fidélité à ce

prince, 55, 56; rentre au pouvoir du roi, 313. — Citée, II, 377; III, 59, 66, 79, 85, 285, 299, 304, 312.

SAINT-QUENTIN (bailli de). Voy. LA VIESVILLE.

Saint-Remy (pont de). — Cité, III, 310.

Saint-Riquier, ville. Ses habitants sommés de se rendre au duc de Bourgogne, III, 310; font de nouveau serment au duc, ibid. — Citée, III, 185, 296, 297, 304, 305, 309.

SAINT-RIQUIER (abbé de). Prie vainement le duc de Bourgogne de faire déloger les troupes du maréchal de Gueldres qui occupent son église et son abbaye, III, 297; ce qui en arrive, ibid.

Saint-Thomas (la fierte de), à Cantorbery. — Citée, I, 195; II, 404.

Saint-Tron, ville. Assiégée par le duc de Bourgogne, II, 359; sa reddition, 360. — Citée, II, 386.

Saint-Valery, ville. Ceux qui gardaient cette ville l'abandonnent à l'approche du duc de Bourgogne, III, 294; prise par les Français, 300.

SAINT-VENANT (seigneur de). Voy. WAVRIN (Robert et Waleran).

SAINT-VINCENT, chevalier de Rhodes. Blessé au siége de cette ville, II, 58.

Sainte-Claire (couvent de), à Amiens. Par qui fondé, II, 364.

Sainte-Claire (couvent de), à Saint-Omer. Démoli, III, 325; puis brûlé, 326.

Sainte-Croix (porte), à Saint-Omer. — Citée, III, 325.

Sainte-Marie au Roy (église de). Située sur le bord de la Tamise, II, 233.

SALAZAR (Jean de), [Salezart]. S'empare, avec d'autres seigneurs, de la ville d'Auxy et y met le feu, III, 295; fait brûler les faubourgs de Hesdin, ibid. — Cité, III, 72, 76.

SALENOVE (Guigue, seigneur de), [Salemonne]. Se joint aux Bourguignons pour aller au secours de Cravant, I, 241.

Salisbury, ville, [Salisber]. — Citée, I, 67.

SALISBURY (évêque de). Voy. AISCOTH.

SALISBURY (Alice, comtesse de). Accompagne le comte de Warwick, son fils, à Calais, II, 210; reste dans cette ville, sous la garde des Calaisiens, 216; présentée au roi, 237. — Citée, II, 213, 233, 234; III, 277.

SALISBURY (Richard Nevill, comte de), père du comte de Warwick, [Salsebery]. Assiste à la bataille de Saint-Albans, II, 182; banni du royaume, 184; victorieux à Blore-Heath, 185; mandé par le roi pour faire la paix entre les partis ennemis, 187; sa querelle avec le duc de Somerset, 188; pourquoi mande son fils, ibid.; accompagne le duc d'York au comté de Kent, 192; mis en déroute à Ludlow, 195; ses biens dévastés; par qui, 196; pourquoi s'oppose à l'entrée du seigneur de Rivers et de son fils dans Calais, 205; ses récriminations contre eux, 206, note; commis à la garde de Calais, 209; joyeux du retour de son fils et de sa femme dans cette ville, 213, 214; quitte Calais, 216; assiége le seigneur de Scales dans la tour de Londres, 210, 230; commis à la garde et gouvernement du roi, 229; fait demander au seigneur de Scales les conditions de sa capitulation, 231; assiste à la reddition de la tour, 232; quelles recommandations fait à son fils, 238; assiste au parlement, 243; raconte à son fils le coup d'État du duc d'York, 244; chargé de la conduite des gens d'armes de ce prince, 251; se prépare au combat, 252; assiste à la bataille de Ludlow,

255 ; accompagne le duc d'York à Wakefield, 258, 260 ; tué à la bataille donnée dans ce lieu, 261. — Cité, II, 183, 201, 207, 221, 267, 332 ; III, 277.

SALISBURY (Thomas de Montagu, comte de). Assiste à la prise de la forteresse d'Orsay, I, 215, *note;* envoyé pour secourir Cravant, 240, 243 ; harangue ses gens d'armes avant la bataille, 247 ; retourne au siége de Montaguillon, 249 ; combien fit de chevaliers avant la bataille de Cravant, 250 ; mandé par le duc de Bedford ; pourquoi, 254 ; ordre que lui donne ledit duc, 260 ; sa vaillance à la bataille de Verneuil, 266 ; s'empare de la tour de Janville, 281.

Salperwick, village, [*Sahornich, Solpruicq*]. Incendié par les Français, III, 329.

Samarcand, ville, [*Sammaqui*]. — Citée, III, 156.

SAMER (seigneur de). Reste prisonnier des Français d'après la capitulation de la ville d'Eu, III, 300 ; où il est conduit, *ibid.*

Sandal, ville, [*Sendalle*]. — Citée, III, 107.

Sandwich, ville, [*Zandvich*]. — Citée, I, 194 ; II, 197, 202-204, 216, 217, 233, 236, 343, 344, 350, 404 ; III, 142, 162, 186, 292.

SANGUIN (Guillaume). Un des ambassadeurs envoyés en Angleterre par les Parisiens, I, 214.

Santerre (le), pays. — Cité, III, 82.

SAOUDJI ou SAWEDJI, [*Saoussy*]. Fils aîné d'Amurat II, II, 100 ; se rend à Drimago avec une bombarde, 102 ; va en Hongrie sur une galère ornée ; comment, 103 ; demande d'entrer en pourparler avec les assiégés de Silistri, 108 ; sa manière de parlementer, 109 ; dit que l'empire de Turquie lui appartient, 110 ; son désappointement de ce qu'on ne veut pas le reconnaître, 111 ; demande à se joindre aux Valaques, *ibid.;* réponse qu'il fait au seigneur de Wavrin, *ibid.;* quitte ce seigneur et s'en va trouver le seigneur de la Valachie, 112. — Cité, II, 101.

Sarrasins (les). Qui ils firent mourir en prison, III, 87, 96 ; refusent de rendre la ville d'Arzille, 88 ; demandent à parlementer, 89 ; se défendent vaillamment, 90 ; consentent à rendre le château, 91 ; leur trahison, *ibid.;* viennent supplier le roi de les laisser vivre en paix en lui payant tribut, 94 ; pourquoi donnent avis au roi qu'il peut s'emparer de Tanger, *ibid.*

SARREBRUCE (Robert de), seigneur de Commercy. Accompagne le dauphin au siége de Dieppe, I, 330.

Saverne (la), fleuve. — Cité, II, 240, 407, 408.

SAVEUSES (Jean de). Voy. SAVY.

SAVEUSES (Philippe, seigneur de). Reste en garnison à Graveline par ordre du duc de Bourgogne, I, 303 ; est un des chefs des Brugeois au siége de Calais, 305 ; son escarmouche contre les Anglais, 308 ; sa mort, II, 364 ; son éloge, *ibid.;* fonde deux couvents, *ibid.* — Cité, II, 355.

Savoie (la). En proie à une grande famine, III, 315. — Citée, III, 313.

SAVOIE (duc de). Voy. AMÉDÉE IX.

SAVOIE (Charlotte de), reine de France. — Citée, III, 309.

SAVOIE (Jacques de). Voy. ROMONT (comte de).

SAVOIE (Louis, duc de). Accompagne le duc de Bourgogne à Châlon, II, 31.

SAVOIE (Marie de). Voy. SAINT-PAUL (comtesse de).

SAVOIE (Philippe de). Voy. BRESSE.

SAVOIE (Yolande de France, duchesse de), sœur de Louis XI.

Pourquoi va trouver le duc de Bourgogne à Lausanne, III, 314; sa présence avec son armée est une des causes qui amenèrent la famine dans la ville, 315.

Savy (Jeannet de Saveuses, seigneur de). Commis à la garde de Picquigny, III, 70; battu dans une sortie qu'il fait contre les Français, 71; reste prisonnier des Français d'après la capitulation de la ville d'Eu, 300; où il est conduit, *ibid*.

Sawedji. Voy. *Saoudji*.

Say et Sele (James, lord). Décapité, II, 175; sa tête est mise au bout d'une lance et exposée sur le pont de Londres, *ibid.*; son corps, attaché à la queue d'un cheval, est ainsi traîné jusqu'au gibet, *ibid*.

Say (William de). Est du parti du duc de Somerset, I, 319; accompagne Édouard IV dans son entreprise pour recouvrer son royaume, III, 97.

Saxe (duc de). Voy. Guillaume III.

Scales (Antoine Widwill, lord), fils du seigneur de Rivers. Sa mésaventure à Sandwich, II, 204; manque d'y être tué, et y est fait prisonnier, 205; de quoi est accusé par de grands seigneurs, *ibid.*; détenu au château de Calais, 206, 236; conduit à Londres par le comte de Warwick, 236; rentre en grâce auprès de Henri VI, 237; fait partie de l'armée royale à Towton, 274; y conduit l'avant-garde, 276; met en fuite la cavalerie ennemie, 278; fait prisonnier, 280; obtient son pardon d'Édouard IV, 298; son mariage; prend le nom de sa femme, 330; fait des armes avec Antoine, bâtard de Bourgogne, 342, 343; envoyé au-devant des ambassadeurs de Louis XI, 346; assiste au mariage du duc de Bourgogne avec Marguerite d'York, 363; pourquoi est forcé de quitter la cour d'Édouard, 405; part pour le pays de Galles, 406; commande plusieurs navires pour aller contre le comte de Warwick, III, 31, 36; a le titre d'amiral d'Angleterre, 31; reprend au comte de Warwick tous les navires dont il s'était emparé, 32; accompagne Édouard en Hollande, 48; retourne avec lui en Angleterre, 97; dispersé par la tempête; en quel endroit prend terre, 99, 100; délibère avec le duc de Glocester sur le moyen de sortir de la ville d'York sans danger, 106; moyen qu'il emploie, 107; accompagne Édouard à la bataille de Barnet; s'y conduit vaillamment, 126; met en fuite le bâtard de Faucomberg, 143, 291; fait prisonnier; a la vie sauve, 279. — Cité, II, 203; III, 46, 47, *note*, 160, 192, 193, 278.

Scales (Elisabeth de), femme du précédent. Son mariage, II, 330.

Scales (Thomas). Assiste à la reddition d'Ivry, I, 256; veut s'emparer de Jean Cade, II, 176; emmène plusieurs rebelles à la Tour de Londres, 186; y reçoit l'évêque d'Ely, pourquoi, 218; permet à ce prélat de s'entendre avec les autorités de la ville, 219; assiégé dans la Tour, par qui, 220, 221, 230; demande à capituler, à quelles conditions, 231; forcé d'accepter celles qu'on lui fait, 232; assassiné dans un bateau, 233. — Cité, II, 330.

Scott (Thomas), surnommé Rotherham, évêque de Rochester. Avertit Édouard IV du danger qu'il court à débarquer dans le lieu qu'il désigne, III, 98, 99.

Scrope ou Scroope de Botton (John, lord). Un des capitaines de l'armée de Warwick, II,

226; tué[1] à la bataille de Towton, 281; chargé par le comte de Warwick de soulever le peuple contre le roi Édouard, y renonce, III, 18; demande pardon au roi, 26. — Cité, II, 235.
Scythie (la). Autrefois royaume des Amazonnes, II, 93.
SEGERAY ou SEGRAY (Rasse). Voy. GREY DE WARK (Ralph) et GREY DE RUTHYN (Édouard, lord).
Selle (château de), en Boullenois. Pris par les Français, III, 325; à qui appartenait, ibid.
SÉNÉCHAL: — de *Bordeaux*, voy. RAMPSTON; — de *Boullenois*, voy. ESQUERDES; — de *Normandie*, voy. BREZÉ; — de *Poitou*, voy. CRUSSOL; — de *Thasted*, voy. MERLIN.
SENSEILLES (Seigneur de). Porte la bannière du comte de Hainaut à la bataille de Crécy, ce qu'il y fit, I, 97.
SENT PER. Voy. AUGERET.
Septe? en Barbarie. — Cité, II, 322.
SEROUP (Mre)? Envoyé en ambassade par Warwick vers Édouard IV, III, 193.
SETON (Thomas de), [*Siccon*]. Tué à la bataille de Cravant, I, 248.
Séville, ville. — Citée, I, 159.
SFORZA (François), duc de Milan. — Cité, III, 260.
Shafstesbury, ville, [*Chastelbury*]. Citée, III, 132.
Sherburn, [*Chiereborne*]. Lieu où fut donnée la bataille plus communément dite *de Towton*, II, 287.
Shrewsbury, [*Chyrosbury*, *Theosbury*]. — Cité, I, 183, 187; II, 407.
SHREWSBURY (John, comte de). Abandonne le parti de Warwick et vient se rendre au roi Édouard, III, 28; retourne au parti de Warwick, 46.

1. Il n'y fut que blessé. Voy. *ibid.*, note 1.

SHREWSBURY (John, seigneur de Talbot et de Fournival, depuis comte de), surnommé *le grand Talbot*. Promet de secourir les assiégés de Beaugency, I, 280; est le plus vaillant chevalier du royaume d'Angleterre, 284; mécontent des avis du seigneur de Fastoff, 285; l'un des chefs de l'armée anglaise à la journée de Patay, 291; garde le passage où doivent venir les Français, 292; fait prisonnier à Patay, 293; assiste au siége de Conches, 323; mécontent de la prise de Gaillardon, 325. — Cité, I, 279; III, 28, 46.
SHREWSBURY (John Talbot, comte de). Partisan du duc de Somerset, II, 188; tué à la bataille de Northampton, 227; se joint à l'armée du roi contre le duc d'York, 255. — Cité, II, 224.
SICILE (roi de). Voy. RENÉ d'Anjou.
SIGISMOND, duc d'Autriche. Vend au duc de Bourgogne le comté de Ferrette, II, 393.
SIGISMOND, empereur d'Allemagne. Assiste au siége de Nicopolis, II, 99, 156.
Silistri, ville, [*Triest*]. Passage qui grève la Valachie, II, 102; sa situation, 104; assiégée par les Bourguignons, 105; une partie incendiée par les Turcs, 108; son siége levé, 112. — Citée, II, 107, 114, 122, 125.
SIXTE IV, Pape. S'entremet pour faire faire la paix entre le duc de Bourgogne et l'empereur d'Allemagne, III, 312.
SMERT (John), surnommé *Jarretière*, roi d'armes de l'ordre de la Jarretière. Envoyé par le roi vers le duc de Clarence et le comte de Warwick, III, 19, 22.
Sodbury (*Chipping*), bourg. — Cité, III, 133.
Sodbury (*Little*), village, [*Sudburyhill*]. — Cité, III, 133, 134.
SOISSONS (Seigneur de). Voy. POIX.

Somerset, duché, [*Sombreset*]. — Cité, III, 46, 130.

SOMERSET (Edmond Beaufort, duc de). Sa jalousie contre le duc d'York, I, 317; nommé gouverneur de la Normandie, 318, 320; chef de parti, 319; assiste au siége de Tartas, 321; assiége la ville de Conches, 323; s'en rend maître par traité, 324; mécontent de la prise de Gaillardon, 325; prisonnier à la Tour de Londres, II, 173, 177; devient puissant, 178; remis à la Tour, *ibid.*; fait rompre la paix entre le roi et le duc d'York, 180; accompagne le roi à Saint-Albans, 181; engage le roi à livrer bataille au duc, 182; tué à cette bataille (1455), 183; quels étaient ses héritiers, 185. — Cité, II, 184, 187, 251, 314, *note*.

SOMERSET (Edmond Beaufort, duc de). Fait une levée d'hommes pour aller au-devant de Marguerite d'Anjou, III, 119, 289; s'entend avec cette princesse pour lever une armée et combattre Édouard, 130; conduit l'avant-garde à la bataille de Tewkesbury, 137; force l'ennemi à reculer, 138; est à son tour contraint de fuir, *ibid.*, 139; décapité après ladite bataille, 140; 290; — Cité, III, 211.

SOMERSET (Henry Beaufort, duc de). Succède à son père, II, 185; sa faveur auprès de Henri VI et de la reine, 186; se réconcilie avec le duc d'York, 187, sa querelle avec le comte de Salisbury, 188; détermine Henri VI à faire la guerre au duc d'York, 191; attire Andrieu Trolo dans son parti, 194, 195; nommé capitaine de Calais, 196; se dispose à en prendre possession, 197; envoie un héraut d'armes à Calais à ce sujet, 198; jure de tirer vengeance du refus que font les Calaisiens de le reconnaître, 199; séparé de ses vaisseaux par la tempête, où se réfugie, *ibid.*; reçu à Guines comme capitaine de cette ville, 200; pourquoi veut se venger du comte de Warwick, 201; empêche l'entrée des vivres à Calais, 202; va en Bourgogne, 215; 314, *note*; propose de livrer le château de Guines au comte de Charolais, 215; cherche à faire la paix avec le comte de Warwick, 234; son entrevue avec ledit comte, 235; promet de ne plus prendre les armes contre lui, 236, 262; dommages qu'il cause à plusieurs seigneurs, 238; cherche à s'emparer du pouvoir, 254; assiste à la bataille de Northampton, 256; assemble des troupes pour combattre le duc d'York, 259; met en déroute celles du duc, 261; manque à sa parole envers le comte de Warwick, *ibid.*, 262; commande l'armée de la reine, *ibid.*; jette l'alarme parmi les ennemis, 264; fait partie de l'armée de la reine à Towton, 273; commis à la garde du pont de Ferry-Bridge, 275; conduit l'avant-garde de l'armée à Towton, 276; met en fuite la cavalerie ennemie, 278; perd la bataille, 279; s'enfuit à York, 280; suit la reine en Écosse, 284, 288, 289; fait sa paix avec Édouard IV, à quelles conditions, 286, 287, 317; retourne au parti de Lancastre, 318, 323; fait prisonnier à la bataille d'Exham et décapité (1464), 324. — Cité, II, 203, 206, 209, 251, 260, 263, 266, 300; III, 179.

SOMERSET (John Beaufort, comte de). Assiste à la bataille près de Shrewsbury, I, 182.

Somme (la), rivière. Les vins du pays pouvaient être comparés, en 1473, à ceux de Paris et de

Bourgogne, III, 304. — Citée, II, 357, 380.
Sophia, ville, [Souffres]. — Citée, II, 26.
Southampton, port de mer, [Hantonne]. — Cité, I, 160; III, 129.
Southwart, [Souwert]. Grande rue hors la cité de Londres, II, 175. — Citée, II, 218, 233.
SOYECOURT (Louis de), seigneur de Mouy, [Secourt]. Le plus vaillant à l'assaut de Dieppe, I, 333.
STAFFORD (bâtard de), [Estamfort]. Assiste au siége de Guise, I, 253.
STAFFORD (Guillaume). Tué dans un combat contre Jean Cade, II, 174.
STAFFORD (Henry et Humphrey). Voy. BUCKINGHAM.
STAFFORD (Humphrey), comte de Devonshire. Abandonne les Gallois à la bataille de Banbury, II, 409; est cause de la perte de cette bataille, *ibid.*
STAFFORD DE GRAFTON (Humphrey). Tué dans un combat contre Jean Cade, II, 174.
STAFFORD (John), fils du duc de Buckingham. Nommé un des capitaines de l'armée du comte de Warwick, II, 225; assiste à la bataille d'Exham, 324.
STAFFORD (John), archevêque de Cantorbery. Traite avec les communes révoltées contre Henri VI, II, 177. — Cité, II, 180.
STAMBURY (John), évêque de Hereford, confesseur de Henri VI. Empêche les messagers du duc d'York de parvenir jusqu'au roi, II, 193; réponse qu'il fait faire auxdits messagers, 194.
Stamford, [Stafford]. — Cité, III, 10, 14-16.
Stanhope-Park, [Stamphon]. — Cité, I, 65.
STANLEY (Thomas), beau-frère du comte de Warwick, [Saulay]. Amène un renfort de troupes au comte de Warwick, II, 222; conduit à Édouard, comte de la Marche, un renfort d'archers, 272; se joint au comte de Warwick pour détrôner Édouard IV, III, 46. — Cité, III, 160.
Sterling, ville. — Citée, III, 167.
STILLINGTON (Robert), évêque de Bath. Se rend médiateur entre Édouard et son frère, III, 113.
STUART (Jean), connétable d'Écosse. Chef de l'armée française envoyée au siége de Cravant, I; 238; fait prisonnier, 248.
SUDRIEN (duc de). Assiste à la bataille de Shrewsbury, I, 182.
Suffolk, [Fuffok, Suffok]. — Cité, III, 110, 193.
SUFFOLK (Élisabeth d'York, duchesse de). Se rend médiatrice entre ses deux frères, III, 113.
SUFFOLK (John de La Pole, duc de). Conduit l'avant-garde de l'armée du comte de La Marche, à Towton, en qualité de maréchal d'Angleterre, II, 275; s'enfuit à l'approche d'Édouard IV, III, 287. — Cité, II, 268, 274.
SUFFOLK (William de La Pole, comte de). Va au secours de Cravant, I, 240; retourne au siége de Montaguillon, 249; met le siége devant le château de Cousy, 250; se rend auprès du duc de Bedford, pourquoi, 254; rend compte à ce prince de la position de l'armée française, 260; défend la ville de Jargeau, assiégée par les Français, 282; prend parti pour le duc de Somerset, 319; contribue à faire exiler le duc d'York, 320.
Suisses (les). Battent les Bourguignons, III, 314; sont encore victorieux à Morat, 315.
Syrie (la). — Citée, II, 53, 59.
SYRIE (soudan de). Voy. DYAKMAK.

T

Tadcaster, ville, [Thedeatre]. — Citée, III, 107.

TAILBOYS (William), comte de Kyme, [*Thalbot*]. Assiste à la bataille d'Exham, II, 324; décapité après cette bataille, 325.

TALBOT[1] (bâtard de). Assiste au siége de Dieppe, I, 327; y est fait prisonnier, 332.

TALBOT (seigneur et comte de). Voy. SHREWSBURY.

TALBOT (Thomas). Reprend le roi Henri VI, qui s'était sauvé, II, 286; le conduit à Londres, *ibid.*

Tamise (la), fleuve. — Citée, I, 195; II, 218, 233, 237, 245, 247, 290, 342, 346; III, 143, 291.

Tanger, ville. — Citée, III, 94, 95.

Tappecul (le), à Hesdin. Brûlé par les Français, III, 295.

Tartas, ville. A qui appartient, I, 321; son siége et sa reddition, *ibid.*, 322. — Citée, I, 323.

Tawton, ville. — Citée, III, 132.

TEMPEST DE BRACEWELLE (John[2]). Cache chez lui Henri VI, III, 285.

Ténédos, port de mer. — Cité, II, 60; III, 157.

TENELLE (Arthur de Longueval, seigneur de). Somme la ville de Saint-Quentin de se rendre au roi, III, 53; son épitaphe, *ibid.*, note 3; entre dans la ville, 54. — Cité, III, 76.

TERNANT (Philippe, seigneur de). Fait chevalier avant la bataille de Cravant, I, 244; député vers le dauphin par le duc de Bourgogne, pourquoi, 336.

Tewksbury, ville, [*Chyrosbury, Theukesbury*]. — Citée, II, 240, 407; III, 132, 134, 136, 137, 290.

---

1. Était au nombre des seigneurs qui accompagnaient Édouard IV lorsqu'il vint en France, en 1475. (MOLINET, I, 141.)

2. Wavrin lui donne le prénom de *Richard.*

Thasted, village, [*Thastalle*]. — Cité, III, 9.

Thérouanne, ville. Se rend au roi, III, 318, 325; sa garnison pille et dévaste tout le pays de Flandres, 341; tend des embûches aux Bourguignons et fait prisonniers des gens d'élite, 343. — Citée, III, 342.

THÉROUANNE (cardinal de). Voy. LE JEUNE.

THÉROUANNE (le coadjuteur de). Voy. CLUGNY (Guillaume de).

THÉROUANNE (évêque de). Voy. CLUGNY (Guillaume de).

THÉSÉE. — Cité, II, 93.

THIEN (Jean, bâtard de). Empêche Jean Fastoff de retourner à la bataille de Patay, I, 294.

THOISY (Geoffroy de), conseiller et chambellan du duc de Bourgogne. Fait chevalier à Rhodes, II, 50, 57; III, 155; se rend à Nice par ordre du duc de Bourgogne, II, 51; III, 151; envoyé à la défense de Rhodes, 54; III, 152; offre son assistance au grand-maître, II, 55; combat le soudan, 57; III, 153; commis à la garde d'un passage hors de la ville, II, 57; III, 154; son arrivée à Constantinople, II, 86; III, 156; explore les côtes de la Turquie, II, 91; III, 152; fait prisonnier, II, 96; III, 157; mis en liberté, II, 97; retourne auprès du duc de Bourgogne, II, 102. — Cité, 53.

THOISY (Jacot de), gouverneur des vaisseaux et galères du duc de Bourgogne. Se joint aux galères du seigneur de Wavrin, II, 103.

TIPETOT (hôtel de), à Saint-Riquier. A qui appartient, III, 311.

TOISON-D'OR (Roi d'armes de la). Voy. GOBERT et LEFEBVRE DE SAINT-REMY.

Tongres, ville. Se rend au duc Charles de Bourgogne, II, 360; pillée par les Liégeois, 380; reprise par les Bourguignons, 386.

Tonnerre (Louis de Châlon, comte de). Conduit l'armée française à Ivry contre les Anglais, I, 257.
Torcy (château de), [*Trosi*].— Cité, I, 297.
Torcy (seigneur de). Voy. Estouteville (Jean).
Torote (Jean de). Fait chevalier au siége de Dieppe, I, 333.
Toulongeon (Jean de), surnommé *le Borgne*, maréchal de Bourgogne. Marche au secours de Cravant, I, 241, 242; fait la guerre en Hollande avec le duc de Bourgogne, 277. — Cité, I, 237.
Tournay, ville. Ses habitants reçoivent une garnison du roi, quoiqu'ils eussent promis de rester neutres, III, 323. — Citée, III, 58, 323, 343.
Tournay (évêque de). Voy. Clugny (Ferry de).
Tours, ville. — Citée, I, 337; II, 318, 366.
Tourtoukan (château de), [*Tousturcain*, *Turquant*]. Situé en Bulgarie, du côté de la Grèce, II, 114; comment était fortifié, 115; pris par les chrétiens, excepté sa tour, 116; cette tour rudement défendue par les Turcs, 117; est incendiée, 118, 119, 121.—Cité, II, 104, 112, 113, 123 - 126, 128, 129, 133-135, 141, 142.
Trail-Baton, [*Traillebaston*]. Nom d'une commission instituée par Édouard I, pour mettre un frein aux dilapidations du royaume, I, 58, *note 2.*
Transylvanie (la). Dévastée par les Turcs, II, 21.—Citée, II, 15-19, 137, 151, 143, 156.
Trébisonde, ville, [*Trapesonde*]. — Citée, II, 91, 95-97.
Trébisonde (l'empereur de). Fait mettre en liberté Geoffroy de Thoisy, II, 97; III, 157.—Cité, II, 96; III, 156.
Treicht-sur-Meuse. Voy. Maestricht.
Tresshem Thomas). Décapité après la bataille de Tewkesbury, III, 140.
Trèves, ville. — Citée, III, 302.
Trèves (archevêque de). Voy. Zingenheim [Othon de].
Troie, ville de la Grèce. — Citée, II, 60.
Trolost (André). Conduit l'avant-garde de l'armée du comte de Warwick à Ludlow, II, 194; séduit par le duc de Somerset, abandonne le parti du duc d'Yorck, *ibid.*; gagne à son tour les Calaisiens à son parti, 195, 199; tourne les habitants de Guines en faveur du duc de Somerset, 199; était *grand portier* à Calais, 200; trahit le duc d'Yorck, 255; embûche qu'il tend à ce prince, 260, 261; commande l'avant-garde de l'armée de la reine à Mortimer's Cross, 262; fait chevalier, quoique de basse extraction, 274; met en fuite la cavalerie ennemie au passage de Ferry Bridge, 278; tué à la bataille de Towton, 280. — Cité, II, 191, 234, 259, 263.
Tronquoy (le), village. Appartient au seigneur de Crevecœur; pris par Louis XI et détruit, III, 307.
Trussel (William), procureur au parlement d'Angleterre. S'enfuit en France auprès de la reine Isabelle, I, 46; annonce à Édouard II sa déchéance, 52; son discours à ce sujet, 53; est du parti du comte de Lancastre, 68; exilé, 69.
Tuin (?), ville.—Citée, II, 386.
Tunis (golfe de). — Cité, III, 158.
Tunstall (Richard), [*Donnestal*], chambellan de Henri VI. Le soustrait à ses ennemis, II, 284, 285; quels sont les lieux où il le mène et chez qui, *ibid.*; le sauve une seconde fois, 286.
Turcs. Expédition contre eux, I, 2; leurs cruautés envers les chrétiens, II, 2-11; s'arment contre les Valaques, 15; disposent leurs

corps d'armée, 16; sont vaincus, 17; lèvent une nouvelle armée, 18; sont mis en déroute, 19; leurs préparatifs pour le siége de Rhodes, 56; sont battus, 57; veulent assiéger la ville, 59; perdent leur capitaine et s'en retournent en Syrie, *ibid.;* combattent les Bourguignons, 61; prennent la fuite, 62; demandent à parler au seigneur de Wavrin, 67; ce qu'ils lui disent, 68; montrent leur traité de paix avec la Hongrie, *ibid.;* favorisés par les Génois, 73; passent le détroit de Constantinople, 75; se disposent au combat, 79; leurs corps mangés par les pourceaux, 84, 86; montrent la tête du roi de Hongrie, 85; vainqueurs à Nicopolis, 100; mettent le feu à la ville de Silistri, 107; à quelle intention, 108; parlementent avec le seigneur de Saoudji, 109; leur panique, 111; sont cause de la prise du château de Tourtoukan, 114; prennent la fuite, 116; parlementent, 117; sont vaincus, 119; pourquoi se lamentent, 122; à quoi a tenu qu'ils ne restassent maîtres dudit château, 125; défendent le château de Giurgewo, 129, 133; demandent à capituler, 136; de quelle utilité était pour eux ce château, 137; comment quittent la place, 140; surpris et mis à mort, par qui, *ibid.;* mettent le feu au château de Roustchouk, pourquoi, 142; leur défaite, 143; veulent empêcher l'entrée des galères à Nicopolis, 145; tiennent la tour assise devant cette ville, 147; fortifient cette tour, 148; en soutiennent le siége, 151; poursuivent l'armée des chrétiens, 152; dupes d'une supercherie, 155; dégât qu'ils font dans leur fuite, 157; sont gens cauteleux, comment il les faut combattre, 158; eurent un avertissement de la prise de Constantinople, 172;

s'emparent de Négrepont, III, 36; battus par les Bourguignons en Égypte, *ibid.;* 158. — Cités, II, 32, 65, 71, 78, 91, 92, 95, 110, 115, 156.

TURPLINGTON (Hugh), [*Tronpetonne*]. Est du parti de la reine Isabelle, I, 79; sa mort, 82.

Turquie (la). — Citée, II, 28, 30, 39, 70-74, 76, 91, 92, 95, 110, 149, 322.

Tyne (la), rivière, [*Thim*]. — Citée, III, 287.

U

UTRECHT (évêque d'). Voy. BOURGOGNE (David, bâtard de).

V

Vacquerie-le-Boucq (la), village. Brûlé par les Français, III, 311.

Vaisseaux (noms de). — *La Grâce de Dieu,* II, 210, 211; — *la Trinité,* II, 200.

VAIVODES. — de *Turquie,* voy. HUNYADE; — de *Valachie,* voy. WLAD.

Valachie (la). — Citée, II, 12, 15-18, 21, 23, 24, 42, 90, 101, 102, 104, 137, 138, 141, 145.

Valaques. Lèvent une armée contre les Turcs, II, 15; élisent un capitaine, *ibid.;* ne peuvent résister aux Turcs, se réfugient dans leurs montagnes, 16; se revêtent des habillements des Turcs, 17; leur prudence, 18; mettent les Turcs en déroute, 19; nomment Hunyade vaivode de Hongrie, 22; demandent Wladislas pour roi de Hongrie, *ibid.;* noient le cardinal de Saint-Ange, 84; ne croient pas à la mort du roi de Hongrie, 94; possédèrent autrefois la ville de Silistri, 102; dressent leurs tentes devant cette ville, 105; étonnés de ne pas voir Condelmare venir avec eux, 106; interrogent un Turc sur le nombre de gens défendant Silistri, 107; disent la manière dont les Turcs empêchent le siége de leurs villes, 108; engagent Saoudji à descendre à terre avec eux, 111; offrent d'assaillir le château de Tourtoukan, 113; ont besoin d'être secourus, 115; leur avis pour s'emparer de ce château, 117; sont gens de grands langages, 120; trouvent des greniers souterrains faits par les Turcs, 122; demandent aide et secours au seigneur de Wavrin, 123; abandonnent le château de Tourtoukan, 128; attaqués par les Turcs, les repoussent, 133; de quel avantage est pour eux la possession de l'île de Giurgewo, 137; ce qu'ils font des corps morts des Turcs, 140, 141; concluent avec les Hongrois de miner la tour de Nicopolis, 150; quittent cette ville, leur ordonnance dans leur marche, 152; leur coutume en faisant paître leurs chevaux, *ibid.*, 153; poursuivent les Turcs, 156, 157. — Cités, II, 32, 133, 155.

Valenciennes, ville.—Citée, II, 310; III, 312.

VALLEPERGE (Theaude de), [*Villeperche*]. Un des chefs de l'armée française à la bataille de Verneuil, I, 264.

VAN MELLE (Jean), [*Wauselle*]. Décapité par les Gantois, III, 321.

VAREMBON (François de la Palu, seigneur de), Savoisien. Fait partie de la croisade contre les Praguois, I, 206; sa lâcheté, 229, *note;* se dispose à marcher à la reprise de la ville de Cravant, 230. — Cité, I, 237.

Varna, ville. Sa description, II, 77-79. — Citée, II, 158.

VARREN (Johu de), comte de Surrey, [*Garenne*]. Annonce à Édouard II sa déchéance, I, 52; ce qu'il lui dit à ce sujet, 53.

VASQUE (Pierre de Saavedra), chevalier du royaume de Castille. Se rend à Venise par ordre du duc de Bourgogne, II, 51; son portrait, 52, *note;* commis à la garde de deux galères, 63; explore les côtes de la Grèce, 92; envoyé en Hongrie vers Jean Hunyade, 94, 95; rend compte au seigneur de Wavrin de sa mission à Bude, 98-100; se rend à Constantinople, 101; présente le seigneur de Wavrin au seigneur de la Valachie, 102; conduit le seigneur de Sawedji en Hongrie, 103; promesses qu'il fait à ce seigneur, *ibid.;* rend compte de sa mission en Hongrie au seigneur de Wavrin, 146; chargé d'aviser au siége de la tour devant Nicopolis, 147; conduit Hunyade près du seigneur de Wavrin, malade, 149; fait servir une collation audit Hunyade, 150; envoyé en ambassade vers Édouard IV, 403; danger qu'il y court, 404.—Cité, II, 37, *note* 3; 60, 61, 89-91, 97.

Vati, port, [*Onaty*]. — Cité, II, 96; III, 156.

Vaudemont (comté de). Conquis par le duc de Bourgogne, III, 312.

VAUGHAN (Thomas), grand écuyer d'écurie d'Édouard IV, [*Vagant*]. Fait partie d'une ambassade envoyée par le roi Édouard IV au duc de Bourgogne, II, 310.

Vaux, ville et château.—Cités, I, 224, 228, 230, 231, 233.

Venise, ville. — Citée, II, 30, 36, 41, 48, 50-53, 59, 63, 67, 160; III, 157.

VENISE (cardinal de). Voy. CONDELMARE.

Vénitiens. Secours qu'ils envoient pour garder le détroit de Romanie, II, 41; leurs promesses d'armer des galères contre les Turcs, 48; informent les Bourguignons des apprêts du Grand-Turc, 70; perdent Négrepont prise par les Turcs, III, 36. — Cités, II, 33, 36, 52, 63, 65.

VENTADOUR (comte de). Nommé par Charles VII pour aller au siége de Cravant, I, 239; fait prisonnier, 248; conduit l'armée française contre les Anglais à Ivry, 257.

VERDUN (évêques de). Voy. FILLASTRE et HARAUCOURT.

Vergier (abbaye du), près de Cambray. — Citée, III, 280.

VERGY (Antoine de). Se joint aux Anglais pour secourir Cravant, I, 242; nommé maréchal de l'armée des Bourguignons, 244.

Vermandois, pays. — Cité, I, 127.

VERMANDOIS LE HÉRAUT. Envoyé par le roi de France vers l'évêque de Saint-André, III, 165; quelle était sa mission, 166.

Verneuil, ville. Se rend à Charles VII, I, 259; la bataille donnée près de cette ville « plus à redoubter et mieulz combatue » que celles d'Azincourt et de Cravant, 263; la ville et la forteresse se rendent aux Anglais, 269, 270. — Citée, I, 260-262.

Verny, en Flandres. Envahie par une épidémie, III, 271.

Vervins, ville. Un traité de paix y est conclu, pour neuf ans, entre Louis XI et le duc de Bourgogne, III, 313.

Vezelay, ville. — Citée, I, 224.

VIANA (don Henri de Meneses, comte de). Capitaine de la ville d'Alcacer, est nommé par le roi à la capitainerie de la ville d'Arzile, III, 94.

VIANE [1] (Jean de la Boverie, dit le Ruyte, seigneur de). Écuyer du duc de Bourgogne, porte le pennon de ce prince au siége du château de Tourtoukan, II, 115; y est blessé à la jambe, 121.

VIENNE (Guillaume de), fils du seigneur de Saint-Georges. Se joint aux Anglais pour secourir Cravant, I, 242; fait chevalier, 243.

VIENNE (Jean de), seigneur de Bussy. Se joint aux Anglais pour secourir Cravant, I, 242.

VIGNOLE (Étienne de). Voy. LA HIRE.

VILLARS (Jean de Levis, comte de). Assiste, du côté du duc de Berry, à l'entrevue de ce prince avec Louis XI, II, 396.

Villers-l'Hôpital, village. Brûlé par les Français, III, 296.

VILLERVAL (seigneur de). Voy. LANNOY.

VILLIERS (Jean de), seigneur de l'Isle-Adam. Se joint aux Anglais pour secourir Cravant, I, 242; quitte le siége de Nelle, mandé par le duc de Bedford, 254; porte la bannière à la bataille d'Ivry, 257; retourne au siége de Nelle, 261.

Vimeu (le), pays. Pillé par le duc de Bourgogne, III, 294. — Cité, III, 310.

Vincelles, village, [*Vaucelle*].—Cité, I, 246.

VIRY (Amé de), Savoisien. Se joint aux Bourguignons pour aller au secours de Cravant, I, 241.

W

Wailly, village. — Cité, III, 63.

Wakefield, ville, [*Wilquefild, Waghefled*].—Citée, II, 258, 259, 261; III, 107, 109.

Walsinghem, village. L'image de Notre-Dame de ce lieu est très-vénérée, II, 238, note 1.

Waltham (abbaye de), dans le comté d'Essex, [*Walcain*]. Citée, III, 9.

WAREYN (Richard). Conspire contre Édouard IV, est décapité, III, 17.

---

1. Fait chevalier de la main de Maximilien, duc de Bourgogne, à la solennité de la fête de la Toison d'Or, tenue en 1478. Il était alors président et chef du conseil (MOLINET, II, 126); vivait encore en 1488. (*Id.*, III, 308.)

Warwick (comté et ville de). — Cités, II, 184, 240, 241; III, 2-4, 111, 112, 114-116, 119, 195.
Warwick, Héraut d'armes. Porte un message au comte de Warwick, au camp de Henri VI, II, 226.
Warwick (Anne de). Voy. Galles.
Warwick (Anne, comtesse de), fille de Richard de Beauchamp, comte de Warwick. Reste à Calais sous la garde des Calaisiens, II, 216; présentée au roi, 237; fait un pèlerinage, 238; se rend à Warwick, 240; accompagne la reine Marguerite à son retour en Angleterre, III, 119; son arrivée à Weymouth, 128, 129; sa douleur en apprenant la mort de son mari, *ibid.*; se retire dans un cloître, 130. — Citée, II, 214, 233, 234; III, 29, *note*, 35, 45, *note*, 116.
Warwick (Isabelle de). Voy. Clarence.
Warwick (Richard Beauchamp, comte de). Assiste à la bataille de Shrewsbury, I, 182; éprouve un échec, 186.
Warwick (Richard Nevill, comte de), fils du comte de Salisbury. S'entremet pour réconcilier le roi avec le duc d'York, II, 179, 180; assiste à la bataille de Saint-Albans, 182; banni du royaume, 184, 199; victorieux à Blore-Heath, 185, 252, 254; mandé par le roi pour conclure la paix entre les partis ennemis, 187; nommé capitaine de Calais, *ibid.*; revient à Londres pour rétablir la paix, 188; sa présence désagréable à la cour, 189; conspiration contre sa vie, déjouée, *ibid.*; son retour à Calais, 190; lève une armée, 191; se concerte à ce sujet avec le duc d'York, 192; veut expliquer au roi pourquoi il a pris les armes, 193; trahi à la bataille de Ludlow, par qui, 194, 255; mis en déroute, 195; ordonne la manœuvre du vaisseau qui le conduit à Calais, 196; ses biens dévastés, *ibid.*; joie qu'inspire son arrivée à Calais, 197, 198; capture des vaisseaux du duc de Somerset, 200; fait décapiter ceux qui les conduisaient, 201; demande secours au duc de Bourgogne, 202; pourquoi part pour Sandwich, 204; s'oppose à l'entrée du seigneur de Rivers et de son fils dans Calais, 205; quel en est le motif, *ibid.*; ses récriminations contre ces deux seigneurs, 206, *note;* va en Irlande vers le duc d'York pour s'entendre avec lui sur la guerre, 207; sa recommandation aux habitants de Calais en quittant la ville, 208; se concerte avec le duc d'York sur la guerre à faire au duc de Somerset, 209; sa précaution lorsqu'il va sur mer, 210; danger qu'il y court, 211; comment s'en retire, 212; paroles qu'il adresse aux mariniers, *ibid.*; reçu avec joie par les Calaisiens, 213; délibère avec les principaux d'entre eux afin de terminer la guerre, 214; ce qu'il conclut de faire, 215, 216; quitte Calais, *ibid.*; discours qu'il tient aux habitants du comté de Kent, 217; marche à Northampton pour combattre Henri VI, 220, 256, 257; recommandation qu'il fait aux Londoniens en quittant leur ville, 222; campe avec l'armée à Saint-Albans, *ibid.*; la dirige vers Northampton, 225; envoie un héraut à Henri VI, pourquoi, 226; ordre qu'il donne avant le combat, 227; emmène le roi prisonnier, 228, commis au gouvernement de ce prince, 229; ce qu'il propose concernant l'administration du royaume, *ibid.;* 233, son retour à Calais, *ibid.;* 234; informe les habitants de cette ville de ce qu'il a fait pour le bien du royaume, *ibid.*; consent à une

entrevue avec le duc de Somerset, 235, 236; se rend à Londres à l'ouverture du Parlement, 236, 242; présente sa mère et sa femme au roi, 237; reçu et fêté à Londres « comme s'il eust esté Dieu, » *ibid.*; fait un pèlerinage à Walsingham, 238; évite un engagement avec le comte de Northumberland, 239; son entrevue avec le duc d'York, 240 : annonce au roi l'arrivée de ce duc, 243; sa colère en apprenant le coup d'État de ce prince, 244; son entrevue avec lui à ce sujet, 245; s'entremet entre le roi et le duc pour les réconcilier, 246; porte l'épée devant le roi à la cérémonie de la Toussaint, 250; son influence sur le peuple, 251, 252; se dispose à combattre l'armée de la reine, 261; trahi par un de ses serviteurs, 261, 271; se dirige vers Saint-Albans avec ses troupes, 263; se place au centre de la bataille avec le roi, 264; mis en déroute, *ibid.*; ne peut rejoindre le roi, *ibid.*; désolé de cette déconfiture, 265, 266; se rend à Londres vers le comte de la Marche, 267; l'engage à venger leur défaite, 268; blessé à la bataille de Towton, 279; jure fidélité au comte de la Marche, 291; créé grand chambellan d'Édouard IV, 297; sa faveur auprès de ce prince excite des jalousies, 299; reprend sur les Français les places prises par eux au nom de la reine Marguerite, 319; chasse les Écossais de Holy-Island, 320; désapprouve le mariage d'Édouard IV, quitte la cour, 330; mécontent du gouvernement de ce roi, 332; cherche à former des alliances de tous côtés, *ibid.*; attire à son parti les frères du roi, 333; se propose de marier sa fille au duc de Clarence, 334; ses projets de vengeance contre le roi, *ibid.*; était le plus subtil homme de son vivant, 339; conspire contre le roi, 340; III, 278; se rend en France, II, 342; revient en Angleterre, 343; amène avec lui une ambassade de Louis XI, 344; rend compte au roi de la belle réception que le roi de France lui a faite, 345; bon accueil qu'il fait au duc de Clarence, 346; sa jalousie, paroles qu'il adresse à ce sujet au bâtard de Bourbon, 347; propose au duc de Clarence de le faire roi d'Angleterre, 348; se concerte avec les ambassadeurs français sur la manière de détrôner Édouard, 349; fait insurger le nord contre ce prince, 350; reçu à Rouen par Louis XI avec de grands honneurs, 353; avait de son parti presque tout le commun d'Angleterre, 368; son arrivée à Saint-Omer pour voir le duc de Bourgogne, 401; promet à Wavrin de le renseigner sur ce qu'il demandera concernant ses Chroniques, 402; présent qu'il lui fait, *ibid.*; se dispose à marier sa fille au duc de Clarence, *ibid.*; III, 278; s'arme contre Édouard, II, 404; III, 278; sa haine contre le seigneur de Rivers, II, 405; le fait décapiter avec son fils, 406; III, 279; sa joie en apprenant que son parti a gagné la bataille de Banbury, II, 409; ordonne la mort du seigneur Herbert et de son frère, III, 1; se dispose à aller trouver le roi, pourquoi s'arrête en chemin, 2; fait conduire le roi Édouard, prisonnier, à Warwick, 4, 279; craint que cet emprisonnement ne soulève le peuple, 5; engage Édouard à se rendre à Londres pour se montrer au peuple, 6; annonce aux Londoniens le retour du roi, et se défend de l'avoir tenu prisonnier, *ibid.*; est cru de la plupart, 7; assemble le commun de Londres et s'excuse de son attentat, comment, *ibid.;* soulève le peuple contre Édouard, 8; proclamations faites en son nom, 9; cherche encore à tromper le roi, 10, 13; son ingratitude envers ce prince, 12; son nom proféré par les communes avant la bataille de Stamfort, 15; veut détrôner Édouard IV et mettre le duc de Clarence à sa place, 17, 279; continue à tromper le roi, 18, 19; demande au roi qu'il fasse serment de lui pardonner, 22; refuse les conditions de ce prince, 24, 25; persiste dans sa révolte, *ibid.;* fuit devant l'armée du roi, *ibid.;* demande un sauf-conduit à Édouard pour se rendre près de lui, 27, se dispose à le combattre, est obligé de s'enfuir, pourquoi, 28; quitte l'Angleterre, *ibid.*, 29; fut longtemps capitaine et gouverneur de Calais, *ibid.;* fait assaillir cette ville et n'y peut entrer, 30; s'empare de plusieurs navires, *ibid.;* fait jeter à la mer tous les hommes, 31; arrive en Normandie, accueil favorable qu'il y reçoit, *ibid.;* sa défaite en mer; perd tous les navires qu'il avait pris, 32; se réfugie en Normandie, *ibid.*, 33; veut retourner en Angleterre, 34; s'enfuit devant l'armée navale du duc de Bourgogne, 35; accoutumé à fuir, *ibid.;* pourquoi ne peut se trouver en Angleterre au rendez-vous qu'il avait donné à son beau-frère, *ibid.;* se rend auprès de Louis XI, 37; sa lettre à ce prince relative à la réinstallation de Henri VI, 43, *note* 1; son arrivée en Angleterre, 46, 49, *note* 2; marche contre Édouard, 47; fait courir le bruit de la mort de ce prince, 48, *note;* demande pardon au pape d'avoir détrôné Henri VI, 49, *note* 2; l'obtient, à la condition de renverser Édouard, *ibid.;* remet Henri VI sur le trône, 50; son pouvoir en Angleterre, 51; fait forger une monnaie d'or, 52; promet à Louis XI de l'aider à détruire le duc de Bourgogne, 58; s'enfuit devant l'armée d'Édouard, 111; refuse de venir terminer sa querelle avec ce prince en *plain champ*, 112, 117; refuse tout accord avec Édouard, 116; quelles sont ses raisons, *ibid.;* ordonne aux habitants de Londres de résister à Édouard, 120; mande à son frère, l'archevêque d'York, de se défendre contre Édouard seulement deux ou trois jours, 121; son espoir de surprendre ce prince; il marche vers Londres à cet effet, 124; son armée mieux pourvue que celle d'Édouard, 125; fait tirer sur son ennemi sans lui faire aucun mal, pourquoi, *ibid.;* ses troupes se défendent vaillamment dans le commencement, 126; n'avait nul courage, 127, 279; est tué dans cette bataille, *ibid.*, 289; son corps porté à Londres et montré au peuple, 128; fait une trêve avec l'évêque de Saint-André, 173; quelles en sont les conditions, 174; quelle est sa puissance en Angleterre, 277; refuse de terminer sa querelle avec Édouard IV par une bataille, 288. — Cité, II, 203, 223, 224, 230, 232, 234, 258, 260, 269, 271, 272, 320, 323, 324, 351, 408; III, 3, 20, 21, 26, 46 note, 97, 98, 105, 115, 129, 130, 141, 159, 160, 162, 167, 182, 184, 186, 188-191, 193, 194, 197-202, 211, 287.

Washingborough, village, [*Tabihorch*]. — Cité, III, 9.

Watern, ville. Brûlée par les Français, excepté l'église et le moulin, III, 329.

WAVRIN (Jean, bâtard de), seigneur du Florestel. Comment entreprend d'écrire ses Chroniques,

I, 3 ; est fils illégitime de Robert de Wavrin, *ibid.;* assiste à la bataille d'Azincourt, *ibid.*, 200, 262; vers quelle année commence son travail, 4; à quel règne s'arrête, *ibid.;* a ouï raconter ce qui se passa à la bataille de Shrewsbury (1403), 186; fait partie de l'armée des Savoisiens dans la guerre contre les Praguois, 206, 207; est bien informé de quelle manière fut fait prisonnier le fils du roi d'Écosse, 209 ; se trouve en plusieurs *courses et entreprises* avec Perrinet Grasset, 249, *note* 1; fait partie de l'expédition du comte de Salisbury dans le Mâconnais, 250; accompagne encore ce seigneur à la reddition du château d'Ivry, 255 ; question qu'il fait au sujet du duc de Bedfort, *ibid.;* assiste à la bataille de Verneuil, 262; a vu celle de Cravant, *ibid.;* sait véritablement que le comte de Salisbury en soutint le plus grand faix, 266 ; ne pouvait ni tout voir ni tout comprendre, occupé lui-même à se défendre, 267; fait partie de la compagnie du maréchal de Bourgogne lors de la guerre de Hollande, 277; commandé par le régent pour détourner l'entrée des vivres dans Orléans, 280 ; va avec le seigneur d'Esgreville à Nemours, 281; entre au service du roi d'Angleterre, et fait partie de la compagnie de Jean Fastoff, *ibid.;* conduit un secours aux assiégés de Beaugency, *ibid.;* tout préparé pour aller livrer l'assaut à Beaugency; par qui en est empêché, 290; assiste à la bataille de Patay, 293; ne vit jamais un homme plus désolé que Jean Fastoff, obligé de quitter le champ de bataille de Patay, *ibid.;* suit ce seigneur, *son capitaine*, auquel le régent lui a commandé d'obéir et même de servir, 294; fait partie de la compagnie des seigneurs de Créqui et de Wavrin à Gravelines, 306; pourchasse les Anglais, 307; ne peut leur porter nul dommage, s'en retourne à Gravelines, *ibid.;* en allant à Saint-Omer aperçoit le campement des Anglais, 308; ses réflexions sur les gouvernants trop jeunes, 318 ; II, 282 ; est informé que Henri VI avait été blessé à la bataille de Saint-Albans, II, 183 ; sait par des gens dignes de foi, qui assistèrent à la bataille de Towton, comment elle fut gagnée, 279 ; préside au conseil tenu en Angleterre, par le bâtard de Bourgogne, pour régler les conditions du pas d'armes entre ce seigneur et lord Scales, 343, *note;* obtient du duc de Bourgogne d'aller à Calais auprès du comte de Warwick, qui lui avait promis de lui fournir des renseignements pour ses Chroniques, 402 ; présent qu'il reçoit de ce comte, *ibid.*

WAVRIN (Robert de). Assiste à la bataille de Poitiers, I, 100 ; envoyé comme otage en Angleterre, 105.

WAVRIN (Robert, seigneur de), de Lillers et de Malannoy, conseiller et chambellan du duc de Bourgogne. Mort à la bataille d'Azincourt, I, 3; son épitaphe, *ibid.*, *note*.

WAVRIN (Walerand, seigneur de). De qui était fils, I, 1, *note* 3; va à Constantinople, en quelle qualité, 2; III, 151 ; engage Wavrin à entreprendre son travail, I, 3 ; reste en garnison à Gravelines, 303; service qu'il rend au seigneur de Croy, 304; assiste au siége de Calais, en quelle qualité, 305 ; commis à la garde de Gravelines, *ibid.;* quitte cette ville, 306 ; chargé par le duc de Bourgogne de s'entendre avec l'ambassadeur de Constantinople, sur quoi, II, 34; conseil qu'il donne au duc de Bourgogne, *ibid.*, 35; nommé par ce prince capitaine général de ses navires pour aller en Grèce, 36, 50; sommes qu'il reçoit à cette occasion, 36, *notes* 1 et suiv.; se rend à Venise, 52; qui il envoie à la défense de Rhodes, 53, 54; chef de l'armée du duc de Bourgogne, 59; s'informe où est située la fameuse ville de Troie, pourquoi, 60; fait un chevalier, 61, 62; son arrivée à Constantinople, 63; accorde un sauf-conduit à quelques Turcs, 67; croit à la paix faite entre les Turcs et le roi de Hongrie, 68; avis qu'il reçoit du cardinal de Saint-Ange de n'y ajouter aucune foi, 69; trompé par les Génois, 70; son embarras pour défendre le passage de la mer Noire aux Turcs, 71; demande un secours à l'empereur de Constantinople, 72; ne peut intercepter le passage de la mer Noire aux Turcs, 75; requiert l'empereur de Constantinople de lui envoyer une galiote armée, à quelle fin, 86; consent à défendre la ville de Constantinople, 87; mécontent de l'empereur, pourquoi, *ibid.*; son projet d'envoyer à la recherche du roi de Hongrie, dont la mort est mise en doute, 88; y va lui-même, 89; ce qu'il se propose à ce sujet, 90, 91; se met en mer, 92; croit avoir trouvé le roi, *ibid.*; écrit à Hunyade de lever une nouvelle armée, 94; cherche à combattre les Turcs, 95; prend à cet effet le chemin de Caffa, *ibid.*; écrit à l'empereur de Trébizonde, à quel sujet, 97; son arrivée à Drimago, 98; supplie le cardinal de Venise de remplir les promesses qu'il lui a faites de venir le rejoindre, 101; se rend auprès du seigneur de la Valachie pour avoir des denrées, 102; rend compte au cardinal de ce qu'il a conclu avec le prince, 103; quitte Drimago pour assiéger Silistrie, 104; déploie sur sa galère la bannière de l'Église, pourquoi, 105; presse le cardinal de se joindre à lui, 106; ne croit pas qu'un prêtre soit un bon *chef de guerre*, 107; consent à ce que Saoudji parlemente avec ceux de Silistrie, 108; se met sur la défensive contre les Turcs, 110; veut se dégager d'une promesse faite à Saoudji, 111; abandonne le siège de Silistrie et va le mettre devant Tourtoukan, 112; son hésitation à faire le siège de ce château, pourquoi, 113; se dispose à l'attaquer, 114; le prend d'assaut, excepté la tour, 115, 116; fait miner ladite tour, 117; porte lui-même du bois pour incendier le château, 118; manque d'y être tué, 119; pourquoi fait tuer tous les prisonniers, *ibid.*; prend un refroidissement, 120; visite les blessés, 121; fait tirer sur les Turcs, 122; son altercation avec le cardinal de Venise, 123, 124; regarde comme heureux que le cardinal n'ait pu venir à la prise du château de Tourtoukan, 125; refuse d'assiéger le château de Giurgewo sans le consentement du cardinal, 126; se met aux ordres dudit cardinal, 127; propose d'attaquer le château de Giurgewo, 128; fait ses dispositions à ce sujet, 129, 130; confie la continuation de ce siège au seigneur de la Valachie, 131; s'en repent, 132; indique les moyens de prendre le château de Giurgewo, 133; blessé et malade, refuse de se faire soigner, 134; remet le commandement des galères, à qui, *ibid.*, 142; quelle était sa maladie, 135; remèdes qu'on lui administre, *ibid.*; joyeux de la reddition du château de Giurgewo, 138; refuse de joindre son scellé à celui du cardinal, pourquoi, 139; conseille d'assaillir le château de Roustchouk, 142; demande qu'on tienne la promesse qu'il a faite aux Hongrois d'aller à Nicopolis, *ibid.;* service qu'il rend aux chrétiens de la Bulgarie, 144; son contentement d'être arrivé à Nicopolis avant les Hongrois, pourquoi, 146; craint de mécontenter le cardinal, *ibid.;* sa maladie l'empêche d'assister au siége de la tour de Nicopolis, 147; regarde par une fenêtre le lieu où se donna la bataille de Nicopolis en 1396, 148; écoute avec plaisir le récit qu'on lui fait de cette bataille, 149; question qu'il adresse aux Hongrois au sujet des Turcs, 153; consent à une entreprise contre les Turcs, 154, 155; cède à regret à l'avis d'Hunyade, qui lui conseille de s'en retourner, 158; son arrivée à Constantinople, 159; refuse de riches présents de l'empereur; ce qu'il lui demande en retour, *ibid.;* reçu avec honneur à Venise, 160; se rend à Rome, *ibid.;* s'excuse auprès du pape de n'avoir pu rendre plus de services à la chrétienté, 161; reçoit certaines indulgences de Sa Sainteté, *ibid.;* arrive auprès du duc de Bourgogne, à Lille, et lui rend compte de sa mission, *ibid.* — Cité, II, 37, 51, 61, 70, 99, 100, 141, 157; III, 156, 157.

WAYNFLETE (William), évêque de Winchester. S'entremet pour faire la paix entre le roi et le duc d'York, II, 180; accepte Édouard, comte de la Marche, comme roi, au nom des États du royaume, 293, 294.

WEDEMARC (Pierre). Capitaine des *Islaires,* est tué en défendant un boulevard entre Arques et Saint-Omer, III, 326.

WELLES (Léo de). Se joint à l'armée des seigneurs ennemis du duc d'York, II, 251; est fait prisonnier, 254; fait partie de l'armée de la reine à Towton, 273.

WELLES (Robert de). Soulève le peuple contre le roi Édouard, III, 8; fait une proclamation pour inviter à prendre les armes, 9; confession qu'il fait de ses démérites, 12; ne veut pas abandonner le parti des rebelles, 13; marche contre le roi à Stamfort, espérant le surprendre, 14, 16; porte la livrée du duc de Clarence à Stamfort, 15; sa mort, 17, 27. — Cité, III, 20.

WELLES (seigneur de), père du précédent. Voy. WILLOUGHBY (Richard).

WENCESLAS, roi de Hongrie. Assiste au siége de Nicopolis en 1396, II, 148.

WENLOCK (John), [*Vennelos*]. Son éloge, II, 204; ramène deux prisonniers à Calais, 205; envoyé en ambassade, à Valenciennes, vers le duc de Bourgogne, 310; III, 160; sa lettre au sujet du mariage d'Édouard IV, II, 326, *note* 1; refuse, malgré lui, l'entrée de Calais au comte de Warwick, III, 29, *note;* accompagne la reine Marguerite à son retour en Angleterre, 119; son arrivée à Weymouth, 129; tué à la bataille de Tewkesbury, 139, 290. — Cité, III, 161, 190.

WESTERDALE (John). « Maulvais prestre vicieux, » III, 101; pourquoi se tourne en faveur d'Édouard IV, *ibid.*

Westminster, quartier de Londres. — Cité, I, 51, 53, 83, 189, 192, 198; II, 180, 188, 229, 233, 244, 245, 247, 248, 269, 290, 292, 321, 344, 346; III, 101, 120, 123, 143.

Westmoreland, comté. — Cité, II, 285.

Weymouth, ville. — Citée, III, 129, 130.

WIDWILL (Antoine). Voy. SCALES.

WIDWILL (Élisabeth). Voy. ÉLISABETH.

WIDWILL (John), frère du seigneur de Scales, [*Oudeville*]. Va au-devant des ambassadeurs de Louis XI, II, 346, pourquoi se retire au pays de Galles avec son père et son frère, 405; décapité par ordre du comte de Warwick, 406.

WIDWILL (Marguerite), sœur de la reine d'Angleterre. Son mariage avec le comte d'Arundel, II, 331.

WIDWILL (Marie), sœur de la reine d'Angleterre. Son mariage avec le seigneur Herbert, II, 331.

WIDWILL (Richard, lord). Voy. RIVERS.

WIGMORE (seigneur de), [*Wiguemorant, Winghem*]. Voy. MORTIMER (Roger).

Willencourt, village. Brûlé par les Français avec le moulin abbé et la cense, le tout appartenant à l'église de Saint-Riquier, III, 311.

WILLOUGHBY (Richard Welles, lord), [*Wilbie*]. Pourquoi ne veut pas commencer la guerre contre Warwick, II, 239; fait partie de l'armée de la reine à Towton, 273; *tué* (blessé) à la bataille de ce nom, 280; assiste à la bataille d'Exham, 324; conduit les gens du nord à la bataille de Banbury contre Édouard IV, 407; amène au comte de Warwick le seigneur Herbert et son frère, prisonniers, III, 1; met le peuple de Lincoln en sédition contre Édouard, 8; est amené devant le roi, 9; confesse la part qu'il a prise dans la révolte, 11; informe son fils que s'il ne vient pas se rendre au roi, il sera cause de sa mort, 13; est décapité, 15, 27. — Cité, III, 14, 16.

WILLOUGHBY (Robert). Marche au secours de Cravant, I, 240; sa vaillance au passage d'un pont, 247; retourne au siége de Montaguillon, 249; assiste au siége d'Ivry, 254.

WILSTHIRE (James Boteler, comte d'Ormont et de), [*Vollechier*]. Envoyé par le roi lever des impôts dans une ville du duc d'York, II, 186; est le mignon de la reine d'Angleterre, 204; se joint aux seigneurs ennemis du duc d'York, 251; assiste à la bataille de Ludlow, 255; se joint à l'armée de la reine, 262; tué à la bataille de Mortimer's Cross, 263.

Wiltshire, comté, [*Wilthee*]. — Cité, III, 130.

Winchester, ville, [*Wincestre*]. — Citée, 74, 75, 77.

WINCHESTER (le bailli de). Fait décapiter le comte de Kent, I, 77.

WINCHESTER (cardinal de), [*Excester*]. Voy. BEAUFORT (Henry).

WINCHESTER (évêque de). Voy. WAYNFLETE.

Windsor. — Cité, II, 346, 348, 349; III, 131, 132.

WINDSOR (Édouard de). Voy. ÉDOUARD III.

WIRTEMBERG (Henri II, comte de). Détenu prisonnier au château de Boulogne, III, 303.

WISOC (Antoine de). Voy. GAPENNES.

Wisques (le bois de), près Saint-Omer. — Cité, III, 344.

Wissant, village, [*Wissault*]. — Cité, II, 199.

WITELL (Richard), lieutenant de Guines, [*Wetteli*]. — Cité, III, 162, 182, 183, 186.

WITERS (Thomas). Remplit l'office de bourreau, I, 63; serviteur de Henri, comte de Lancastre, 64; banni, *ibid.*, 69.

WLAD, surnommé *Drakul*, [*Velacq*], vaivode de la Valachie. Reçoit une ambassade d'Amurat II, II, 12; se rend à la cour de ce prince, 13; y est retenu prisonnier, 14, 139; son fils trop jeune pour gouverner, 15 ; remis en liberté ; à quelles conditions, 40 ; refuse de porter les armes contre les Turcs, 42 ; ne veut pas aller servir en personne dans l'armée hongroise, 66 ; promet un secours contre les Turcs, 100 ; envoie son fils au seigneur de Wavrin, 101 ; promet à ce seigneur des vivres et des galères, 102 ; doit se mettre à la tête d'une grande armée, 103 ; lève des gens d'armes pour se rendre à Nicopolis, 104 ; soutient par terre la flotte de Bourguignons au siége de Silistri, 105 ; se plaint qu'on a fait tort à ses gens d'armes ; en quelle occasion, 120 ; propose le siége du château de Giurgewo, 126, 127 ; ce qu'il dit de cette place, 128 ; monte sur la galère du seigneur de Wavrin pour voir l'attaque, 131 ; malheur qu'il occasionne, 132 ; continue le siége, 135 ; parlemente avec les assiégés, 136 ; presse d'accepter une capitulation ; pourquoi, 137 ; ses instances pour préserver et pour conserver intacte cette forteresse, 138 ; elle lui est rendue, *ibid.*, 141 ; indique un autre château à prendre aux Turcs, *ibid.*; assiste au siége du château de Roustchouk, 142 ; secourt les chrétiens poursuivis par les Turcs, 143 ; les fait passer sous sa domination, 144 ; son opinion sur la nation bulgarienne, *ibid.*; annonce l'arrivée des Hongrois aux Bourguignons, 146 ; rend visite au seigneur de Wavrin, malade, *ibid.*; demande qu'il lui adresse, 147 ; fait jeter des bombardes à la tour de Nicopolis, 148 ; conclut, avec Hunyade, l'assaut de cette tour, 150 ; rassemble des bateaux pour passer le Danube, 152. — Cité, II, 41, 89, 112, 133, 140, 141, 158.

WLAD, fils du précédent. Trop jeune pour gouverner un royaume, II, 15 ; envoyé par son père au seigneur de Wavrin, 101 ; conduit ce seigneur vers son père, 102 ; va à Drimago, joindre les seigneurs bourguignons, 103 ; accompagne ces derniers aux siéges de plusieurs places, 104 ; propose d'attaquer le château de Tourtoukan, 112, 113 ; aide à y mettre le feu, 118 ; déclare, sous le secret, une entreprise qu'il projette, 138, 139 ; réussit dans ses projets de vengeance, 140 ; son gouverneur montre au seigneur de Wavrin la place où se donna la bataille de Nicopolis, 148. — Cité, II, 141.

WLADISLAS, roi de Pologne et de Hongrie, [*Lancelot*]. Prince de grand sens, II, 22 ; accepte la couronne de Hongrie, 23 ; demande l'assistance du pape contre les Turcs, 24 ; reçoit le légat du pape, 25 ; se met à la tête de son armée, 26 ; gagne la bataille contre les Turcs, 27 ; revient à Bude ; aurait mieux fait de poursuivre l'ennemi, 28 ; ses projets d'une nouvelle guerre, 29 ; ce qu'il mande au pape à ce sujet, 30 ; fait appel aux puissances de se joindre à lui, 42 ; envoie un héraut d'armes au Grand Turc, pourquoi, 43 ; ses préparatifs de bataille, 44 ; remporte la victoire, 45 ; veut poursuivre l'ennemi, 46 ; obstacle qu'il rencontre à ce sujet, *ibid.*; y perd beaucoup de monde, et s'en revient à Bude, 47 ; ses craintes relativement à l'armée des chrétiens, 63 ; accueille les propositions de paix de la part du Grand Turc, *ibid.*; accepte la paix avec lui, à quelles conditions, 64 ; rompt cette paix, 65 ; veut reconquérir la Grèce, 66 ; demande des troupes à Wlad, *ibid.*; son armée peu nombreuse, pourquoi,

76; son arrivée à Varna, 77; délibère sur la manière d'attaquer l'ennemi, 78; se place au centre de l'armée, 79; gagne la bataille, 81; poursuit les Turcs, 82, 83; est tué, *ibid.*, 85; doutes élevés sur sa mort, 84, 85, 88, 89, 90, 98. — Cité, II, 69, 93, 94.

WOODSTOCK (Edmond de), [*Wodestolz*]. Voy. KENT.

WOODSTOCK (Thomas de). Voy. GLOCESTER.

Worcester, ville, [*Dorcestre*]. — Citée, III, 141.

WORCESTER (John Tiptot, comte de), [*Excestre*]. Créé connétable d'Angleterre au couronnement d'Édouard IV, II, 297; destitué de cette charge et de celle de la trésorerie d'Angleterre, 331; est décapité, III, 52. — Cité, III, 46.

WORCESTER (Thomas Percy, comte de). Accompagne en France la veuve de Richard II, I, 176; promet aide et secours à son neveu contre Henri IV, 178; prend les armes contre ce prince, 180, 181; se prépare au combat, 183, 184; décapité après la bataille de Shrewsbury, 188.

WROTTESLEY (Walter), [*Henry Vrothesley*]. Envoyé par le duc de Clarence et le comte de Warwick vers le roi, III, 19.

X

XAINTRAILLES (Jean, dit Poton, de). Un des chefs de l'armée française à la bataille de Verneuil, I, 264; se dispose à combattre les Anglais à Beaugency, 286; est à l'avant-garde à la journée de Patay, 289.

Y

Yonne (l'), rivière — Citée, I, 246.

York, duché. — Cité, II, 252; III, 10, 46, 102, 106, 107.

York, ville. — Citée, II, 180, 183, 276, 280, 281, 288, 289, 300; III, 26, 101, 102, 107, 109, 195, 287.

YORK (Anne d'). Voy. EXETER.

YORK (archevêques d'). Voy. BOOTHE (William), KEMP (John) et NEVILL (George).

YORK (Cécille, duchesse d'). Cherche à réconcilier ses deux fils avec Édouard, III, 113. — Citée, II, 208, 210, 272; III, 123.

YORCK (Edmond de Langele, comte de Cambridge, duc d'). Mande en Angleterre le duc de Lancastre, I, 159. — Cité, I, 160.

YORK (Élisabeth, d'). Voy. SUFFOLK.

YORK (George d'). Voy. CLARENCE.

YORK (Marguerite d'). Voy. BOURGOGNE.

YORK (Richard d'). Voy. GLOCESTER.

YORK (Richard duc d'). Nommé capitaine général du duché de Normandie, I, 316; son éloge, 317; rappelé en Angleterre, 318, 320; forme un parti, 319; son exil, 320; sa haine contre le duc de Somerset, pourquoi, II, 178; expose au roi les fautes commises en France par ce duc, *ibid.*; lève l'étendard de la révolte, 179; se réconcilie avec le roi, 180; forcé de quitter Londres, pourquoi, *ibid.*; ses récriminations contre le duc de Somerset, *ibid.*; ses projets de vengeance, 181; marche contre le roi à Saint-Albans, 182; gagne la bataille, 183; nommé protecteur du royaume, 184; perd ce titre; est banni du royaume, *ibid.*; ses biens confisqués, 186; se retire en Irlande après la bataille de Blore Heath, *ibid.*, 254; fait de nouveaux préparatifs de guerre, 191, 192, 254; envoie un ambassadeur vers le roi, à quelle fin, 192, 193; trahi à la bataille de Ludlow, par qui, 194, 255, 256 ; s'enfuit en Irlande, 195, 255, 256; ses biens dévastés, par qui, 196; joyeux de l'arrivée du comte Warwick en Irlande, 208; se concerte avec lui sur la manière de faire la guerre au duc de Somerset, 209 ; son arrivée à Bristol, 239; accueilli avec joie par ses sujets de Ludlow, 240 ; ses droits à la couronne, 241 ; arme contre le roi, 242, 243; son coup d'État, 244; persiste à déposer le roi, 246; veut se faire couronner, 247, 248 ; nommé régent du royaume, 249, 257 ; doit régner après la mort du roi, 249; III, 101; accompagne ce prince dans la cérémonie de la Toussaint, II, 250; envoie des troupes contre le duc d'Exeter, 251 ; engage la reine, au nom du roi, à revenir à Londres, 258 ; n'est pas en mesure de livrer une bataille, *ibid.*; tué à celle de Wakefield, 261. — Cité, II, 207, 210, 238, 243, 262, 283, 332; III, 100, 101, 106.

YOUNG (John), maire de Londres. Montre aux Londoniens les lettres du duc de Bourgogne au sujet de l'emprisonnement d'Édouard, III, 5.

Ypres, ville. — Citée, II, 402; III, 320.

Z

Zélande. — Citée, III, 97, 200, 287.

Zingenheim (Othon de), archevêque de Trèves. Se croise avec les seigneurs d'Allemagne pour combattre les Praguois, I, 205.

Zustephen (?), seigneurie. Conquise par le duc de Bourgogne, III, 302.

FIN DE LA TABLE ANALYTIQUE DES MATIÈRES.

ERRATA.

TOME I.

Page 3, note 2, ligne 2,	*au lieu de* XXVII,	*lis*	XXII.
— 49, note 1, ligne 3,	— Kent,	—	Lancaster.
— 100, note, ligne 9,	— obligés,	—	obligée.
— 155, note, ligne 2,	— 1361,	—	1461.
— 159, note 5, ligne 2,	— 1401,	—	1402.
— 205, note 2,	— Otton de Jiegenhayn,	—	Othon de Ziegenheim.
— 207, note 1,	— Schlau,	—	Saatz sur l'Éger.
— 280, note 1, ligne 9,	— Chronique de la Pucelle,	—	MATHIEU D'ESCOUCHY.

TOME II.

Page 116, note 2, ligne 2,	*au lieu de* ouchi,	*lisez*	rouchi.
— 214, note *,	— Beaufort,	—	Beauchamp.
— 240, note, ligne 2,	— Severn,	—	Saverne.
— 375, ligne 22,	— France [1],	—	France [2].
— 393, note 1,	— VI,	—	IV.
— 399-400, au titre courant,	— [1470],	—	[1469].
— 407, note 1,	— Shrewsbury,	—	Tewksbury.

TOME III.

Page 5, note 1,	*au lieu de* 1489,	*lisez*	1469.
— 9, ligne 14,	— d'envoier'hastivement,	—	d'envoier querir hastivement.
— *ibid.*, note 5.	— Thasted,	—	Taxted.
— 144, ligne 7,	— gen lz,	—	gentilz.
— 170, note, ligne 17,	— xxviie,	—	xxviiie.
— 173, note 1, ligne 6,	— orte,	—	forte.

FIN DES ERRATA.

PARIS. — IMPRIMERIE DE CH. LAHURE ET Cie
Rue de Fleurus, 9

Ouvrages publiés par la SOCIÉTÉ DE L'HISTOIRE DE FRANCE *depuis sa fondation en 1834.*

BULLETIN DE LA SOCIÉTÉ DE L'HISTOIRE DE FRANCE, 1834 et 1835. 4 vol. in-8	18 fr.
BULLETIN DE LA SOCIÉTÉ, de 1837 à 1840, et 1845 à 1859, chaque année.	3 fr.
L'YSTOIRE DE LI NORMANT. 1 vol. in-8	9 fr.
HISTOIRE ECCLÉSIASTIQUE DES FRANCS, par Grégoire de Tours, *texte et traduction.* 4 vol. in-8. *Épuisés.*	
— Le même ouvrage, *texte latin.* 2 vol. in-8	18 fr.
— Le même ouvrage, *traduction française.* 2 vol. in-8	18 fr.
LETTRES DU CARDINAL MAZARIN A LA REINE, etc. 1 vol. in-8	9 fr.
MÉMOIRES DE PIERRE DE FENIN. 1 vol. in-8	9 fr.
DE LA CONQUESTE DE CONSTANTINOPLE, par Villehardouin. 1 v. in-8	9 fr.
ORDERICI VITALIS HISTORIA ECCLESIASTICA. 5 vol. in-8	45 fr.
CORRESPONDANCE DE L'EMPEREUR MAXIMILIEN ET DE MARGUERITE, SA FILLE. 2 vol. in-8	18 fr.
HISTOIRE DES DUCS DE NORMANDIE, etc. 1 vol. in-8	9 fr.
ŒUVRES COMPLÈTES D'EGINHARD. 2 vol. in-8	18 fr.
MÉMOIRES DE PHILIPPE DE COMMYNES. 3 vol. in-8	27 fr.
LETTRES DE MARGUERITE D'ANGOULÊME, sœur de François Ier. 2 v. in-8	18 fr.
PROCÈS DE CONDAMNATION ET DE RÉHABILITATION DE JEANNE D'ARC, 5 vol. in-8	45 fr.
COUTUMES DU BEAUVOISIS. 2 vol. in-8	18 fr.
MÉMOIRES ET LETTRES DE MARGUERITE DE VALOIS. 1 vol. in-8	9 fr.
CHRONIQUE LATINE DE GUILLAUME DE NANGIS. 2 vol. in-8	18 fr.
MÉMOIRES DU COMTE DE COLIGNY-SALIGNY, etc. 1 vol. in-8	9 fr.
HISTOIRE DES FRANCS, par Richer. 2 vol. in-8	18 fr.
REGISTRES DE L'HÔTEL DE VILLE DE PARIS pendant la Fronde. 3 vol. in-8	27 fr.
VIE DE SAINT LOUIS, par Le Nain de Tillemont. 6 vol. in-8	54 fr.
JOURNAL DU RÈGNE DE LOUIS XV, par E. J. F. Barbier. 4 vol. in-8. *Les tomes I et II sont épuisés.* Tomes III et IV	18 fr.
BIBLIOGRAPHIE DES MAZARINADES, par M. Moreau. 3 vol. in-8	27 fr.
COMPTES DE L'ARGENTERIE DES ROIS DE FRANCE, AU XIVe SIÈCLE. 1 v. in-8. *Épuisé.*	
MÉMOIRES DE DANIEL DE COSNAC, évêque de Valence. 2 vol. in-8. *Épuisé.*	
CHOIX DE MAZARINADES, par M. Moreau. 2 vol. in-8	18 fr.
JOURNAL D'UN BOURGEOIS DE PARIS SOUS FRANÇOIS Ier. 1 vol. in-8. *Épuisé.*	
MÉMOIRES DE MATHIEU MOLÉ. 4 vol. in-8	36 fr.
HISTOIRE DES RÈGNES DE CHARLES VII ET DE LOUIS XI, par Thomas Basin, évêque de Lisieux. 4 vol. in-8	36 fr.
CHRONIQUES DES COMTES D'ANJOU, tome I	9 fr.
ŒUVRES DIVERSES DE GRÉGOIRE DE TOURS, Tome I *épuisé.* Tomes II et III	18 fr.
CHRONIQUES DE MONSTRELET. Tome I *épuisé.* Tomes II, III, IV, V et VI	45 fr.
ANCHIENNES CRONICQUES D'ENGLETERRE, par Jehan de Wavrin, seigneur du Forestel. 3 vol. in-8. Tome I *épuisé.* Tome II	9 fr.
JOURNAL ET MÉMOIRES DU MARQUIS D'ARGENSON, tomes I, II, III et IV	36 fr.
ANNUAIRES DE LA SOCIÉTÉ DE L'HISTOIRE DE FRANCE, in-18, 1837 à 1844, et 1848 à 1862 (les années 1845 à 1847 manquent) : chaque vol.	3 fr.
MÉMOIRES DE BEAUVAIS-NANGIS, par MM. Monmerqué et A. H. Taillandier. 1 vol. in-8	9 fr.

SOUS PRESSE :

CHRONIQUES ET AUTRES DOCUMENTS HISTORIQUES CONCERNANT LES COMTES D'ANJOU, tome II.
ANCHIENNES CRONICQUES D'ENGLETERRE, par Jehan de Wavrin, tome III.
JOURNAL ET MÉMOIRES DU MARQUIS D'ARGENSON, tome V.

Paris. — Imprimerie de Ch. Lahure et Cie, rue de Fleurus, 9.